HISTOIRE DES TECHNIQUES
sous la direction d'Anne-Françoise Garçon,
André Grelon et Virginie Fonteneau
26

Vues politiques et pratiques sur les travaux publics de France

Ouvrage publié avec le soutien du laboratoire LATTS
et de l'École des Ponts ParisTech, ANR Saint-Simonisme 18-21

Gabriel Lamé, Émile Clapeyron,
Stéphane et Eugène Flachat

Vues politiques et pratiques sur les travaux publics de France

Édition critique par Konstantinos Chatzis,
Nathalie Montel et Antoine Picon

PARIS
CLASSIQUES GARNIER
2022

Konstantinos Chatzis est historien et sociologue des techniques, chargé de recherche à l'université Gustave Eiffel et enseignant à l'École des Ponts ParisTech. Ses travaux portent sur la figure de l'ingénieur moderne (XIXe-XXIe siècles) en France, en Grèce et aux États-Unis. Il est l'auteur de *Forecasting Travel in America…* (Cambridge, 2022) et termine une histoire de l'eau à Athènes.

Nathalie Montel est historienne, directrice de recherche à l'École des Ponts ParisTech et membre du laboratoire LATTS. Ses travaux actuels portent sur l'histoire de l'État aménageur (XVIIIe-XIXe siècles). Elle a notamment publié *Le Chantier du canal de Suez…* (Paris, 2018) [1998], *Faire le Grand Paris…* (Rennes, 2012) et *Écrire et publier des savoirs au XIXe siècle* (Rennes, 2015).

Antoine Picon est directeur de recherche à l'École des Ponts ParisTech et professeur à la Harvard Graduate School of Design. Ses travaux portent sur l'histoire croisée de l'espace architectural et urbain et des techniques, ainsi que sur l'histoire des utopies. Il est notamment l'auteur de *Smart Cities. A Spatialized Intelligence* (Hoboken, 2015) et *The Materiality of Architecture* (Minneapolis, 2020).

ISBN 978-2-406-13117-5 (livre broché)
ISBN 978-2-406-13118-2 (livre relié)
ISSN 2118-8181

ABRÉVIATIONS

AAS	Archives de l'Académie des sciences
AN	Archives nationales
BEMA	Bibliothèque de l'École des mines. Archives
BEPA	Bibliothèque de l'École polytechnique. Archives
BEPC	Bibliothèque de l'École des ponts et chaussées
BnF	Bibliothèque nationale de France
VPPTPF	*Vues politiques et pratiques sur les travaux publics de France*

INTRODUCTION

UN OUVRAGE EMBLÉMATIQUE : ÉLÉMENTS DE CONTEXTE GÉNÉRAL

LE SENS D'UN LIVRE

Souvent citées par les historiens et les géographes[1], plus rarement lues dans leur intégralité, les *Vues politiques et pratiques sur les travaux publics de France*[2] font partie de ces ouvrages auxquels il est convenu d'accorder un caractère représentatif. Publié en 1832, le livre est co-signé par Gabriel Lamé (1795-1870), Benoît-Paul-Émile Clapeyron (1799-1864) et les frères Stéphane (1800-1884) et Eugène (1802-1873) Flachat, quatre ingénieurs appelés à connaître la célébrité au cours de la seconde moitié du XIXe siècle. Bénéficiant d'un retentissement certain à l'époque de sa parution, l'ouvrage paraît emblématique d'un moment clef du développement des infrastructures de transport en France, au moment où achève de se structurer une approche de celles-ci en termes de réseau et que les chemins de fer incarnent les promesses d'un avenir fait de mobilité généralisée. Simultanément, on est tenté d'y voir l'expression

1 Voir, par exemple : Georges Ribeill, « Les chemins de fer : de la doctrine aux réalisations », *in* Nathalie Coilly et Philippe Régnier (dir.), *Le siècle des saint-simoniens du* Nouveau christianisme *au canal de Suez*, Paris, BnF, 2006, p. 130-135 ; Georges Ribeill, « Des saint-simoniens à Léon Lalanne. Projets, thèses et controverses à propos de l'organisation des réseaux ferroviaires », *Revue d'histoire des chemins de fer*, n° 2, 1990, p. 51-53 ; François Caron, *Histoire des chemins de fer en France, 1740-1883*, Paris, Fayard, 1997, p. 91-94 ; Michel Cotte, « Gabriel Lamé, itinéraire d'un jeune ingénieur en France et en Europe (1820-1832) », *Bulletin de la SABIX*, n° 44, 2009, p. 9-19 ; Jean-Pierre Hirsch, « Saint-simonisme et organisation du territoire. Sur un programme de 1832 », *Revue du Nord*, vol. 85, n° 352, 2003, p. 863-872.

2 Gabriel Lamé, Émile Clapeyron, Stéphane Flachat et Eugène Flachat, *Vues politiques et pratiques sur les travaux publics de France*, Paris, Imprimerie d'Éverat, septembre 1832. Cité désormais dans les notes comme *VPPTPF*.

de tendances de fond de l'« aménagement à la française », comme le goût des plans ambitieux parrainés par l'État ou encore la recherche d'un équilibre entre intervention publique et initiative privée qui donnera naissance à ce qu'il est convenu d'appeler l'« économie mixte ». Écrit par des ingénieurs en contact avec le saint-simonisme et pour l'un d'entre eux au moins engagé fortement au sein de ce mouvement où s'entremêlent idéaux teintés d'utopie et considérations pratiques sur des sujets qui vont des travaux publics au crédit bancaire, on peut enfin s'interroger sur ce que l'ouvrage doit à la doctrine et aux expériences saint-simoniennes. En se proposant d'être à la fois politique et pratique, visionnaire et concret, le livre semble fidèle à l'une des ambitions les plus constamment réaffirmées du saint-simonisme. Il pourrait bien contribuer à poser du même coup avec une acuité particulière la question des relations entre utopie et réalisations technico-économiques.

Qu'en est-il exactement de ces différentes interprétations possibles d'un ouvrage qui fait figure de repère dans l'histoire des infrastructures de transport et des conceptions territoriales françaises ? Faut-il vraiment considérer les *Vues politiques et pratiques sur les travaux publics de France* comme un ouvrage issu de la mouvance saint-simonienne ? C'est avec l'ambition d'apporter des éléments de réponse à ces questions, ou plus précisément de fournir au lecteur les informations lui permettant de se forger une opinion, qu'a été élaborée la présente édition critique. En introduction à la lecture du livre, il nous semble nécessaire de commencer par évoquer le contexte général dans lequel celui-ci voit le jour : les premières années de la monarchie de Juillet, marquées par une « effusion réformatrice » et une poussée libérale contrariées par des velléités de les brider[3]. Il convient ensuite d'examiner en détail les trajectoires de ses auteurs et leurs motivations avant de se pencher sur les circonstances particulières dans lesquelles l'ouvrage voit le jour, puis d'aborder sa diffusion. À partir d'un travail de contextualisation dense, il s'agit en définitive de mieux comprendre le sens de ce texte et de prendre la mesure du rôle qu'il a pu jouer.

3 Patrick Harismendy, « L'esprit d'autres "années trente" : la résistance et le mouvement revisité », *in* P. Harismendy (dir.), *La France des années 1830 et l'esprit de réforme*, Rennes, PUR, 2006, p. 7-18.

PACIFICATION DE LA FRANCE ET TRAVAUX PUBLICS

L'ouvrage des frères Flachat, Lamé et Clapeyron est inséparable d'un moment particulier de l'histoire de France. Les premières années de la monarchie de Juillet sont marquées par de fortes tensions politiques avec l'opposition entre monarchistes fidèles à la branche aînée des Bourbons et partisans de la monarchie constitutionnelle inaugurée par Louis-Philippe, chef de la maison d'Orléans avant de devenir « roi des français », et surtout l'affrontement entre républicains et partisans de la royauté. En février 1831, répondant à ce qu'ils considèrent comme une provocation des légitimistes fidèles à Charles X, déposé lors de la révolution de Juillet, les républicains sont à l'origine de violentes émeutes. En 1832, année de la publication des *Vues politiques et pratiques sur les travaux publics de France*, le nouveau régime se trouve confronté à deux tentatives de coup d'État. Au cours du printemps, la duchesse de Berry tente de soulever la Provence et la Vendée contre Louis-Philippe. Peu de temps après, c'est au tour des républicains de tenter de renverser le pouvoir avec une insurrection lancée à l'occasion des funérailles d'un de leurs chefs de file, le général Lamarque (1770-1832).

À côté des oppositions politiques mais non sans liens avec elles, se font jour des conflits de classe qu'incarnent les soulèvements des ouvriers lyonnais de la soie, les fameuses révoltes des canuts de 1831 et 1834, qui feront dire à l'universitaire et homme politique Saint-Marc Girardin (1801-1873) dans un article paru dans le *Journal des débats* en décembre 1831 que « les Barbares qui menacent la société ne sont point au Caucase ni dans les steppes de la Tartarie ; ils sont dans les faubourgs de nos villes manufacturières[4] ».

Dans ce contexte, la question de savoir comment terminer la Révolution, comment, en d'autres termes, pacifier durablement une France divisée par les conséquences des événements révolutionnaires, question que s'étaient déjà posés à leur façon l'Empire et la Restauration, émerge avec une acuité nouvelle. Les gouvernements qui se succèdent sous la monarchie de Juillet vont explorer un certain nombre de pistes.

---

4 *Journal des débats littéraires et politiques*, 8 décembre 1831, p. 1. Évoqué notamment par Ludovic Frobert, « Archaïsme et modernité à Lyon en novembre 1831 », *in* L. Frobert (dir.), *Archives de soie. Fabrique et insurrections à Lyon au début des années 1830*, Milan, Silvana Editoriale, 2013, p. 87-107.

La première, qui tente de répondre au déficit de légitimité structurel des élites nobiliaires héritées de l'Ancien Régime comme à celui des notables d'origine bourgeoise dont la propriété foncière contribue à asseoir les prétentions, consiste à miser sur l'émergence de nouvelles classes dirigeantes pouvant se réclamer de capacités intellectuelles, industrielles ou commerciales. Cette montée en puissance des « capacités » trouvera chez François Guizot (1787-1874) son avocat le plus éloquent, mais l'idée circule bien avant qu'il devienne le véritable inspirateur de la politique gouvernementale au début des années 1840. Avant même la révolution de 1830, elle est présente en particulier dans les milieux saint-simoniens qui comptent un nombre appréciable de capacitaires – juristes, médecins, ingénieurs, mais aussi banquiers et industriels – en leur sein.

Le développement économique doit également contribuer à pacifier cette France postrévolutionnaire dont l'apprentissage de la vie parlementaire se voit périodiquement remis en cause par des tentatives d'insurrection. Cette préoccupation colore les débats concernant les travaux publics sous la monarchie de Juillet. Il s'agit là encore de la reprise d'une conviction plus ancienne qui avait déjà imprégné plusieurs entreprises de l'Empire et la Restauration comme le « plan Becquey » d'achèvement des canaux dans lequel se lance la Restauration. « Dans les gouvernements modernes, comme dans les anciens, on a senti qu'une des premières conditions de la civilisation, et qu'ensuite l'un de ses premiers avantages, consistaient dans l'étendue et la facilité des communications », déclare d'emblée le directeur général des Ponts et Chaussées et des Mines Louis Becquey (1760-1849) dans son *Rapport au roi sur la navigation intérieure de la France* de 1820, avant d'évoquer l'heureuse « influence des communications sur les mœurs », influence qui leur permet de « lier entre elles et d'assembler les différentes parties d'un grand tout, ce qui contribue à les maintenir sous une même loi politique et sous un même gouvernement[5] ». À la France pacifiée par

5 Louis Becquey, *Rapport au roi sur la navigation intérieure de la France*, Paris, Imprimerie royale, 1820, p. 5-6 et p. 18. On trouvera une brève analyse du plan Becquey dans Anne Fortier et Pierre Pinon, « "L'achèvement des canaux" sous la Restauration et la monarchie de Juillet », *Annales des ponts et chaussées*, n° 19, 1981, p. 72-83. Voir surtout : Reed G. Geiger, *Planning the French canals : bureaucracy, politics, and enterprise under the Restoration*, Newark, Associated University Presses, 1994 ; Nathalie Montel, « L'État aménageur dans la France de la seconde Restauration, au prisme du *Rapport au roi sur la navigation intérieure* de 1820 », *Revue d'histoire moderne et contemporaine*, n° 59/1, 2012, p. 34-61.

les canaux et les routes succédera bientôt la France pacifiée par le chemin de fer plus sûrement que par une bonne constitution. « Les classes laborieuses sont plus malheureuses en France que dans les autres états, par suite des obstacles administratifs apportés à l'exécution des travaux d'utilité publique. Quinze millions de Français n'ont pas, terme moyen, plus de 29 centimes par tête et par jour pour se procurer la nourriture et toutes les nécessités de la vie[6] », constate en 1830 l'inspecteur général des Ponts et Chaussées Louis-Joseph Cordier (1775-1849), pour qui les chemins de fer et les emplois qu'induisent leur construction et leur exploitation constituent la seule réponse adaptée à la question sociale qui commence à devenir préoccupante.

La portée politique et sociale des travaux publics prend un relief particulier sous la plume des saint-simoniens. De tous les courants de pensée du XIXe siècle français, le saint-simonisme est certainement celui qui a consacré le plus de réflexions au rôle civilisateur des travaux publics et des voies de communication qu'ils permettent de réaliser[7]. Ces derniers sont intégrés à une vision globale de l'histoire humaine placée sous le signe de la perfectibilité des individus et du progrès collectif des sociétés. L'individualisme du temps, les querelles fratricides et les guerres entre les peuples sont appelées à céder la place à l'« association universelle » des producteurs organisés comme une seule et même armée pacifique. Les grands travaux représentent l'un des moyens privilégiés de réalisation de l'ordre nouveau dont ils rêvent. Le lendemain de l'émeute provoquée par l'enterrement du général Lamarque au début du mois de juin 1832, ils proposent par exemple de lutter contre le malaise politique et social ambiant en lançant toute une série de grandes entreprises. Il faut selon eux commencer immédiatement la ligne de chemin de fer de Paris à Marseille, exécuter les travaux d'adduction d'eau et d'assainissement qui manquent si cruellement à la capitale – frappée par une terrible

6 Louis-Joseph Cordier, *Considérations sur les chemins de fer*, Paris, Carilian-Gœury, 1830, citation en couverture.

7 Sur le mouvement saint-simonien et la question des grands travaux, lire notamment : Henry-René D'Allemagne, *Prosper Enfantin et les grandes entreprises du XIXe siècle*, Paris, Librairie Gründ, 1935 ; Robert B. Carlisle, « Les chemins de fer, les Rothschild et les saint-simoniens », *Économies et Sociétés*, t. V, 1971, p. 1185-1214 ; Jean Walch, « Les saint-simoniens et les voies de communication », *Culture technique*, n° 19, 1989, p. 285-294 ; Philippe Régnier, *Les saint-simoniens en Égypte (1833-1851)*, Le Caire, Amin F. Abdelnour, 1989.

épidémie de choléra quelques mois auparavant –, percer le grand axe du Louvre à la Bastille pour désengorger le cœur de la ville, envoyer dix-mille hommes en Bretagne pour mettre en valeur les landes incultes qui déparent cette province, amorcer enfin la transformation de l'armée en une organisation industrielle « en sorte que tout régiment serait une école d'arts et métiers et que tout soldat en sortirait bon ouvrier[8] ». On retrouve bien d'autres propositions du même type sous la plume du polytechnicien et ingénieur des Mines Michel Chevalier (1806-1879) et de ses collaborateurs du *Globe*, le principal organe de presse saint-simonien. Dans son fameux *Système de la Méditerranée*, paru en 1832 dans *Le Globe*, Chevalier imagine un vaste réseau de communications sillonnant l'Europe et reliant les grandes capitales aux principaux ports maritimes. Ce réseau est pour l'essentiel ferroviaire[9].

Les *Vues politiques et pratiques sur les travaux publics de France* prennent leur pleine portée à la lumière de ces éléments de contexte généraux. Écrit par quatre représentants des « capacités », quatre ingénieurs qui partagent un ensemble de compétences scientifiques et techniques, en dépit de leurs différences de caractère et de trajectoires sur lesquelles on reviendra plus loin, l'ouvrage est imprégné de la conviction que les travaux publics constituent une des dimensions d'un progrès indissociablement technique et politique. Ses auteurs notent d'ailleurs d'emblée que les questions de travaux publics « deviennent aujourd'hui les véritables questions politiques[10] ». Ce n'est pas un hasard s'ils fréquentent les cercles saint-simoniens et que l'un d'entre eux, Stéphane Flachat, participe pleinement à la vie du mouvement au tout début des années 1830. Si l'on peut s'interroger sur le caractère véritablement saint-simonien des *Vues politiques et pratiques sur les travaux publics de France*, elles se révèlent proches des réflexions des disciples du comte de Saint-Simon (1760-1825) et de Prosper Enfantin (1796-1864) – son principal disciple et le chef

8 Bibliothèque nationale de France [BnF désormais]. Bibliothèque de l'Arsenal [Arsenal désormais]. Fonds Enfantin. Ms 7787. Jean Terson, « Mémoires », s. d.

9 Michel Chevalier, *Religion saint-simonienne. Politique industrielle. Système de la Méditerranée*, Paris, Aux bureaux du *Globe*, mars 1832. – Sur les conceptions de Chevalier, voir, entre autres : Jean Walch, *Michel Chevalier économiste saint-simonien (1806-1879)*, Paris, Librairie philosophique J. Vrin, 1975 ; Michael Drolet, « Industry, class and society : a historiographic reinterpretation of Michel Chevalier », *English Historical Review*, vol. CXXIII, n° 504, 2008, p. 1229-1271.

10 *VPPTPF*, p. 12.

unique du mouvement à partir de 1831 – concernant les travaux publics et les voies de communication sur plusieurs points clefs. Cette parenté ne prouve rien de manière absolument certaine, car les saint-simoniens se font souvent l'écho de conceptions assez largement répandues dans les milieux politiques et techniques de leur époque. Comme leur industrialisme, leur intérêt pour les voies de communication renvoie à un ensemble de convictions partagées bien au-delà des cercles saint-simoniens et enfantiniens. Une telle parenté n'en demeure pas moins troublante, on y reviendra.

L'importance accordée à la notion de réseau et à l'idéal d'un territoire entièrement réticulé au moyen de routes, de voies d'eau et de chemins de fer fait partie des points de rencontre entre les *Vues politiques et pratiques sur les travaux publics de France* et des écrits saint-simoniens comme le *Système de la Méditerranée* de Chevalier. Le livre paraît au moment où achève de se cristalliser un ensemble de pratiques et de représentations constitutives d'une nouvelle approche du territoire.

AUX ORIGINES DU TERRITOIRE MODERNE

Dans son livre consacré aux origines des conceptions territoriales modernes, le politologue et géographe britannique Stuart Elden n'accorde qu'une place marginale aux voies de communication[11]. Celles-ci jouent pourtant un rôle essentiel dans de nombreux pays, à commencer par la France, qu'il s'agisse de contribuer à l'émergence de marchés nationaux ou de faciliter la mobilité des individus et par là même leur sentiment d'appartenance à une communauté beaucoup plus vaste que les paroisses, les pays et les régions qui l'avaient longtemps emporté sur des identités nationales floues et abstraites. Dans le cas français, les routes et les chemins de fer vont puissamment contribuer à cette « fin des terroirs » mise en évidence par l'historien américain Eugen Weber qui prend pleinement effet dans les dernières décennies du XIXe siècle[12].

La matérialité des transformations induites par les travaux publics et les voies de communication, leur caractère « positif », pour reprendre une expression en vogue au cours de la première moitié du XIXe siècle,

11 Stuart Elden, *The Birth of Territory*, Chicago, The University of Chicago Press, 2013.

12 Eugen Weber, *La fin des terroirs. La modernisation de la France rurale, 1870-1914*, Paris, Fayard, 1983 (éd. originale 1976).

ne doit pas toutefois faire oublier que les nations dont elles facilitent l'émergence demeurent dans une large mesure des « communautés imaginaires », ainsi que l'a montré avec justesse le politologue anglo-irlandais Benedict Anderson[13]. Les travaux publics et les voies de communication contribuent à la construction de l'imaginaire collectif constitutif des identités nationales, selon Anderson. Ils sont eux-mêmes inséparables d'un ensemble de représentations dont on peut faire l'histoire. Parmi ces représentations, la vision d'un espace national structuré par des réseaux de communications joue un rôle de premier plan dans l'émergence du territoire moderne. La notion de réseau émerge elle-même au cours des premières décennies du XIXe siècle afin de rendre compte d'un mode d'organisation des grands systèmes techniques, des infrastructures dirait-on aujourd'hui, fondé sur la reconnaissance des flux de circulation dont ils constituent le siège. Dans les années 1820, le terme réseau s'applique tout d'abord aux infrastructures urbaines, aux réseaux d'eau et d'assainissement, puis aux voies de communication, routes et canaux auxquels s'adjoignent bientôt les chemins de fer. Avec l'accent mis sur les réseaux triomphe une interprétation circulatoire du territoire qui s'esquissait déjà dans les réflexions des Lumières sur la nécessaire mise en mouvement des biens et des personnes, réflexions présentes notamment chez les physiocrates ainsi que chez les ingénieurs des Ponts et Chaussées responsables de la construction et de l'entretien des routes, des ponts et des canaux destinés à faciliter cette mise en mouvement[14].

Dans la pensée des élites éclairées, obsédées par les rapports du physique et du moral, des relations susceptibles d'unir les politiques de transformation des conditions matérielles de la vie en société aux perfectionnements spirituels des individus et des groupes, l'amélioration de la circulation des biens et des personnes constituait le préalable à la circulation des idées, à l'échange intellectuel censé hâter la disparition des préjugés. La figure du réseau, telle que la conçoit la première moitié du XIXe siècle, hérite de cette dimension morale. Elle n'est nulle part aussi nette que sous la plume des saint-simoniens, inspirant à Michel

13 Benedict Anderson, *Imagined communities : reflections on the origin and spread of nationalism*, Londres, Verso, 1983.

14 Bernard Lepetit, *Les villes dans la France moderne (1740-1840)*, Paris, Albin Michel, 1988 ; André Guillerme, « Réseau : genèse d'une catégorie dans la pensée de l'ingénieur sous la Restauration », *Flux*, n° 6, 1991, p. 5-17.

Chevalier sa célèbre formule selon laquelle le chemin de fer constitue dans l'ordre matériel « le symbole le plus parfait de l'*association universelle*[15]. » Si elle se fait plus discrète dans les *Vues politiques et pratiques sur les travaux publics de France*, elle n'en imprègne pas moins la totalité de l'ouvrage. Les propositions « positives » de ses auteurs s'enracinent dans la conviction que le progrès technique est indissociablement matériel et moral.

Concrètement, les *Vues politiques et pratiques sur les travaux publics de France* proposent d'établir un système national de voies de communication combinant canaux et chemins de fer. Ce plan général d'infrastructures de transport se caractérise par le fait d'être à la fois multimodal et hiérarchisé : il envisage le creusement de canaux et la construction de chemins de fer comme complémentaires et lie leurs différents usages, au premier rang desquels les circulations de voyageurs et de marchandises. Le tracé de voies de communication nouvelles prend en considération tant la géographie physique du territoire national que la localisation des ressources minérales et des ports maritimes. La nécessité de créer des entrepôts, à l'image de ce qui se pratique en Angleterre, y est également soulignée, ces nouveaux équipements faisant partie intégrante de ce vaste plan de travaux publics destiné à désenclaver les régions françaises. Évalué à deux milliards de francs et prévu pour être exécuté en dix ans, cet ambitieux programme de grands travaux est aussi considéré comme un plan d'investissement, susceptible de servir de moteur de relance à une économie française en berne dans les premières années de la monarchie de Juillet. À travers ce plan de développement des infrastructures de transports, c'est encore une fois non seulement un programme économique mais aussi un projet politique que les auteurs mettent sur la place publique. Par la mise en œuvre d'une politique industrielle, il s'agit aussi de contribuer à améliorer la question sociale. Les aspects financiers de ce plan ne sont pas laissés de côté. Plaidant pour une participation conjointe de l'État et des compagnies privées à sa mise en œuvre, les auteurs définissent les modalités inédites d'une économie mixte, fondée sur une garantie apportée par le Trésor public à la rentabilité des capitaux mobilisés par les entreprises.

---

15 M. Chevalier, *Religion saint-simonienne…*, *op. cit.*, p. 36, souligné par l'auteur.

UN OUVRAGE SIGNÉ PAR QUATRE INGÉNIEURS

UNE GÉNÉRATION REMARQUABLE

Gabriel Lamé, *dit* Lamé de la Droitière, est né le 22 juillet 1795 à Tours. De trois ans et demi son cadet, le Parisien Benoît-Paul-Émile Clapeyron a vu le jour le 26 janvier 1799. Quant aux deux demi-frères Stéphane et Eugène Flachat, ils sont nés à Paris le 14 février 1800 et le 16 avril 1802 respectivement. Ils font tous partie de la fameuse génération des années 1820, dont les membres sont nés entre le début des années 1790 et les premières années du XIXe siècle et pour lesquels le naufrage de l'Empire constitue une expérience de jeunesse déterminante[16]. Mais l'appartenance des auteurs des *Vues politiques et pratiques sur les travaux publics de France* à cette génération ne se justifie pas sur la base de calendrier seulement. De par les comportements qu'ils ont adoptés, les actions entreprises, les idées épousées et les réseaux sociaux et intellectuels dans lesquels ils se sont insérés et ont déployé leurs actions, les quatre ingénieurs illustrent plusieurs caractéristiques de la cohorte dont ils font partie.

Pour commencer, ils ont tous fait l'expérience d'une scolarité longue au sein de l'enseignement secondaire très sélectif de l'époque, poursuivie, pour les trois d'entre eux, par des études d'ingénieur. Membres d'une élite – rappelons que vers 1808 les lycées impériaux accueillent 15 000 élèves seulement[17] –, les quatre futurs ingénieurs obtiendront une solide culture en matière d'humanités en étudiant pendant plusieurs

16 Précisons ici que la « génération » est conçue à la fois comme une classe d'âge et comme un réseau d'interconnaissance sociale, un groupe confronté à des expériences idéologiques, politiques et même professionnelles sinon identiques, du moins très proches (Alan B. Spitzer, *The French generation of 1820*, Princeton (NJ), Princeton University Press, 1987). L'auteur utilise comme bornes chronologiques les années 1792 et 1803. – Pour une mise en contexte historique de cette génération particulière, on peut aussi consulter : Paul Benichou, *Les temps des prophètes. Doctrines de l'âge romantique*, Paris, Gallimard, 1977 ; Pierre Barberis, *Balzac et le mal du siècle*, 2 vol., Paris, Gallimard, 1970 (nouv éd. : Genève, Slatkine Reprints, 2002) ; Mary Pickering, *Auguste Comte. An intellectual biography*, Cambridge, Cambridge University Press, 1993.

17 À titre de comparaison, toujours vers 1808, les écoles primaires accueillent quelque 900 000 élèves (Thierry Lentz, *Nouvelle histoire du Premier Empire*, t. III : *La France et l'Europe de Napoléon, 1804-1814*, Paris, Fayard, 2007, p. 376).

années les langues anciennes, le grec et surtout le latin, la rhétorique, la logique, la morale, le français et l'histoire, tout en se familiarisant avec quelques éléments des mathématiques et de la physique[18]. Il n'empêche. Malgré une éducation plus centrée sur les études classiques que sur les sciences, les futurs auteurs des *Vues politiques et pratiques des travaux publics de France* opteront pour des études d'ingénieur.

Une autre caractéristique attribuée à la génération des années 1820 réside dans le sérieux et la précocité, tant intellectuelle et professionnelle, de ses membres[19]. Nos quatre ingénieurs illustrent bien ces deux autres attributs collectifs de leur cohorte. Le polytechnicien Lamé publie son premier travail remarqué en matière de mathématiques en 1818 alors qu'il est élève-ingénieur à l'École des mines. Durant leur scolarité dans cet établissement, Lamé et Clapeyron ne publient pas moins de six articles dans les *Annales des mines*, en 1819 et 1820. Leurs études à peine achevées, ils partent pour la Russie où ils vont exercer d'importantes responsabilités. Eugène et, surtout, Stéphane Flachat montrent eux aussi une précocité professionnelle remarquable. Leur carrière d'ingénieur démarre avec leur participation à un projet de travaux publics, qui, bien que jamais matérialisé, fait couler beaucoup d'encre dans la presse des années 1820 : le canal maritime de la Seine, entreprise ambitieuse, voire pharaonique, visant à faire de Paris un port de mer. On y reviendra.

En dépit de ces similitudes, nos quatre auteurs n'en sont pas moins profondément différents. Dans la France de la première moitié du XIXe siècle, un important écart sépare Lamé et Clapeyron, anciens élèves de l'École polytechnique et ingénieurs au service de l'État, des Flachat,

---

18 Jacques-Olivier Boudon (dir.), *Napoléon et les lycées. Enseignement et société en Europe au début du XIXe siècle*, Paris, Nouveau Monde Éditions/Fondation Napoléon, 2004 ; Philippe Savoie, *La construction de l'enseignement secondaire (1802-1914). Aux origines d'un service public*, Lyon, ENS Éditions, 2013. – Pour des présentations et des analyses plus poussées des programmes de l'époque, voir : (pour les sciences et les mathématiques) Bruno Belhoste, *Les sciences dans l'enseignement secondaire français. Textes officiels*, t. I : *1789-1914*, Paris, INRP et Economica, 1995 ; Bruno Belhoste, Hélène Gispert et Nicole Hulin, *Les sciences au lycée. Un siècle de réformes des mathématiques et de la physique en France et à l'étranger*, Paris, INRP et Éditions Vuibert, 1996 ; (pour le français, les langues anciennes et la rhétorique) : André Chervel, *Les auteurs français, latins et grecs au programme de l'enseignement secondaire, de 1800 à nos jours*, Paris, INRP et Publications de la Sorbonne, 1986 ; Françoise Douay-Sublin, « La rhétorique en France au XIXe siècle à travers ses pratiques et ses institutions », *in* Marc Fumaroli (dir.), *Histoire de la rhétorique dans l'Europe moderne, 1450-1950*, Paris, PUF, 1999, p. 1071-1214.

19 A. Spitzer, *The French generation of 1820*, *op. cit.*

ingénieurs civils, c'est-à-dire travaillant pour le secteur privé, qui ne bénéficient pas de la même reconnaissance intellectuelle et professionnelle. À la différence de l'Angleterre où la profession d'ingénieur civil est depuis longtemps en position dominante, la France considère assez longtemps que seuls les ingénieurs des corps de l'État, recrutés par le canal de l'École polytechnique sont à proprement parler des ingénieurs. L'association de ces auteurs aux profils aussi contrastés contribue à faire des *Vues politiques et pratiques sur les travaux publics de France* un document singulier. Commençons donc par évoquer la trajectoire des deux polytechniciens, avant d'étudier celle de leurs deux co-auteurs.

LAMÉ ET CLAPEYRON, POLYTECHNICIENS ET INGÉNIEURS DU CORPS DES MINES

Lamé et Clapeyron sont nommés officiellement aspirants-ingénieurs des Mines le même jour : le 20 novembre 1820. Pour y parvenir, ils ont tous deux suivi une formation à l'École polytechnique, puis à l'École des mines de Paris. Leur parcours, pourtant, n'est pas tout à fait identique. Contrairement à celui de Clapeyron, l'itinéraire de Lamé est parsemé d'embûches, que traduisent les trois ans et demi qui les séparent. Les sources dont on dispose sur chacun d'eux ne sont pas équivalentes non plus. Si des archives permettent de connaître les premières années de Lamé, il n'en est pas de même pour Clapeyron. Cette asymétrie est, là aussi, en partie due aux difficultés particulières que rencontre le premier et que ne connaît pas le second[20].

Gabriel Lamé naît en 1795, dans une famille bourgeoise, qui perd son aisance patrimoniale à la Révolution[21]. En 1803, les parents de Gabriel et leurs cinq enfants quittent Tours pour s'installer à Paris. Gabriel suit alors comme externe les classes du lycée Louis-le-Grand, sans véritablement y briller. Les revenus familiaux étant modestes, le

20 En partie seulement, car si la correspondance de Lamé détenue par ses descendants a été récemment déposée aux archives de l'École polytechnique, celle de Clapeyron ne semble pas avoir été conservée. Cette édition critique était déjà en cours de publication, lorsque nous avons eu connaissance de l'édition d'une partie de la correspondance de Lamé, celle qu'il entretient avec Clapeyron entre 1833 et 1835 : Évelyne Barbin, « La théorie et la pratique dans les travaux et la correspondance d'Émile Clapeyron et de Gabriel Lamé (1818-1835) », *Bulletin de la SABIX*, n° 67, 2021.

21 Michel-Eugène Lefébure de Fourcy, « Notice nécrologique sur Lamé (Gabriel) », *Annales des mines*, 1872, 1er semestre, p. 271-273.

jeune Gabriel, après la mort de son frère en 1810, entre à seize ans en qualité de clerc chez un homme de loi que ses parents connaissent. Pour des raisons et dans des circonstances qui restent obscures, même si on peut imaginer que cet apprentissage pratique a pu réveiller ses motivations, il se met à se passionner pour les mathématiques. Il reprend alors ses études au lycée[22], bien décidé à préparer le concours d'entrée à l'École polytechnique. Il obtient, le 22 août 1814, un premier accessit en « mathématiques spéciales » à l'occasion du concours général des lycées de Paris[23]. Pour la remise des prix aux lycéens, une cérémonie est organisée dans la salle des séances publiques de l'Institut, propre à faire naître chez eux le désir d'appartenir un jour à cette prestigieuse maison. Lamé ne sera pas le seul des lycéens récompensés en cette occasion à concrétiser ce rêve.

Pour l'heure, tout semble lui sourire : il est reçu, huit jours plus tard, onzième à l'École polytechnique[24], les mathématiques constituant une matière déterminante pour le classement d'entrée dans cet établissement fondé vingt ans plus tôt[25]. Représentées à titre principal par l'analyse mathématique et la mécanique rationnelle, la plus mathématisée des sciences physiques de l'époque, elles restent prépondérantes dans les enseignements dispensés[26]. Mais si l'accent est mis sur les sciences, les polytechniciens reçoivent aussi une formation littéraire, les autorités estimant que les futurs ingénieurs et officiers doivent être en mesure de rédiger avec correction, clarté, voire élégance les divers

---

22 Joseph Bertrand, *Éloge de Gabriel Lamé. Lu dans la séance publique du 28 janvier 1878*, Paris, Typographie de Firmin-Didot et Cie, 1878, p. 2-3.

23 Université de France, *Distribution générale des prix aux élèves des quatre lycées de Paris*, Paris, Imprimerie de la préfecture, 1814, p. 53.

24 Bibliothèque de l'École polytechnique. Archives [BEPA désormais]. X2C2. Registre matricule. Le rang de 3e donné par J. Bertrand comme la mention d'un premier prix de mathématiques obtenu au concours général font partie des informations inexactes diffusées dans son éloge de Lamé. On le sait, l'exercice de l'éloge est un genre littéraire qui a ses codes et dont les intentions dépassent l'établissement des faits.

25 Annie Petit, « L'impérialisme des géomètres à l'École polytechnique. Les critiques d'Auguste Comte », *in* Bruno Belhoste, Amy Dahan Dalmedico et Antoine Picon (dir.), *La formation polytechnicienne, 1794-1994*, Paris, Dunod, 1994, p. 59-75 ; Bruno Belhoste, *La formation d'une technocratie. L'École polytechnique et ses élèves de la Révolution au Second Empire*, Paris, Belin, 2003, chap. 2.

26 Ainsi en 1818, mathématiques et mécanique rationnelle occupent, à elles seules, 37 % du temps des études (Ambroise Fourcy, *Histoire de l'École polytechnique*, Paris, Belin, 1987 (1re éd. 1828), p. 377 et p. 379).

rapports et mémoires qui leur seront demandés au cours de leur carrière professionnelle[27].

À Polytechnique, le rang de classement de Lamé lui vaut d'être nommé caporal de remplacement. Seuls les six premiers du concours reçoivent ce grade, qui les amène à jouer le rôle de délégué-responsable d'une partie de leurs condisciples. Parmi eux, un élève de seize ans et demi, classé quatrième : Auguste Comte (1798-1857). Lamé et Comte partagent le goût des vues d'ensemble et des idées générales qui ont fait leur succès au concours d'entrée[28]. Dépourvu de toute aptitude à la soumission, Comte enchaîne les punitions pour manquements aux règlements dans cette école régie par une organisation militaire et se voit retirer, par décision du 20 juin 1815, son grade de caporal pour indiscipline[29]. Le concours pour le passage à la 1re division classe Lamé quatrième et Comte huitième. Entre eux deux s'est glissé Léon-Joseph Talabot (1796-1863), qui a intégré l'établissement en 1813. À la rentrée de 1815, leur rang de classement donne à Lamé et Talabot le grade de sergent-fourrier[30], qui les dote de missions semblables à celle de caporal pour la 2e division. Cette commune fonction unit les deux hommes.

Au printemps 1816, au prétexte d'une révolte des élèves au sein de laquelle Comte joue un rôle non négligeable[31], les deux divisions sont licenciées et l'École polytechnique fermée. Par cette mesure spectaculaire, objet d'une ordonnance prise le 14 avril, le gouvernement ultra de la Restauration entend marquer les esprits de ces jeunes gens, qui, pour beaucoup, manifestent des idées républicaines et impies, mais aussi inculquer le sens de la discipline et de l'obéissance à ceux qui

27 André Chervel, « Les études littéraires dans la formation polytechnicienne », *in* B. Belhoste *et al.* (dir.), *La formation polytechnicienne, 1794-1994*, *op. cit.*, p. 121-139.

28 A. Petit, « L'impérialisme des géomètres … », *op. cit.* ; Henri Gouhier, *La jeunesse d'Auguste Comte et la formation du positivisme*, Paris, Librairie philosophique J. Vrin, 1933, p. 139-141.

29 BEPA. VI2a2. Dossier Auguste Comte.

30 BEPA. X2C2. Registre matricule.

31 Cette révolte trouve son origine dans un différend intervenu entre le répétiteur de géométrie descriptive, Louis Lefébure (1787-1869), déjà impopulaire pour avoir fait le choix de reprendre la particule associée à son nom – de Fourcy –, et un groupe d'élèves qui refuse de dessiner une épure de charpente qu'il leur avait demandée. – Lamé ne tiendra pas rigueur de cet évènement à ce polytechnicien qui avait décidé de quitter la carrière militaire pour soutenir un doctorat de mathématiques en 1811, et, en 1849, sa fille Stéphanie-Marie Lamé (1824-1909) épouse le fils de l'ancien répétiteur, l'ingénieur des Mines Michel-Eugène Lefébure de Fourcy (1812-1889) ; au décès de Lamé, ce dernier rédige une nécrologie de son beau-père pour le journal du corps.

se destinent à entrer dans les services publics. Consternés, 214 élèves sont renvoyés chez eux. Leur destin, qu'ils croyaient déjà tracé, venait de se briser et l'incertitude planait désormais sur leur avenir. La lettre que Lamé envoie à son père le jour même du licenciement, alors que la décision n'est pas encore connue, rend compte à chaud des circonstances de l'événement. Ce témoignage de première main dit aussi le désarroi des élèves, en même temps que les préoccupations du jeune Lamé :

> [...] nos chefs, il faut le dire, attendent notre dissolution aujourd'hui pour demain ; nous voilà dans de beaux draps ; pour comble de malheur, le peu d'esprit d'union que nous avions conservé dans ces circonstances difficiles vient de disparaître entièrement, à ce mot terrible ; nous sommes cassés, chacun ne considère plus que son intérêt particulier l'intérêt général s'évanouit ; [...] Les amateurs qui voient tout en beau, prétendent qu'un nombre déterminé d'élèves sera seulement chassé, et que ce sera le sort, ou des nottes [*sic*] d'opinions politiques et de conduite qui désigneront les victimes, voilà ce que nous pouvons espérer de mieux. Il n'y a rien, je crois, de personnel pour moi dans toute cette affaire, nous sommes tous aussi coupables les uns que les autres, et nous serons probablement également punis[32].

Lamé se trompe doublement. D'abord parce que tous ne seront pas pareillement frappés et qu'ensuite tous les liens de confraternité ne seront pas dissous. Avant de se séparer, Comte et certains de ses camarades établissent, en effet, les plans d'une association d'entraide mutuelle, destinée à les unir dans la recherche d'emploi qui les attend et à créer entre eux des solidarités matérielles[33]. En ce printemps 1816, trouver un emploi leur permettant de subvenir à leurs besoins redevient soudain une préoccupation immédiate pour les élèves licenciés. Pour gagner sa vie, Lamé donne des leçons particulières de mathématiques, d'où il tire en 1818 la matière de son premier ouvrage imprimé[34]. Exposant les fruits de ses recherches, l'ouvrage livre aussi des réflexions sur l'enseignement

32 BEPA. IX. Lamé. Lettre de G. Lamé à son père, le 14 avril 1816. La ponctuation et l'orthographe ont été respectées.

33 Gaston Pinet, *Histoire de l'École polytechnique*, Paris, Baudry et Cie, 1887, p. 46 ; H. Gouhier, *La jeunesse d'Auguste Comte...*, *op. cit.*, vol. 1, p. 170-171.

34 Gabriel Lamé, *Examen des différentes méthodes employées pour résoudre les problèmes de géométrie*, Paris, Mme Ve Courcier, Imprimeur-Libraire, 1818. De cet ouvrage, deux articles sont extraits pour le périodique du corps des Mines : Gabriel Lamé, « Sur une nouvelle manière de calculer les angles des cristaux », *Annales des mines*, t. IV, 1819, p. 69-80 et *Id.*, « Formule pour déterminer la direction et l'inclinaison d'une couche minérale, reconnue par trois trous de sonde », *Ibid.*, p. 81-84.

des mathématiques et s'emploie à réconcilier les démarches propres à l'analyse et à la synthèse. Quant aux multiples recherches d'emploi de Lamé, elles restent vaines. Lorsque, quelque temps après le licenciement, paraît un pamphlet contre l'École polytechnique, il prend la plume pour défendre l'institution, retraçant son histoire glorieuse. La brochure a malheureusement été saisie, si bien qu'il n'en subsiste aucune trace permettant de s'en faire une idée précise, notamment d'évaluer la place impartie à l'Empire et par là-même les convictions politiques du jeune homme, qui restent difficiles à cerner[35]. Son ralliement public au nouveau régime mis en place après la révolution de 1848 nous apprend qu'à cette époque, il ne partageait pas les convictions républicaines de nombre de ces camarades[36].

À l'automne 1816, c'est l'embellie après le coup de tonnerre. Une ordonnance du 4 septembre réorganise l'École polytechnique et fixe le sort des élèves licenciés. La désormais École *royale* polytechnique doit ouvrir au début de l'année suivante. Ceux que Lamé désignait dans sa lettre comme les « amateurs » avaient raison : en licenciant toutes les promotions, il ne s'agissait pas pour le gouvernement de se séparer de l'ensemble des Polytechniciens, mais de prendre le temps de faire le tri entre les élèves, d'écarter les fortes têtes ou les opposants politiques, sans risquer pour autant d'être confronté à des mouvements collectifs de protestation[37]. Durant l'été 1816, plusieurs listes manuscrites circulent qui établissent quel élève renvoyer et lequel réintégrer. Sur l'une d'entre elles, établie par le gouverneur de l'École le 28 juin, on lit en face du nom de Lamé : « ne paraît pas susceptible d'être rappelé[38]. » Mais il fait finalement partie des 93 noms figurant sur la liste des élèves autorisés à se présenter pour l'admission dans les services publics en 1817[39]. En attendant, et tout en donnant des cours particuliers, Lamé se consacre à des recherches. Il présente, en décembre 1816, un mémoire à l'Académie des sciences, dont un extrait est publié en février 1817 dans les *Annales de mathématiques pures et appliquées*[40]. Classé treizième à l'issue des épreuves

35 H. Gouhier, *La jeunesse d'Auguste Comte…*, *op. cit.*, vol. 1, p. 148 et p. 279.
36 Gabriel Lamé, *Esquisse d'un traité de la République*, Paris, Bachelier, Imprimeur-Libraire, 1848.
37 BEPA. IV4. Licenciement de 1816.
38 *Ibid.*
39 *Ibid.*
40 Gabriel Lamé, « Sur les intersections des lignes et des surfaces », *Annales de mathématiques pures et appliquées*, t. 7, 1816-1817, p. 229-240.

organisées en 1817, il est l'un des trois élèves admis dans le corps des Mines. Tous n'ont pas eu la chance d'être invités à concourir. Parmi les anciens élèves appelés à envisager un autre avenir se trouve Comte. Ce dernier appartenait, du reste, à la liste noire des quinze élèves dont le renvoi avait été demandé dès le 12 avril 1816, sur laquelle figurait également le nom de Talabot. Mais beaucoup d'autres, qui, à l'image de François-Noël Mellet (1797- ?), compatriote montpelliérain de Comte, n'en faisaient pas partie, ne furent pas rappelés pour autant[41]. D'abord rentré chez ses parents, comme la plupart de ses camarades, Comte revient à Paris chercher du travail. Un an plus tard, en août 1817, il remplace l'historien Augustin Thierry (1795-1856) dans la fonction de secrétaire du comte de Saint-Simon[42], puis collabore avec lui jusqu'à leur rupture en 1824.

Traduisant bien la manière dont ce licenciement fut perçu, le polytechnicien Gaston Pinet note qu'« il les dépouillait d'un commencement d'état qui était devenu leur propriété[43] ». Cette épreuve traumatisante, vécue collectivement comme arbitraire et injuste, laisse des traces et ne reste pas sans effets. Elle cimente des liens, scelle des amitiés et unit beaucoup d'élèves dans une détestation du régime au pouvoir. Au-delà d'une hostilité à l'égard de la monarchie restaurée des Bourbons, cette expérience nourrit aussi chez eux une défiance à l'égard du personnel politique et surtout alimente de nouvelles conceptions du gouvernement de la société. Comme l'écrit Bruno Belhoste, après cet événement, les polytechniciens entendaient ne plus être « laissés en position subalterne[44] ». Bercés par leur devise, « pour la patrie, les sciences et la gloire », plusieurs d'entre eux se mettent alors à concevoir un nouvel ordre social qui les mettrait à l'abri de ce type de décision ministérielle et à concevoir une société dans laquelle davantage de pouvoir leur reviendrait. À n'en pas douter, ce licenciement inspire les écrits de Saint-Simon, du temps où Comte est son secrétaire, puis de Comte lui-même. L'idée notamment

41 BEPA. X2C2. Registre matricule. C'est à Montpellier qu'ils ont tous deux passé le concours d'entrée à l'École polytechnique.

42 Sur Auguste Comte, outre l'œuvre d'Henri Gouhier (*La jeunesse d'Auguste Comte et la formation du positivisme*, 3 vol., Paris, Librairie philosophique J. Vrin, 1933-1941), voir la biographie plus récente que lui a consacrée Mary Pickering, *Auguste Comte. An intellectual biography*, 3 vol., New York, Cambridge University Press, 1993-2009.

43 G. Pinet, *Histoire de l'École polytechnique*, *op. cit.*, p. 99.

44 B. Belhoste, *La formation d'une technocratie…*, *op. cit.*, p. 417.

d'un gouvernement d'experts non politiques et au-dessus des partis fait son chemin.

Pour le concours d'entrée de 1816, organisé avec quelques mois de retard par rapport aux années précédentes du fait du licenciement, l'École polytechnique pratique encore une sélection à la fois sociale et politique de ses élèves. Sur la liste de 84 candidats « susceptibles d'être reçus sous le rapport du talens [*sic*] » cette année-là, elle en écarte sept « pour cause d'inconduite, de mauvaises mœurs, de faux principes politiques[45] ». Le jeune Clapeyron réussit toutes les épreuves et se classe dix-huitième[46]. Élève chez les oratoriens au collège de Juilly (Seine-et-Marne) de 1808 à 1814[47], ce fils de négociant parisien[48], qui conserve tout au long de sa vie sa foi religieuse[49], présente toutes les garanties nécessaires pour entrer, le 17 janvier 1817, dans l'établissement. Classé cinquième six mois plus tard, lors de son passage à la 1re division, Clapeyron fait partie des trois élèves admis, au printemps 1818, dans le service des Mines[50], c'est-à-dire autorisés à poursuivre leur scolarité à l'École des mines dans la perspective de devenir ingénieur du corps éponyme. À défaut de confidences de sa part, ou de témoignages extérieurs, nous sommes encore moins bien renseignés sur les opinions politiques de Clapeyron que celles de Lamé. On ne lui connaît pas d'engagement collectif susceptible de nous aider à mieux les cerner. Ce qui, à une époque où ces collectifs, même éphémères, foisonnent, est sans doute déjà une indication.

C'est à l'École des mines de Paris que vont se rencontrer trois des futurs auteurs des *Vues politiques et pratiques sur les travaux publics de France*. Lamé fait sa rentrée le 11 décembre 1817 dans un établissement qui vient tout juste d'être réorganisé[51]. En 1802, l'École des mines de Paris a, en effet, été remplacée par deux écoles pratiques, situées l'une à Geislautern (Sarre) et l'autre à Pesey (Mont-Blanc). Son retour dans la capitale fait suite à l'écroulement de l'Empire, au rétrécissement du territoire national

45 BEPA. IV4. Licenciement de 1816.
46 BEPA. X2C2. Registre matricule.
47 Adolphe Mony, « *A Juilly* ». *Légendes-souvenirs-fêtes*, Paris, A. Picard et fils, 1900, p. 81. Fils de Stéphane Flachat, Adolphe Mony est également placé, probablement à la suggestion de Clapeyron, dans ce collège, dont il retrace ici l'histoire au moyen d'anecdotes.
48 BEPA. X2C2. Registre matricule.
49 A. Mony, « *A Juilly* »..., *op. cit.*, p. 82.
50 BEPA. X2C2. Registre matricule.
51 Ordonnance du 5 décembre 1816.

et à la perte de la Savoie[52]. Avec la Restauration, les besoins d'ingénieurs pour les services publics ne sont plus ceux de l'Empire et, depuis 1814, aucun polytechnicien n'a été admis dans le corps des Mines. À l'hiver 1817, Lamé et ses deux camarades, Charles-Édouard Thirria (1796-1868) et Guillaume Manès (1798-1819), découvrent ainsi un nouveau lieu et la formation réservée au petit nombre d'élèves que reçoit l'établissement. Outre ces trois « élèves-ingénieurs », l'établissement accueille, c'est encore une nouveauté, quelques élèves, français ou étrangers, qui ne sont pas passés par l'École polytechnique et qui se destinent à diriger des exploitations minières ou des usines métallurgiques[53]. La formation s'organise autour de quatre cours principaux : minéralurgie (métallurgie), exploitation des mines, minéralogie et docimasie (analyse chimique de mélanges naturels et artificiels)[54]. Chacun de ces cours comprend deux volets, enseignés une année sur deux. De sorte que, chaque année, tous les élèves, quels que soient leur statut (« élève-ingénieur », « élève externe » ou « élève étranger ») ou leur date d'arrivée, suivent ces enseignements. À ces cours principaux s'ajoutent des leçons de dessins et d'allemand, des travaux pratiques de chimie, des courses minéralogiques et géologiques ainsi que des visites d'ateliers ou d'usines dans Paris ou ses environs[55]. Pour les élèves du corps, la formation est de quatre ans. Au bout de deux années d'instruction avant tout théorique, ils se forment davantage à la pratique, par des voyages d'études à la belle saison qui leur permettent d'approcher concrètement les questions suscitées par l'exploitation des mines ou d'observer le fonctionnement des usines[56]. L'hiver, ils font fonction de répétiteurs des cours auprès des professeurs, assistent aux séances du Conseil général des mines, dont ils font office

52 André Thépot, *Les ingénieur des mines du XIXe siècle*, Paris, Éditions Eska, 1998, p. 76-77.

53 « Règlement de S. E. le ministre secrétaire d'état au département de l'Intérieur, pour l'admission des élèves externes à l'École royale des mines », *Annales des mines*, t. 2, 1817, p. 491-494.

54 Sur l'École des mines au XIXe siècle, voir Louis Aguillon *L'École des mines de Paris. Notice historique*, Paris, Vve Ch. Dunod, Éditeur, 1889.

55 Ces informations et celles qui suivent se fondent sur le dépouillement des deux premiers registres de délibérations du conseil de l'École des mines, relatifs à la période 1816-1825. Bibliothèque de l'École des mines. Archives [BEMA désormais]. 1 AE 1 et 1 AE 2.

56 Sur ces voyages d'études, voir : Jean-Philippe Passaqui, *Les voyages forment l'ingénieur*, Paris, Classiques Garnier, 2015 ; Sophie Riché, « Le voyage des élèves de l'École des mines de Paris, 1816-1830 », Mémoire de maîtrise, Université Paris I Panthéon-Sorbonne, 1994-1995.

de petites mains, et participent à la confection des *Annales des mines*. Fondée en 1816, la revue est prise en charge par les membres du Conseil général des mines et les élèves très tôt incités à lui fournir des textes.

Entré à l'École des mines le 15 novembre 1818, Clapeyron y fait la connaissance de Lamé, qui entame sa deuxième année de formation tout en continuant à échanger avec Comte sur les opportunités de publication et d'enseignement dans la capitale en vue d'arrondir ses fins de mois[57]. Au printemps 1819, tandis que Clapeyron reste à Paris pour des visites de terrain et travaux pratiques, Lamé est envoyé, avec son camarade de promotion Thirria, quatre mois dans le sud-est de la France. Les étapes de ces missions, réalisées dans le cadre de leur formation, et leur durée sont établies de manière très précise par le conseil de l'École. Ce voyage les amène à visiter des mines ou des usines et à appréhender *de visu* des curiosités géologiques[58], mais aussi à faire de nombreuses rencontres professionnelles[59]. Il les conduit tour à tour dans les villes de Clermont-Ferrand, Le Puy, Alais, Saint-Étienne, Le Creusot ou Decize. À l'issue de ce périple, ils rédigent un mémoire sur le traitement du fer par la méthode catalane en Ariège[60]. Satisfait de ce rapport et des échantillons envoyés à Paris par les deux futurs ingénieurs du corps, le Conseil général des mines les invite à soumettre à la commission des *Annales des mines* deux notices à partir de leurs observations de terrain : l'une sur les minerais de fer de la Voulte (Ardèche), l'autre sur les procédés employés au Creusot pour le grillage du minerai de fer[61]. Elles sont publiées en 1820, dans le même volume que deux mémoires proposés par Clapeyron, l'un sur les formes à donner aux dents des engrenages pour limiter leur frottement, l'autre sur les bateaux à vapeur[62].

---

57 Lettres de Comte à Lamé des 6 octobre 1818 et 13 janvier 1819, conservées à Moscou et découvertes par l'historien Jonathan Beechers (*cf.* M. Pickering, *Auguste Comte…*, *op. cit.*, vol. 2, p. 66, n. 254).

58 BEMA. 1 AE 1. Registre de délibérations du conseil de l'école, séance du 5 juin 1819.

59 BEPA. IX. Lamé. Correspondance avec sa famille durant l'année 1819.

60 BEMA. 6 AE 1. Mémoires, journaux et comptes rendus de voyage et travaux de concours de MM les élèves : catalogues. Vol. 1 (1819-1878).

61 BEMA. 1 AE 2. Registre de délibérations du conseil de l'école, séance du 12 février 1820 ; Gabriel Lamé et Charles-Édouard Thirria, « Description d'un fourneau de grillage pour le minerai de fer employé au Creusot et à Vienne », *Annales des mines*, t. V, 1820, p. 391-392 ; *id.*, « Mémoire sur la mine de fer de la Voulte (Ardèche) », *Ibid.*, p. 325-332.

62 Émile Clapeyron, « Sur les engrenages » *Annales des mines*, t. V, 1820, p. 113-128 ; *id.*, « Sur les bateaux à vapeur », *Ibid.*, p. 191-196.

À la rentrée de 1819, Lamé et Clapeyron font la connaissance d'un nouvel élève, Stéphane Flachat[63]. Ce dernier s'est présenté à l'examen d'élève externe. Bien que recalé, il est tout de même admis à suivre le cours de chimie, aux motifs « qu'il est fils d'un propriétaire d'usine, qu'il a déjà suivi des cours de chimie élémentaire, qu'il est plein de zèle et d'activité, et qu'il est présumable qu'il pourra être admissible l'année prochaine[64] ». Il rejoint donc la vingtaine d'élèves qui, cette année-là, assistent aux leçons. Se représentant à l'automne 1820, il répond cette fois « d'une manière distinguée aux questions qui [...] ont été faites sur toutes les parties du programme d'examen[65] » et est classé troisième sur les six élèves externes admis[66]. Quand il intègre officiellement l'École des mines, Lamé et Clapeyron, on va le voir, sont déjà partis pour la Russie. Il fréquentera l'établissement jusqu'au 18 mai 1821. Déclaré absent en juin 1821, il sera définitivement rayé des cadres en janvier 1822, n'achevant donc pas sa formation[67].

DEUX INGÉNIEURS CIVILS À L'ÉCOLE DE LA PRATIQUE

Stéphane et Eugène Flachat sont les fils de la même mère, Marguerite-Charlotte-Marthe Mony (1774-1856)[68]. Mariée en premières noces à un notaire, Pierre-Nicolas Jalabert (né en 1763), elle divorce le 12 ventôse an VIII (3 mars 1800), juste après avoir donné naissance à Stéphane, de père inconnu, le 15 février 1800. Marguerite se remarie avec Christophe

---

63 Le fils de Stéphane Flachat (ce dernier se faisant appeler Mony en prenant le nom de sa mère) affirme que son père et Clapeyron étaient des amis de « prime jeunesse » (A. Mony, « *A Juilly* »..., *op. cit.*, p. 8).

64 BEMA. 1 AE 1. Registre de délibérations du conseil de l'école, séance du 29 décembre 1819.

65 BEMA. 1 AE 2. Registre de délibérations du conseil de l'école, séance du 18 novembre 1820.

66 BEMA. 1 AE 2. Registre de délibérations du conseil de l'école, séances du 16 décembre 1820 et du 27 mars 1821.

67 BEMA. 9 AE 1. Élèves externes et étrangers, promotions 1817-1937 : registres matricules. Tome 1.

68 Beaucoup d'informations sur la famille Flachat se trouvent dans les biographies qu'Alain Auclair a consacrées aux deux demi-frères. Voir : Alain Auclair, *Les ingénieurs et l'équipement de la France. Eugène Flachat (1802-1873)*, Le Creusot, Écomusée de la Communauté Urbaine Le Creusot – Montceau-les-Mines, 1999, chap. I : « Les repères familiaux » ; *id.*, « Stéphane Mony, 1800-1884. L'un des fondateurs de la Grande Industrie dans le Bourbonnais », n° spécial de *RACINES* (revue semestrielle de l'Association du Pays de Montmarault), s. d., Introd.

Flachat (né vers 1760) le 5 décembre 1803 ou 1805, avec qui elle aura deux fils, dont Eugène né le 18 avril 1802. Les deux frères Flachat font leurs études au lycée Bonaparte – renommé collège Bourbon pendant la Restauration[69] –, puis tandis que Stéphane fréquente pendant un temps l'École des mines, Eugène, suivant le désir de son père industriel, se prépare à entrer dans le commerce[70]. Mais grâce aux échanges avec Stéphane, avec lequel il va collaborer à plusieurs reprises dans les années 1825-1832, à la suite de plusieurs séjours en Angleterre aussi durant lesquels il entre en contact avec des « hommes de l'art » célèbres, Eugène fera partie, avec son frère, du petit cercle des premiers ingénieurs civils dans la France des années 1820[71]. À côté de leurs liens familiaux, c'est un projet commun poursuivi pendant plusieurs années qui achève de sceller la complicité des deux hommes. Projet pharaonique pour l'époque, le canal maritime de la Seine qui vise à faire de Paris un port de mer – une idée déjà ancienne quoique jamais étudiée dans tous ses détails[72] – va leur permettre de se familiariser avec de très nombreux aspects de la pratique d'ingénieur.

En juillet 1824, Stéphane se trouve à Londres en compagnie d'un certain Pirault des Chaumes[73]. Les deux hommes ont traversé la Manche

69 Charles Lefeuve, *Histoire du Lycée Bonaparte (Collège Bourbon)*, Paris, Dépôt de la Publication, 1852, p. 36.

70 Léon Malo, *Notice sur Eugène Flachat*, Paris, Société des Ingénieurs Civils, s. d.

71 Sur le monde des ingénieurs civils français dans les années 1820, voir Michel Cotte, *Le choix de la révolution industrielle. Les entreprises de Marc Seguin et de ses frères (1815-1835)*, Rennes, PUR, 2007. – Sur les rapports, souvent tendus, entre les ingénieurs d'État et les ingénieurs civils dans la France de la Restauration et de la monarchie de Juillet, voir John H. Weiss, "Bridges and barriers : narrowing access and changing structure in the French engineering profession, 1800-1850", *in* Gerald L. Geison (éd.), *Professions and the French State, 1700-1900*, Philadelphie, University of Pennsylvania Press, 1984, p. 15-65.

72 Sur une série de projets datant du XVIIIe siècle, voir, par exemple : Barrie M. Ratcliffe, « The business elite and the development of Paris: intervention in ports and entrepôts, 1814-1834 », *The Journal of European Economic History*, vol. 14, n° 1, 1985, p. 95-142 (p. 122, n. 99) ; Fred Norman Affleck, « The beginnings of modern transport in France: the Seine valley, 1820 to 1860 », unpublished doctoral dissertation, University of London, 1972, p. 46 et p. 319. – Pour les années 1820, voir les documents suivants : M. de Montgéry, *Mémoire sur les moyens de rendre Paris port de mer*, Paris, Bachelier 1824 ; Anonyme (en fait Pierre-François-Xavier Bourguignon d'Herbigny (1772-1846)), *Paris port de mer ; par l'auteur de la* Revue politique de l'Europe en 1825, Paris, Chez les marchands de nouveautés, janvier 1826 ; Charles Bérigny, *Navigation maritime du Havre à Paris, ou Mémoire sur les moyens de faire remonter jusqu'à Paris tous les Bâtimens de mer qui peuvent entrer dans le port du Havre*, Paris, Chez Bachelier, Carilian-Gœury, Ladvocat et Delaunay, 1826.

73 Il s'agit selon toute vraisemblance de Jean-Baptiste-Vincent Pirault des Chaumes (1767-1838), maire de Nanterre (février 1816-octobre 1817), avocat et fervent royaliste

dans le but de réunir dans le pays phare de la (première) Révolution industrielle des renseignements utiles à la réalisation du projet du canal maritime de la Seine[74]. Ils prennent contact avec le prince de Polignac (1780-1847), à l'époque ambassadeur de France à la capitale anglaise. Suite à une suggestion du prince, ils rencontrent également à Londres le polytechnicien Charles Dupin (1784-1873), un vieux partisan de la liaison maritime entre le Havre et Paris[75], qui entreprend alors son sixième voyage « britannique[76] ». De retour en France au mois d'août 1824, les « deux inventeurs du projet du canal maritime de la Seine[77] » adressent, le 24 octobre 1824, au prince de Polignac un mémoire décrivant les grandes lignes de l'opération, tout en formulant, pour leur propre compte et au nom « de quatre maisons qu'ils présenteront », une demande de concession à perpétuité du futur canal et des ouvrages annexes, selon le modèle anglais d'exécution de travaux publics[78]. Après une série

---

légitimiste. – Sur ce voyage, voir notamment : Archives nationales [AN désormais] F^{14} 7106. Flachat fils et Pirault des Chaumes, « À Monsieur le prince de Polignac ambassadeur de sa majesté Charles dix, auprès de sa majesté le roi d'Angleterre », ms., le 24 octobre 1824.

74 Anonyme (selon toute vraisemblance Stéphane Flachat), *Du canal maritime de la Seine et de l'entrepôt de Paris*, Paris, Imprimerie de Firmin Didot, 1827, p. 127.

75 Charles Dupin, *Mémoires sur la marine et les ponts et chaussées de France et d'Angleterre*, Paris, Chez Gœury, 1818, p. 73.

76 Sur Dupin, en général, et ses voyages en Angleterre, en particulier, voir, entre autres : Carole Christen et François Vatin (dir.), *Charles Dupin (1784-1873) : ingénieur, savant, économiste, pédagogue et parlementaire du Premier au Second Empire*, Rennes, PUR, 2009 ; Margaret Bradley, *Charles Dupin (1784-1873) and his influence on France: the contributions of a mathematician, educator, engineer, and statesman*, Amherst (NY), Cambria Press, 2012 ; Margaret Bradley et Fernand Perrin, « Charles Dupin's study visits to the British Isles, 1816-1824 », *Technology and Culture*, vol. 32, n° 1, 1991, p. 47-68.

77 Anonyme (selon toute vraisemblance Stéphane Flachat), *Réponse des soumissionnaires du canal maritime de Paris au Havre, au Mémoire de M. Charles Bérigny, inspecteur-divisionnaire des ponts et chaussées*, Paris, Imprimerie de Firmin Didot, 1826, p. 7.

78 Sur ce qui précède, voir surtout : AN F^{14} 7106. Flachat fils et Pirault des Chaumes, « À Monsieur le prince de Polignac… », *op. cit.* ; Anonyme, *Réponse des soumissionnaires du canal maritime de Paris au Havre…*, *op. cit.* – À notre connaissance, Stéphane Flachat n'a jamais mentionné dans ses multiples textes ce voyage à Londres. Plusieurs documents et témoignages permettent néanmoins de l'identifier comme l'un de deux voyageurs londoniens, l'autre étant Pirault des Chaumes. Par exemple, il arrive souvent à Stéphane Flachat de signer comme Flachat fils, comme dans le rapport co-signé avec Pirault des Chaumes. Il y a aussi des références explicites au nom de Stéphane dans des documents de l'époque (voir, par exemple, « Cour Royale de Paris (Deuxième Chambre) », *Le Spectateur des Tribunaux*, vol. 1, n° 238, 29 mars 1827, p. 1-2). – Notons ici que d'après d'autres auteurs, Stéphane avait été accompagné en Angleterre par son père (voir André Fribourg, « Projets inconnus de Paris-Port-de-Mer », *L'Opinion*, vol. 3,

d'échanges entre les demandeurs de la concession et le gouvernement[79], Charles X rend une ordonnance royale le 16 février 1825[80], qui admet les propositions présentées par les soumissionnaires le 24 janvier[81] et les autorise à procéder à leurs frais aux levées de plans, nivellements, sondes et autres opérations nécessaires à la réalisation du projet « Paris, port de mer ». Si le canal maritime de la Seine est l'élément central du projet, d'autres ouvrages sont prévus pour assurer la rentabilité de l'opération. Ainsi à la demande de concession du canal est jointe, en s'inspirant des pratiques anglaises en la matière[82], celle d'une série d'entrepôts à établir le long de la Seine, dont un aux portes de Paris.

Parmi les huit sociétaires initiaux de la compagnie soumissionnaire – détenant au surplus l'une des cinq voix décisionnaires – figure le jeune Stéphane Flachat[83]. Pendant plusieurs années, Stéphane sera l'âme et la plume de la compagnie soumissionnaire du canal maritime de la Seine, au point que cette dernière est souvent associée par des contemporains et

n° 2, 1910, p. 782-784, p. 783 ; l'auteur de l'article s'appuie sur une note manuscrite provenant du cabinet de l'avocat et homme politique Jacques-Antoine Manuel (1775-1827)). En combinant les informations précédentes, on peut donc émettre l'hypothèse que Pirault des Chaumes est le « père inconnu » de Stéphane Flachat. – D'après Barrie M. Ratcliffe, la personne qui avait accompagné Stéphane Flachat en Angleterre est Sainte-Fare Bontemps (B. M. Ratcliffe, « The business elite and the development of Paris… », art. cité, p. 126) ; mais l'historien canadien ne donne pas de sources précises à l'appui de cette assertion.

79 Sur ces échanges, voir notamment : Anonyme, *Réponse des soumissionnaires du canal maritime de Paris au Havre…*, *op. cit.*, p. 9-11 ; Anonyme, *Du canal maritime de la Seine…*, *op. cit.*, p. 6, p. 55, p. 89, et p. 127-128.

80 Anonyme, *Paris, port de mer et gare de Saint-Ouen. Documents authentiques pour servir à l'intelligence de cette spéculation*, Paris, Imprimerie de Gaultier-Laguionie, 1828, « N° II. Canal de Honfleur, à Paris. », p. 11-13.

81 Le texte de la soumission est reproduit dans Anonyme, *Paris, port de mer et gare de Saint-Ouen. Documents authentiques…*, *op. cit.*, « N° I Soumission. », p. 3-10.

82 Lors de leur voyage à Londres en 1824, Stéphane Flachat et Pirault des Chaumes avaient étudié en particulier les « beaux établissemens, connus sous le nom de *Docks de Londres*, et *Docks des Indes Orientales* », concédés à des compagnies particulières (voir Anonyme, *Du canal maritime de la Seine…*, *op. cit.*, p. 54). Sur l'histoire de ces *docks*, voir Joseph G. Broodbank, *History of the port of London*, 2 vol., Londres, Daniel O'Connor, 1921.

83 Les huit soumissionnaires initiaux sont : Notaire-Jean-Nicolas-Marie Sainte-Fare Bontemps (1777-1851) (polytechnicien de la promotion 1794) (*une voix*) ; Stéphane Flachat (*une voix*) ; Pierre Blaisot (négociant) et Pierre Debaëcque (négociant) (*une voix*) ; Pierre-Nicolas Morlière (négociant), Nicolas Fessard (négociant) et Charles Fessard (négociant) (*une voix*) ; Victor-Charles-Claude Demachy, ancien agent de change (*une voix*) (Anonyme, *Paris, port de mer et gare de Saint-Ouen. Documents authentiques…*, *op. cit.*, p. 3 et p. 11).

des commentateurs postérieurs à son nom[84]. *Paris, port de mer* sera incontestablement le baptême de feu, l'expérience initiatrice pour Stéphane Flachat l'ingénieur civil, l'économiste en herbe et le futur publiciste, tout comme pour Eugène, également présent mais moins impliqué que son demi-frère dans le déroulement du projet. Vue la place du canal maritime de la Seine à la fois dans la trajectoire professionnelle et intellectuelle de deux Flachat et dans les *Vues politiques et pratiques sur les travaux publics de France*, une présentation du déroulement du projet par l'intermédiaire de l'implication de deux frères et jusqu'à son abandon définitif en 1832 ne paraît pas superflue.

Revenons à l'ordonnance royale du 16 février 1825. Accédant à la demande des soumissionnaires, qui s'inspirent ici de l'exemple britannique, le roi ordonne l'institution d'un Conseil-directeur « dans lequel entreraient des personnes placées au plus haut degré dans la confiance public[85] » afin que l'État et les actionnaires puissent recevoir les garanties nécessaires quant à la faisabilité technique et au bien-fondé économique du projet. Le Conseil-directeur nommerait à son tour deux commissions. La première, composée de trois « hommes de l'art » puisés dans le corps des Ponts et Chaussées, serait ainsi chargée : de vérifier les plans des soumissionnaires et les devis estimatifs des travaux ; de proposer, s'il y a lieu, des rectifications ainsi que de procéder à toutes les opérations jugées nécessaires pour déterminer le tracé définitif du canal ainsi que la nature et les dimensions des ouvrages d'art proposés ; de fixer, enfin, le montant des dépenses. Quant à la seconde commission, investie d'une mission de nature économique, elle serait chargée de vérifier les produits du canal et de donner son avis sur les tarifs des droits à percevoir par la compagnie concessionnaire. Créé le 10 mars 1825, le Conseil-directeur est composé de plusieurs personnalités influentes, couvrant l'ensemble du spectre politique[86]. « On dirait une petite chambre représentative »,

---

84 Voir, par exemple, Jean Fleury, « Paris port de mer », *Revue des Deux Mondes*, 3e période, t. 104, 1891, p. 626-651. L'auteur parle de « Société Flachat » (p. 628 et p. 633) et de « projet de Flachat » (p. 634).

85 Anonyme, *Paris, port de mer et gare de Saint-Ouen. Documents authentiques…*, *op. cit.*, « No II. Canal de Honfleur, à Paris », p. 12.

86 Le Conseil-directeur a comme président le prince de Polignac, suppléé en cas d'absence par son frère, Armand-Jules-Marie-Héraclius, duc de Polignac (1771-1847) ; les autres membres du Conseil sont : Eugène-François-Auguste d'Arnauld baron de Vitrolles (1774-1854), comte Nicolas-François Mollien (1758-1850), Jacques-Claude comte Beugnot (1761-1835), Charles Dupin, ingénieur du Génie maritime et membre de l'Institut (à

commente le *Constitutionnel* du 25 août 1825[87]. Figurant, avec le prince de Polignac, parmi les membres du Conseil, Dupin se voit confier par les soumissionnaires la direction des études préparatoires, fonction qu'il exerce jusqu'en septembre 1826, époque où la compagnie décide de diriger seule la marche de l'entreprise[88]. Le 3 mars 1826, le Conseil-directeur envoie au directeur général des Ponts et Chaussées et des Mines Becquey sa demande concernant les personnes qui doivent former la commission technique prévue par l'Ordonnance royale[89]. Elle est composée de Gaspard-Clair-François-Marie-Riche de Prony (1755-1839), inspecteur général et directeur de l'École des ponts et chaussées, François-Alexandre Cavenne (1773-1856) et Joseph-Michel Dutens (1765-1848), tous deux inspecteurs divisionnaires. Le 17 avril 1826, la commission économique, dite Commission de négociants, composée de cinq membres, est également formée[90].

l'époque baron) et Pierre-Antoine Berryer, dit Berryer fils (1790-1868) (Anonyme, *Du canal maritime de la Seine…*, *op. cit.*, p. 89 ; Anonyme, *Paris, port de mer et gare de Saint-Ouen. Documents authentiques…*, *op. cit.*, « N° III. Délibérations du Conseil-directeur », p. 15).

87 *Le Constitutionnel*, le 25 août 1825, p. 2. – Rappelons que *Le Constitutionnel*, très populaire – il tirait à 23 000 exemplaires en 1831 –, est à l'époque l'organe de l'opposition libérale (Voir, entre autres, Pierre Albert, *Histoire de la presse*, Paris, PUF, 2003, p. 39-41).

88 Anonyme, *Du canal maritime de la Seine…*, *op. cit.*, p. 130. – Dupin a relaté la part qu'il a prise dans la conception et le déroulement du projet de canal maritime de la Seine dans son ouvrage : Charles Dupin, *Forces productives et commerciales de la France*, Paris, Bachelier, 1827, t. II, « Livre Septième », p. 281-336. – On peut noter que les versions de Dupin et de la Compagnie – en réalité, la version de Stéphane Flachat, la plume du collectif des soumissionnaires jusqu'en juillet 1830 – sur les contributions du baron ne sont pas tout à fait identiques.

89 AN F[14] 7106. Lettre du Conseil directeur à Monsieur le directeur général [Becquey], le 3 mars 1826. – Le Conseil-directeur propose en fait que le nombre des membres de la Commission passe de trois à cinq, demande non suivie d'effet.

90 Jacques-Joseph-Augustin-Aimé Ardoin (1779-1854) (président) (banquier), Narcisse Lafond (fils) (1793-1866), Vital-Roux (1766-1846) (régent de la Banque de France), François-Dominique Larreguy (1786-1842) (secrétaire) (banquier), Cavalier (banquier) (le dernier, décédé, sera remplacé bientôt par Hippolyte Drouillard (1791-1856), membre de la maison de commerce « Blacque, Certain et Drouillard »). – Un certain Delanoy, courtier de commerce, s'est adjoint aussi à la Commission de négociants. Voir Anonyme (selon toute vraisemblance Stéphane Flachat), *Canal maritime de la Seine. Tarifs et produits du Canal et des Ports, Bassins, Magasins et Entrepôts de Paris, Rouen, et autres villes de la vallée de la Seine…*, Première Partie, Paris, Imprimerie de Firmin Didot, 1826, n° 24 : « Nomination de la Commission des négociants » ; Anonyme, *Canal maritime de la Seine. Rapports de la Commission des négociants et vérification du travail présenté par les soumissionnaires sur les tarifs et produits du Canal et des Ports, Bassins, Magasins et Entrepôts de Paris…*, Paris, Imprimerie de Firmin Didot, 1827, p. VII et p. IX-X.

Mais entretemps, après « trois mois de tentatives variées et souvent infructueuses[91] », le Conseil-directeur finit par composer une équipe d'« hommes de l'art » capables de développer et d'opérationnaliser les intentions et conceptions initiales des soumissionnaires. L'absence d'ingénieurs civils, à savoir des ingénieurs non-fonctionnaires, en nombre suffisant dans la France de l'époque – rappelons que l'École centrale des arts et manufactures va ouvrir ses portes seulement en 1829[92] – pousse les soumissionnaires, qui font ici leur une idée avancée à l'époque par l'ingénieur des Ponts et Chaussées Cordier[93], à s'adresser à l'administration des Ponts et Chaussées, dirigée par Becquey, pour des renforts. La Compagnie propose alors de pouvoir utiliser contre argent[94] les compétences des ingénieurs du corps des Ponts et Chaussées en service dans les localités traversées par le canal pour tous les travaux des tracés, des plans et des calculs préparatoires. Becquey, sans grand enthousiasme paraît-il, accède à une demande qui bénéficie des appuis politiques assez exceptionnels, nous l'avons vu[95]. Sont recrutés ainsi pour la cause du canal maritime de la Seine les ingénieurs des Ponts et

---

91 Anonyme (selon toute vraisemblance Stéphane Flachat), *Considérations sur les avantages des concessions perpétuelles de travaux publics utiles à l'industrie, extraites des ouvrages du Baron Charles Dupin…*, Paris, Bachelier, 1825, p. 7.

92 Pour une vue panoramique sur la formation des ingénieurs dans la France des premières décennies du XIXe siècle (dont la formation offerte aux futurs « centraux »), voir Konstantinos Chatzis, « Theory and practice in the education of French engineers from the middle of the 18th century to the present », *Archives Internationales d'Histoire des Sciences*, vol. 60, n° 164, 2010, p. 43-78.

93 Voir, par exemple, Louis-Joseph Cordier, *Histoire de la navigation intérieure, et particulièrement de celle de l'Angleterre et de la France…*, Paris, Chez MM. Firmin Didot, Gœury, Delaunay, 1819, p. XCI-XCV.

94 Sur un différend élevé entre l'ingénieur des Ponts et Chaussées Sénéchal et la compagnie au sujet des rétributions du premier par la seconde, voir, par exemple : Bibliothèque de l'École des ponts et chaussées [BEPC désormais]. Ms. 2705. Jean-Nicolas Sénéchal, « Note sommaire pour M. Sénéchal contre la Compagnie du Canal maritime de la Seine », ms., le 1er avril 1829.

95 D'après son biographe, Becquey, « [l]ivré tout entier à des travaux dont l'urgence était comprise depuis longtemps et qui réclamaient tous ses soins, il traitait avec le dédain qu'elles méritaient les entreprises chimériques ou ridicules que des spéculateurs, trop souvent appuyés par des personnages puissants, ne craignaient pas de venir lui proposer. Il ne parla jamais sérieusement du projet de faire de Paris un port de mer, au moyen d'un canal du Havre à Paris, pour lequel le public parisien se prit d'admiration pendant quelques instants » (Auguste-Arthur Beugnot, *Vie de Becquey, ministre de l'État et directeur général des ponts et chaussées et des mines sous la Restauration*, Paris, Typographie de Firmin Didot frères, 1852, p. 244).

Chaussées Jacques-Pierre-Guillaume Pattu (1772-1839), Casimir Pouettre (1789- ?), Jean-Nicolas Sénéchal (1788-1852), Jean-Jacques Petit (1794- ?), Léonore-François Fresnel (1790-1869), Marie-François-Benjamin Dausse (1801-1890)[96] et Alphonse-Jean-Claude Bourguignon, *dit* Duleau (1789-1832), ce dernier étant chargé de l'étude spéciale des différents ouvrages d'art nécessaires, tels que des écluses, barrages et ponts[97]. Pour les opérations géodésiques et les levés trigonométriques dans la vallée de la Seine sont contactés deux astronomes connus de l'époque, Claude-Louis Mathieu (1783-1875), membre de l'Institut et du Bureau des longitudes, et Felix Savary (1797-1841), secrétaire adjoint au Bureau et futur académicien, alors que le géomètre en chef du cadastre pour le département du Calvados Simon aîné[98] est nommé responsable de diverses opérations cadastrales, celles relatives aux indemnités entre autres.

Une entreprise de l'ampleur du canal maritime de la Seine ne pouvait pas être réalisée sans l'aide d'une foule de conducteurs, piqueurs, dessinateurs et autres employés – Stéphane Flachat parlera plus tard de plus de soixante conducteurs qui ont travaillé sous la direction des ingénieurs des Ponts et Chaussées impliqués dans le projet pendant une période de deux ans (1825-1827)[99]. Une *École préparatoire* pour l'enseignement pratique de ces « aides » aux ingénieurs des Ponts et Chaussées et aux autres savants impliqués dans le projet est établie, initialement sous la direction de François Blachez (1784- ?), lequel, très vite, est remplacé pour cause de problèmes de santé par son camarade de corps Fresnel. Le projet apparemment passionne et un nombre d'« autres savans [*sic*] du premier ordre et des artistes célèbres », à l'instar de Humboldt, de Fresnel aîné (Augustin-Jean) (1788-1827) et de Henri-Prudence Gambey (1787-1847), semblent avoir fourni à l'opération « des méthodes nouvelles et des instrumens [*sic*] d'une rare perfection[100] ».

96 Pour la demande concernant les ingénieurs Dausse et Fresnel, voir AN F[14] 7106. Lettre du Conseil-directeur à Becquey, le 4 mai 1825.

97 Les six premiers ingénieurs étaient accordés à la compagnie au mois de juillet 1825, alors que Duleau a été mobilisé un peu plus tard. Voir Ch. Dupin, *Forces productives et commerciales de la France*, *op. cit.*, p. 312-313.

98 Sur les travaux réalisés par Simon aîné, en novembre et décembre 1825 ainsi qu'en janvier 1826, voir *Mémoires de l'Académie Impériale des Sciences, Arts & Belles Lettres de Caen*, Caen, Chez A. Hardel, 1856, p. 394-398, p. 394.

99 Stéphane Flachat, « Paris Port de Mer », *Le Globe*, 4 janvier 1832, p. 15-16, p. 16.

100 Informations puisées dans : Anonyme, *Du canal maritime de la Seine…*, *op. cit.*, p. 89-91 ; Anonyme, *Considérations sur les avantages des concessions perpétuelles…*, *op. cit.*, p. 10-12 ;

Au sein de cette division de travail, où dominent les ingénieurs du corps des Ponts et Chaussées, Stéphane et François-Louis Fantet (1803- ?), un ingénieur civil sorti de l'École des mines en mai 1824[101], se voient confier le « Service des sondages ». Les deux anciens élèves externes de l'établissement parisien sont chargés de faire connaître la nature et la densité des différentes couches de terrain dans les parties de la vallée de la Seine où doit passer le canal, afin de pouvoir apprécier notamment les prix de terrassements. Pour procéder à cet examen, fait d'après les méthodes descriptives mis au point par Georges Cuvier (1769-1832) et Alexandre Brongniart (1770-1847) dans leur travail général sur la géologie du bassin de la Seine[102], la compagnie mobilise cinq brigades d'ouvriers en provenance des mines d'Anzin et fournit à leurs chefs une montre de précision leur permettant de compter avec exactitude le temps nécessaire à la perforation de chaque couche différente. Eugène Flachat ne tarde pas à joindre l'équipe de deux ingénieurs civils des Mines. Au début de l'année 1826, les travaux de sondages, conduits depuis Bezons (Val d'Oise) jusqu'à Rouen, avaient déjà produit cent quarante trous de sonde d'une profondeur moyenne de quinze mètres. D'autres sondages sont entrepris plus tard dans l'année entre Rouen et le Havre cette fois, poussés jusque sur les bancs de sable de l'embouchure de la Seine[103].

M. de Montgéry, « Second mémoire sur Paris port de mer », *Journal des sciences militaires des armées de terre et de mer*, t. III, 1826, p. 348-404, p. 364 (informations sur Blachez, puis Fresnel), et p. 365 (pour les citations) (l'auteur a eu accès à un document produit par Charles Dupin, « Rapport au Conseil-directeur du canal maritime de la Seine, sur l'achèvement des travaux préparatoires opérés sur le terrain », ms., le 24 janvier 1826, et il en a reproduit des extraits (p. 363-365)).

101 Au milieu des années 1840, Fantet sera ingénieur des mines des Asturies en Espagne (*Journal du génie civil*, t. 13, 1846, p. 503).

102 Georges Cuvier et Alexandre Brongniart, *Description géologique des environs de Paris*, nouv. éd. par Alex. Brongniart, Paris et Amsterdam, Chez G. Dufour et E. d'Ocagne, Libraires, 1822 (1re éd. 1811).

103 Informations puisées dans : Anonyme, *Considérations sur les avantages des concessions perpétuelles…*, *op. cit.*, p. 8 et p. 12 ; Anonyme, « France. Académie des Sciences. Séance du lundi 17 avril 1826. Discussion sur le projet d'un canal maritime entre le Havre et Paris. Projet de M. Bérigny. – Projet de M. Dupin. – Détails statistiques sur les revenus probables du canal. », *Le Globe*, 22 avril 1826, p. 273-275, p. 274 ; S. Flachat, « Paris Port de Mer », art. cité, p. 16 ; Flachat frères (sous la direction de), *Carte de la vallée de la Seine, présentant les résultats des sondages faits avec les nivellements en long du canal maritime de la Seine, 1825-1826* (carte manuscrite, signée Fantet…), s. l. n. d. (BnF : GE CC-276) ; Anonyme, *Du canal maritime de la Seine…*, *op. cit.*, p. 92 et p. 98.

Actifs sur le front technique du projet, Eugène et, surtout, Stéphane sont aussi très présents dans son volet économique. Après avoir organisé les travaux d'art, les soumissionnaires se sont mis, en effet, à travailler sur les aspects économiques de l'opération également. Afin de pouvoir estimer, autant que faire se peut, les *produits* espérés du futur canal, ils ont réuni, non pas sans avoir sollicité à plusieurs reprises l'intervention directe du Président du Conseil en personne auprès d'une administration générale des Douanes[104] réticente à fournir les informations demandées[105], une masse impressionnante de documents concernant les mouvements des navires et des marchandises dans la partie du territoire servi par le futur canal. « [I]mprimé de mars à juillet 1826[106] », un bel ouvrage *in-folio* de quelque 360 pages livre alors au public les résultats de « dix-mois d'études et de recherches assidues[107] », menées à partir de nombreux et volumineux registres envoyés à la compagnie par plusieurs administrations[108]. C'est Stéphane qui est chargé par les soumissionnaires de diriger cette partie de travaux portant sur le tarif – ce dernier définissant les différents frais à supporter par les navires et les marchandises au bénéfice du concessionnaire[109]. Il sera épaulé dans ses tâches par son frère Eugène, nommé « chef du bureau des produits », tout en travaillant étroitement avec deux « vérificateurs » versés dans ces matières, à savoir Nicolas Fauchat (1774-1829), ancien chef de division au ministère de l'Intérieur[110], et le courtier de commerce Denis-Louis Rodet (1781-1852)[111], auteur d'un ouvrage récent sur le commerce extérieur et la question d'un entrepôt à Paris[112].

---

104 Jean Clinquart, *L'administration des Douanes sous la Restauration et la monarchie de Juillet*, Neuilly-sur-Seine, Association pour l'histoire de l'administration des Douanes, 1981.

105 Anonyme, *Du canal maritime de la Seine…*, *op. cit.*, p. 104-106.

106 *Ibid.*, p. 109.

107 Anonyme, *Canal Maritime de la Seine. Tarifs et produits du Canal…*, *op. cit.*, Avis préliminaire.

108 Dans sa notice sur E. Flachat, Malo donne plusieurs anecdotes, dont le degré d'exactitude reste sujet à caution, sur le travail fourni par Stéphane et Eugène, aidés par « quatorze employés subalternes », ainsi que l'ambiance qui régnait durant ce travail (L. Malo, *Notice sur Eugène Flachat*, *op. cit.*, p. 7-8).

109 L'entreprise du canal comportait trois natures de tarifs : l'un pour la circulation des marchandises, l'autre pour l'entrepôt des matières exotiques et pour le stationnement des matières indigènes, le troisième pour le stationnement des navires et bateaux.

110 Francis de Baecque, Charles Braibant, Georges Dethan *et al.*, *Les directeurs de ministère en France (XIXe-XXe siècles)*, Genève, Librairie Droz, 1976.

111 Anonyme, *Canal Maritime de la Seine. Tarifs et produits du Canal…*, *op. cit.*, Avis préliminaire.

112 Denis-Louis Rodet, *Du commerce extérieur et de la question d'un entrepôt à Paris*, Paris, À la Librairie du Commerce, 1825. – Sur Rodet, voir Luc Marco, *Histoire managériale du*

Suivant les indications de l'ordonnance royale du 16 février 1825, le travail des soumissionnaires devait être examiné par la Commission des négociants, organe de contrôle institué par le Conseil-directeur. Les séances de la Commission ont commencé en août 1826 et se sont terminées en février 1827[113] ; un ouvrage *in-folio* de 230 pages environ, publié en 1827, a rendu compte des travaux de cette commission de façon détaillée. En donnant son avis, positif, sur le travail accompli par les soumissionnaires, la Commission des négociants n'oublie pas de témoigner à Stéphane Flachat, « principal auteur et seul rédacteur du travail des produits », « son estime et sa reconnaissance[114] ». Outre le fait qu'il avait dirigé le travail préalable sur les produits du canal, Stéphane participe, en effet, à plusieurs reprises également aux travaux de la Commission des négociants, laquelle n'hésite pas à le solliciter à propos des questions qui émergent lors de ses séances du travail. Ainsi Stéphane est appelé à rédiger une « Note Supplémentaire sur les dépenses du halage sur le Canal maritime[115] » et produit, avec Eugène, une étude comparative sur les mérites respectifs du canal maritime de la Seine et d'un moyen de transport concurrent, la ligne de chemin de fer Paris-Le Havre, projet soumis au gouvernement le 4 mars 1825[116]. Sans grande surprise, les deux frères terminent leur analyse en déclarant que celle-ci ne laisse pas « le moindre doute de la supériorité d'un Canal maritime sur une Route en fer entre Paris et le Havre[117] ».

Déroulée, en deux temps, entre février 1825 et début juin 1827, la campagne de travaux préparatoires, tant techniques et économiques, a coûté à la Compagnie la somme considérable de 520 000 francs,

---

Bazar Bonne-Nouvelle. Galeries marchandes à Paris, 1835-1863, Paris, L'Harmattan, 2009, p. 15 et p. 40.

113 Anonyme, *Du canal maritime de la Seine…*, *op. cit.*, p. 111.

114 Anonyme, *Canal maritime de la Seine. Rapports de la Commission des négociants…*, *op. cit.*, p. VII.

115 *Ibid.*, p. 184-186.

116 Le projet ne prévoit pas d'autre mode de locomotion que le cheval. Voir : Claude-Louis-Marie-Henri Navier, *De l'établissement d'un chemin de fer entre Paris et le Havre. Lu à l'Académie des sciences le 1er mai 1826*, Paris, Imprimerie de Firmin Didot, 1826, p. 3 ; Georges Ribeill, *La révolution ferroviaire. La formation des compagnies de chemins de fer en France (1823-1870)*, Paris, Belin, 1993, p. 67-68.

117 Stéphane et Eugène Flachat, « Comparaison du Canal maritime de la Seine avec une Route en fer de Paris au Havre », *in* Anonyme, *Canal maritime de la Seine. Rapports de la Commission des négociants…*, *op. cit.*, p. 167-179, p. 179.

montant à mettre en regard avec le coût du projet, estimé à 170 millions francs en 1827, et susceptible, d'après les soumissionnaires, de donner dix pour cent d'intérêt annuel, nets de tout frais[118]. Les différents projets partiels produits par les sept ingénieurs des Ponts et Chaussées employés par les soumissionnaires sont envoyés au fur et à mesure pour examen à la Commission technique composée par le triumvirat Prony-Cavenne-Dutens. Coordonnées et amendées par cette instance de contrôle[119], les études sont soumises au début de l'année 1828 à la Commission des canaux de l'administration des Ponts et Chaussées. L'ingénieur Barnabé Brisson (1777-1828) est chargé d'en faire le rapport, qu'il rend le 4 août 1828, moins de deux mois avant sa mort subite. Brisson trouve le projet exécutable, mais il suggère une série de modifications[120]. Le Conseil général des ponts et chaussées s'apprête à s'occuper à son tour de l'affaire, lorsque la Compagnie annonce à Becquey que, à cause des incertitudes concernant les dépenses, elle retire la partie du projet relative au canal entre Rouen et le Havre et, qu'en même temps elle souhaite revoir le tracé entre Paris et Rouen à la lumière des remarques de Brisson[121].

Un autre ingénieur des Ponts et Chaussées, Ferdinand-Jean Bayard de la Vingtrie (1791-1852), est chargé alors par les soumissionnaires d'assurer la refonte du projet final, significativement réduit par rapport à

118 Anonyme, *Du canal maritime de la Seine…*, *op. cit.*, p. 7 et p. 128-129.

119 Anonyme, *Canal maritime de la Seine. Rapports de la Commission des inspecteurs des ponts-et-chaussées, sur les plans et projets présentés par les Soumissionnaires, en vertu de l'Ordonnance royale du 16 février 1825*, Paris, Imprimerie de Firmin Didot, 1828 (Le rapport concernant les études de la partie supérieure du canal (de Paris à Rouen) est signé le 11 avril 1827 : Cavenne, rapporteur, *Ibid.*, p. 141) ; le rapport portant sur la basse Seine (de Rouen au Havre) est signé le 20 janvier 1828 : Cavenne, rapporteur, *Ibid.*, p. 221). – Sur les travaux de cette commission, voir aussi Gaspard-Clair-François-Marie-Riche de Prony, « Examen relatif aux projets de barrage de la Seine dans le voisinage du Havre », *Annales des ponts et chaussées*, 1831, 1er semestre, p. 335-385.

120 Anonyme, *Canal maritime de la Seine. Rapport de la Commission des canaux sur les Projets présentés par la Compagnie soumissionnaire, sur le travail de la Commission spéciale d'examen… composée de MM. de Prony, Cavenne et Dutens, et sur les projets établis par M. Bérigny…*, Paris, Imprimerie de Firmin Didot, 1828. La Commission des canaux, composée alors des ingénieurs des Ponts et Chaussées Tarbé, Brisson, Dutens, Roussigné et Legrand, donne son avis le 2 janvier 1829. Sur la Commission des canaux, voir N. Montel, « L'État aménageur dans la France de la seconde Restauration… », art. cité.

121 AN F14 7105. Canal maritime de la Seine, « CR d'une réunion du Conseil Directeur le 17 février 1829 ; Lettre des soumissionnaires du Canal maritime de la Seine au directeur général [Becquey] », ms., le 19 février 1829.

ses dimensions initiales[122]. Vingtrie remet un premier rapport manuscrit aux soumissionnaires le 27 mai 1829[123], alors que son étude est rendue publique aux frais de la compagnie en décembre 1829[124]. Le Conseil général des ponts et chaussées consacre plusieurs séances au projet entre fin août 1829 et février 1830[125]. Une nouvelle demande de concession est faite le 4 mars 1830, et Stéphane Flachat fait partie de trois soumissionnaires restants[126]. Saisi de nouveau, le Conseil général des ponts et chaussées donne son avis le 6 avril 1830 ; il déclare le travail d'art possible et renvoie pour une série de questions de détail au moment de l'exécution. Consulté à son tour, le Bureau de commerce envoie de son côté son rapport favorable au président du Conseil le 6 juillet 1830[127]. Mais la compagnie soumissionnaire et son projet sont rattrapés par les événements de juillet et les changements politiques et administratifs qui en résultent. Avant de statuer sur la demande en concession, la nouvelle administration des Ponts et Chaussées insiste maintenant sur un examen préalable des projets détaillés de trois barrages prévus. Dans un climat conflictuel et parsemé d'incidents – la perte de plusieurs cartes chèrement confectionnées par les soumissionnaires et déposées aux bureaux de l'administration en avril 1829, en est un[128] –, Vingtrie produit un

122 Pour deux brefs historiques écrits par des membres de la Compagnie, voir : Ferdinand-Jean Bayard de la Vingtrie, *Du canal maritime de Rouen à Paris. N° 3. Mémoire sur le travail d'art et sur la dépense de construction*, Paris, Imprimerie de A. Firmin Didot, 1829, p. 1-11 ; Stéphane Flachat, fils, *Du canal maritime de Rouen à Paris, et des perfectionnemens de la navigation intérieure, par rapport à Marseille, Bordeaux, Nantes, Le Havre, Metz et Strasbourg*, Paris, De l'imprimerie de Firmin Didot, 1829, Introd., p. IX-LVIII.

123 AN F[14] 7106. Ferdinand-Jean Bayard de la Vingtrie, *Mémoire sur le canal maritime de la Seine de Paris à Rouen*, ms., le 27 mai 1829.

124 F.-J. Bayard de la Vingtrie, *Canal Maritime de Paris à Rouen. N° 3…*, *op. cit.*

125 AN F[14] 7105. Conseil général des ponts et chaussées, « Canal maritime de Paris à Rouen (séance du mardi 2 août 1829, séance du 9 janvier 1830, séance du samedi 16 janvier, séance du samedi 23 janvier, séance du samedi 30 janvier, séance du vendredi 12 février 1830, séance du samedi 20 février 1830) », ms., s. d.

126 AN F[14] 7105. Canal maritime de la Seine, « Soumission définitive pour l'ouverture et l'établissement du canal maritime de Paris à Rouen, avec port et entrepôt à Paris », ms., le 4 mars 1830.

127 Sur les échanges entre la Compagnie et le Bureau du commerce, voir F. N. Affleck, « The beginnings of modern transport in France… », *op. cit.*, p. 61.

128 On avance alors le chiffre de 43 000 francs pour un travail réalisé, pendant plus de six mois, par une équipe de vingt ingénieurs géographes prêtés par le ministère de la Guerre (Anonyme, *Notice sur les travaux préparatoires du Canal maritime et sur les nouvelles études des barrages*, Paris, Imprimerie de Firmin Didot frères, 1832, p. 19-20).

nouveau rapport le 20 janvier 1832. Désigné rapporteur pour le compte du ministère du Commerce et des Travaux publics, l'inspecteur des Ponts et Chaussées Jean-Bernard Tarbé de Vauxclairs (1767-1842) rend son avis le 5 mars de l'année ; il émet des réserves et indique plusieurs prescriptions auxquelles les soumissionnaires lui semblent devoir être assujettis. Les membres du Conseil général des ponts et chaussées se penchent collectivement aussi de leur côté, durant les mois d'avril et mai 1832, sur la dernière mouture du projet. Lors de la dernière séance de ses travaux, le Conseil qualifie le projet d'« opération gigantesque dont la nécessité est loin, encore, de lui être démontrée, et dont il est aussi difficile de prévoir tant le terme, que les conséquences [...][129] ». Ce sera la fin définitive d'une aventure qui avait commencé huit ans plutôt[130].

Comment Stéphane a-t-il vécu les (més)aventures du projet de canal maritime de la Seine pendant les années 1830-1832 ? Dans un article paru dans *Le Globe* du 4 mars 1832, il demande, « au nom de tous les intérêts industriels de France, pour la question du canal maritime, ce que demande la compagnie elle-même [...] ; PROMPTE JUSTICE ET IMPARTIALITÉ [c'est l'auteur qui souligne][131] ». Mais ce n'est pas en tant que porteur du projet du canal maritime de la Seine que Stéphane s'exprime ainsi. Depuis juillet 1830, après avoir signé en décembre 1829 en sa qualité de « directeur des études » de la Compagnie trois des quatre volumes relatant par le menu la signification et l'histoire du projet « Paris port de mer », de sa naissance à la fin des années 1820[132], Flachat, fils, ne

---

129 AN F[14] 7106. Conseil général des ponts et chaussées, « séances des 2, 9 et 16 avril, 1er et 8 mai 1832. Canal maritime de la Seine, de Paris à Rouen. Projet de barrages », ms., s. d., p. 83.

130 Sur les péripéties du projet entre 1829 et 1832 dont nous n'avons donné ici qu'un résumé, on peut utilement consulter : (du côté de la Compagnie) Anonyme, *Notice sur les travaux préparatoires du Canal maritime..., op. cit.* ; Ferdinand-Jean Bayard de la Vingtrie, *Mémoire sur le système des barrages du Canal Maritime de Paris au Havre. Leur influence sur le régime de la Seine et les propriétés riveraines, la position à leur assigner, leur mode de construction et leur exécution* (Publié par la Compagnie soumissionnaire), Paris, Imprimerie de Firmin Didot frères, 1832 ; (du côté de l'administration) : Anonyme (Jean-Bernard Tarbé de Vauxclairs), *Rapport sur les projets présentés par la Compagnie soumissionnaire du Canal maritime, pour la construction des barrages à établir en Seine*, Paris, Imprimerie de Firmin Didot Frères, 1832.

131 Stéphane Flachat, « Politique. France. Politique Industrielle. Du canal maritime de la Seine. », *Le Globe*, 4 mars 1832, p. 254.

132 Stéphane Flachat, *Du canal maritime de Rouen à Paris. N° 1. Introduction*, Paris, Imprimerie de A. Firmin Didot, 1829 ; *id., Du canal maritime de Rouen à Paris. N° 2. Statistique, hydrographique et commerciale*, Paris, Imprimerie de A. Firmin Didot, 1829 ; *id., Du canal maritime*

fait plus partie du cercle des soumissionnaires[133]. Devenu entre-temps saint-simonien, il trouve même que le projet du canal maritime, qu'il avait poursuivi avec enthousiasme, voire exaltation[134], entre 1824 et 1830, est, en effet, moins intéressant que d'autres projets de transport, un chemin de fer permettant de relier Marseille au Havre *via* Paris, par exemple. Mais désenchantement ou pas, Stéphane est sûrement conscient de tout ce qu'il doit au projet de canal (non réalisé). Ce dernier lui a permis, en effet : de pratiquer le métier de l'ingénieur des mines, lors des campagnes de sondages notamment ; de devenir expert en matière d'économie, pensons ici au calcul des produits du canal et à la définition des tarifs ; de se pencher sur la question de l'« aménagement du territoire » – ainsi, à la fin des années 1820, Stéphane défend la nécessité de prendre les ports pour centres de la canalisation intérieure du pays, en appelle au gouvernement afin d'intervenir pour rétablir l'équilibre entre les communications par eau et les communications par terre et réfléchit sur les moyens de lier la navigation maritime à la navigation intérieure[135] ; de côtoyer des hommes politiques influents et des financiers puissants, de participer même avec eux à des opérations de « spéculation[136] » foncière, liées au projet du canal maritime[137] ; de commercer intensément

de Rouen à Paris. N°4. Résumé et exposé de l'entreprise, Paris, Imprimerie de A. Firmin Didot, 1829.

133 D'après une lettre datée du 8 juillet 1830, Stéphane Flachat fait toujours partie des soumissionnaires (*cf.* AN F[14] 7105. Prince de Polignac au Baron (illisible), le 8 juillet 1830). – Sur le départ de Stéphane Flachat (et de son frère Eugène) de la Compagnie durant le mois de juillet 1830, voir aussi *VPPTPF*, p. 324.

134 Il déclare ainsi qu'on ne « saurait méconnaître ce qu'il y a de beau, de vraiment poétique » dans l'idée d'une opération transformant Paris en port de mer. Voir S. Flachat, « Politique. France. Politique industrielle. Du canal maritime de la Seine. », art. cité, p. 254.

135 Voir notamment S. Flachat, fils, *Du canal maritime de Rouen à Paris, et des perfectionnemens…*, *op. cit.* – Sur l'idée d'aménagement du territoire par l'intermédiaire des réseaux, voir, par exemple : François Caron, « Les réseaux et les politiques d'aménagement du territoire : l'exemple des chemins de fer », *in* Patrice Caro, Olivier Dard et Jean-Claude Daumas (dir.), *La politique d'aménagement du territoire, racines, logiques et résultats*, Rennes, PUR, 2002, p. 17-29 ; Antoine Picon, *Les saint-simoniens. Raison, imaginaire et utopie*, Paris, Belin, 2002, chap. 8 et 9 notamment.

136 Rappelons que le terme de « spéculation » n'avait pas encore pris le sens négatif actuel. Voir Léon Epsztein, *L'économie et la morale aux débuts du capitalisme industriel en France et en Grande-Bretagne*, Paris, Librairie Armand Colin, 1966.

137 Dans la seconde moitié des années 1820 (*circa* 1827), une compagnie particulière, indépendante de celle du canal maritime, s'est organisée pour faire des acquisitions dans la plaine de Gennevilliers, vue comme le seul emplacement près de Paris présentant les conditions pour la formation d'un port maritime ; elle y achète, en trois années, 1 400 arpents qui lui

avec la haute administration des travaux publics de l'époque et enrichir son carnet d'adresse de plusieurs noms d'ingénieurs de premier plan appartenant au corps des Ponts et Chaussées et avec qui il est entré en contact et a échangé[138] ; d'écrire énormément, enfin, sans signer toujours avec son nom, nous l'avons vu.

Et il y aura plus. C'est le projet du canal maritime qui se trouve à l'origine de l'entreprise fondée par Stéphane, Eugène et le troisième frère de la fratrie, Adolphe-Christophe Flachat (1801-1877), trois ans avant que Stéphane et Eugène ne quittent la Compagnie. En effet, quand les sondages effectués dans le cadre du projet sont terminés, Stéphane et Eugène se trouvent avoir à leur disposition à la fois un matériel important et des ouvriers déjà instruits dans la manœuvre de la sonde. Encouragés par des professeurs à l'École des mines, auxquels ils avaient envoyé les résultats de leurs travaux de sondage, ils décident de créer leur propre entreprise après un voyage, paraît-il, en Angleterre et en Allemagne, pays qui ont sur la France « une supériorité incontestable dans les arts métallurgiques[139] ». Formée pour six ans à partir du 20 juin 1827[140],

ont coûté plus de 3 millions. Cette entreprise se règle avec celle du canal pour lui assurer les terrains nécessaires à l'emplacement du port. Voir : Anonyme, *Paris, port de mer et gare de Saint-Ouen. Documents authentiques…*, *op. cit.*, « N° IV : Canal Maritime de la Seine. Délibération constitutive de l'opération des terrains », « N° V : Acte social de l'opération sur les terrains près le port de l'entrepôt général de Paris », « N° VI : Opération sur les terrains. Division des Bénéfices… », p. 16-40, p. 41-61 et p. 62-63 ; Anonyme, *Notice sur les travaux préparatoires du Canal maritime…*, *op. cit.*, p. 14-15. Voir aussi B. M. Ratcliffe, « The business elite and the development of Paris… », art. cité, p. 125-130 et *passim*.

138 Voir, par exemple (nous n'incluons pas les lettres signées par l'ensemble des soumissionnaires) : AN F[14] 7105. Lettre de S. Flachat et du Président de la Compagnie (illisible) au directeur général des Ponts et Chaussées [Becquey], le 4 avril 1825 ; AN F[14] 7106. Lettre de S. Flachat au directeur général [Becquey], le 25 juin 1829 ; AN F[14] 7106. Lettre de S. Flachat et du Président de la Compagnie (illisible) au directeur général [Becquey], le 24 décembre 1829 ; BEPC. Ms. 2699. Lettres des S. Flachat et Bontemps aux Prony, Dutens et Cavenne, le 6 septembre 1826 ; BEPC. Ms 2699. Lettre de S. Flachat (garde des archives) à Prony, le 9 février 1827. – Grâce à ces contacts et échanges, Stéphane a pu avoir accès à l'*Essai général sur la navigation intérieure de la France* de Brisson avant sa parution en 1829 (voir S. Flachat, fils, *Du canal maritime de Rouen à Paris, et des perfectionnemens…*, *op. cit.*, p. 442).

139 Anonyme, *Programme de la Compagnie de sondages pour les mines… de MM. Flachat frères et Compagnie*, Paris, Firmin-Didot, Alexandre Mesnier, Bachelier, Carilian-Gœury et Mme Huzard, 1828, p. 6.

140 La firme est dissoute à partir du 15 janvier 1830 et refondée, avec un statut légal différent, le même jour pour six ans de nouveau avec un fond social de 400 000 francs divisé en 400 actions de 1 000 francs chacune, dont 150 remises aux trois frères en paiement de

la firme « Flachat frères » a pour but, d'une part, la recherche des eaux artésiennes et des mines, et, d'autre part, la fabrication des instruments de sondage. En créant leur propre compagnie, qui se vante de pratiquer des procédés anglais, les trois frères semblent répondre à une vraie demande. Plusieurs commandes sont, en effet, enregistrées en France, émanant tant de particuliers, comme le banquier Ardoin, un certain Benoit Latour à Orléans[141], que, et surtout, de plusieurs villes, à l'instar de Bordeaux, Dôle, le Havre, Strasbourg et Toulouse. La compagnie s'internationalise rapidement et peut se vanter de plusieurs correspondants et travaux à l'étranger. Ainsi, en 1830, la firme est forte d'une quinzaine de directeurs de sondages, dont plusieurs résident au-delà des frontières nationales (en Bavière Rhénane, Toscane, Espagne, Havane, Brésil et Argentine)[142]. Pour faire face à ces multiples commandes, la firme fait appel à de larges ateliers de forge et de charpente. La direction des appareils de sondage est confiée souvent à des élèves de l'École d'arts et métiers de Châlons[143], ayant sous eux dix chefs sondeurs, dont cinq sont forgerons ; les chefs sondeurs ont à leurs ordres cinq ouvriers chacun, la plupart forgerons. Les Flachat semblent être des employeurs à la fois exigeants, voire durs, et paternalistes. Contrairement aux coutumes ouvrières parisiennes de l'époque, les ouvriers de leurs ateliers doivent travailler les lundis et risquent d'être congédiés s'ils ne se présentent pas au travail à l'heure. Mais en même temps, les ouvriers sont, en général, mieux payés que la moyenne, alors qu'une fois malades ils sont soignés par le médecin de leurs patrons. Toujours pour lutter contre le *turnover* et attacher les bons ouvriers, les Flachat utilisent aussi une seconde stratégie « paternaliste » : l'instruction. Ainsi, plusieurs ouvriers de la

---

leur apport ; les trois Flachat doivent employer ces actions au paiement des anciennes. Voir *Journal du Commerce*, 14 octobre 1830, p. 4.

141 Voir Louis-Étienne François Héricart-Ferrand de Thury, « Notices sur le double puits foré à la Gare de Saint-Ouen, près Paris, par MM. Flachat frères et compagnie… », *Bulletin de la Société d'encouragement pour l'industrie nationale*, 28e année, n° 296, février 1829, p. 58-72 ; *id.*, *Considérations géologiques et physiques sur la cause du jaillissement des eaux des puits forés ou fontaines artificielles…*, Paris, Bachelier, 1829.

142 Anonyme, *Entreprises de sondages de MM. Flachat Frères et Compagnie, ingénieurs civils à Paris, rue d'Artois…*, Paris, Chez Firmin Didot frères et Bachelier, 1830, p. 11 et quatrième de couverture.

143 Sur l'École de Châlons, voir, entre autres : John R. Pannabecker, « Inventing industrial education: the École d'arts et métiers of Châlons-sur-Marne, 1807-1830 », *History of Education Quarterly*, vol. 44, n° 2, 2004, p. 222-249.

compagnie se réunissent, habituellement le soir, pour recevoir des leçons de géométrie et de dessin ainsi que des notions de mécanique pratique[144]. Stéphane Flachat lui-même publiera, par ailleurs, un *Traité élémentaire de mécanique industrielle* en 1835[145]. Ouvriers relativement bien traités, un équipement sophistiqué, rien d'étonnant à ce que les rapports élogieux se multiplient tout comme les prix décernés[146].

LES ORESTE ET PYLADE DE RUSSIE

Revenons à Lamé et Clapeyron. C'est une expérience à la fois théorique et pratique d'une autre nature, fondée sur l'expatriation en Russie, qui transforme les deux jeunes polytechniciens en ingénieurs confirmés. Là encore, cet épisode s'avère indispensable à la compréhension de leurs contributions aux *Vues politiques et pratiques sur les travaux publics en France.* Cette expatriation trouve son origine dans l'absence de perspectives professionnelles stimulantes que peut offrir l'administration des Ponts et Chaussées et des Mines sous la Restauration.

Directeur général des Ponts et Chaussées et des Mines de 1817 à 1830, Becquey ne fait rien pour retenir les jeunes ingénieurs tentés par d'autres horizons que le service de l'État. Bien plus, il lève les obstacles à leurs départs temporaires vers le privé, les encourage à se lancer dans une carrière industrielle et ferme les yeux lorsque certains mènent une double activité[147]. Pour les jeunes recrues, les difficultés issues d'une réduction du territoire national, et donc du nombre de postes à pourvoir, se doublent

---

144 Sur ce qui précède, voir Louis-Étienne François Héricart-Ferrand de Thury, « Rapport fait par M. le vicomte Héricart de Thury sur les ateliers de fabrication d'instrumens de sondage de MM. Flachat frères, et sur les diverses améliorations qu'ils y ont introduites », *Bulletin de la Société d'encouragement pour l'industrie nationale*, 28ᵉ année, nº 300, juin 1829, p. 229-235.

145 Stéphane Flachat, *Traité élémentaire de mécanique industrielle…*, Paris, Chez L. Tenré, Libraire et Chez Henri Dupuy, Imprimeur, 1835.

146 Médaille d'or de première classe de la Société d'encouragement pour l'industrie nationale (proposition adoptée en séance générale le 20 mai 1829) ; prix (de 1 000 francs) de la Société royale et centrale d'agriculture. Voir : L.-É.-F. Héricart-Ferrand de Thury, « Rapport fait par M. le vicomte Héricart de Thury… », art. cité, p. 235 ; Société Royale et Centrale d'Agriculture, *Rapport de M. le Vte. Héricart de Thury sur le concours ouvert pour le percement des puits forés…*, séance publique du 18 avril 1830, Paris, Imprimerie de Mme Huzard, 1830, p. 60.

147 A. Thépot, *Les ingénieur des mines du XIXᵉ siècle*, *op. cit.*, p. 125 ; Nathalie Montel, *Écrire et publier des savoirs au XIXᵉ siècle. Une revue en construction : les* Annales des ponts et chaussées *(1831-1866)*, Rennes, PUR, 2015, p. 147.

d'un problème générationnel. Dans une organisation hiérarchique où les avancements sont très lents, les jeunes gens sortis de l'École polytechnique se retrouvent longtemps placés sous l'autorité d'aînés formés avant la création de cet établissement. Se jugeant supérieurs, du fait de leurs savoirs mathématiques, ils vivent mal leur position subalterne. Alors, lorsque Pierre-Dominique Bazaine (1786-1838), ingénieur des Ponts et Chaussées français parti en 1810 au service de la Russie[148], de passage à Paris en avril 1820[149], annonce qu'il cherche des volontaires pour enseigner à l'Institut de Saint-Pétersbourg qui forme les futurs membres du corps des ingénieurs des Voies de communication, Lamé et Clapeyron se saisissent de cette opportunité rare. Pour Lamé, l'expatriation est d'ailleurs une perspective à laquelle il songe depuis un moment, et les promesses de Bazaine d'une situation enviable sur le plan financier ont tout pour le séduire. Après avoir un temps envisagé de partir pour le Brésil, Lamé regardait aussi vers l'Amérique si ce projet russe ne se concrétisait pas[150]. Lorsque Bazaine les contacte, Lamé et Clapeyron n'ont pas fini leur scolarité à l'École des mines, le second encore moins que le premier[151]. S'ils se décident à partir en juin 1820, c'est aussi parce qu'ils obtiennent de Becquey l'assurance que cette scolarité tronquée et ce détachement au service du gouvernement russe ne constitueront pas des handicaps pour leur carrière future en cas de retour. Le directeur général des Ponts et Chaussées et des Mines leur a en effet assuré que, tout en travaillant pour l'empereur de Russie, ils continueraient d'appartenir au corps des Mines et conserveraient les avancements prévus par leur grille statutaire comme s'ils étaient restés en France[152].

Sur les conseils des professeurs de l'École des mines, Lamé et Clapeyron se rendent en Russie en suivant un trajet qui leur permet de compléter leur instruction pratique par des visites dans le nord de la France et

148 AN F[14] 2164[2]. Dossier de carrière de Bazaine.

149 BEPA. IX. Lamé. Lettre de Lamé au tsar, s. d., vers avril 1825.

150 BEPA. IX. Lamé. Lettre de Lamé père à son fils, le 3 juin 1820. De cette lettre, il ressort que c'est en 1818 que Lamé envisage de partir travailler au Brésil, et non en 1816, comme l'affirme son biographe Bertrand. – Avant lui, deux ingénieurs du corps des Mines ont tenté l'aventure brésilienne : Jean-Antoine Maulevade (1791-1872), entré à l'École des mines en 1812, traverse l'Atlantique en 1817, tandis que Charles-Joseph-Émile Lambert (1793-1873), entré l'année suivante, s'embarque pour Rio de Janeiro en mars 1816.

151 A. Thépot, *Les ingénieur des mines du* XIX*e siècle*, *op. cit.*, p. 78.

152 AN F[14] 2729[2]. Dossier de carrière de Lamé. Lettre de Lamé à Becquey, le 2 juin 1820.

l'Allemagne[153]. Le 28 juin 1820, accompagnés par l'élève-ingénieur Manès et par l'élève externe Raymond-Abraham Baillio-Lamothe (1795- ?)[154], ils entament leur voyage[155]. Au bout de quarante-six jours de visites menées en commun, dont vingt passés à leur dernière étape d'Aix-La-Chapelle, le petit groupe se sépare, les uns poursuivant leur voyage vers Saint-Pétersbourg et les autres leur périple éducatif en Prusse[156]. Leurs observations de terrain fournissent à Lamé et Clapeyron la matière d'un article cosigné pour les *Annales des mines*[157]. C'est le premier d'une longue série de textes au bas desquels ils apposent leurs deux signatures. Associés dans cette aventure russe, les deux hommes deviennent rapidement inséparables. Ils habitent pendant onze ans dans des appartements situés sur le même palier à Saint-Pétersbourg[158], et leurs conversations quotidiennes nourrissent leurs travaux respectifs. Pour désigner le tandem qu'ils forment, leur famille évoque les « Pylade et Oreste de Russie[159] ». C'est tout à la fois une relation amicale, une association professionnelle et un pacte de solidarité qui les unissent.

En Russie, ils sont avant tout chargés d'enseigner, mais ils vont également se livrer à des recherches, être chargés d'expertises et contribuer à des constructions. Ces différentes activités leur fournissent la matière de nombreuses publications, cette abondante production témoignant de l'aspiration commune des deux hommes à s'engager dans une carrière savante.

Leur mission première consiste à exercer comme professeurs à l'Institut du corps des ingénieurs des Voies de communication. Créé en 1809, par deux ingénieurs européens – l'un hollandais et l'autre espagnol –, cet Institut est un établissement de formation technique militarisé, alors dirigé par le beau-père de Bazaine, l'ancien ingénieur militaire français Étienne-François de Sénovert (1753-1831)[160]. Les études durent

153 *Ibid.*

154 Raymond-Abraham Baillio-Lamothe, « Carnet de voyage de Bailliot », ms., s. d. (proposé à la vente par Jeremy Norman's : https://www.jnorman.com/pages/books/44857/baillio-lamothe/carnet-de-voyage-manuscript (consulté le 20 juillet 2020)).

155 BEMA. 1 AE 1. Registre de délibérations du conseil de l'école, séance du 20 mai 1820.

156 *Ibid.*

157 Gabriel Lamé et Émile Clapeyron, « Mémoire d'une course dans le pays du Hartz », *Annales des mines*, t. VII, 1822, p. 21-40.

158 BEPA. IX. Lamé. Lettre de Lamé à sa mère, 1823.

159 BEPA. IX. Lamé. Lettre de Lamé père à Gabriel, le 9 avril 1831.

160 En 1817, Bazaine épouse Stéphanie de Sénovert. Il avait déjà trois enfants naturels de sa relation en France avec Mélanie Vasseur : Stéphanie, Pierre-Dominique *dit* Adolphe

six ans et les enseignements à destination des futurs ingénieurs y sont dispensés en français, l'admission des élèves étant subordonnée à la maîtrise de cette langue, à la fois mondaine et savante[161]. Dix ans plus tôt, Bazaine n'est pas arrivé seul : les ingénieurs des Ponts et Chaussées Jean-Antoine-Maurice Destrem (1788-1855), Jacques-Alexandre Fabre (1782-1844) et Charles-Michel Potier (1785-1855) ont également effectué le voyage pour se mettre au service des Voies de communication russes. En venant chercher en France du renfort pour l'équipe enseignante de l'Institut, Bazaine prépare aussi son remplacement, aspirant à succéder à son beau-père. De fait, il sera nommé à la tête de l'Institut en 1824. Lamé et Clapeyron ne tardent pas à être rejoints par l'ingénieur des Ponts et Chaussées Antoine Raucourt (1789-1841). Arrivé en 1821 pour enseigner la construction[162], ce dernier s'emploie notamment à diffuser en Russie les savoirs sur les chaux et ciment de son camarade Louis Vicat (1786-1861)[163]. Lamé professe, quant à lui, les « mathématiques transcendantes », la physique et la géodésie[164]. Il laisse une trace imprimée de son enseignement de mathématiques, en publiant, en collaboration avec Bazaine précédemment chargé du cours, un *Traité élémentaire de calcul intégral*[165]. Pour sa part, Clapeyron donne des leçons de mécanique

---

et François-Achille. Sur cet établissement, voir : Irina Gouzévitch, « L'Institut du corps des ingénieurs des Voies de communication de Saint-Pétersbourg : des modèles étrangers à l'école nationale (1809-1836) », *in* Irina Gouzévitch, André Grelon et Anousheh Karvar (dir.), *La formation des ingénieurs en perspective. Modèles de référence et réseaux de médiation (XVIIIe-XXe siècles)*, Paris, PUR, 2004, p. 127-139 ; Irina Gouzévitch, « L'ingénieur dans tous ses états : enquête sur une profession en chantier, XVIIIe-XIXe siècles », dossier d'habilitation à diriger des recherches (HDR), Université Paris Diderot, 2018, vol. 3, p. 424-467 et *passim*.

161 Irina Gouzévitch et Dmitri Gouzévitch, « Les contacts franco-russes dans le monde de l'enseignement supérieur technique et de l'art de l'ingénieur », *Cahiers du Monde Russe*, vol. 34, nº 3, 1993, p. 345-368, p. 348. Voir aussi, Archives de l'Académie des sciences [AAS désormais]. Dossier Lamé. (Gabriel Lamé), *Analyse des travaux de M. Lamé*, s. l. n. d. (probablement 1843).

162 AN F14 2308². Dossier de carrière de Raucourt.

163 Antoine Raucourt, *Traité sur l'art de faire de bons mortiers et notions pratiques pour en bien diriger l'emploi, précédé d'expériences récentes faites sur les chaux de France et de Russie*, Saint-Pétersbourg, Imprimerie des voies de communication, 1822 (BEPC : Fol. 7752).

164 AN F14 2729². Dossier de carrière de Lamé. Lettre de Lamé à Becquey, le 18 octobre 1824.

165 Pierre-Dominique Bazaine et Gabriel Lamé, *Traité élémentaire de calcul intégral à l'usage des élèves de l'Institut des voies de communication*, Saint-Pétersbourg, Imprimerie des Voies de communication, 1825 (Bibliothèque de l'université des transports d'État de Saint-Pétersbourg : 3867).

rationnelle et appliquée et, après le départ de Raucourt en 1827, de construction[166]. Leurs cours sont lithographiés[167].

Les fonctions en Russie des deux jeunes ingénieurs des Mines s'apparentent à celles d'un ingénieur des Ponts et Chaussées en France[168]. Au sein de la direction générale des Voies de communication, entité administrative dont dépend l'Institut, ils deviennent en outre, à partir de l'automne 1823, membres de la commission des projets et devis[169]. Cette commission, présidée par Potier et dirigée par Destrem en 1829[170], joue un rôle analogue à celui du Conseil général des ponts et chaussées en France, donnant son avis sur les projets de génie civil qui s'exécutent dans le pays. La participation à cette assemblée de Lamé et Clapeyron, qui n'ont pas trente ans, fait prendre la mesure de ce qui a motivé leur départ. Réunissant en effet les inspecteurs, situés au sommet de la hiérarchie pyramidale du corps, le Conseil général des ponts et chaussées, comme son homologue des mines, n'accueille guère en leur sein de membre de moins de cinquante ans. Au sein de cette commission, Lamé et Clapeyron s'emploient notamment à mettre les sciences abstraites au service des problèmes concrets qui leur sont soumis. Amenés à donner leur avis sur les choix techniques effectués pour la reconstruction de la cathédrale de Saint-Pétersbourg, l'église Saint-Isaac, ils se penchent sur un problème classique de la théorie de l'architecture : la stabilité des voûtes. De leurs réflexions et analyses, ils tirent un mémoire théorique, qu'ils soumettent en février 1822 à l'Académie des sciences de Paris[171]. Assorti d'un complément,

---

166 Anonyme (Émile Clapeyron), *Notice sur les travaux de M. Émile Clapeyron*, Paris, Imprimerie de Mallet-Bachelier, 1858, p. 1 ; AAS. Dossier Lamé. (G. Lamé), *Analyse des travaux de M. Lamé*, *op. cit.*

167 *Ibid.* Sur l'enseignement de Lamé et Clapeyron, voir aussi Irina Gouzévitch et Dmitri Gouzévitch, « Une nouvelle génération d'enseignants : l'avènement de la mécanique appliquée en Russie avant 1850 », *in* Ana Cardoso de Matos, Maria Paula Diogo, Irina Gouzévitch et André Grelon (dir.), *The quest for a professional identity : engineers between training and action*, Lisbonne, Edições Colibri-CIDEHUS/UE-CIUHCT, 2009, p. 43-58.

168 Gabriel Lamé, « Sur les ponts de chaîne (de Russie) et sur les résistances des fers employés dans leur construction », *Annales des mines*, t. X, 1825, p. 311-330.

169 AN F^{14} 2729^{2}. Dossier de carrière de Lamé. Lettre de Lamé à Becquey, septembre 1823.

170 *Journal des voies de communication*, n° 13, 1829, p. 77.

171 Prony signe avec Dupin, le 26 mai 1823, le rapport qui en souligne les qualités et encourage leurs auteurs à continuer leurs recherches. Charles Dupin et Gaspard de Prony, « Rapport fait à l'Académie royale des sciences, le 26 mai 1823, sur le Mémoire de MM. Lamé et Clapeyron », *Annales des mines*, t. VIII, 1823, p. 818-836, repris dans le *Journal du génie civil*, t. 5, 1829, p. 85-90.

le mémoire est publié en 1823 dans les *Annales des mines*, puis, en 1826, dans le *Journal des voies de communication*[172]. Créé cette année-là, ce périodique est probablement le premier au monde à être entièrement dédié aux infrastructures de transport. Publié à la fois en français et en russe, il est imprimé à Saint-Pétersbourg par la direction générale des Voies de communication, qui dispose de ses propres ateliers d'imprimerie, de lithographie et de gravure[173]. Au cours de l'année 1826, Lamé y publie également un article « sur la résolution graphique des problèmes du 3e et du 4e degré[174] », tandis que Clapeyron y signe un rapport sur les travaux d'art réalisés à Saint-Pétersbourg[175]. Ces publications individuelles traduisent leur penchant respectif, l'un davantage tourné vers la théorie l'autre plus attiré par des questions pratiques, mais cherchant tous deux à articuler les deux dimensions. Si des problèmes concrets sont à l'origine de ces spéculations théoriques, il est difficile en revanche d'évaluer l'impact de celles-ci sur les choix techniques réalisés. Les deux hommes font par ailleurs partie du comité de rédaction du *Journal des voies de communication*, dont le président est le directeur de l'Institut, Bazaine. À partir de 1827, s'appuyant sur son expérience des *Annales des mines*, Lamé joue également le rôle de secrétaire de rédaction pour la version française du périodique[176]. Il s'emploie à fournir régulièrement des articles à la revue[177].

172 Gabriel Lamé et Émile Clapeyron, « Mémoire sur la stabilité des voûtes », *Annales des mines*, t. VIII, 1823, p. 789-810, et *id.*, « Supplément au Mémoire sur la stabilité des voûtes », *Ibid.*, p. 811-818. – Ces mémoires sont republiés dans le *Journal des voies de communication*, n° 2, 1826, p. 15-25 et n° 3, 1826, p. 35-48, enfin dans le *Journal du génie civil*, t. 5, 1829, p. 68-85. – Un compte rendu paraît dans le *Bulletin des sciences mathématiques, astronomiques, physiques et chimiques*, t. 1, 1824, p. 264.

173 *Journal des voies de communication*, n° 13, 1829, p. 77. Sur la longue gestation de ce périodique, voir Dmitri Gouzévitch et Irina Gouzévitch, « Le *Journal des voies de communication*. Histoire d'une revue bilingue russe-français, 1826-1842 », *in* Patrice Bret, Konstantinos Chatzis et Liliane Pérez (dir.), *La Presse et les périodiques techniques*, Paris, L'Harmattan, 2008, p. 89-113.

174 Gabriel Lamé, « Mémoire sur la résolution graphique des problèmes du 3e et du 4e degré pour servir au tracé des épures de construction », *Journal des voies de communication*, n° 4, 1826, p. 37-47. – L'article est republié dans le *Journal du génie civil*, t. 1, 1828, p. 435-442.

175 Émile Clapeyron, « Notice sur les travaux exécutés à Ekateringof », *Journal des voies de communication*, n° 4, 1826, p. 57-62.

176 D. et I. Gouzévitch, « Le *Journal des voies de communication...* », *op. cit.*, p. 79-80.

177 Gabriel Lamé, « Mémoire sur l'application de la statique à la solution des problèmes relatifs à la théorie des moindres distances », *Journal des voies de communication*, n° 10, 1827, p. 26-47 ; *id.*, « Résultats d'expériences faites sur les fils de fer de Russie », *Journal des voies de communication*, n° 12, 1828, p. 53-60.

Pour la construction, en 1823, de deux ponts en chaîne sur les canaux de Saint-Pétersbourg par le colonel Wilhelm von Traitteur (1788-1859)[178] – un ingénieur allemand également employé comme officier à l'Institut du corps des ingénieurs des Voies de communication –, Lamé fait partie de la commission qui se penche sur le comportement des fers à la traction et entreprend une série d'expériences. Il en tire plusieurs articles, dans lesquels il expose à la fois une description de la machine imaginée pour réaliser ces expériences et les calculs permettant d'évaluer les tractions supportées par les chaînes d'un pont suspendu[179]. Lorsqu'en 1826, Clapeyron est amené à participer à la construction de ponts en fonte puis à rédiger un projet de pont suspendu, il engage également des réflexions théoriques avec Lamé[180]. C'est pour faciliter la composition des charpentes en bois de ponts, fréquemment utilisées en Russie où le matériau est à bas coût, mais aussi de vastes salles construites pour les exercices des soldats qu'ils se lancent dans l'étude des « polygones funiculaires[181] ». À la différence de Clapeyron, qui n'hésite pas à se charger de constructions, Lamé préfère lui se cantonner à des travaux spéculatifs[182].

Sur le plan financier, leur contrat d'engagement prévoit qu'ils obtiennent en Russie un grade équivalent à celui détenu dans leur pays d'origine. À chaque grade correspondent un traitement et une pension. Comme promis avant leur départ, Becquey signe le 20 novembre 1820 un arrêté qui nomme Lamé et Clapeyron aspirants-ingénieurs des Mines, un grade qui ne s'obtient d'ordinaire qu'à la sortie de l'École des mines. Dans le cas de Clapeyron, moins de quatre années se sont écoulées entre son entrée à Polytechnique et sa nomination, ce qui constitue un record. Cette nomination leur permet d'obtenir, par un oukase du 19 juin 1821, le grade de major dans la hiérarchie des officiers militaires

---

178 Pour plus d'information sur cet ingénieur, voir Sergej G. Fedorov, *Wilhelm von Traitteur. Ein badischer Baumeister als Neuerer in der russischen Architektur (1814-1832)*, Berlin, Wilhelm Ernst & Sohn Verlag für Architektur und technische Wissenschaften, 2000.

179 G. Lamé, « Sur les ponts de chaîne (de Russie) et sur les résistances... », art. cité ; Gabriel Lamé, « Mémoire sur les ponts suspendus », *Journal des voies de communication*, n° 3, 1826, p. 49-91, repris dans le *Journal du génie civil*, t. 1, 1828, p. 245-260.

180 *Gazette de France*, 22 juin 1826, p. 1.

181 Gabriel Lamé et Émile Clapeyron, « Sur les polygones funiculaires (1er article) », *Journal des voies de communication*, n° 6, 1826, p. 35-47 ; *id.*, « Sur les polygones funiculaires (2e article) », *Journal des voies de communication*, n° 7, 1827, p. 43-55. – L'article paraît en France dans le *Journal du génie civil*, t. 1, 1828, p. 496-504.

182 BEPA. IX. Lamé. Lettre de Clapeyron à Lamé, le 31 mai 1835.

russes[183]. Promus ingénieurs ordinaires des Mines de 2e classe le 1er mai 1822[184], ils demandent à leur supérieur de monter en grade. Mais la promotion tarde à venir, et Lamé, désormais jeune marié, met en jeu sa démission pour qu'il leur soit accordé le grade et les appointements qu'ils estiment fondés à obtenir[185], ne se satisfaisant plus des titres honorifiques ou des récompenses qui leur sont par ailleurs octroyés. Ils sont ensuite promus lieutenant-colonel en 1825 puis colonel quatre ans plus tard, des gratifications et cadeaux en nature de la part de la Nicolas Ier continuant de leur être accordés[186].

Tout au long de leur séjour en Russie, Lamé et Clapeyron s'emploient à garder le contact avec la France, avec leurs anciennes relations personnelles mais aussi avec les institutions qui leur sont familières, dans le souci de ne pas se faire oublier et ne pas compromettre un éventuel retour. En particulier, contrairement à la génération arrivée dix ans plus tôt, ils conservent des relations avec leur administration d'origine[187]. Les deux hommes envoient régulièrement des textes pour les *Annales des mines* à leur ancien professeur d'exploitation des mines Arsène-Nicolas Baillet du Belloy (1765-1845) et le font savoir à Becquey, qui reste attentif aux nouveaux procédés techniques qui s'expérimentent en dehors de France[188]. Durant les onze années de leur séjour en Russie, pas moins de neuf notices ou articles, dont cinq cosignés, paraissent sous le nom de l'un ou de l'autre dans le périodique du corps français, diffusant ainsi en même temps que des savoirs des nouvelles d'eux et de leurs activités au sein de leur communauté professionnelle d'origine[189]. Après

183 BEPA. IX. Lamé. Lettre de Lamé au tsar, s. d., vers avril 1825.

184 AN F^{14} 2718^2 et 2729^2. Dossiers de carrière de Clapeyron et Lamé. Ces informations diffèrent de celles contenues dans les registres matricules de l'École des mines, qui ne tiennent pas compte des règles particulières qui se sont appliquées à ces deux ingénieurs.

185 AN F^{14} 2729^2. Dossier de carrière de Lamé. Lettre de Lamé à Becquey, septembre 1823.

186 AAS. Dossier Clapeyron. Lettre de Clapeyron à sa mère, le 16/28 juillet 1829.

187 C'est ce qui ressort de la comparaison des traces conservées dans leur dossier administratif de carrière respectif.

188 AN F^{14} 2718^2. Dossier de carrière de Clapeyron. Accusé de réception de Becquey, le 19 mai 1821 ; AN F^{14} 2729^2. Dossier de carrière de Lamé. Lettre de Lamé à Becquey, décembre 1824.

189 En plus de ceux déjà cités : Gabriel Lamé, « Sur la lampe à gaz hydrogène », *Annales des mines*, t. VIII, 1823, p. 119-120 ; Émile Clapeyron et Gabriel Lamé, « Description d'un pont suspendu de 1022 pieds d'ouverture, projeté par M. Bazaine…, et par MM. Lamé et Clapeyron… », *Annales des mines*, t. XI, 1825, 2e sem., p. 265-278 ; Émile Clapeyron, « Sur le ciment russe », *Annales des mines*, t. VIII, 1823, p. 306-307 ; Gabriel Lamé et

la création du *Journal des voies de communication*, qui fournit un débouché commode à leurs écrits, les envois se font toutefois plus rares. D'autant qu'entre-temps de nouveaux périodiques ont fait leur apparition, qui relaient les informations diffusées par d'autre revues ou en reproduisent les articles. C'est le cas notamment du *Bulletin des sciences mathématiques, astronomiques, physiques et chimiques* d'André-Étienne d'Audebard de Férussac (1786-1836), qui paraît de 1824 à 1831. Cette revue rend compte du contenu de la plupart des articles de Lamé et Clapeyron publiés dans les *Annales des mines* ou le *Journal de voies de communication*.

C'est encore le cas du *Journal du génie civil*, fondé en 1828. Bien que loin de France, Lamé et Clapeyron, comme tous les ingénieurs des corps des Mines ou des Ponts et Chaussées installés en Russie au moment de sa création, font partie des collaborateurs inscrits sur la page de couverture de ce périodique, aux côtés notamment de Dupin, Prony, Claude-Louis-Marie-Henri Navier (1785-1836), Comte, Mellet ou Auguste Perdonnet (1801-1867). Créée par Alexandre Corréard (1788-1857), cette revue mensuelle paraît d'abord de janvier 1828 à mai 1831. Premier périodique français spécialisé dans les questions liées aux travaux publics, le *Journal du génie civil* appartient aussi à la presse d'opposition, qui sous la Restauration part « à l'assaut de la monarchie[190] ». Y trouvant matière à alimenter sa revue, Corréard reproduit de nombreux articles déjà parus dans le *Journal des voies de communication* et rediffuse quatre articles de Lamé et/ou Clapeyron. Témoignant du rôle joué par les revues dans la circulation des connaissances de l'ingénieur, le *Journal des voies de communication* cite aussi, à l'inverse, le *Journal du génie civil* ou reprend des articles publiés par le *Bulletin des sciences technologiques* de Férussac[191]. Le journal de Corréard ne se contente pas de publier des textes techniques ou scientifiques qui rendent compte des innovations dans le

---

Émile Clapeyron, « Mémoire sur les engrenages », *Annales des mines*, t. IX, 1824, p. 601-624, et *id.*, « Sur un cabestan mis en usage par feu M. Bétancourt », *Annales des mines*, t. XII, 1827, p. 225-229.

190 Charles Ledré, *La presse à l'assaut de la monarchie 1815-1848*, Paris, Armand Colin, 1960. – Sur le *Journal du génie civil*, voir Georges Ribeill, « Autour du *Journal du génie civil* (1828-1831), ou les ambiguïtés d'un courant libéral d'ingénieurs », *in* Alexandre Herléa (dir.), *Sciences-technology relationships*, San Francisco, San Francisco Press, 1993, p. 339-355 ; N. Montel, *Écrire et publier des savoirs au XIXe siècle…*, *op. cit.*, p. 38-45, p. 63-67 et p. 71-77.

191 *Journal des voies de communication*, n° 22, 1831, p. 54.

génie civil tant en France qu'à l'étranger ou de diffuser des informations sur la construction des ponts suspendus ou des premiers chemins de fer. Ses colonnes sont aussi ouvertes à de nombreuses réflexions sur la formation ou le rôle des ingénieurs dans la société. Une large place est également faite aux débats critiques et discussions parlementaires, en grande partie suscités par les difficultés financières qui accompagnent la mise en œuvre de la politique en faveur des voies de navigation menée par Becquey à partir du début des années 1820[192]. Surtout, cette revue contribue puissamment à construire une nouvelle identité collective : celle d'ingénieur civil. Elle le fait en popularisant l'usage de cette dénomination dans un pays où le titre d'ingénieur était jusque-là réservé aux hommes de l'art travaillant pour l'État[193]. Plusieurs des auteurs du *Journal du génie civil* s'auto-désignent de la sorte. Sous la nouvelle terminologie se regroupent des polytechniciens qui n'ont pas été admis dans les services publics, des élèves externes des Mines, d'anciens élèves des écoles d'arts et métiers et bientôt ceux de l'École centrale des arts et manufactures, créée en 1829[194]. Des autodidactes, comme Eugène Flachat, l'adoptent aussi. Dans l'esprit de Corréard, ingénieurs civils et ingénieurs d'État ne s'opposent pas mais sont complémentaires. L'État et les compagnies privées doivent s'associer dans les entreprises, en particulier pour établir les lignes de chemin de fer appelées à sillonner le pays. Si par l'intermédiaire des journaux, Lamé et Clapeyron informent les milieux scientifiques français de leurs travaux et contribuent à faire circuler ou progresser les savoirs de l'ingénieur, ils adressent aussi des mémoires scientifiques à l'Académie des sciences. Maintenant les liens avec cette institution parisienne et ses membres, ils manifestent, un peu plus à chaque envoi, le désir d'en faire un jour partie.

Dans la capitale russe séjournent de nombreux Français. Lorsqu'un polytechnicien passe par Saint-Pétersbourg, il est accueilli par le petit groupe de ses camarades qui y résident. C'est le cas d'Enfantin, futur

---

192 Sur ces critiques, voir N. Montel, *Écrire et publier des savoirs au* XIX*e* *siècle…*, *op. cit.*, p. 28-38.

193 Dès 1825, les frères Seguin se qualifient, par exemple, de la sorte. Pour des occurrences antérieures de la dénomination, voir Konstantinos Chatzis, « Les ingénieurs français au XIXe siècle (1789-1914) : émergence et construction d'une spécificité nationale », *Bulletin de la SABIX*, nº 44, 2009, p. 53-63, p. 57, n. 19.

194 Certains des hommes qui contribuent à la création de cette école destinée à former les futurs ingénieurs de l'industrie puis à son fonctionnement à ses débuts font également partie des collaborateurs du *Journal du génie civil*. C'est le cas de Perdonnet.

pape du saint-simonisme. Entré à l'École polytechnique en 1813, il démissionne l'année suivante. Pas uniquement par manque d'argent, comme on l'a souvent écrit. Le père de Prosper retire son fils de l'établissement parce qu'il estime anormal de payer pour son éducation (800 francs par an, pour les élèves non boursiers[195]) alors qu'au printemps 1814, à l'approche de l'ennemi, les cours ont été suspendus et que celui-ci, au grand dam de sa mère, a été incorporé à un bataillon de la garde nationale qui connut plusieurs blessés dans ses rangs[196]. Le traumatisme de ce baptême du feu ne fut pas seulement maternel, comme le montre le pèlerinage organisé quelques années plus tard par celui qui était devenu entre-temps le « père » Enfantin au sein du mouvement saint-simonien, emmenant ses disciples sur les lieux de ce fait d'armes. Au terme de sa scolarité tronquée, Enfantin se livre à des activités professionnelles diverses. S'étant associé en 1821 avec un négociant qui, après sa faillite en France, s'était installé à Saint-Pétersbourg, Enfantin y séjourne pendant près de deux ans. La capitale russe ne manque pas de lieux de sociabilités, où les Français expatriés se retrouvent. Par la correspondance d'Enfantin notamment, on est informé de l'existence d'un cercle, qui réunit nombre de polytechniciens :

> Nous avons nos soirées hebdomadaires de philosophie, et nous nous sommes donné, cet hiver, du Cabanis, du Laromiguière[197], Condorcet, Volney, de la physiologie, idéologie, etc. Chacun de nous fait un rapport sur un de ces ouvrages, et c'est réellement très intéressant. L'économie politique est aussi une branche de nos études, et ce n'est pas la moins intéressante[198].

Directeur de l'Institut du corps des ingénieurs des Voies de Communication, le général Sénovert participe sans doute aussi à ces réunions, hébergées par Raucourt[199]. Ancien capitaine du corps du Génie,

---

195 Sa demande de bourse avait été déboutée au motif que le rang de classement de son fils ne permettait pas d'y apporter une réponse favorable.

196 BEPA. VI2a2. Dossier Enfantin. – Enfantin n'est pas le seul à démissionner suite à cet épisode (*cf.* H. Gouhier, *La jeunesse d'Auguste Comte…*, *op. cit.*, vol. 1, p. 96).

197 Pierre Laromiguière (1756-1837) est alors professeur de philosophie à la Sorbonne.

198 Arsenal. Fonds Enfantin. Ms 7643. Lettre d'Enfantin à Pichard, le 20 avril 1822. – Élève démissionnaire de l'École polytechnique (promotion 1809), Gabriel-Marc-Adrien Pichard (1790-1841) rentre en Suisse après sa scolarité et fait une carrière d'ingénieur du génie civil dans le canton de Vaud. Enfantin retourne en France en 1823.

199 Antoine Raucourt, *Cours normal de philosophie positive*, Paris, Carilian-Gœury, 1834, p. 449.

entré en 1774 à l'École de Mézières, Sénovert a offert ses services au tsar en 1806. Mais de son riche itinéraire avant son exil russe, on retiendra surtout ici que ce franc-maçon, qui s'était rendu en Angleterre en 1795 et avait épousé une Anglaise[200], s'intéressa de près à l'économie politique. Il contribua à une traduction française de l'ouvrage du mercantiliste James Steuart (1712-1780) paru en 1790 sous le titre : *Recherches des principes de l'économie politique ou Essai sur la science de la police intérieure des nations libre*, et publia, la même année, la première édition annotée des œuvres du ministre des Finances et économiste écossais John Law (1671-1729). Se tiennent, par ailleurs, chez Sénovert et Bazaine des soirées littéraires et musicales auxquelles est conviée la bonne société de la capitale impériale[201]. Autour de Lamé, c'est également un petit groupe de mathématiciens qui se réunit régulièrement[202].

Le petit monde des Français de Saint-Pétersbourg forme un cercle étroit d'interconnaissances. Lamé et Clapeyron connaissent ainsi les avocats Antoine Cerclet (1797-1849) et Joseph Allier (1794- ?), qui entretiennent des liens de nature différente avec la capitale russe. Le premier y est né, d'un médecin français établi en Russie, et le second y travaille à la fin des années 1820[203]. Ces deux hommes ont été liés à la charbonnerie au début de la décennie, puis associés au journal saint-simonien *Le Producteur*, le premier comme rédacteur en chef, dans les années 1825-1826. Dans les dernières années de la Restauration en France, les cercles alternatifs au projet libéral sont nombreux, mais tous se liguent pour faire tomber la monarchie des Bourbons. Les coalitions d'individus autour de journaux et les affiliations à des cénacles particuliers évoluent rapidement, au fur et à mesure qu'ils se structurent ou que leurs objectifs se précisent. Le groupe saint-simonien est l'un d'entre eux. Il attire des hommes qui, un moment, ont le sentiment de partager des idées, comme d'anciens carbonaristes[204], mais qui ne tardent pas à aller voir ailleurs quand les désaccords s'affirment ou que les schismes se produisent. Et ils ne

200 Arthur Birembaut, « Un économiste oublié : Étienne-François de Sénovert (1753-1831) », *Annales historiques de la Révolution française*, n° 147, 1957, p. 153-158.

201 I. Gouvétitch et D. Gouzévitch, « Les contacts franco-russes… », art. cité, p. 354.

202 *Ibid.*

203 BEPA. IX. Lamé. Lettre de Lamé à sa femme, le 30 septembre 1830.

204 Outre les cas d'Allier et Cerclet, signalons celui de Philippe-Joseph-Benjamin Buchez (1796-1865) et la belle étude que lui a consacrée François-André Isambert : *De la charbonnerie au saint-simonisme : étude sur la jeunesse de Buchez*, Paris, Les éditions de Minuit, 1966.

manquent pas, comme le montre l'évolution du saint-simonisme, dont le contenu idéologique a dépendu des hommes qui le composaient à un moment donné. Certains qui s'étaient d'abord regroupés sous la bannière saint-simonienne s'affirment ensuite Républicains, d'autres Owenistes ou Proudhonnistes. D'autres encore qui, sans s'afficher, s'étaient rapprochés du mouvement se révèleront d'indéfectibles libéraux. Qu'en est-il Lamé ? Où le situer ? À défaut de profession de foi de sa part, on peut prêter attention à un choix très personnel, celui de son témoin de mariage. Lorsqu'il se marrie en 1825, Comte choisit Cerclet[205]. Celui que prend Lamé deux ans plus tôt, lorsqu'il épouse à Saint-Pétersbourg l'institutrice Fortunée Bertin de Géraudon (1795-1870), est Xavier de Maistre (1763-1852), écrivain, peintre, et militaire de Savoie ayant combattu les Français, engagé comme général au service du tsar Alexandre Ier[206]. Frère du célèbre contre-révolutionnaire et philosophe catholique Joseph de Maistre (1753-1821), il quittera la Russie en 1826, après la mort d'Alexandre Ier et la répression dans le sang, par l'autocrate Nicolas Ier, d'un mouvement réformateur cherchant à doter le pays d'une constitution et à abolir le servage.

En complément de ce que le séjour en Russie de Lamé et Clapeyron et le développement du projet de canal maritime de la Seine pour les frères Flachat représentent en termes d'acquisition du métier d'ingénieur, deux autres expériences s'avèrent décisives pour plusieurs de nos quatre ingénieurs. La première tient à la découverte de l'Angleterre, le pays de loin le plus avancé au monde dans les premières décennies du XIXe siècle en matière de techniques et d'applications de celles-ci aux travaux publics et à l'industrie. L'autre expérience, le militantisme saint-simonien, concerne, on va le voir, surtout Stéphane Flachat.

L'EXPÉRIENCE ANGLAISE

Lamé, Stéphane et Eugène Flachat voyagent Outre-Manche et leurs observations constituent l'un des arrière-plans structurants des *Vues politiques et pratiques sur les travaux publics de France*. La Restauration marque le retour de l'« anglomanie » développée initialement en

205 Il est vrai, pas uniquement pour des raisons idéologiques.

206 Irina Gouzévitch et Dmitri Gouzévitch, « Gabriel Lamé à Saint-Pétersbourg (1820-1831) », *Bulletin de la SABIX*, n° 44, 2009, p. 20-43.

France et en Europe au siècle des Lumières[207]. La (nouvelle) fascination qu'exerce l'Angleterre concerne aussi le domaine des travaux publics[208] et se traduit par la reprise d'une ancienne tradition, interrompue brutalement avec la Révolution, consistant à traverser la Manche[209]. Depuis les débuts de la Restauration, on assiste à une véritable ruée des ingénieurs en Grande-Bretagne. Dupin est l'un des précurseurs du mouvement et, par ses écrits[210], incite beaucoup d'autres à entreprendre le voyage. Nombreux, ils accourent voir les dernières avancées de l'industrialisme triomphant[211].

Nous avons déjà vu que Stéphane se trouvait en Angleterre à l'été 1824 dans le cadre du projet de canal maritime de la Seine. Toujours pour les besoins de cette entreprise, il retourne dans les îles britanniques en 1827, pour visiter cette fois, en Écosse, le canal Calédonien, « le seul canal important ouvert jusqu'ici à des navires » d'après ses propres dires[212]. Stéphane n'est pas le premier ingénieur français à s'intéresser à cet ouvrage important de l'ingénierie britannique, construit, entre 1804 et 1822, sous la direction du célèbre Thomas Telford (1757-1834) et de son collaborateur William Jessop (1745-1814)[213]. Avant lui, Dutens et

207 Ian Buruma, *Anglomania. A european love affair*, New York, Random House, 1998. – Pour la période de la Restauration et les premières années de la monarchie de Juillet, voir, par exemple : Kathleen Jones, *La* Revue Britannique, *son histoire et son action littéraire (1825-1840)*, Paris, Librairie E. Droz, 1939 ; Diana Cooper-Richet, *La France anglaise, de la Révolution à nos jours*, Paris, Fayard, 2018, chap. 3 et bibliographie. – Les auteurs des *VPPTPF* font référence, par ailleurs, à ce terme (p. 38).

208 Georges Lefranc, « La construction des chemins de fer et l'opinion publique vers 1830 », *Revue d'histoire moderne*, vol. 5, 1930, p. 270-279.

209 Voir, par exemple : Ethel Jones, *Voyageurs français en Angleterre, 1815-1830*, Paris, E. de Boccard, 1930 ; Nicolas Bourguinat et Sylvain Venayre (dir.), *Voyager en Europe de Humboldt à Stendhal. Contraintes nationales et tentations cosmopolites, 1790-1840*, Paris, Nouveau Monde éditions, 2011.

210 Charles Dupin, *Voyages dans la Grande-Bretagne, entrepris relativement aux services publics de la guerre, de la marine, et des ponts et chaussées, en 1816, 1817, 1818, 1819 et 1820*, 4 vol., Paris, Bachelier, 1820-1824.

211 Peter J. Wexler, *La formation du vocabulaire des chemins de fer en France (1778-1842)*, Genève : Librairie E. Droz et Lille : Librairie Giard, 1955, p. 25-29 notamment. – Pour le cas des ingénieurs des Ponts et Chaussées en particulier, voir Konstantinos Chatzis, « Building French capabilities for a transnational world: foreign languages at the École des Ponts et Chaussées, 1790s-1850s », *Technology and Culture* (à paraître).

212 Stéphane Flachat, *Histoire des travaux et de l'aménagement des eaux du canal Calédonien...*, Paris, Imprimerie de Firmin Didot, 1828, p. 14.

213 La littérature sur le canal en question est plus que conséquente. Voir, entre autres, A. D. Cameron, *The Caledonian Canal*, Edinburgh, Birlinn Limited, 2005 (4e éd.). – Sur

Dupin avaient déjà rendu compte de ce projet dans des publications parues à la fin des années 1810[214]. Mais Dutens n'avait jamais vu le canal de ses propres yeux, et sa description, déjà ancienne de plusieurs années, s'appuyait sur des présentations données par des auteurs anglais. Quant à Dupin, il s'en était certes fait une opinion personnelle grâce à son voyage en Écosse, mais les informations qu'il avait publiées étaient devenues quelque peu périmées. Grâce aux données recueillies sur place, complétées par les renseignements contenus dans vingt-trois rapports très circonstanciés que les ingénieurs-directeurs du canal et une commission du Parlement avaient produits, profitant enfin de l'« active amitié » d'Eugène qui l'avait accompagné dans sa visite écossaise, Stéphane a pu produire et publier, en 1828, un ouvrage qui, aux yeux des contemporains, remplissait bien une lacune dans la bibliographie française[215].

Le canal Calédonien n'était pas la première rencontre d'Eugène avec l'Angleterre. Le cadet des deux Flachat avait déjà fait connaissance des Brunel, père et fils, dès 1826, lorsqu'il était en Angleterre pour visiter le chantier du tunnel sous la Tamise. En 1827, Marc Isambard Brunel (1769-1849) lui fournit par ailleurs un plan de *docks*. Pendant ses séjours anglais, Eugène est aussi entré en contact avec Telford et John Rennie (1761-1821) et, outre le canal Calédonien et le tunnel sous la Tamise, a étudié les *St. Katherine's Docks*, *Shadwell Basin* et *London Docks*[216].

Lamé va également traverser la Manche. Au printemps 1830, il est en effet envoyé par son employeur russe en voyage d'études en France et en Angleterre. Deux ans auparavant, Bazaine avait fait un voyage analogue, qui permettait à ces ingénieurs français expatriés tout à la

l'histoire des canaux en Grande Bretagne, voir, entre autres, Charles Hadfield, *British canals. An illustrated history*, Newton Abbot, David & Charles Limited, 1984 (7e éd.).

214 Joseph-Michel Dutens, *Mémoires sur les travaux publics de l'Angleterre…*, Paris, De l'Imprimerie Royale, 1819, p. 295-337 et *passim* ; Ch. Dupin, *Mémoires sur la marine et les ponts et chaussées…*, *op. cit.*, p. 254-301 et *passim*.

215 Voir, par exemple, le compte rendu, signé A., de l'ouvrage de Flachat dans le *Bulletin des sciences technologiques*, t. 12, 1829, p. 255-259.

216 Anonyme, « M. Eugène Flachat, *Président de la Société des Ingénieurs Civils* », *Engineering*, vol. IV, 20 décembre 1867, p. 577 ; Jean-François Belhoste, « Les Brunel père et fils : deux célèbres ingénieurs anglais "made in France" », *Documents pour l'histoire des techniques*, nouvelle série, n° 19, 2e sem., 2010, p. 131-152, p. 146 ; Archives de l'*Institution of Civil Engineers*. « Marc Isambard Brunel's diaries », 16 octobre 1827, 23 et 25 octobre 1827 (« small ») (réf. à Flachat) ; S. Flachat, fils, *Du canal maritime de Rouen à Paris, et des perfectionnemens…*, *op. cit.*, p. 395.

fois de se tenir directement informés des dernières avancées techniques réalisés en Grande-Bretagne et de revoir la patrie. Parti quatre mois, Bazaine s'était intéressé outre-Manche avant tout aux constructions maritimes[217]. Ayant quitté Saint-Pétersbourg à la mi-avril 1830[218], Lamé arrive en juin à Paris, où il séjourne quelque temps pour revoir sa famille[219], entretenir ses relations professionnelles et préparer son voyage. Il en profite notamment pour renouer des contacts avec deux de ses enseignants à l'École polytechnique, François Arago (1786-1853) et Prony[220]. Il n'est pas non plus arrivé les mains vides : le 10 mai 1830, il lit à l'Académie des sciences, dont ces derniers sont membres, un *Mémoire sur la solidification par refroidissement d'un globe liquide*, rédigé avec Clapeyron[221]. S'agissant de son périple d'études en Angleterre, il préfère ne pas l'entreprendre seul et se cherche des compagnons de voyage. Trois hommes finalement l'accompagnent. Le premier est son ancien camarade de promotion à l'École polytechnique Mellet, qui vient avec un dessinateur nommé Bigot. Le troisième est le jeune ingénieur des Ponts et Chaussées Jean-François Mayor de Montricher (1810-1858). Directeur de l'École des ponts et chaussées, Prony décide en effet, c'est une première, que ce major de deuxième année serait envoyé en Angleterre pour son voyage annuel de mission. Lamé et Montricher ne pouvaient espérer compagnon plus averti des lieux à visiter et meilleur guide que Mellet.

Ce dernier fait partie des pionniers des chemins de fer en France. Avec le polytechnicien Charles-Joseph Henry (1800- ?), il a remporté le 21 juillet 1828 l'adjudication de la construction de la ligne de chemin de fer reliant Andrézieux à Roanne. Longue de 87 kilomètres, elle doit prolonger le tronçon achevé en 1827 entre Saint-Étienne et Andrézieux, qui permet déjà d'acheminer le charbon du bassin houiller jusqu'à la Loire au moyen de chariots tirés par des chevaux. Ce prolongement vise à

217 *Journal des voies de communication*, n° 28, 1834, p. I.

218 BEPA. IX. Lamé. Lettre de Lamé à sa femme, le 19 juin 1830.

219 Clapeyron était, quant à lui, rentré en France pour un congé de mars à août 1826 (I. Gouzévitch et D. Gouzévitch, « Gabriel Lamé à Saint-Pétersbourg… », art. cité, p. 5).

220 BEPA. IX. Lamé. Lettre de Lamé père à Gabriel, le 9 avril 1831.

221 Gabriel Lamé et Émile Clapeyron, « Mémoire sur la solidification par refroidissement d'un globe liquide », *Annales de chimie et de physique*, t. 47, 1831, p. 250-256, repris dans le *Bulletin des sciences mathématiques, astronomiques, physiques et chimiques*, t. XVI, 1831, p. 255-261.

fluidifier un trafic souvent interrompu sur la Loire à partir d'Andrézieux. C'est la troisième voie ferrée qui s'exécute en France, la construction d'une ligne entre Saint-Étienne et Lyon, *via* Rive-de-Gier et Givors, ayant été concédée en 1827 aux frères Seguin[222]. Le 21 mars 1830, le tracé de la ligne Andrézieux-Roanne est approuvé et les travaux peuvent commencer. C'est au moins la troisième fois que Mellet traverse la Manche, pour se tenir au courant des travaux et progrès qui chaque semaine s'y accomplissent[223]. Mais l'ingénieur ne s'intéresse pas seulement aux idées relatives au génie civil : il est très attiré par les théories de Robert Owen (1771-1858), au point de songer un moment partir s'installer à *New Harmony*, la communauté fondée dans l'Indiana[224]. À Paris, ils discutent des idées de l'entrepreneur et théoricien gallois au sein d'un petit cercle d'amis qu'il réunit chez lui et qui compte en son sein Hippolyte Carnot (1801-1888)[225].

Lamé et ses compagnons embarquent à Calais le 14 juin. Leur périple les mène de Londres à Birmingham, Liverpool, Manchester, Bolton, Leeds, Stockton, Durham, Sunderland, Newcastle puis Edimbourg. Les chantiers de ponts, les ateliers de construction de machines à vapeur et de locomotives, les usines métallurgiques et manufactures sont l'objet de leur attention. Comme Eugène Flachat quelques années plus tôt, ils rencontrent l'ingénieur Marc Isambard Brunel, qui travaille au creusement d'un tunnel sous la Tamise, mais aussi le célèbre ingénieur en chef de la construction de la ligne de Manchester à Liverpool, George Stephenson (1781-1848)[226]. Les dernières réalisations concernant le *railway* sont scrutées de près par les voyageurs. De retour à Paris le 15 août, Lamé décide de poursuivre son voyage, en France cette fois. Il est curieux de découvrir toutes ces innovations dont Mellet l'a entretenu. Ils partent, fin août, pour le Midi, toujours en compagnie de Montricher. Lamé visite l'écluse du canal de Briare, le chantier du pont canal sur l'Allier à Nevers, des usines à Fourchambaud et Roanne. Là, il parcourt la ligne de chemin de fer que construit Mellet, puis visite à Saint-Étienne

222 Sur leurs activités multiples en matière de travaux publics, voir M. Cotte, *Le choix de la révolution industrielle…*, *op. cit.*

223 *Journal du génie civil*, t. 2, 1829, p. 580.

224 M. Pickering, *Auguste Comte…*, *op. cit.*, vol. 2, p. 519, n. 23.

225 Lettre de Carnot, citée par Michel Aussel, *Le docteur Ange Guépin : Nantes, du Saint-simonisme à la République*, Rennes, PUR, 2016, p. 150.

226 BEPA. IX. Lamé. Correspondance avec sa femme et son père durant l'année 1830.

des usines métallurgiques et l'École des mineurs, établissement créé en 1816. Les travaux des frères Seguin retiennent plus particulièrement son attention. Il inspecte leur chemin de fer entre Saint-Étienne et Lyon, fait un tour dans leur usine lyonnaise où se construisent les locomotives, puis va voir le pont qu'ils ont construit à Beaucaire. Mais il est plus que temps de repartir. Lamé reprend début octobre 1830 le chemin de la Russie, ses malles pleines de documents, et, sitôt rentré, se met à la rédaction de son rapport de voyage.

Celui-ci se compose en définitive de quatre mémoires, qui rendent compte des informations intéressant la science de l'ingénieur recueillies en Angleterre[227]. Ils sont accompagnés de dessins[228] et complétés par un résumé général[229]. Tandis que le premier mémoire porte sur les routes, le deuxième est consacré au « railway de Liverpool et Manchester ». Le troisième contient la description des autres constructions particulières et ateliers visités. Quant au quatrième mémoire, il est consacré à une analyse économique serrée de ce nouveau mode de communication que représentent les chemins de fer. Mettant en évidence les avantages qu'ils procurent déjà au commerce de la Grande-Bretagne, Lamé en détaille les coûts d'établissements et souligne tout le profit qu'un pays comme la France pourrait en tirer. Concluant son résumé général, il écrit :

> Des résultats aussi concluants ont détruit les doutes que l'on élevait sur les grands avantages des chemins de fer, considérés comme système général de communication intérieure. Sur tous les points de l'Angleterre, de nouvelles compagnies s'organisent, pour y établir parallèlement à toutes les grandes routes, des *railways* semblables à celui de Liverpool. Dans peu d'années, les voyageurs et les marchandises pourront être transportés, d'une extrémité à l'autre du royaume, en quelques heures et à peu de frais (mém. 4 § 10). L'Angleterre

227 Bibliothèque de l'université des transports d'État de Saint-Pétersbourg. Ms 7162. Gabriel Lamé, « Observations relatives à l'art de l'ingénieur recueillies durant le voyage en Angleterre fait d'après les ordres de Sa Majesté l'Empereur Nicolas 1er pendant l'été de l'année 1830 par le colonel Lamé (Mémoires) », ms., s. d. Les quatre mémoires comprennent respectivement 21, 56, 101 et 47 pages manuscrites.

228 Centré sur l'Angleterre, but officiel du voyage, le rapport délaisse les renseignements recueillis en France. Il ne rend compte également que d'une toute petite partie de l'abondante documentation iconographique ramenée de sa mission.

229 Bibliothèque de l'université des transports d'État de Saint-Pétersbourg. Ms 7163. Gabriel Lamé, « Observations relatives à l'art de l'ingénieur recueillies durant le voyage en Angleterre fait d'après les ordres de Sa Majesté l'Empereur Nicolas 1er pendant l'été de l'année 1830 par le colonel Lamé (Résumé général) », ms., s. d., assorties de 14 planches.

> sera-t-elle la seule de toutes les contrées de l'Europe, qui puisse jouir d'un système de communication aussi rapide et aussi économique ? Pour répondre à cette question, j'ai cherché si la France, pays du continent où le fer, la main d'œuvre, le terrain et le combustible sont sans contredit au plus haut prix, pouvait malgré toutes ces circonstances défavorables, préférer les *railways* aux canaux et aux routes ; cette recherche, que je crois avoir faite avec l'impartialité nécessaire, conduit à des résultats favorables à l'introduction des *railways* sur le continent (mém. 3, 3e partie). Cette conclusion est contraire de celle obtenue par plusieurs ingénieurs français ; mais ces ingénieurs ne comparaient aux lignes navigables que des chemins de fer servis par des chevaux[230] ; aujourd'hui que les railways présentent un moyen d'utiliser les moteurs à vapeur, et de développer tous leurs avantages, la question a totalement changé de face, et sa solution peut être différente. Si l'Angleterre et la France sont forcées de reconnaître la supériorité des chemins de fer, comparés aux canaux et aux routes ordinaires, il est permis de croire que toute autre contrée et même la Russie, finira par adopter ce nouveau mode de communication[231].

Quelques années seront nécessaires pour que la prophétie se réalise.

STÉPHANE FLACHAT ET SON ADHÉSION AU MOUVEMENT SAINT-SIMONIEN

Si, à Saint-Pétersbourg, Lamé et Clapeyron entretiennent des conversations avec des hommes qui un temps se sont sentis proches du mouvement saint-simonien et même avec Enfantin, le futur chef de file, Stéphane Flachat, lui, en devient membre. C'est dans une lettre envoyée par Olinde Rodrigues (1795-1851), mathématicien, banquier et disciple de Saint-Simon, à Enfantin le 18 août 1826, que son nom semble commencer de circuler au sein des cercles saint-simoniens[232]. Mais c'est seulement à partir de l'été 1830 que Stéphane intègre le mouvement. Il va participer alors pleinement à l'aventure saint-simonienne pendant

---

230 On peut déceler ici une allusion aux travaux de certains ingénieurs des Ponts et Chaussées dont (probablement) Benjamin-Hippolyte Nadault de Buffon, *Considérations sur les trois systèmes de communications intérieures au moyen des routes, des chemins de fer et des canaux*, Paris, Roret, 1829.

231 Bibliothèque de l'université des transports d'État de Saint-Pétersbourg. Ms. 7163. G. Lamé, « Observations relatives à l'art de l'ingénieur recueillies durant le voyage en Angleterre… (Résumé général) », *op. cit.*, § 55 et 56.

232 Lettre de Rodrigues à Enfantin, Amsterdam, le 18 août 1826 (reproduite dans *Œuvres de Saint-Simon et d'Enfantin, publiées par les Membres du Conseil Institué par Enfantin pour l'exécution de ses dernières volontés et précédées de deux Notices Historiques* [désormais *Œuvres de Saint-Simon et d'Enfantin*], Paris, E. Dentu, 1865-1878, vol. 24, p. 108).

deux ans. D'après ses propres dires, c'est le « père Olinde Rodrigues[233] » qui lui a fait connaître la doctrine, alors que son adhésion idéologique au saint-simonisme militant semble avoir été graduelle, ponctuée de surcroît par des événements personnels. Stéphane confesse qu'à l'époque où il figurait parmi les soumissionnaires du canal maritime il avait embrassé les idées économiques (libérales) exprimées dans *Le Globe* d'avant 1830[234]. Sa rencontre avec « la politique saint-simonienne » n'intervient que « lorsqu'il a été constant pour [lui] qu'elle ne se fondait pas sur l'élection par en bas et qu'ainsi elle ne conduisait pas à la république[235] ». Apparemment imperméable aux idées religieuses pendant longtemps, Stéphane les « sent » soudainement quand il devient père – son fils est né le 23 mars 1831 – et il se donne à la doctrine seulement quand sa « femme », en fait sa maîtresse Annette[236], a aimé leur fils comme lui et « a compris comme mère, tout ce qu'il y avait de juste et de divin dans le classement suivant la capacité[237] ». Comme il l'avouera lui-même plus tard, en juin 1832, dans une lettre à Aglaé Saint-Hilaire (1793- ?)[238], Stéphane avait embrassé le saint-simonisme en cherchant « une religion » et non pas « une doctrine[239] ». D'après les archives du mouvement[240],

233 Sur Rodrigues, voir notamment Simon Altmann et Eduardo L. Ortiz (éd.), *Mathematics and social utopias in France : Olinde Rodrigues and his times*, Providence : American Mathematical Society et Londres : Mathematical Society, 2005.

234 Jean-Jacques Goblot, *La Jeune France libérale.* Le Globe *et son groupe littéraire (1824-1830)*, Paris, Plon, 1995, chap. 7 : « Questions économiques et sociales ».

235 Sur la peur que le « grand nombre » (le peuple) inspire à plusieurs intellectuels de l'époque, les libéraux y compris, voir, par exemple, Pierre Rosanvallon, *Le moment Guizot*, Paris, Gallimard, 1985.

236 D'après les spécialistes du mouvement, il s'agit de Marie-Anne Chevalier (1807- ?), la sœur de Michel Chevalier, qui fréquentait régulièrement les lieux saint-simoniens, et qui semble avoir eu des liaisons avec plusieurs apôtres. Voir la notice publiée dans le dictionnaire biographique Maitron, « Chevalier Marie-Anne, dite Anna ou Annette », version mise en ligne le 20 février 2009, dernière modification le 20 février 2009 (disponible à l'adresse : https://maitron.fr/spip.php?article28682 (consulté le 4 novembre 2021)).

237 Anonyme, *Religion Saint-Simonienne. Procès en la cour d'assises de la Seine, les 27 et 28 août 1832*, Paris, À la librairie Saint-Simonienne et chez Johanneau, Libraire, 1832, p. 356.

238 Voir la notice publiée dans le dictionnaire biographique Maitron, « Saint-Hilaire Aglaé », notice revue et complétée par Philippe Régnier, version mise en ligne le 20 février 2009, dernière modification le 11 décembre 2019 (disponible à l'adresse : https://maitron.fr/spip.php?article37538 (consulté le 4 novembre 2021)).

239 Lettre citée par A. Auclair, « Stéphane Mony 1800-1884… », art. cité, p. 25-26.

240 Sur S. Flachat et le mouvement saint-simonien, voir en premier lieu : A. Auclair, « Stéphane Mony 1800-1884… », art. cité, chap. II : « L'influence saint-simonienne » ; la notice publiée dans le dictionnaire biographique Maitron, « Flachat Stéphane [Mony

Flachat est membre du « deuxième degré » en 1830. Après le schisme de Bazard en novembre 1831, il se rallie à Enfantin et s'occupe, avec René (Hyacinthe-Gauthier) Holstein (1798- ?) de la direction du « degré des industriels » où étaient organisés les ouvriers saint-simoniens. Cette nomination semble somme toute logique. Ingénieur, faisant donc partie lui-même de la classe « travailleuse » d'après la doctrine, nous avons vu que Stéphane connaît aussi de près l'univers ouvrier – une partie spécifique de ce dernier en tout cas – en tant que patron aux tendances et pratiques paternalistes. En (*circa* août-septembre) 1831, Stéphane se prononce explicitement pour que les saint-simoniens, ces « privilégiés de la naissance » qui, comme lui ont « dû à ce hasard une forte instruction », adoptent une attitude médiatrice entre les « bourgeois » et le « peuple », alors que ce dernier ne doit pas recourir à « la violence » pour s'emparer des « instruments du travail » mais les réclamer, en revanche, « pacifiquement et graduellement[241] ». Toujours bienveillant à l'égard des « prolétaires » mais sans pour autant adopter le point de vue des éléments les plus radicaux de la classe ouvrière, Flachat, fidèle à l'idée d'un ordre hiérarchique capacitaire[242], souhaite remplacer l'inscription écrite sur le drapeau noir des canuts lyonnais en novembre 1831 : « Vivre en travaillant ou mourir en combattant » par « Vivre associés et mourir pacifiquement avec la foi que nous accomplissons un progrès pour l'humanité[243] ». Décrit par un autre adepte du mouvement, le polytechnicien et ingénieur du corps des Mines Abel Transon (1805-1876), comme « l'homme qui a le plus étudié et pratiqué l'industrie

Christophe *Stéphane*] », notice revue et complétée par Ph. Régnier, version mise en ligne le 20 février 2009, dernière modification le 7 juin 2017 (disponible à l'adresse : https://maitron.fr/spip.php?article30957 (consulté le 4 novembre 2021)). – Cela étant, une étude circonstanciée sur la participation de l'auteur au mouvement reste à faire.

241 Stéphane Flachat, « Rapport sur les travaux de la famille saint-simonienne », *in* Anonyme, *Religion saint-simonienne. Rapports adressés aux pères suprêmes sur la situation et les travaux de la famille*, Paris, Au Bureau du *Globe* et de l'*Organisateur*, 1831, p. 10-24 (p. 22 notamment).

242 « [...] car la hiérarchie est pour la famille Saint-Simonienne un immense levier qui décuple ses capitaux et ses forces. Par elle les plus grands services rendus à la doctrine sont payés en respect, en amour... » (S. Flachat, « Rapport sur les travaux de la famille saint-simonienne », *in* Anonyme, *Religion saint-simonienne. Rapports..., op. cit.*, p. 19-20).

243 Anonyme, *Religion saint-simonienne. Enseignement des ouvriers, séance du dimanche 18 décembre 1831*, Paris, Au Bureau du *Globe*, 1831, p. 4 et p. 6. Sur la révolte des canuts, voir, entre autres, Ludovic Frobert, « "Vivre en travaillant ou mourir en combattant". Les révoltes des canuts (1831, 1834) », *in* Michel Pigenet et Danielle Tartakowsky (dir.), *Histoire des mouvements sociaux en France, de 1814 à nos jours*, Paris, La Découverte, 2014, p. 121-129.

de toute la doctrine[244] », Stéphane, comme Lamé et Clapeyron, est très apprécié par le « Père », à la fois pour ses capacités d'organisateur – « Les industriels marchent très-bien. Flachat est solide », se félicite Enfantin le 26 décembre 1831[245] – et pour son statut d'ingénieur professionnel. Rien d'étonnant donc à ce que le Père suprême demande à Stéphane de tracer, avec le polytechnicien et ingénieur du corps des Mines Henri Fournel (1799-1876)[246] et Chevalier, un programme de travaux publics en France pour le compte du mouvement[247]. Flachat sera aussi parmi les collaborateurs réguliers du *Globe*, une fois que les saint-simoniens auront pris la direction du journal en novembre 1830[248]. Enfantin le charge par ailleurs, en 1832, de la tâche d'organiser une correspondance spéciale du *Globe* avec les ingénieurs de province afin de les préparer à une grande action industrielle. Ses multiples actions et engagements au sein du mouvement ont valu à ce dernier d'être nommé au « Collège » saint-simonien, à savoir l'instance la plus haute du mouvement, en 1832. Mais sa participation à la fameuse « Retraite de Ménilmontant » se termine de façon précipitée le 4 juin de la même année, suite à l'état des rapports entre Stéphane et sa « femme » Annette, la sœur de Chevalier[249]. En août 1832, Enfantin confirme que Flachat ne fait plus partie de la maison.

---

244 Lettre de Transon au « Chef suprême », janvier 1832, reproduite dans *Œuvres de Saint-Simon et d'Enfantin*, *op. cit.*, vol. 5, p. 84.

245 *Ibid.*, p. 58.

246 Lionel Latty, « Henri Fournel (1799-1876) : ingénieur du corps des mines saint-simonien », *in* Bruno Belhoste et Anne-Françoise Garçon (dir.), *Les ingénieurs des mines : cultures, pouvoirs, pratiques*, Paris, IGPDE/Comité pour l'histoire économique et financière de la France, 2012, p. 163-182.

247 Voir par exemple : M. C. (Michel Chevalier), « Politique d'Association. Politique de déplacement », *in* Collectif, *Religion Saint-Simonienne. Politique industrielle et système de la Méditerranée*, Paris, Rue Monsigny, N° 6, 1832, p. 29-39 (p. 34) (paru d'abord dans *Le Globe* du 30 mars 1832).

248 Sur *Le Globe* de la période saint-simonienne, voir Nerema Zuffi, Le Globe *saint-simonien, 1831-1832 : art et société*, Vérone, Università degli studi di Verona, 1989. – Sur Flachat et *Le Globe*, voir Michel Bellet, « De l'économie politique à la politique économique. Chevalier et *Le Globe* », *in* Thomas Bouchet, Vincent Bourdeau, Edward Castleton, Ludovic Frobert et François Jarrige (dir.), *Quand les socialistes inventaient l'avenir. Presse, théories et expériences, 1825-1860*, Paris, La Découverte, 2015, p. 49-61 (p. 51, p. 54 et p. 59) ; Maurice Wallon, *Les saint-simoniens et les chemins de fer*, Paris, A. Pedone, Éditeur, 1908, chap. III : « Le "Globe". – La propagande en faveur des chemins de fer ».

249 Voir la notice publiée dans le dictionnaire biographique Maitron, « Chevalier Marie-Anne, dite Anna ou Annette », art. cité.

Il n'y a pas de traces suggérant un engagement actif de la part d'Eugène Flachat dans le mouvement saint-simonien. Mais il est incontestable qu'il fait partie des réseaux tissés autour d'Enfantin. Très lié à son frère aîné et saint-simonien avéré à la fois professionnellement et émotionnellement, Eugène a croisé aussi Lamé et Clapeyron à Saint-Pétersbourg en tant que représentant de la compagnie de sondages fondée par la fratrie Flachat à la fin des années 1820. L'entreprise avait été, en effet, commissionnée par l'administration russe pour effectuer des forages dans la région d'Odessa au début des années 1830[250].

LA FIN DE L'EXPATRIATION POUR CLAPEYRON ET LAMÉ

Le 11 janvier 1831, proposés par l'ambassadeur de France en Russie, le duc de Mortemart[251], Lamé et Clapeyron sont nommés chevaliers de la Légion d'honneur. Les raisons qui justifient l'attribution de cette décoration, également décernée à d'autres ingénieurs français travaillant au service du tsar, ne nous sont pas connues. Quoi qu'il en soit, cette décision arrive fort à propos pour rappeler que le gouvernement français s'intéresse de près au sort de ses deux ressortissants. L'annonce de cette nomination intervient en effet à un moment où Clapeyron n'est plus à Saint-Pétersbourg. Il a reçu l'ordre de se rendre à quelques centaines de kilomètres de la capitale, où il se retrouve sans rien de précis à faire. Cette relégation, dont les raisons demeurent mystérieuses – avait-il commis quelque imprudence en exprimant des opinions sur le nouveau régime instauré en France, que Nicolas 1er ne reconnaissait pas, ou sur les récents évènements de Pologne ? Était-il victime de la calomnie ou de la jalousie ? –, ne dure pas moins de quatre mois[252].

À la même époque, bien que n'ayant pas à subir un éloignement forcé de la capitale russe comme son ami, Lamé n'en voit pas moins, de son côté, ses rapports avec son entourage professionnel se tendre. Suite

---

250 Eugène Flachat, « Puits artésiens », *Journal des voies de communication*, n° 24, 1832, p. 43-59. – À propos d'Eugène et de son voyage russe, Lamé écrit : « Un ingénieur français, M. Eugène Flachat, l'un des chefs de la maison connue sous ce nom, a été appelé en Russie par le désir de SA MAJESTÉ L'EMPEREUR et s'occupe en ce moment, ici, des préparatifs du mécanisme qui doit servir à ces travaux [c'est l'auteur qui souligne] » (*Ibid.*, p. 42). – Voir aussi « Chroniques », *Journal de l'Industriel et du Capitaliste*, t. I, 1836, p. 204-205 (E. Flachat fait partie du comité du journal).

251 M.-E. Lefébure de Fourcy, « Notice nécrologique sur Lamé … », art. cité.

252 BEPA. IX. Lamé. Lettre de Lamé père à son fils, le 21 mai 1831.

à son voyage d'étude en Angleterre, Lamé se fait le chantre des *railways*. S'il n'a guère de mal à communiquer son enthousiasme pour le nouveau mode de transport à son acolyte Clapeyron, il échoue par contre à convaincre ses supérieurs, jusque dans les rangs de ses compatriotes. Un différend s'ensuit, qui l'oppose notamment à Destrem. Dans une étude richement documentée, empruntant des informations à des sources tout à la fois anglaises, françaises et allemandes, sur le thème très en vogue, et alors très controversé, des mérites comparés de différents modes de transport, ce dernier conclut à la « grande supériorité » des canaux sur toute autre voie de communication pour la Russie[253]. Manière de clore le débat suscité par les exposés prosélytes de Lamé[254], cette étude est publiée dans le *Journal des voies de communication*, à l'exclusion de tout autre travail qui défendrait une position contraire. Avec cette publication, la perspective de pouvoir construire à court terme des chemins de fer en terre russe s'éloigne considérablement.

Autorisé à rentrer à Saint-Pétersbourg fin mai 1831, Clapeyron se fiance avec Mélanie Vasseur, la fille naturelle de Bazaine, qui séjourne chez son père. Bien que des amis leur conseillent de revenir dans leur patrie, Lamé et Clapeyron tergiversent, anxieux de la perspective de se retrouver sans emploi à leur retour en France[255] et de perdre la situation financièrement avantageuse qui est la leur[256]. À l'automne 1831, Clapeyron se décide à faire le saut dans l'inconnu. Qu'est-ce qui l'a fait changer d'avis ? Sa récente disgrâce ? Les tracasseries qu'il rencontre, comme l'interdiction de porter la décoration de la légion d'honneur qui vient de lui être décernée[257] ? L'hostilité du gouvernement russe au régime qui s'établit en France à la suite de la révolution de 1830 ? Le choléra qui sévit à Saint-Pétersbourg ? La menace de guerre qui plane sur l'Europe ? Le retour en France de sa

253 Jean-Antoine-Maurice Destrem, « Considérations générales sur les avantages relatifs des canaux et des chemins à ornières, et application des résultats à la détermination du mode de transport le plus avantageux pour la Russie », *Journal des voies de communication*, nº 21, 1831, p. 1-77. L'auteur prétend répondre à des articles parus dans un hebdomadaire publié à Saint-Pétersbourg, *La Fourmi du Nord. Gazette industrielle*, dont il ne mentionne pas l'auteur.

254 Irina Gouzévitch, « L'empire russe : centre ou périphérie ? », *in* Irina Gouzévitch et Patrice Bret (dir.), *Naissance d'une communauté internationale d'ingénieur (première moitié du XIXe siècle)*, Paris, Centre de recherche en histoire des sciences et des techniques, 1997, p. 79-85, p. 47.

255 BnF. Département des manuscrits. NAF 24 610. Correspondance saint-simonienne. Lettre d'Auguste Picard à Prosper Enfantin, le 21 juin 1831.

256 I. et D. Gouzévitch, « Gabriel Lamé à Saint-Pétersbourg… », art. cité.

257 *Ibid.*

fiancée[258] ? La défiance manifestée par ses supérieurs à l'égard des projets de chemin de fer nourris avec Lamé ? Les raisons qui ont précipité ce retour ont été diversement interprétées, par les contemporains comme par les historiens[259]. C'est probablement cette conjonction de facteurs qui le décide à donner sa démission. Le 8 novembre 1831, Clapeyron quitte Saint-Pétersbourg. C'est sans autre forme de dédommagement que le paiement de son voyage de retour, prévu à son contrat, qu'il rentre en France[260]. Quelque temps indécis sur le meilleur parti à prendre, Lamé et sa famille – sa femme et ses trois enfants nés en Russie – ne tardent pas à en faire autant. Ils arrivent à Paris le 10 décembre 1831, trop tard pour que Gabriel puisse revoir son père vivant.

Leur arrivée ne passe pas inaperçue et les journaux de la capitale commentent leur départ de Russie. Les deux amis éprouvent la nécessité de démentir publiquement les explications diffusées à leur propos, en particulier celles du *Figaro* qui indique à ses lecteurs que leur légion d'honneur récompensait des informations transmises au gouvernement français sur la marine russe[261]. Ils se montrent soucieux de ne pas être à l'origine de tensions diplomatiques entre les deux pays et de ne pas indisposer le gouvernement français. Récusant ces allégations d'espionnage industriel, ils ne contribuent pas, pour autant, à faire la clarté sur ce qui les a poussés à donner leur démission. Si dans une lettre au directeur des Ponts et Chaussées et des Mines, Lamé évoque « des circonstances impérieuses[262] », dans la note qu'il fait parvenir conjointement avec Clapeyron au rédacteur du *Journal des débats* et qui est publiée le 1er janvier 1832, il écrit :

> [...] après onze ans de services honorables et justement appréciés, une santé affaiblie, des motifs d'honneur dont nous seuls sommes juges, quelques sujets de plainte tenant à un malentendu, que le temps éclaircira sans doute nous ont déterminés à solliciter notre démission[263].

---

258 BEPA. IX. Lamé. Lettre de Lamé père à son fils, le 28 septembre 1831. – Stéphanie Bazaine-Vasseur rentre en France avec sa belle-mère Stéphanie de Sénovert, et le père de celle-ci. Très malade, le général voulait sans doute revoir la France avant de mourir. Il décède peu de temps après son arrivée.

259 Margaret Bradley, « Franco-Russian engineering links : the careers of Lamé and Clapeyron, 1820-1830 », *Annals of sciences*, n° 38, 1981, p. 291-312.

260 AAS. Dossier Lamé. (G. Lamé), *Analyse des travaux de M. Lamé*, *op. cit.*, p. 13.

261 *Le Figaro*, 28 décembre 1831, p. 2.

262 AN F^{14} 2729^2. Dossier de carrière de Lamé.

263 *Journal des débats politiques et littéraires*, 1er janvier 1832, p. 5.

Se manifestent ici leur aptitude à la conciliation et une volonté d'aplanir les difficultés, que l'on retrouve aussi très présentes dans l'introduction des *Vues politiques et pratiques sur les travaux publics de France.*

Dès le 1er janvier 1832, Lamé et Clapeyron demandent à leur administration de tutelle leur réintégration dans le service actif des Mines[264]. Sans doute ont-ils ensuite rencontré le directeur des Ponts et Chaussées et des Mines, Simon Bérard (1783-1859), pour lui faire part de leur situation. Mais l'administration n'a pas de poste à leur offrir. À compter du 1er janvier 1832, ils sont « placés dans la réserve », selon la terminologie administrative. En attendant qu'un poste devienne vacant et leur soit proposé, ils perçoivent la moitié de leur traitement[265]. Les deux hommes se mettent alors en quête d'une situation. Dès le 6 février 1832, Lamé envoie deux mémoires à l'Académie des sciences[266], qu'il signe seul cette fois. C'est dans l'enseignement des sciences qu'il cherche à se faire une place, éventuellement dans un établissement d'enseignement secondaire[267]. Il pose sa candidature pour la chaire de physique de l'École polytechnique, se prévalant de onze ans d'expérience dans une fonction analogue à l'Institut du corps des ingénieurs des Voies de communication en Russie, mais aussi de deux ans de cours public de cette même discipline dans une société de Saint-Pétersbourg, qu'il qualifie d'« espèce d'Athénée », en référence à l'Athénée des arts, société savante qui assure à Paris des cours publics de sciences et techniques[268]. Clapeyron de son côté multiplie les contacts pour développer des projets de chemin de fer. Il a bien conscience qu'une activité industrielle est seule susceptible de lui fournir un train de vie comparable à celui que son camarade et lui venaient d'abandonner. Leur promotion au grade d'ingénieur de 1re classe,

264 AN F0 4691. Direction générale des ponts et chaussées, de la navigation intérieure et des mines – secrétariat général – sommier général destiné à l'enregistrement des pièces arrivées à la direction et relatives à la division du personnel, année 1832, n° 91 et 92. – Dans une colonne destinée à recevoir ses annotations, le directeur général a noté « me parler », à côté de la mention de l'arrivée de ces deux courriers, indiquant par ces mots qu'il souhaitait être tenu personnellement au courant de cette affaire.

265 AN F14 2729². Dossier de carrière de Lamé.

266 Gabriel Lamé, « Mémoire sur les surfaces isothermes dans les corps solides homogènes en équilibre de température », *Mémoires présentés par divers savants à l'Académie des sciences*, vol. 5, 1838, p. 174-219, et *Id.*, « Second mémoire sur la propagation de la chaleur dans les polyèdres, présenté à l'Académie des sciences le 6 février 1832 », *Ibid.*, p. 418-439.

267 Bibliothèque de l'Institut. Fonds Cuvier. Ms. 3329. Lettre de Lamé à Prony, le 20 janvier 1832, citée par M. Bradley, « Franco-Russian engineering links… », art. cité, p. 304.

268 BEPA. VI2a2. Dossier Lamé. Lettre de Lamé, le 20 février 1832.

le 29 avril 1832, améliore quelque peu leur situation financière mais les laisse toujours dans une situation précaire. Lamé tout particulièrement a des besoins pressants, devant soutenir financièrement ses trois sœurs, sa mère et sa belle-mère[269].

Le 5 juin 1832, Lamé est élu professeur de physique à l'École polytechnique. Il profite de la démission, au bout de quelques mois, du chimiste et physicien belge César Despretz (1791-1863), qui lui-même avait remplacé Claude Pouillet (1790-1868) nommé un an plus tôt. Lamé tire parti des difficultés de recrutement pour une matière qui cherche encore sa place au sein de l'École polytechnique[270], mais bénéficie aussi du réseau relationnel qu'il a soigneusement entretenu et du rôle de premier plan que joue désormais Arago dans cette institution[271]. Le salaire des professeurs de l'École polytechnique n'étant toutefois pas suffisant pour vivre décemment, l'administration des Mines accepte de continuer de lui verser un demi-salaire, comme elle le fait pour d'autres ingénieurs d'État enseignant dans l'établissement. À compter du 1er mai 1832, Lamé est, en outre, nommé membre de la Commission des machines à vapeur de cette administration[272]. À partir de cette époque, les trajectoires des deux amis jusque-là inséparables divergent sensiblement. Clapeyron doit attendre le 1er octobre 1832 pour recevoir une affectation : il est nommé professeur de construction et d'exploitation à l'École des mineurs de Saint-Étienne[273]. La parution, quinze jours plus tôt, des *Vues politiques et pratiques sur les travaux publics de France* a-t-elle été pour quelque chose dans cette nomination ? C'est possible.

---

269 Par exemple, BEPA. IX. Lamé. Lettre de Clapeyron à Lamé, le 3 janvier 1832.

270 Michel Atten, « La physique en souffrance. 1850-1914 », *in* B. Belhoste *et al.* (dir.), *La formation polytechnicienne, 1794-1994…*, *op. cit.*, p. 217-243.

271 B. Belhoste, *La formation d'une technocratie…*, *op. cit.*, p. 91-92.

272 AN F14 2729². Dossier de carrière de Lamé. – Instituée en 1823, cette commission auprès du directeur général des Ponts et Chaussées et des Mines comprend en son sein des ingénieurs des deux corps. Elle est chargée des autorisations d'installation de machines et de rédiger des règlements sur les usages de ces engins dangereux.

273 Une ordonnance du 7 mars 1831 modifie le régime de cette école créée en 1816. – L'ambition de cette institution gratuite, qui accueille des élèves de 15 à 25 ans, est de former des maîtres-mineurs, des conducteurs des travaux souterrains et des directeurs d'exploitation. – Sur son histoire, voir notamment Anne-Françoise Garçon, *Entre l'État et l'usine : l'École des Mines de Saint-Étienne au* XIXe *siècle*, Rennes, PUR, 2015.

GENÈSE DE L'ŒUVRE

UN TEXTE NOURRI D'ÉCRITS ANTÉRIEURS

L'écriture et la publication d'un texte ne sont pas des opérations gratuites, anodines ou désintéressées. En la resituant dans son contexte de production, il s'agit de mieux comprendre ce qui motive la publication des *Vues politiques et pratiques sur les travaux publics de France*, au moment précis où elle paraît, et d'en savoir davantage sur sa diffusion ou ses effets. L'ouvrage n'est pas un document isolé. En cerner le sens suppose de renouer les liens qui l'unissent à de nombreux autres textes, qu'ils soient antérieurs ou postérieurs, écrits par les mêmes auteurs ou rédigés par d'autres, imprimés ou restés manuscrits, aujourd'hui conservés ou disparus.

Les *Vues politiques et pratiques sur les travaux publics de France* se fondent sur plusieurs écrits antérieurs des signataires de l'ouvrage, auxquels ils font de larges emprunts[274]. Son contenu doit tout à la fois à des considérations développées par Lamé et Clapeyron sur les chemins de fer, aux études plus anciennes, liées notamment au projet de canal maritime de la Seine auxquelles ont travaillé les frères Flachat, mais aussi à des réflexions contenues dans une série d'articles signés par Stéphane et parus dans *Le Globe* saint-simonien à partir de la fin de l'année 1831[275].

Lorsque Lamé et Clapeyron arrivent à Paris, paraissent dans le journal *Le Globe*, devenu en août 1831 *journal de la religion saint-simonienne*, les premiers articles signés par Stéphane Flachat et Michel Chevalier sur les travaux publics. Ces articles exposent des vues personnelles qui ne sont pas nécessairement cohérentes entre elles. C'est le cas notamment des échelles prises en compte. Ainsi, tandis que Chevalier expose des considérations qui s'étendent à l'Europe et développent la conception d'un « système méditerranéen », celles de Flachat restent nationales. Dans ces

---

274 Pour une liste complète des écrits cités par l'ouvrage, voir la bibliographie reconstituée donnée en annexe I.

275 Dans un texte publié dans *Le Globe* à la fin de l'année 1831, qui inaugure une série d'articles sur les travaux publics, S. Flachat annonce la parution prochaine d'au moins onze articles (Stéphane Flachat, « Politique Industrielle. Travaux Publics. (Ier article.) Considérations générales. », *Le Globe*, 1er décembre 1831, p. 1340). Le nombre d'articles finalement publiés sera bien plus limité, probablement à cause de la disparition du journal en avril 1832.

conditions, il est difficile de dire si, et dans quelle mesure, les manières de voir exposées engagent plus que leur auteur respectif et de définir un point de vue unique qui serait proprement « saint-simonien ». C'est non seulement l'échelle géographique à laquelle se situe la perspective, mais aussi le niveau de l'analyse et le style employé qui distinguent les vues développées par Chevalier d'un côté, Stéphane Flachat de l'autre. Le style très littéraire, un certain degré d'abstraction et le vague des propositions du premier contrastent avec une prose plus classique et les considérations très pratiques du second. Chevalier a su trouver les mots pour dire la révolution ferroviaire et les changements majeurs qui s'annoncent. Dans le court passage qu'il consacre aux chemins de fer dans l'un de ses articles, il prophétise que ces nouvelles voies de communications, en offrant une vitesse accrue de déplacement, vont tout à la fois multiplier les rapports entre les hommes, changer « les conditions de l'existence humaine » et être à l'origine d'une « révolution non seulement industrielle, mais politique », n'hésitant pas à voir dans ce nouveau mode de transport tout à la fois un « moyen de gouvernement » et un « instrument de conquête[276] ». Son talent d'écriture lui permet de retenir l'attention de ses contemporains comme des historiens[277]. Les relations personnelles qu'entretiennent ces deux hommes au sein de la famille saint-simonienne sont très ambigües, Stéphane étant au surplus, on l'a vu, longtemps fiancé à Annette, la sœur de Michel qui, elle aussi, avait rejoint le mouvement. La parution du *Globe* arrêtée, Chevalier entreprend, en juin 1832, de republier les articles parus dans la revue sur la politique industrielle entre le 20 janvier et le 20 avril 1832, mais il laisse de côté la plupart de ceux que Flachat avait signés[278]. Ce dernier y combattait notamment ardemment le système des adjudications publiques avec concurrence, une idée qui sera reprise dans les *Vues politiques et pratiques sur les travaux publics de France*.

276 Michel Chevalier, « Politique générale. La paix est aujourd'hui la condition de l'émancipation des peuples. IVe article (I). Système de la Méditerranée. Politique nouvelle. », *Le Globe*, 12 février 1832, p. 169-171.

277 M. Wallon, *Les saint-simoniens et les chemins de fer*, *op. cit.*, p. 32.

278 Collectif, *Religion Saint-Simonienne. Politique industrielle et système de la Méditerranée*, *op. cit.* Dans cet ouvrage le seul article de Stéphane Flachat retenu traite du choléra et de l'assainissement de Paris. Dès le mois de mars 1832, M. Chevalier avait regroupé dans une brochure, au titre proche, ses articles parus dans *Le Globe* : M. Chevalier, *Religion Saint-Simonienne. Politique industrielle. Système de la Méditerranée*, *op. cit.*

Ces ingénieurs saint-simoniens sont loin d'être les seuls dans le milieu des ingénieurs à entrevoir les bouleversements suscités par le nouveau mode de transport. Le nécessaire développement des voies de communication dans l'intérêt du commerce et de l'industrie est une idée partagée, qui transcende les clivages politiques ou les conflits de doctrines économiques. La question est largement débattue depuis la fin des années 1820, en particulier dans le *Journal du génie civil*. Faire du développement des voies de communication un moyen de stimuler la prospérité économique et d'améliorer le sort des classes les plus pauvres n'est pas non plus une idée propre aux ingénieurs qui participent au mouvement saint-simonien. L'inspecteur divisionnaire des Ponts et Chaussées et député libéral du Jura Cordier, également collaborateur du *Journal du génie civil*, l'avait développé, on l'a vu, en 1830 dans un ouvrage consacré aux chemins de fer. Dans ce livre, Cordier avait également dressé la liste des grandes lignes de chemin de fer à établir sur le territoire français, dessinant la fameuse étoile, calquée sur le schéma routier, reliant Paris aux principales villes bordant l'hexagone[279]. Comme le souligne Bruno Belhoste, cette « foi en une mission, qui est celle d'organiser les bases matérielles de la société moderne » n'est pas vraiment originale, et les ingénieurs saint-simoniens « ne font qu'exprimer, avec une vigueur qui leur est propre, l'idéal commun des polytechniciens[280] ».

Les *Vues politiques et pratiques sur les travaux publics de France* doivent aussi à un travail de Lamé et Clapeyron, dont il est aujourd'hui difficile de se faire une idée précise car il est resté largement manuscrit et ne semble pas avoir été conservé. Sitôt le retour de Lamé à Saint-Pétersbourg en 1830, Clapeyron se passionne pour les chemins de fer et en fait, à son tour, un objet d'études. De son exil loin de la capitale russe, il adresse à Lamé, au début de l'année 1831, son « travail sur les chemins de fer[281] », qu'ont fait naître leurs discussions. Ils rédigent alors, semble-t-il ensemble, un mémoire, dont on connaît l'existence de deux manières. D'abord par un courrier de l'ambassade de France à Saint-Pétersbourg, datant de novembre 1831, dans lequel on lit :

> Le colonel Lamé est, conjointement avec son collègue, l'auteur du projet développé dans un mémoire, précédemment transmis à Paris d'établir en

279 L.-J. Cordier, *Considérations sur les chemins de fer*, *op. cit.*, p. XVIII.
280 B. Belhoste, *La formation d'une technocratie…*, *op. cit.*, p. 417.
281 BEPA. IX. Lamé. Lettre de Clapeyron à Lamé, le 4 janvier 1831.

> France un vaste système de chemins de fer et de grands charriots à vapeur, destinés à la fois aux communications commerciales pendant la paix, et à un rapide transport de forces défensives, en cas de guerre[282].

Mais on a aussi, et surtout, connaissance de ce mémoire sur les chemins de fer par un extrait intitulé « Mémoire sur les chemins de fer considérés sous le point de vue de la défense du territoire », qui est lu devant les membres de l'Association polytechnique le 20 juin 1832, puis publié dans ses comptes rendus[283]. Les auteurs y soulignent les avantages que la France pourrait retirer, à l'occasion d'une guerre défensive, des lignes de chemins de fer joignant les grands centres de population du royaume avec la capitale, celles-ci permettant notamment de rapides déplacements des troupes et du matériel jusqu'aux frontières.

Créée peu après la Révolution de Juillet 1830, l'Association polytechnique regroupe d'anciens élèves de l'école éponyme et se fixe pour but de « coopérer par tous ses moyens au développement de la prospérité de la patrie[284] ». Parmi ses membres, figurent d'anciennes connaissances de Lamé et Clapeyron. Notamment Raucourt, qui voit dans cette création un moyen de renouer avec les valeurs de l'École polytechnique à ses débuts – « confraternité », « désintéressement » et « reconnaissance des mérites » – et de régénérer le pays en portant « le flambeau de l'analyse et de la science au milieu des questions restées obscures de l'administration publique[285] ». Comte en est, quant à lui, l'un des secrétaires à sa création, puis en devient vice-président[286]. En plus des réunions hebdomadaires d'échanges entre ses membres, l'Association propose des cours scientifiques gratuits à destination des ouvriers des

---

282 AN F^{14} 2718^2. Dossier de carrière de Clapeyron. Lettre du chef du personnel de l'ambassade de France à Saint-Pétersbourg au président du Conseil, le 28 novembre 1831.

283 Association polytechnique, *Compte rendu trimestriel – juillet 1832*, Paris, Imprimerie de Guiraudet, 1832, p. 35-47.

284 Règlement adopté par l'Association polytechnique dans ses séances des 17 et 19 août 1830.

285 Antoine Raucourt, « Note relative au projet d'association à fonder entre les anciens élèves de l'École polytechnique », *Journal du génie civil*, t. 9, 1830, p. 186.

286 Sur le rôle de Comte dans cette association, voir François Vatin, « Auguste Comte, les sciences d'application et la formation du peuple », *Revue philosophique de la France et de l'étranger*, vol. 132, n° 4, 2007, p. 421-435. – Sur une histoire de longue durée de cette association, voir *Id.*, « L'Association polytechnique (1830-1900). "Éducation" ou "instruction" ? ou la place des sciences sociales dans la formation du peuple », *Management & Sciences Sociales*, n° 3, 2007, p. 245-296.

Paris[287]. En 1832, outre Comte et Raucourt, on trouve aussi, parmi les enseignants, Perdonnet, ce dernier occupant la fonction de secrétaire depuis la refondation de l'Association[288], mise en sommeil quelques mois à la suite de dissensions politiques. Se déclarant désormais apolitique, l'Association entend se concentrer sur ses deux principales missions : resserrer les liens de confraternité au sein de « la grande famille polytechnique » et répandre parmi les « classes laborieuses » les premiers éléments des « sciences positives[289] ». Issu d'une famille suisse protestante, Perdonnet a été formé dans une école aux méthodes inspirées de Jean-Jacques Rousseau, créée en 1804 par le pédagogue Johann Heinrich Pestalozzi (1746-1827) et installée à Yverdon (canton de Vaud). Entré à l'École polytechnique en septembre 1821, il va, lui aussi, être confronté aux rigidités de l'établissement. Il en est exclu, d'abord provisoirement, le 20 décembre 1822 par le gouverneur pour indiscipline, en fait pour ses idées politiques. Mais, quatre jours plus tard, la sanction est commuée en exclusion définitive par le ministre de l'Intérieur[290]. Il choisit dès lors de poursuivre sa formation comme élève externe à l'École des mines. Lui aussi traverse la Manche et s'intéresse tôt à la nouvelle technologie des chemins de fer. À la suite de son voyage en Angleterre et en Écosse réalisé en 1828 dans le cadre de sa scolarité, il rédige, en collaboration avec l'élève-ingénieur des Mines Pierre-Léon Coste (1805-1840), une notice sur les « chemins de fer à ornière », insérée en 1829 dans les *Annales des mines.* Augmentée de documents recueillis outre-Manche, cette notice donne lieu à un livre l'année suivante[291]. Il publie aussi des

287 Pour une vue d'ensemble des cours destinés aux ouvriers à cette époque, voir : Carole Christen, « L'éducation populaire sous la Restauration et la monarchie de Juillet », *La Révolution française*, n° 4, 2013, mis en ligne le 15 juin 2013 (disponible à l'adresse : http://journals.openedition.org/lrf/905 (consulté le 4 novembre 2021)) ; Gérard Bodé, « Les cours professionnels pour ouvriers sous la Restauration et la monarchie de Juillet », *Les Études Sociales*, n° 159, 2014, p. 29-47 ; Renaud d'Enfert, « L'offre d'enseignement mathématique pour les ouvriers dans la première moitié du XIXe siècle : concurrences et complémentarités », *Ibid.*, p. 85-101.

288 Ces trois hommes font partie du bureau de l'Association et proposent des cours aux ouvriers. Parmi les dix membres de ce bureau, quatre étaient des collaborateurs du *Journal du génie civil.*

289 Association polytechnique, *Compte rendu trimestriel – juillet 1832*, *op. cit.*

290 BEPA. X2C2. Registre matricule. Concours de 1820 et 1821, et BEPA. X2C11. Registre des lois, ordonnances et décisions ministérielles relatives à l'école, le 14 mars 1822.

291 Auguste Perdonnet et Pierre-Léon Coste, *Mémoire sur les chemins à ornières*, Paris, Bachelier, 1830.

traductions de textes, anglais ou allemand, relatifs aux chemins de fer dans le *Journal du génie civil*[292].

Le mémoire de Lamé et Clapeyron, d'abord publié dans les comptes rendus de l'Association, fait également l'objet d'une publication à part en juillet 1832, dans laquelle il est relié avec la « Notice sur les avantages des chemins de fer comparés aux autres voies de communication artificielle », lue par Perdonnet devant les membres de l'Association le 16 mai[293]. Dans ce plaidoyer pour les chemins de fer, ce dernier prédit à son tour que « la prodigieuse célérité qu'ils établissent dans les communications » en fera « l'un des moyens les plus puissants de civilisation, comme un des remparts les plus efficaces contre les ennemis », tout en soulignant la nécessité de ne pas « considérer le chemin de fer ou le canal isolément, mais aussi dans ses rapports avec les autres voies de communication auxquelles il doit faire suite[294] ». Une foi commune dans les formidables potentialités de la technologie nouvelle du chemin de fer, que partagent la plupart des ingénieurs qui ont traversé la Manche, unit les auteurs de cette publication collective, à une époque où l'amélioration de la navigation intérieure reste la priorité pour le monde administratif[295]. Si Lamé et Clapeyron acceptent de venir exposer leurs vues, ils n'adhèrent pas pour autant à l'Association polytechnique et ne se proposent pas non plus pour donner des cours. De leur côté, n'étant pas polytechniciens, les frères Flachat ne peuvent prétendre faire partie de l'Association. Mais ils connaissent Perdonnet puisqu'ils fondent ensemble, en septembre 1830, un projet de périodique – les *Annales de l'ingénieur et du capitaliste* –, qui ambitionne de mettre en relation

292 Auguste Perdonnet, « Extrait des rapports adressés aux administrateurs de la compagnie du chemin de fer de Liverpool à Manchester par MM. Walker et Rastrick, ingénieurs civils, sur les avantages comparatifs des machines », *Journal du génie civil*, t. 6, 1830, p. 233-278 ; *id.*, « Mémoire sur les chemins à ornières d'Angleterre, recueil d'observations faites en Angleterre en 1826 et 1827, traduit de l'allemand par Perdonnet », *Journal du génie civil*, t. 8, 1830, p. 369-423 ; *id.*, « Suite du mémoire sur les chemins à ornière d'Angleterre de M. Schienenwege, traduit par Perdonnet », *Journal du génie civil*, t. 9, 1830, p. 37-90.

293 Auguste Perdonnet, Gabriel Lamé et Émile Clapeyron, *Notices sur les chemins de fer*, Paris, Imprimerie de Guiraudet, 1832.

294 *Ibid.*, p. 15.

295 Yves Leclerc, *Le réseau impossible. La résistance au système des grandes compagnies ferroviaires et la politique économique en France, 1820-1852*, Genève et Paris, Librairie Droz, 1987, p. 98, notamment n. 4.

concepteurs de projets industriels et financiers. Le projet capote, mais ce n'est que partie remise : un mensuel, le *Journal de l'industriel et du capitaliste*, voit le jour six ans plus tard[296].

SOURCES D'INSPIRATION ET DESTINATAIRE PRIVILÉGIÉ

Empruntant aux écrits antérieurs de ses auteurs, les *Vues politiques et pratiques sur les travaux publics de France* s'inscrivent aussi dans des débats contemporains sur les travaux publics. De vifs débats, dont le *Journal du génie civil* se fait le rapporteur assidu, agitent en effet les dernières années de la Restauration tant au Parlement que dans la presse. Dans un contexte d'essor des idées libérales, des critiques virulentes s'expriment à partir de 1827, dénonçant la dérive des coûts et des délais d'exécution du plan Becquey, ce vaste programme de canaux engagée par l'administration des Ponts et Chaussées à partir de lois votées en 1821 et 1822[297]. Ces débats interrogent le rôle de l'État dans la construction des infrastructures de transport et les modes de financement des voies de communication. Pour les libéraux, il ne fait pas de doute qu'à l'instar de l'Angleterre, c'est à des compagnies privées que l'on doit s'en remettre.

Rappeler le plan Becquey engagé une décennie plus tôt, c'est aussi souligner le fait qu'en proposant un système général des voies de communication intérieures pour la France, l'ouvrage proposé par Lamé, Clapeyron et les frères Flachat n'est pas sans précédent. Il a pour modèle explicite deux autres livres parus en 1829, abondamment cités dans les *Vues politiques et pratiques sur les travaux publics de France* : l'*Histoire de la navigation intérieure de la France* de l'ingénieur des Ponts et Chaussées Dutens et l'*Essai sur le système général de navigation intérieure de la France* de son collègue Brisson[298]. Une dizaine d'années plus tôt, des travaux manuscrits à l'origine de ces deux ouvrages ont servi à définir la politique en faveur du développement des voies navigables. Ils ont alimenté le *Rapport au roi sur la navigation intérieure de la France* publié en 1820, qui a posé les

---

296 N. Montel, *Écrire et publier des savoirs au* XIX*e siècle…*, *op. cit.*, p. 70 et p. 270.

297 *Ibid.*, chap. 1 ; R. G. Geiger, *Planning the French canals…*, *op. cit.*

298 Joseph-Michel Dutens, *Histoire de la navigation intérieure de la France ; avec une exposition des canaux à entreprendre pour en compléter le système*, 2 vol., Paris, A. Sautelet et Cie et Alexandre Mesnier, 1829 ; Barnabé Brisson, *Essai sur le système général de navigation intérieure de la France*, Paris, Chez Carilian-Gœury, 1829.

bases du plan Becquey[299]. Si ces deux ouvrages tentent de définir le système à suivre pour le perfectionnement de la navigation à partir de la constitution hydrographique de la France, leur approche diffère quelque peu. Tandis que celui de Dutens se fonde sur l'idée centrale de sept grandes lignes assurant la jonction des deux mers qui bordent la France, celui de Brisson dresse une hiérarchie des lignes, fondée sur celle des routes et davantage théorique, voire arbitraire. Ayant participé à la conception du plan Becquey, Dutens et Brisson ont aussi fait partie de la Commission des canaux, petit groupe d'ingénieurs que l'administrateur a réuni auprès de lui à partir d'août 1821 pour piloter le plan et en suivre l'exécution.

L'ambition du livre cosigné par Lamé, Clapeyron et les frères Flachat est, à son tour, de servir de document programmatique pour une future politique publique de développement des voies de communication en France. Dans son texte lu à l'Association polytechnique quatre mois plus tôt, Perdonnet soulignait « la haute importance d'embrasser dans une seule pensée un vaste système de chemins de fer, de même que MM. Brisson et Dutens ont conçu dans son ensemble un vaste système de navigation intérieure, et d'éviter autant que possible d'en morceler l'exécution[300] ». C'est bien à élaborer ce plan général, pensé comme prélude indispensable à l'engagement de projets particuliers, que s'attellent les auteurs des *Vues politiques et pratiques sur les travaux publics de France*. De fait, à la fin de la Restauration et au début de la monarchie de Juillet de nombreux projets de chemin de fer voient le jour[301]. Un plan général apparaît comme la meilleure manière de fixer les priorités. Le produire est aussi une manière d'aider l'administration à rationaliser le développement du futur réseau. L'ouvrage paru en septembre 1832[302] entreprend ainsi de réactualiser le travail des deux ingénieurs des Ponts et Chaussées[303],

299 N. Montel, « L'État aménageur dans la France de la seconde Restauration… », art. cité.

300 A. Perdonnet *et al.*, *Notices sur les chemins de fer*, *op. cit.*, p. 15.

301 G. Ribeill, *La révolution ferroviaire…*, *op. cit.*, chap. II, p. 57-142.

302 Cette précision concernant le mois de sortie de l'ouvrage figure sur la page de titre.

303 Ils ne sont pas les premiers à le faire. En 1830, Ernest Grangez, employé de l'administration des Ponts et Chaussées et collaborateur du *Journal du génie civil*, s'est livré à un important travail de synthèse et d'actualisation. D'abord parue dans le *Bulletin universel des sciences et de l'industrie*, cette étude est republiée séparément, associée à d'autres textes également publiés dans la revue : Ernest Grangez, Antoine-Marie Augoyat et Claude-Joseph Ferry, *Discussions et documents sur les canaux, sur les routes et sur les chemins de fer de la France*, Paris, Imprimerie de A. Firmin Didot, 1830.

tout en y faisant une place beaucoup plus importante à la voie ferrée. Par la rédaction de ce nouveau programme national, ses auteurs espèrent inspirer une nouvelle politique publique d'aménagement, qui intègre davantage les chemins de fer et prévoit leur développement, mais aussi des équipements comme les entrepôts.

L'identification des modèles dont s'inspirent les *Vues politiques et pratiques sur les travaux publics de France* conduit à désigner le directeur général des Ponts et Chaussées, Baptise-Alexis-Victor Legrand (1791-1848), comme principal destinataire de ce travail. Les auteurs lui proposent une nouvelle préfiguration d'un réseau de communications pour le pays mais aussi des moyens pratiques pour le mettre en œuvre, aspirant à jouer un rôle proche de celui de Dutens et Brisson auprès de Becquey dans la décennie précédente. Il est nécessaire de revenir sur le parcours de ce nouvel administrateur chargé par l'État de la gestion des travaux publics, pour comprendre combien ces références lui sont familières. Mais d'emblée, un point mérite d'être signalé : Legrand est le premier ingénieur à occuper la fonction de directeur général des Ponts et Chaussées et des Mines, ces prédécesseurs étant tous des hommes politiques. Cette nomination a de quoi ravir les tenants d'une administration dirigée par les « scientifiques et ingénieurs » et rend compte d'une époque qui s'emploie à faire une place politique plus grande aux « capacités ». Après des études au lycée Louis-Le-Grand, que fréquentera quelques années plus tard Lamé, Legrand entre en 1809 à l'École polytechnique et deux ans plus tard à l'École des ponts et chaussées. Major de sa promotion, remarqué pour ses talents rédactionnels, il est attaché de 1815 à 1820 au secrétariat du Conseil général des ponts et chaussées. Nommé l'année suivante secrétaire de la Commission des canaux, installée directement auprès de Becquey, il est aux premières loges de la mise en œuvre du plan de développement des voies navigables. À l'automne 1828, c'est encore lui qui est choisi pour assurer la fonction de secrétaire de la Commission des routes et des canaux mise en place et présidée par le chef du gouvernement Martignac (1778-1832), afin de trouver des réponses aux virulentes critiques des parlementaires suscitées par les dérives budgétaires du plan Becquey[304].

304 Pour plus de détail sur cette commission, voir Nathalie Montel, « Une revue des savoirs d'État. De la genèse à la fabrique des *Annales des ponts et chaussées* au XIXe siècle », dossier d'habilitation à diriger des recherches (HDR), Université Paris I Panthéon Sorbonne, 2008, vol. 2, p. 45-56.

Il tient la plume des débats, qui durant plusieurs mois mettent à plat la gestion administrative des travaux publics dans le pays et débouchent sur plusieurs réformes. Parmi elles, l'ordonnance réglementaire du 28 février 1831, qui impose une enquête publique pour tous les projets de travaux publics d'envergure. Au surplus, à la mort soudaine de Brisson en 1828, Legrand le remplace comme secrétaire du Conseil général des ponts et chaussées[305]. Il assure dès lors la gestion de cet organisme, participe aux séances des ingénieurs les plus gradés du corps, appelés à donner leur avis sur les projets de travaux, et en rédige les procès-verbaux. À la suite de la révolution de Juillet, la direction générale des Ponts et Chaussées et des Mines est confiée au banquier libéral Bérard et placée sous l'autorité d'un ministre du Commerce et des Travaux publics, le comte d'Argout (1782-1858). Mais les deux hommes s'entendent mal. À partir de mars 1832, le choléra sévit à Paris et l'épidémie fait plus de 18 000 victimes en six mois, dont le président du Conseil, Casimir Perier (1777-1832), décédé au mois de mai. S'ensuit une vacance du pouvoir, dont se saisissent les opposants au régime, républicains et carlistes, pour tenter de le renverser. C'est également le moment que choisit d'Argout pour se séparer de Bérard. De retour de convalescence, après avoir lui-même été atteint par l'épidémie, le ministre remplace son directeur par un homme qui à la fois connaît très bien les dossiers et dont il pense qu'il ne lui fera pas d'ombre : Legrand. Ce dernier est nommé, à titre provisoire, directeur général des Ponts et Chaussées et des Mines le 8 juin 1832. Il préside désormais le Conseil général des ponts et chaussées, où il avait fait ses premières armes comme petite main, puis dont il avait assuré le secrétariat. C'est donc un homme qui, par son parcours, ressemble à Lamé et Clapeyron, mais qui connaît bien aussi le projet de canal maritime de la Seine, qui arrive à la tête de l'administration des travaux publics.

Cette nomination, à coup sûr, est une aubaine pour les quatre auteurs des *Vues politiques et pratiques sur les travaux publics de France*. Elle laisse notamment augurer d'un changement de cap politique. Tandis que Bérard défend les idées libérales alors en vogue, plaidant pour que l'administration ne se mêle pas de l'industrie privée et œuvrant à ce qu'elle lui oppose le moins d'entraves possible, les convictions de Legrand, ancienne cheville ouvrière de la mise en œuvre du plan Becquey – durant

305 AN F^{14} 2262^{2}. Dossier de carrière de Legrand.

laquelle l'exécution des travaux était confiée aux ingénieurs d'État tandis que leurs financements étaient assurés par des compagnies privées – sont bien différentes. Pour lui, il est impensable que la direction des travaux liés aux infrastructures de transport importantes réalisés en France échappe aux ingénieurs d'État[306]. Mais il n'a pas encore totalement les coudées franches et le libéralisme économique reste la doctrine officielle du gouvernement. Signe toutefois du changement qu'il personnifie, l'inspecteur divisionnaire des Ponts et Chaussées et député libéral Cordier, qui défendait à la Chambre l'idée d'une exécution des travaux publics prise en charge par des associations[307], est mis d'office à la retraite[308].

UN DOCUMENT PROGRAMMATIQUE QUI FAIT RÉAGIR L'ADMINISTRATION

Sous la monarchie de Juillet, les imprimeurs restent très contrôlés et doivent déclarer tout ce qui sort de leurs presses. Grâce à la conservation des déclarations d'Adolphe-Auguste Éverat (1801- ?)[309], il est aujourd'hui possible de savoir que l'ouvrage a été imprimé le 14 septembre 1832 et tiré à 1 000 exemplaires[310]. Or, trois jours plus tôt, le 11 septembre, un article paraît dans *Le Moniteur universel*, qui, de manière peu habituelle, expose les vues et les projets d'action gouvernementaux en matière de travaux publics[311]. Cette concomitance ne peut être imputée au seul hasard. Legrand, qui selon toute vraisemblance est le rédacteur de l'article du *Moniteur*, a été prévenu de la sortie de l'ouvrage. Peut-être même en a-t-il pris connaissance et en a-t-il explicitement autorisé la publication. Pour Lamé et Clapeyron, ingénieurs du corps des Mines, et

306 Y. Leclerc, *Le réseau impossible…*, *op. cit.*, p. 63-73.

307 Louis-Joseph Cordier, *De la nécessité d'encourager les associations et de les appeler à l'exécution des travaux publics : projets de loi et d'ordonnance*, Paris, Carilian-Gœury, 1830.

308 AN F[14] 2197[1]. Dossier de carrière de Cordier.

309 Cet ancien architecte vient de succéder à son père à la tête de l'une des plus importantes imprimeries parisiennes, occupant deux cents ouvriers en 1832. De ses presses sont sortis le journal *Le Globe* et les brochures saint-simoniennes, mais aussi les périodiques *La Mode* ou le *Journal des connaissances utiles* d'Émile de Girardin et des ouvrages littéraires signés Hugo, Musset, Vigny ou Balzac. Voir Nicole Felkay, « Deux imprimeurs de Balzac : André Barbier et Adolphe Éverat », *L'Année balzacienne*, 1979, p. 233-243.

310 AN F[18] (II) 22. Déclarations d'imprimer d'Éverat, septembre 1832.

311 Le texte a été republié dans la partie « lois, ordonnances et autres actes » du périodique des ingénieurs des Ponts et Chaussées : Anonyme, « Note sur les chemins de fer, les canaux et les voies de terre », *Annales des ponts et chaussées*, 1832, p. 261-264.

pour le second toujours dans la réserve, il était en effet difficile de faire paraître un ouvrage destiné à exposer une vision de la politique à mener dans le domaine des travaux publics sans en informer au préalable leur supérieur hiérarchique. En rendant public ce document programmatique, les auteurs ont ainsi poussé l'administration des Ponts et Chaussées à sortir de son silence et à faire connaître publiquement, et pour la première fois, sa position sur la question des chemins de fer, mais aussi plus généralement à renseigner le public sur la politique qu'elle entendait mener. Nous avons vu que, de Russie, Lamé et Clapeyron avaient, l'année précédente, envoyé à leur administration de tutelle leurs vues sur les chemins de fer. Resté manuscrit, le document était aussi resté sans effet, l'administration n'ayant pas jugé nécessaire d'entamer une réflexion sur la construction d'un réseau ferré. Familiers des publications scientifiques et des pratiques administratives, Lamé et Clapeyron n'ont pas pour habitude de prendre à partie l'opinion publique pour tenter d'infléchir les décisions. Tel n'est pas le cas des frères Flachat, qui ont su se servir de la presse et des publications pour promouvoir leurs entreprises, mais surtout des saint-simoniens, devenus de véritables experts en la matière, développant une propagande à grand renfort de brochures ou au moyen de leur journal *Le Globe* diffusé gratuitement à 4 000 exemplaires[312]. Le fait que Legrand s'exprime et prenne position dans les colonnes du *Moniteur* peut donc être considéré comme un premier succès pour nos quatre auteurs et un premier effet de leur publication collective, qui plus est avant même sa parution.

Par cette intervention publique, l'administration entend déminer les critiques que pourrait relancer la parution de l'ouvrage. Ainsi, répondant par avance « aux éternels détracteurs qui l'accusent de négliger les intérêts matériels du pays », elle tient dans cette courte note, parue dans ce qui tient lieu de journal officiel pour le gouvernement, à préciser sa politique et ses intentions. De manière inédite, elle dévoile ses principaux axes de travail et ses priorités, examinant successivement la question des chemins de fer, des canaux puis des routes. Cette manière de présenter son action témoigne au passage de ce que l'administration envisage encore la question des infrastructures de transport comme une *juxtaposition* de réseaux. S'agissant de la construction des voies ferrées,

312 Jean Vidalenc, « Les techniques de la propagande saint-simonienne à la fin de 1831 », *Archives de Sciences Sociales des Religions*, n° 10, 1960, p. 3-20.

qui « paraissent destiné[e]s à exercer une grande influence sur les progrès de notre civilisation et de notre industrie », elle invite à la « prudence », tempérant les ardeurs des faiseurs de projets et des milieux d'affaires. Convenant que « l'état ne doit pas songer à se charger lui-même des travaux », elle considère néanmoins qu'il est de son devoir « d'éclairer la marche des entreprises, et de réunir, dès ce moment, une partie des matériaux qui plus tard pourront servir de base aux spéculations des capitalistes ». C'est la raison pour laquelle, elle annonce la création d'une commission chargée de « préparer un plan d'études pour arriver en peu de temps à la rédaction du projet général d'un système de chemin de fer, qui, partant de la capitale, aboutirait : À Rouen et au Havre ; À Lille avec embranchement sur Calais, Dunkerque, Valenciennes ; À Strasbourg avec embranchement sur Metz ; À Lyon et à Marseille avec embranchement sur Grenoble ; À Bordeaux ; À Tours et à Nantes[313] ». Tout en se lançant dans la préparation de ce vaste plan d'études préalables, qui devra s'appuyer à la fois sur l'examen des questions d'art et sur une large concertation pour sa dimension économique, l'administration expose que sa priorité est pour l'heure un projet de loi sur l'expropriation pour cause d'utilité publique, permettant de lever les freins à l'acquisition des terrains nécessaires aux travaux publics. Tout en envisageant un plan d'études pour les chemins de fer, l'attention du gouvernement reste focalisée sur les canaux, celui-ci ayant, rappelle-t-elle, contracté l'obligation d'achever les travaux engagés dans le cadre du plan Becquey. Enfin, s'agissant des voies de terre, une loi sur la police de roulage[314] et une réflexion sur la manière de mieux répartir les fonds alloués à l'entretien des routes sont à l'étude. Rétrospectivement, c'est la sincérité de ce plan de travail dressé par Legrand qui frappe, la quasi-totalité des annonces qu'il contient se concrétisant dans la décennie qui suit. La réalisation de ce programme doit à la longévité de cet ancien ingénieur dans ses nouvelles fonctions, qui cessent d'être provisoires à partir de 1834, par décision du ministre de l'Intérieur Adolphe Thiers (1797-1877), et se prolongent jusqu'à la fin de l'année 1847. Comme il l'avait annoncé,

313 *Le Moniteur universel*, n° 255, 11 septembre 1832, p. 1. On reconnaîtra là, à peu de différences près, le dessin de nos lignes de TGV.

314 Composée d'une série de mesures règlementaires imposées aux véhicules routiers de transports de voyageurs et de marchandises, la police de roulage poursuivait deux objectifs : assurer la conservation des chaussées des routes, ou du moins en limiter l'usure, et réduire les accidents de circulation.

la première des lois que celui qui dirige véritablement la politique des travaux publics durant toute la monarchie de Juillet s'emploie à faire voter est celle du 7 juillet 1833 sur l'expropriation pour cause d'utilité publique. Elle règle l'intervention du législateur pour les travaux exécutés tant par l'État que par l'industrie privée et prévoit que les chemins de fer ne pourront être réalisés qu'en vertu d'une loi rendue après enquête administrative. Quant à la grande loi sur les chemins de fer, elle est votée le 11 juin 1842.

En prévenant l'administrateur, les auteurs lui ont laissé la primeur de l'annonce du dessin de préfiguration d'un futur réseau de chemins de fer. En réaffirmant, à l'encontre des idées dominantes de l'époque, le nécessaire rôle de l'État, ils lui rendaient en outre service. L'ouvrage serait-il paru si le très libéral Bérard était resté à la tête de la direction générale des Ponts et Chaussées et des Mines ? Rien n'est moins sûr. La publication des *Vues politiques et pratiques sur les travaux publics de France* est une manière, pour ses auteurs, de tenter d'infléchir le contenu d'une politique publique, d'obtenir qu'une place soit accordée aux chemins de fer dans les plans de l'administration. Sur ce point, l'engagement de l'administrateur reste timide, même si la perspective n'est pas écartée. Quant à la proposition des quatre hommes de se constituer en bureau d'études qui servirait d'intermédiaire entre l'administration étatique et les compagnies privées pour évaluer les projets, Legrand en rejette tacitement l'idée, en annonçant la création d'une commission administrative[315].

Signant ensemble les *Vues politiques et pratiques sur les travaux publics de France*, les quatre hommes ne sont pas pour autant d'accord sur tout et les objets de dissension ont été écartés de la publication commune. C'est notamment le cas de la dimension militaire des infrastructures de transport, mise en avant par Lamé et Clapeyron devant les membres de l'Association politique, qui s'oppose au pacifisme prôné par la doctrine saint-simonienne embrassée par Stéphane Flachat. Ce sont aussi les termes dans lesquels l'action administrative est considérée qui ont été pesés avec soin. Tandis que dans ses articles parus dans *Le Globe*, Stéphane Flachat

315 L'idée de fonder un bureau d'études, formulée dans les *Vues politiques et pratiques sur les travaux publics de France*, est rapidement abandonné. Cet abandon est confirmé publiquement dans Gabriel Lamé et Émile Clapeyron, *Plan d'écoles générale et spéciales pour l'agriculture, l'industrie manufacturière, le commerce et l'administration*, Paris, Bachelier, 1833, Avertissement.

ne craint pas de critiquer l'administration[316], de dénoncer les principes qui régissent le mode de sélection à l'École polytechnique des futurs membres du corps des Ponts et Chaussées, dans les rangs desquels, précise-t-il, se trouvent « un certain nombre d'ingénieurs incapables[317] » ou encore de souligner « l'incurie » de Bérard[318], les *Vues politiques et pratiques sur les travaux publics de France* n'en finissent pas de louer leur action et de distribuer des louanges à leur nouveau directeur. La force de ce texte est de faire une proposition à la fois réaliste et nuancée, en ce qu'elle tient compte de l'actualité de la situation, notamment de l'état de l'opinion publique à l'égard de l'administration des Ponts et Chaussées, et qu'elle ménage les différents acteurs en présence en esquissant un compromis entre des positions antagoniques. Les auteurs ont, au surplus, su développer une habile rhétorique, propre à séduire Legrand. Elle consiste à juger préférable en principe que l'État se charge de la construction des voies ferrées, mais, compte tenu des circonstances – c'est-à-dire étant donnée l'opposition forte de l'opinion et du Parlement à cette idée après les déconvenues du plan Becquey –, à se rallier, en pratique, à une réalisation des lignes par l'industrie privée, moyennant une aide de l'État sous forme de garantie d'intérêt.

UNE PUBLICATION INDISSOCIABLE D'UN PROJET DE CHEMIN DE FER

La publication des *Vues politiques et pratiques sur les travaux publics de France* pousse l'administration des Ponts et Chaussées à tenir compte de manière officielle de la nouvelle technologie du chemin de fer. Mais elle est aussi, et surtout, indissociable d'un projet de construction d'une ligne particulière. C'est là l'autre point que met en lumière une analyse serrée de la chronologie des évènements survenus au mois de septembre 1832.

Très tôt, les saint-simoniens ont cherché à contrôler l'écriture de leur histoire, en publiant des ouvrages, en proposant des récits mais aussi

316 « Ce n'est pas que les reproches auxquels l'administration est en butte aujourd'hui pour tout ce qui concerne la conception, la direction et l'exécution des travaux publics, soient sans fondement », estime-t-il (S. Flachat, « Politique Industrielle. Travaux Publics. (Ier article.) Considérations générales. », art. cité, p. 1340).

317 S. Flachat, « Politique Industrielle. Travaux Publics. Ve article. Du corps des ponts et chaussées. », *Le Globe*, 20 janvier 1832, p. 79.

318 S. Flachat, « Politique. France. Politique Industrielle. Du canal maritime de la Seine. », *Le Globe*, 4 mars 1832, p. 254.

en copiant et archivant méticuleusement les traces de leurs activités et leurs correspondances[319]. C'est en se fondant sur cette compilation de documents offerte aux historiens que leur histoire s'est écrite, n'accordant que peu d'égard au fait que la constitution des « archives de la Famille » et les opérations d'édition étaient encore des actes de propagande et une manière d'orienter la lecture future des événements. Dans cette histoire officielle, Lamé, Clapeyron et les frères Flachat auraient fait connaissance à l'occasion de l'enterrement, le 18 juillet 1832, du saint-simonien Edmond Talabot (1804-1832), frère du polytechnicien Léon-Joseph[320], mort du choléra, et de cette rencontre seraient nées les *Vues politiques et pratiques sur les travaux publics de France*[321]. Cette version des faits, qui a l'avantage de donner à cet ouvrage un berceau saint-simonien, en même temps qu'elle faisait de ses quatre auteurs des adeptes du saint-simonisme d'Enfantin, ne résiste pas à l'épreuve des archives disponibles. De celles-ci, il ressort en effet que les quatre hommes se connaissaient déjà. On l'a vu, Lamé et Clapeyron avaient côtoyé Stéphane Flachat dès leur formation à l'École des mines. Quant à Eugène, il était entré en contact à Saint-Pétersbourg avec les deux enseignants de l'Institut du corps des ingénieurs des Voies de communication lorsqu'il se proposait de faire des sondages à Odessa. La correspondance de Lamé montre que les trois hommes avaient aussi prévu de se voir à Paris dans les tout premiers jours de l'année 1832[322]. Du reste, un courrier conservé dans les archives saint-simoniennes écrit par Clapeyron à Enfantin, le 5 juin 1832, dans lequel il dit avoir vu la veille Eugène – dont il précise « avec lequel je suis très lié », ajoutant « c'est un bon et solide ami » –, mais aussi Stéphane, atteste sans ambiguïté que la relation entre le tandem Lamé-Clapeyron et les demi-frères Flachat ne s'est pas faite autour de la tombe du frère du condisciple polytechnicien de Lamé. Si, ce jour-là, qui est aussi celui où commence à Paris l'insurrection républicaine,

319 Henry-René D'Allemagne, *Les saint-simoniens 1827-1837*, Paris, Librairie Gründ, 1930, p. 345.

320 Edmond est le seul de la famille Talabot dont le saint-simonisme ne peut être mis en doute. Il a été souvent été confondu avec ses frères, Léon-Joseph ou Paulin (1799-1885), lorsqu'il s'est agi de compter le nombre de polytechniciens dans les rangs du mouvement. Contrairement à ses deux frères, Edmond n'était pas polytechnicien.

321 *Œuvres de Saint-Simon et d'Enfantin*, *op. cit.*, vol. 7, p. 176-177. Cette manière de présenter la naissance des *Vues politiques et pratiques* est parfois reprise textuellement. C'est le cas de M. Wallon, *Les saint-simoniens et les chemins de fer*, *op. cit.*, p. 56-57.

322 BEPA. IX. Lamé. Lettre de Clapeyron à Lamé, le 3 janvier 1832.

Clapeyron écrit à son ami Enfantin, ce n'est pas non plus pour lui dire qu'il approuve ses idées ou ses actions, mais pour intercéder auprès de lui en faveur de Stéphane[323], seul des quatre auteurs à faire partie de ce que les adeptes appellent alors « la famille saint-simonienne ». Par son courrier, Clapeyron prie Enfantin de le laisser sortir de la secte, « dans l'intérêt de la propagation de *ta* doctrine[324] » précise-t-il, mais s'emploie aussi à convaincre celui qui se fait appeler « Le Père Enfantin » de renoncer au jugement public, annoncé dans la presse[325], qu'il entendait prononcer à l'encontre d'un disciple ayant rompu le vœu de célibat, le nom de Flachat risquant alors d'être mis dans l'espace public[326].

Si les funérailles de Talabot, cérémonie publique organisée de manière théâtrale par la famille saint-simonienne[327], et placée sous surveillance policière[328], sont l'occasion pour les ingénieurs revenus de Russie de rencontrer un homme jusqu'alors inconnu d'eux, c'est peut-être – mais était-il même présent ce jour-là ? – du publiciste et banquier Émile Pereire (1801-1875) dont il s'agit. Cousin germain et beau-frère d'Olinde Rodrigues, ce dernier fait partie des hommes qui se sont un temps rapprochés du mouvement saint-simonien parce qu'il faisait la promotion d'une politique industrielle. En novembre 1831, devant la transformation du saint-simonisme en mouvement religieux ou l'affirmation du rôle des femmes, il quitte la rédaction du *Globe*, pour ne plus écrire que dans *Le National*, journal auquel il appartient depuis sa fondation par Thiers en janvier 1830[329]. Il s'emploie aussi à en éloigner son frère Isaac (1806-1880), un temps responsable de la correspondance dans la hiérarchie

323 Lettre d'Émile Clapeyron à Prosper Enfantin, le 5 juin 1832. L'original de cette lettre se trouve : BnF. Département des manuscrits. NAF 24609. Correspondance saint-simonienne, Clapeyron, f. 355-356. Des copies en sont également disponibles dans le fonds Enfantin de l'Arsenal (Ms 7646, f. 116) et à la bibliothèque Thiers (fonds Gustave d'Eichtal. Correspondance. Registre 3, p. 253).

324 Souligné par nous. On notera, dans le choix de cet adjectif possessif, la distance prise par Clapeyron avec les spéculations d'Enfantin.

325 *Le Figaro*, 4 juin 1832, p. 4.

326 Cette admonestation fait suite à la décision d'Annette Chevalier, qui a eu un fils avec Stéphane Flachat, d'épouser le saint-simonien Louis-Gustave de Bouffard (1792-1833).

327 Elle donne lieu à une publication, Anonyme, *Mort de Talabot. Apôtre*, Paris, Imprimerie d'Éverat, 1832. – Sur les usages politiques des enterrements publics sous la Restauration et la monarchie de Juillet, voir Emmanuel Fureix, *La France des Larmes. Deuils politiques à l'âge romantique (1814-1840)*, Seyssel, Champs Vallon, 2009.

328 AN F^7 6783. Rapports des 18 et 19 juillet 1832.

329 Jean Autin, *Les frères Pereire : le bonheur d'entreprendre*, Paris, Perrin, 1983, p. 30.

saint-simonienne[330]. « Je tiens essentiellement à ce que qu'il soit bien constaté que je n'ai jamais partagé vos doctrines morales, et que ma coopération à votre journal n'a jamais été que pour la partie politique et économique », écrit-il à Chevalier en février 1832[331].

Les quatre signataires des *Vues politiques et pratiques sur les travaux publics de France* se sont en effet associés à Émile Pereire en vue d'un projet commun : la construction d'une ligne de chemin de fer entre Paris et Rouen. Ayant beaucoup travaillé sur le projet de canal maritime destiné à relier ces deux villes, les Flachat connaissent à la fois les besoins du commerce et les flux qui pourraient transiter entre les deux villes. Éclairé par le voyage de Lamé en Angleterre, Clapeyron est, quant à lui, convaincu que le chemin de fer est l'avenir des voies de communication en France et s'est depuis lancé à corps perdu dans leur étude. Si le principal objectif de la publication des *Vues politiques et pratiques sur les travaux publics de France* est de faire avancer la cause des chemins de fer en France, elle est aussi au service de cette entreprise particulière. Plus qu'un manifeste saint-simonien, jour sous lequel il a été lu jusqu'à présent, c'est à un écrit de circonstance destiné à convaincre décideurs et financeurs auquel on a affaire.

Dès le 7 septembre 1832, soit une semaine avant l'impression du livre, les pièces d'un dossier technique pour la construction d'une ligne de chemin de fer longue de 19 kilomètres entre Paris et Saint-Germain en Laye – en fait Le Pecq, au pied de la colline sur laquelle se situe Saint-Germain en Laye – sont déposées à l'administration des Ponts et Chaussées[332]. Dans l'esprit de ses concepteurs, cette courte ligne doit constituer « la tête du chemin de Paris à Rouen[333] ». Si elle est la première à voir le jour, elle deviendra aussi un passage obligé pour toutes les lignes en direction de l'Ouest. Ce dépôt de dossier vise à obtenir une indispensable expertise technique favorable, préalable à toute demande de concession d'une infrastructure de transport. Il est effectué par trois

330 *Ibid.*, p. 31.

331 Lettre d'É. Pereire à Chevalier du 27 février 1832, citée par J. Autin, *Les frères Pereire…*, *op. cit.*, p. 44.

332 Émile Pereire, « Chemin de fer de Paris à Saint-Germain », *in Œuvres de Émile & Isaac Pereire rassemblées et commentées…*, éd. Pierre-Charles Laurent de Villedeuil, Paris, Librairie Félix Alcan, 1920, t. I, p. G/42–G/44, p. G/42.

333 Lettre d'É. Pereire à J.-A. Blanc, le 25 septembre 1832, reproduite dans J. Autin, *Les frères Pereire…*, *op. cit.*, annexe n° 3, p. 358-360, p. 360.

hommes : Lamé, Clapeyron et Émile Pereire[334]. Mais le projet implique aussi les frères Flachat. Chacun des associés a sa spécialité, qu'il met au service du projet commun. C'est ce que révèle un dossier de documents détenu par la famille Pereire, qui permet également de détailler les différentes contributions individuelles[335]. Pour l'association « Lamé, Clapeyron, S & E Flachat », Eugène a rédigé, le 6 août 1832, une « Note sur l'utilité et les produits d'un chemin de fer partant de Saint-Germain et du Pec et allant à Tivoli », soit le volet commercial du projet. Lamé est pour sa part l'auteur d'une « Note sur le chemin de fer de Paris à Saint-Germain ». Il a par ailleurs signé avec Clapeyron et Émile Pereire un ensemble d'écrits baptisé « Mémoire, devis et tarif du chemin de fer de Paris à Saint-Germain », daté du 17 septembre 1832, qui correspond vraisemblablement au dossier remis à la direction générale des Ponts et Chaussées[336]. Dans cet ensemble de documents figure, en outre, un texte intitulé « Bases financières de la Société anonyme du chemin de fer de Paris à Saint-Germain », qui est probablement à attribuer à Pereire, sachant par ailleurs que si Clapeyron et Lamé comptent travailler pour la construction de la future ligne, c'est en qualité de salariés de la compagnie à créer, leur appartenance à un corps d'État ne leur permettant pas de se faire entrepreneur[337]. On l'aura noté, dans cette liste de contributions individuelles au projet de chemin de fer, le nom de Stéphane Flachat n'a pas encore été cité.

334 *Ibid.*, p. 358.

335 Ces renseignements se fondent sur des documents cités dans deux articles de Barrie M. Ratcliffe, « The origins of the Paris – Saint-Germain railway… », art. cité, et *id.*, « The building of the Paris – Saint-Germain railway. Some entrepreneurial and financial problems in the launching of railways in France in the 1830s and 1840s », *The Journal of Transport History*, vol. 2, n° 1, 1973, p. 20-40. – Ces documents étaient alors conservés dans les archives de la famille Pereire. Depuis, une partie de ces papiers ayant appartenu aux frères Pereire a été déposée à l'Arsenal (ms. 15783), en complément des archives léguées quelques années plus tôt au département des manuscrits de la BnF. Ce fonds est en cours d'inventaire. Louisa Torres nous a donné l'assurance que ces écrits des années 1830 n'y figuraient pas. En dépit de nos démarches, il ne nous a pas été possible de consulter ces documents probablement toujours détenus par la famille.

336 Bien que de nombreux dossiers de lignes de chemin de fer déposés à l'administration des Ponts et Chaussées aient été conservés dans le fonds F^{14} des Archives nationales, les pièces antérieures à 1835 relatives à ce projet manquent.

337 Pour des discussions contemporaines sur cette interdiction faite aux ingénieurs d'État de prendre part à des entreprises privées, voir N. Montel, *Écrire et publier des savoirs au* XIX*e siècle…*, *op. cit.*, p. 145-149.

Des ouvrages publiés les années suivantes permettent de préciser les contributions respectives de chacun des auteurs à la rédaction des *Vues politiques et pratiques sur les travaux publics de France* et la paternité de certains passages de cette production à quatre mains. Au début de l'année 1833 paraît un essai sur le système de formation des hommes appelés à « diriger l'élan industriel de la France », qui se présente comme complémentaire des *Vues politiques et pratiques*, en ce qu'il en développe le volet humain[338]. Bien que nourri par les discussions des quatre auteurs de ce dernier ouvrage, le nouveau livre n'est signé que par Lamé et Clapeyron, les frères Flachat, si l'on suit les explications données dans l'avertissement liminaire, n'ayant pu prendre part à sa rédaction du fait de leurs nouvelles occupations[339]. S'attachant à décrire un programme d'éducation professionnelle destiné aux futurs dirigeants de la politique industrielle, ce *Plan d'écoles générale et spéciales* est aussi l'un des premiers à proposer un établissement de formation pour l'ensemble des cadres administratifs de l'État[340]. Dans ce dernier texte imprimé signé par le tandem de polytechniciens, on lit notamment, s'agissant des *Vues politiques et pratiques sur les travaux publics de France*, que Stéphane Flachat « a eu la plus grande part à la conception du premier ouvrage » et, même, l'a « rédigé en entier[341] ». Mais, dans une lettre manuscrite, Clapeyron lui reproche cette affirmation, révélant en même temps que ce nouvel *opus* était de la plume du seul Lamé. Le 3 mars 1833, il lui écrit :

> J'ai lu avec plaisir ton ouvrage sur l'instruction publique, je suis fâché seulement que tu aies dit que Stéphane avait rédigé en entier le premier ouvrage ce qui n'est pas tout-à-fait exact et nous ôte une part qui nous est due à ce travail. Il eut fallu dire, […] *qui l'a rédigé presqu'en entier*[342].

---

338 Il s'agit de G. Lamé et É. Clapeyron, *Plan d'écoles générale et spéciales…*, *op. cit.*

339 *Ibid.*, Avertissement.

340 José Savoye, « Le problème de la formation des fonctionnaires au XIXe siècle. Un précédent de l'École d'Administration de 1848 : le projet de G. Lamé et É. Clapeyron », *La Revue Administrative*, n° 148, 1972, p. 368-372.

341 G. Lamé et É. Clapeyron, *Plan d'écoles générale et spéciales…*, *op. cit.*, Avertissement.

342 BEPA. IX. Lamé. Lettre de Clapeyron à Lamé, le 3 mars 1833 (souligné par l'auteur). – Fort de son expérience et de la connaissance acquise de ce qui se pratique à l'étranger, Lamé entend notamment développer ses vues sur l'éducation des futurs ingénieurs en France. Il s'adresse avant tout aux dirigeants de son nouvel employeur : l'École polytechnique, couchant sur le papier ses principales idées pour une réforme d'un établissement dont il propose d'étendre les missions.

Quant à Eugène Flachat, dans une publication datant de 1836 il revendique, de son côté, les considérations sur les *docks* que contient l'ouvrage cosigné quatre ans plus tôt[343].

La contribution de Stéphane au projet de chemin de fer de Paris à Saint-Germain apparaît donc d'avoir été le principal rédacteur des *Vues politiques et pratiques sur les travaux publics de France*, composante publique de l'ensemble des écrits produits. Ses talents de publiciste, déjà mis à contribution pour le projet de canal maritime de la Seine puis dans *Le Globe*, et son aisance de plume le désignaient pour se livrer à ce type d'exercice. S'adressant à Legrand, les auteurs de l'ouvrage n'ignoraient pas que, à l'instar de ce qui s'était passé pour les canaux dix ans plus tôt, leur projet particulier aurait d'autant plus de chance de convaincre et de voir le jour qu'il s'inscrirait dans une perspective générale claire. C'est précisément cette vue d'ensemble qu'offre l'ouvrage.

Les *Vues politiques et pratiques sur les travaux publics de France* appartiennent ainsi à un ensemble d'écrits qui composent et accompagnent le projet d'un embryon de ligne de chemin de fer destinée à relier Paris à la mer. L'ouvrage participe à la fois d'une volonté de justification de ce projet particulier et d'une entreprise de conviction de la nécessité de mettre en œuvre une politique nationale de développement des voies de communication qui intègre largement les chemins de fer. Les premiers destinataires visés par l'ouvrage sont, outre le directeur de l'administration et le ministre des Travaux publics, tous ceux qui allaient être amenés à émettre un avis sur ce projet particulier de construction de ligne de chemin de fer : les membres du Conseil général des ponts et chaussées, dont les noms de tous les inspecteurs généraux sont cités dans l'ouvrage[344], mais aussi ceux des différentes collectivités locales interrogées au cours des enquêtes publiques. Par l'intermédiaire de ce livre, il s'agit également de convaincre les parlementaires d'adhérer aux modalités spécifiques proposées pour la construction de cette voie ferrée et les financeurs de participer à l'entreprise.

Il faudra attendre 1835 pour que le projet d'une ligne entre Paris et Saint-Germain démarre. Entre-temps, les liens entre les quatre auteurs

343 Eugène Flachat, *Établissemens commerciaux. Docks de Londres. Entrepôts de Paris. Projets de* docks *à Marseille*, Paris, Librairie de F.-G. Levrault, 1836, p. 3, n. 1.

344 Il s'agit de Bérigny, Sganzin, Prony, Tarbé de Vauxclairs, Deschamps et Dutens. – Pour la composition du Conseil général des Ponts et Chaussées à cette époque, voir *Annales des ponts et chaussées*, 1833, partie « Lois, ordonnances et autres actes », p. 7.

se distendent, chacun vaquant à ses occupations. Tout en enseignant à l'École des mineurs de Saint-Étienne, et suivant de près les travaux ferroviaires qui s'exécutent dans la région, Clapeyron multiplie les contacts pour tenter de faire sa place dans le milieu. L'association avec Lamé est désormais du passé, l'enseignant parisien se montrant de plus en plus distant et vague lorsque Clapeyron, du fond de sa province, l'interroge sur les avancées de leur projet ferroviaire avec Pereire[345]. En plus du cours de construction à l'École des mineurs des Saint-Étienne, Clapeyron est chargé par Legrand de faire des expériences sur la résistance des wagons en usage dans les chemins de fer[346]. Deux ans plus tard, il obtient de se rapprocher du centre parisien des affaires : passé au service des Mines du Pas-de-Calais en septembre 1834, il est chargé du sous-arrondissement d'Arras à partir de janvier 1835[347].

De son côté, Stéphane Flachat n'est pas à court de projets, et pour les promouvoir n'hésite pas à utiliser les noms de ses cosignataires. Ainsi, lorsqu'il fait paraître en 1834 l'annonce d'un nouveau périodique à paraître sous sa direction : *L'industrie comparée. Description pittoresque de l'industrie française et de l'industrie étrangère*[348], il fait figurer parmi les collaborateurs les noms de son frère Eugène, mais aussi de Lamé et Clapeyron. Ce périodique ne verra pas le jour. De la même façon, Eugène appose les noms de Lamé et Clapeyron au bas d'une pétition qu'il signe en février 1834 en faveur des entrepreneurs de roulage opposés au projet de loi en discussion à la Chambre des députés[349]. Découvrant la liste des signataires, Clapeyron se fâche et lui demande de faire savoir publiquement que c'est par erreur que son nom et celui de Lamé figurent sous ce texte, conscient du devoir de réserve que lui impose son statut de fonctionnaire et de la loyauté dont il entend faire preuve envers Legrand. Ce dernier détient en effet entre ses mains son destin professionnel, à la fois au sein de l'administration et en dehors puisque de lui dépendent aussi ses projets de chemin de fer[350].

345 BEPA. IX. Lamé. Correspondance de Lamé à Clapeyron des années 1833 à 1835.

346 Anonyme (Émile Clapeyron), *Notice sur les travaux de M. Émile Clapeyron*, *op. cit.*, p. 5.

347 AN F^{14} 2718^2. Dossier de carrière de Clapeyron.

348 *Journal des débats politiques et littéraires*, 27 février 1834.

349 AN F^{14} 1964. *Consultation sur la pétition aux chambres, présentée par les entrepreneurs de messageries, et sur le projet de loi de police de roulage comparé à la législation suivie en Angleterre*, Paris, P. Dupont et Laguinie, février 1834. – Sur les débats autour de la police de roulage, voir Roger Lévêque, « La police du roulage (1624-1921) », Thèse de doctorat, École pratique des hautes études, 1995.

350 BEPA. IX. Lamé. Lettre de Clapeyron à Lamé, le 24 mars 1834.

Comme toutes les affaires soumises au Conseil général des ponts et chaussées, le projet d'un chemin de fer entre Paris et Saint-Germain fait l'objet d'un examen préalable et d'un pré-rapport rédigé par deux de ses membres. À la suite de sa présentation, le projet est discuté en assemblée plénière le 11 mars 1833[351]. Entre-temps, il a été soumis à une enquête publique dans les communes traversées au cours des mois d'octobre et novembre 1832, puis a fait l'objet de discussions dans plusieurs commissions (Hôtel de Ville de Paris, départements, chambre de commerce de Paris et tribunal de commerce de Versailles, préfectures)[352]. C'est en tenant compte des résultats de ces enquêtes et des avis des commissions que le projet d'une ligne de Paris à Saint-Germain est examiné au printemps 1833, le Conseil général des ponts et chaussées proposant de la déclarer d'utilité publique.

Manifestation des débuts de la *railway mania*, pas moins de dix projets de lignes ferroviaires sont examinés par cet organisme consultatif au cours du 1er semestre 1833, dont neuf qui partent de Paris. Cet engouement pour la nouvelle technologie séduit notamment de nombreux ingénieurs en quête d'activité ou désireux de participer à des entreprises innovantes et lucratives. Pour la Compagnie Noblet, qui propose l'un des deux projets de chemin de fer de Paris à Saint-Denis examinés le 26 mars 1833, c'est encore Clapeyron qui rédige le projet, seul cette fois. Quant aux polytechniciens, et pionniers du nouveau mode de transport, Mellet et Henry, ils sont impliqués dans trois des dix projets expertisés durant cette période, dont l'un, le chemin de fer de Paris à Rouen porté par la Compagnie Henri de Ruolz[353], est directement concurrent de la ligne de Paris à Saint-Germain. Il a même une longueur d'avance sur celui-ci, car leur soumission est relative à un complément de projet[354],

351 AN F14 10912/88. « Procès-verbaux des séances du Conseil général des ponts et chaussées (2 janvier-24 décembre 1833) », p. 189.

352 Anonyme (Société anonyme du chemin de fer de Paris à Saint-Germain), *Chemin de fer de Paris à Saint-Germain*, Paris, Imprimerie de Grégoire, 1835, p. 5.

353 Chimiste et inventeur (il met au point un nouvel alliage qui porte son nom et un nouveau procédé de dorure), Henri de Ruolz (1808-1887) est aussi compositeur musical, sa vocation première. Lorsqu'il présente son projet d'établissement d'un chemin de fer, il n'a que 25 ans. L'année suivante, il signe, avec les jeunes ingénieurs des Ponts et Chaussées Montricher et Alfred-Charles-Ernest Franquet de Franqueville (1809-1876), la traduction d'un traité anglais de référence : Nicholas Wood, *Traité pratique des chemins de fer*, Paris, Carilian-Gœury, 1834.

354 Auquel Perdonnet est associé.

une concession leur ayant déjà été accordée en novembre 1831 pour un chemin de fer de Paris à Pontoise.

De surcroît, dans une note datée de mai 1834 et conservée dans les archives de l'administration des Ponts et Chaussées, ce projet est jugé préférable à celui qui relie Paris à Saint-Germain pour sa plus grande facilité de mise en œuvre, considérant par ailleurs que tous deux visent avant tout à faire la démonstration concrète de la faisabilité d'un nouveau mode de transport des hommes et des marchandises au moyen de la machine à vapeur et à la mettre sous les yeux des décideurs parisiens[355]. Néanmoins, c'est le projet de Lamé et Clapeyron qui est défendu par Legrand à la Chambre des députés au printemps 1835[356]. Affirmant qu'il s'agissait du meilleur projet présenté, le directeur général des Ponts et Chaussées et des Mines, et député de la Manche, n'hésite pas à souligner les faiblesses techniques des projets concurrents, tout en invoquant des considérations davantage sociales pour justifier sa préférence. « Il faut faire le choix d'une compagnie composée de personnes dont la *réputation* soit bien assise, dont la *capacité* puisse garantir la bonne et solide exécution des travaux, dont la *moralité* et la solvabilité inspirent une juste confiance aux actionnaires qui viendront apporter leurs fonds dans l'opération[357] », indique-t-il. Lors de la discussion de ce projet de loi âprement débattu, c'est également le fait d'attribuer cette concession sans adjudication publique, c'est-à-dire directement et sans concurrence, qui est défendu par Legrand puis voté par les députés[358], conformément aux principes discutés et défendus par les auteurs des *Vues politiques et pratiques sur les travaux publics de France*[359].

Émile Pereire obtient ainsi, par une loi promulguée le 9 juillet 1835, la concession du chemin de fer de Paris à Saint-Germain : son offre d'exécuter à ses frais, risques et périls la voie ferrée reliant la plaine Monceau à la Seine (en deçà du pont du Pecq), aux charges et conditions arrêtées entre lui et le ministre de l'Intérieur les 20 mars et 12 mai

355 AN F^{14} 8862. « Note sur le chemin de fer de Paris à Pontoise », mai 1834.

356 B. M. Ratcliffe, « The origins of the Paris – Saint-Germain railway… », art. cité, p. 207.

357 *Le Moniteur universel*, 7 juin 1835, p. 1442-1443. Soulignés par nous.

358 *Ibid.*

359 *VPPTPF*, p. 23.

1835, est acceptée. Le cahier des charges prévoit un contrôle étroit de l'administration sur l'exécution des travaux[360]. Longue d'un peu plus de dix-huit kilomètres, cette ligne de chemin de fer doit permettre de réduire à une demi-heure un trajet qui s'effectue en plus de deux heures et de diminuer les coûts de transport des bestiaux et marchandises alimentant la capitale[361]. Furieuses, les entreprises rivales font connaître publiquement leur mécontentement. Mellet et Henry, qui avaient une antériorité certaine dans le projet de construire l'embryon d'une ligne destinée à joindre Paris à la mer, fustigent « l'arbitraire des Ponts et Chaussées[362] ». Aux côtés des ingénieurs des Ponts et Chaussées Marie Fortuné de Vergès (1794-1864) et Bayard de la Vingtrie, engagés dans un projet de ligne de Paris à Versailles par la rive droite[363], les frères Seguin s'insurgent à leur tour contre cette concession sans adjudication, qui, en contournant les règles habituelles, a tout de la faveur et du privilège[364]. Il est difficile de leur donner tort. Car c'est aussi ce qu'amène à penser le contenu d'une lettre qu'Émile Pereire, en quête de financement pour le projet, adresse à un banquier dès le 25 septembre 1832. On y apprend qu'il a été reçu par Legrand dix jours plus tôt, soit au moment de la sortie des *Vues politiques et pratiques sur les travaux publics de France*, et que celui-ci « a promis tous ses soins et tous ses bons offices pour nous éviter les chances d'une adjudication[365] ».

La concession obtenue, Émile Pereire forme une société anonyme avec d'autres banquiers (Rothschild frères, Louis d'Eichtal et fils, Jean-Charles Davillier et compagnie, Thurneyssen et compagnie), approuvée par

360 AN F[14] 11169. *Statuts de la société anonyme de chemin de fer de Paris à Saint-Germain* ; AN CC 373. Chambre des Pairs. Session de 1835. « Minute du projet de loi relatif à l'établissement d'un chemin de fer de Paris à St. Germain présenté le 18 juin 1835 ».

361 Baptiste-Alexis-Victor Legrand, « Exposé des motifs et projet de loi, sur le chemin de fer de Paris à Saint-Germain, séance du 2 avril 1835 (N° 197) », *in* Anonyme, *Procès-verbaux des séances de la Chambre des députés. Session de 1835*, Paris, De l'Imprimerie de A. Henry, 1835, t. V, Annexes : N°s 187-249, p. 283-311, p. 289.

362 François-Noël Mellet et Charles-Joseph Henry, *L'arbitraire des ponts et chaussées dévoilé aux chambres*, Paris, Imprimerie de Guiraudet et Jouaust, 1835. – On ignore ce que Mellet a alors pensé de son camarade Lamé, auquel il avait tout appris en matière de chemin de fer, persuadé sans doute que celui-ci resterait en Russie, mais on peut l'imaginer.

363 AN F[14] 11169. *Statuts de la société anonyme de chemin de fer de Paris à Saint-Germain.*

364 Séguin frères, Marie Fortuné de Vergès et Ferdinand-Jean Bayard de la Vingtrie, *Observations sur deux projets présentés par M. le ministre de l'Intérieur, le 3 avril 1835…*, Paris, Imprimerie de Félix Locquin, s. d. (BnF : VP-27045).

365 Cette lettre est reproduite dans J. Autin, *Les frères Pereire…*, *op. cit.*, p. 358-360.

ordonnance royale le 4 novembre 1835. L'implication de ces banquiers, qui fournissent plus de 90 % du capital, doit beaucoup aux importantes spéculations en cours sur les terrains parisiens, l'emplacement de la future gare s'annonçant décisive et aiguisant les appétits[366]. En dépit du lobbying actif pratiqué en faveur d'une intervention financière de l'État, au moyen notamment des *Vues politiques et pratiques sur les travaux publics de France*, c'est sans l'aide du Trésor public que le projet se concrétise. Outre la répartition des capitaux, les statuts précisent que le conseil d'administration confie l'exécution des travaux d'art et de machines à Clapeyron et Stéphane Flachat (qui entre-temps avait pris le nom de sa mère : Mony). Lamé n'a que le statut d'adjoint à ce nouveau duo, « spécialement pour la partie des machines[367] ». Ce qui dérange le plus le professeur de l'École polytechnique lorsqu'il apprend cette décision, c'est que ses émoluments sont très inférieurs à ceux de Clapeyron, auprès duquel il se plaint. Pour l'ancien tandem, c'est l'heure des comptes. Dans sa réponse, Clapeyron lui rappelle que lors de leur retour en France, il fut le seul à recueillir les fruits de leur association, admettant que la partie scientifique avait été plus particulièrement son lot. Et de poursuivre :

> Voici maintenant qu'une affaire industrielle se présente, à laquelle j'ai consacré tout le temps que j'ai pu et une partie de mon argent à une époque où le succès était fort incertain, pour laquelle tu as, à ma connaissance peu fait, peu écrit peu combiné et rien ou peu dépensé. Eh bien, je trouve très juste que dans cette affaire ta part soit moindre que la mienne[368].

Quelques années plus tard, Clapeyron revendiquera d'avoir conçu l'idée et rédigé seul ce projet de chemin de fer[369]. Inaugurée le 24 août 1837 en présence de la reine, la ligne de Paris au Pecq est la première voie ferroviaire partant de la capitale, mais également la première conçue pour transporter marchandises et voyageurs au moyen de locomotives à vapeur réalisée en France. Contrairement aux espérances initiales, la ligne ne sera cependant pas prolongée jusqu'à Rouen. Elle constituera bien cependant un passage obligé pour d'autres lignes.

---

366 B. M. Ratcliffe, « The business elite and the development of Paris… », art. cité.

367 AN F^{14} 11169. *Statuts de la société anonyme du chemin de fer de Paris à Saint-Germain*, art. 26.

368 BEPA. IX. Lamé. Lettre de Clapeyron à Lamé, le 31 mai 1835.

369 Anonyme (É. Clapeyron), *Notice sur les travaux de M. Émile Clapeyron*, *op. cit.*, p. 5.

Mais revenons aux *Vues politiques et pratiques sur les travaux publics de France.* Avant d'examiner les stratégies mises en œuvre pour la diffusion de cet ouvrage, arrêtons-nous sur les grandes lignes de son contenu.

LE CONTENU DU LIVRE

L'ouvrage se compose de dix chapitres, précédés d'un avant-propos et suivis de deux Notes. Dans l'avant-propos (p. 11-25), les auteurs annoncent la formation de l'« association » qu'ils ont formée et exposent l'objectif central qu'ils se sont assignés en rédigeant leur ouvrage : « montrer au pouvoir et à toute société qu'il est possible de constituer un tribunal, un jury industriel qui répandrait la lumière sur toute question industrielle, et lui donnerait une utile et sage direction » (p. 24). Le (court) 1er chapitre (p. 27-37) prolonge l'avant-propos et essaie de prouver, à l'aide d'exemples français, anglais, voir nord-américains, à une opinion publique majoritairement hostile à l'action de l'État dans l'économie « combien avait été nécessaire et utile l'intervention du gouvernement dans l'exécution des principaux travaux publics de France, routes ou canaux, dont le pays serait encore privé, s'il avait dû attendre que des compagnies particulières pussent les entreprendre par l'espoir d'y trouver un profit suffisant » (p. 66). Le 2e chapitre (p. 38-52) transporte le lecteur en Angleterre : le mode d'exécution des canaux adopté outre-Manche, différent des pratiques à l'œuvre en France, est présenté, et un historique de la canalisation du pays est donné. Une comparaison entre l'Angleterre et la France tant d'un point de vue géographique – topographie et hydrographie, climat et régimes des rivières… – qu'institutionnel (concentration de terres et de capitaux…) est menée ensuite par les auteurs, qui concluent à la nécessité pour la France de développer son propre modèle national d'exécution de travaux publics, distinct de celui, pourtant réussi dans son propre contexte, qui prévaut en Angleterre. Dans un 3e chapitre (p. 53-65) centré sur la France, les auteurs rappellent « l'opération financière au moyen de laquelle s'exécutent les principaux canaux » et tentent de montrer que, contrairement à la thèse mise en avant par les critiques de l'administration, « ces canaux ne coûteront pas relativement plus cher à la France, exécutés par le corps des ponts-et-chaussées, que l'ont coûté à l'Angleterre ses canaux exécutés par des compagnies » (p. 67). Le 4e chapitre (p. 66-74) occupe une place importante dans l'économie générale de l'ouvrage puisque c'est là que les quatre auteurs annoncent pour la première fois le mode de financement proposé pour l'exécution des travaux publics dont le pays a besoin : le chiffre de deux milliards est avancé, alors que l'horizon temporel pour la réalisation des ouvrages projetés est fixé à dix ans. Avec le 5e chapitre (p. 75-90) entrent en scène les chemins de fer et leurs rapports avec les canaux. Les auteurs essaient de répondre à une série de questions dont celle de l'utilité relative de chacun de ces deux modes de transports ou celle du type de relations – concurrence ou complémentarité – qu'ils doivent entretenir pour satisfaire aux besoins de la France. Les deux chapitres suivants (6e chapitre : p. 91-105 ; 7e chapitre : p. 106-196) apportent des réponses à la question suivante : « Dans l'état de nos voies de communication, quels canaux ou quels chemins de fer devraient être entrepris pour composer, si ce n'est l'ensemble complet des voies de communication, au moins de premiers réseaux dont toutes les parties se correspondraient, et sur lesquels pourraient ensuite s'embrancher toutes les lignes d'une importance secondaire ? » (p. 70). Le 8e chapitre (p. 197-235) traite d'une série de travaux publics autres que les voies de communication, dont des *docks* (traduits comme des « bassins éclusés avec entrepôts »), réalités très développées à Londres mais inexistantes en France. Le chapitre suivant (9e : p. 236-268) reprend, en les développant, une série de questions et de thèmes déjà abordés, notamment les différents systèmes d'exécution des travaux publics – par l'État seul, par des compagnies « livrées à leurs seules ressources » (p. 236) ou par des compagnies subventionnées par l'État, à savoir la solution que les auteurs des *Vues politiques et pratiques* veulent promouvoir. Le 10e et dernier chapitre (p. 269-295) revient sur les propositions des auteurs quant au système financier pour l'exécution de grands travaux publics, propositions qui sont illustrées à l'aide du projet du canal latéral au Rhône. Une première note « technique » (p. 297-323), portant sur des prix de construction des chemins de fer entre autres, suivie par une seconde note (p. 323-334), contenant un échange entre les auteurs de l'ouvrage et la compagnie soumissionnaire du canal maritime de la Seine à laquelle Eugène et Stéphane avaient fait partie jusqu'en juillet 1830, complètent enfin le document.

Cette présentation linéaire rapide des *Vues politiques et pratiques sur les travaux publics de France* permet de se faire une première idée du contenu de l'ouvrage mais ne rend pas complètement justice au travail accompli par ses auteurs. Essayons donc de le lire de façon plus systématique.

> Le pays souffre ; l'industrie ne fut jamais (relativement) moins active, jamais le commerce plus languissant ; jamais la main-d'œuvre plus insuffisante au besoin de l'ouvrier ; jamais le prix des matières de consommation plus élevé ; jamais le profit du travail plus faible pour le travailleur (p. 27).

Ainsi commence le 1er chapitre des *Vues politiques et pratiques sur les travaux publics de France*. L'ouvrage mentionne une situation grave[370], appelle à l'action pour la contrer et, à l'instar d'autres manifestes « avant-gardistes », met en scène un « adversaire » contre lequel les auteurs du manifeste vont déployer arguments et thèses[371]. L'adversaire ici est l'un des ennemis principaux des saint-simoniens dans les années 1830-1832, le principe du « laissez-faire, laissez passer[372] » et ceux qui l'ont formulé, défendu et popularisé au sein de la société française, « les économistes » – les auteurs parlent à plusieurs reprises du « système des économistes » – et autres « sectateurs de l'intérêt privé » notamment[373]. Dès les premières pages, nos ingénieurs s'insurgent contre la concurrence, contestent la pertinence de son application (illimitée), dans le domaine des travaux

370 On lit, par exemple : « Telle est aujourd'hui la situation des choses ; elle est grave » (p. 263-264) ; « les désastres récens [*sic*] de l'industrie » (p. 260).

371 Nathalie Heinich, *L'élite artiste. Excellence et singularité en régime démocratique*, Paris, Gallimard, 2018 (1re éd. 2005), p. 201-204.

372 Sur la pensée économique des saint-simoniens (1825-1832) et la critique du laissez-faire, voir, entre autres : Gilles Jacoud (dir.), *Économie politique et politique. Textes saint-simoniens (1830-1831)*, Paris, Classiques Garnier, 2019 ; Abdallah Zouache (dir.), « The political economy of saint-simonism », *History of Economic Ideas*, vol. 17, n° 2, 2010 ; Gilles Jacoud, « Droit de propriété et économie politique dans l'analyse saint-simonienne », *Revue économique*, vol. 65, n° 2, 2014, p. 299-315.

373 Sur la pensée économique d'orientation libérale dans la France de la Restauration et de la monarchie de Juillet, voir, entre autres : Alain Béraud, Jean-Jacques Gislain et Philippe Steiner, « L'économie politique néo-smithienne en France (1803-1848) », *Économies et Sociétés*, *Série Œconomia*, « Histoire de la pensée économique », PE, n° 34, 2/2004, p. 325-418 ; Nathalie Sigot, « Utility and justice : French liberal economists in the 19th century », *European Journal of the History of Economic Thought*, vol. 17, n° 4, 2010, p. 759-792 ; Robert Leroux, *Aux fondements de l'industrialisme : Comte, Dunoyer et la pensée libérale en France*, Paris, Hermann Éditeurs, 2015 ; David Todd, *L'identité économique de la France. Libre-échange et protectionnisme, 1814-1851*, Paris, Éditions Grasset & Fasquelle, 2008, 2e partie : « Liberté (1825-1834) ».

publics tout du moins. Le dogme libéral, repoussant l'intervention de l'État dans l'économie au profit des initiatives privées, a pu être bien utile dans le passé, notamment pour « briser les liens féodaux dont l'industrie était chargée[374] » selon les termes de Stéphane Flachat à l'époque de son engagement saint-simonien, il n'en souffre pas moins de plusieurs problèmes graves.

Tout d'abord, « l'intérêt privé » ne peut pas produire seul ce dont la France a impérativement besoin au début des années 1830 : des routes, des canaux et des chemins de fer, à savoir des moyens de transports économiques et réguliers. Pour justifier leur fort scepticisme quant à la capacité du « système des économistes » à couvrir le pays de ces systèmes de communication jugés bénéfiques pour l'ensemble de la nation en général – en réduisant les prix des matières premières et de consommation notamment –, voire salvatrices pour sa partie la plus « pauvre », en particulier les ouvriers en proie aux bas salaires et au chômage, les auteurs des *Vues politiques et pratiques sur les travaux publics de France* se tournent vers le passé. Chiffres à l'appui, ils montrent que les travaux publics les plus importants et les plus utiles, voire les plus indispensables, dans l'histoire de la France, tels que les canaux du Languedoc, du Centre, de Saint Quentin, de Briare, et d'Orléans par exemple, étaient incapables de donner des produits suffisants pour couvrir les dépenses engagées et se trouvaient ainsi dans l'incapacité d'attirer des « capitalistes » pour les construire. Et comme aujourd'hui les canaux et les chemins de fer sont aussi indispensables aux progrès de l'industrie et du travail que l'étaient les routes aux siècles précédents, ils déduisent que ces moyens perfectionnés de transport ne peuvent et ne doivent pas plus être délaissés aux efforts du seul intérêt privé.

Et l'exemple de l'Angleterre, pourraient rétorquer les « libéraux », parmi lesquels une série d'ingénieurs des Ponts et Chaussées et autres polytechniciens dans les années 1820[375], voire Stéphane Flachat lui-même à l'époque du canal maritime de la Seine, avant que le saint-simonisme ne le délivre de son « anglomanie[376] » ? Il est vrai que les Anglais ont pu

374 Stéphane Flachat, « Politique Industrielle. Travaux Publics. (2e article [I].) De la concurrence en matière de travaux publics. », *Le Globe*, 12 décembre 1831, p. 1384.

375 Tels que Dupin, Dutens et Cordier, par exemple. Sur les vues de ces ingénieurs sur la question (et des références précises), voir Anonyme, *Considérations sur les avantages des concessions perpétuelles…*, *op. cit.*, p. 47 et p. 49, notamment.

376 Rappelons qu'en 1825, Stéphane Flachat était un partisan du « modèle » anglais en matière d'exécution des travaux publics, modèle basé sur la concession « perpétuelle » d'un travail

couvrir leur territoire des moyens de communication grâce à l'intérêt particulier et sans intervention directe de la part du gouvernement, reconnaissent nos quatre ingénieurs, qui exhortent leurs compatriotes de s'inspirer de l'exemple britannique et d'équiper à leur tour la France le « plus rapidement possible de canaux et de chemins de fer » (p. 51). Mais, ils ajoutent immédiatement : la France doit procéder ainsi sans imiter servilement l'Angleterre, car les deux pays diffèrent trop, tant du point « naturel » qu'« institutionnel », pour que les mêmes facteurs de réussite puissent être présents de deux côtés de la Manche[377]. Mais si le modèle anglais, basé sur l'initiative des « associations » privées et sur le principe de la concession à vie sans mise en concurrence[378], n'est pas susceptible d'être appliqué en France, il peut, en revanche, grandement aider à mettre en évidence les vices multiples du système français qui prévaut alors en matière d'exécution des travaux publics : la mise en adjudication, autre illustration corroborant l'opinion des auteurs sur « l'inutilité, l'impuissance et l'immoralité de la concurrence absolue en matière de travaux publics » (p. 22)[379]. À en croire les auteurs des *Vues politiques et pratiques sur les travaux publics de France*, il est rare de

---

public à l'« association » privée qui avait la première l'idée du travail public en question. Encore en 1829, Stéphane n'était pas l'ennemi juré de la concurrence qu'il sera dans les *Vues politiques et pratiques sur les travaux publics de France*, puisqu'il déclarait : « Isolées les unes des autres par la difficulté des transports, nos provinces, nos villes n'ont point entre elles cette émulation vive et soutenue que produit l'exemple et la *concurrence* [nous soulignons] » (S. Flachat, fils, *Du canal maritime de Rouen à Paris, et des perfectionnemens...*, *op. cit.*, p. 19).

377 Stéphane Flachat avait déjà procédé à une comparaison serrée entre l'Angleterre et la France, tant du point de vue géographique qu'institutionnel, dans ses articles dans *Le Globe*. Il concluait sur la difficulté, voire l'impossibilité, d'importer en France le modèle d'exécution des travaux publics pratiqué en Angleterre. Voir notamment Stéphane Flachat, « Politique Industrielle. Travaux Publics. IVe article. De l'établissement des canaux en Angleterre et en France. », *Le Globe*, 7 janvier 1832, p. 26-27.

378 Le système anglais d'exécution des travaux publics avait fait déjà l'objet d'une présentation détaillée par Stéphane Flachat, « Politique Industrielle. Travaux Publics. IIIe article. De la concurrence en matière de travaux publics. Suite (I). », *Le Globe*, 29 décembre 1831, p. 1447-1448.

379 S. Flachat avait déjà violemment attaqué le système de « mise en adjudication » dans S. Flachat, « Politique Industrielle. Travaux Publics. IIIe article. De la concurrence en matière de travaux publics. Suite (I). », art. cité – Des ingénieurs du corps des Ponts et Chaussées avaient aussi critiqué ce système avec des arguments similaires. Voir, par exemple : Claude-Louis-Marie-Henri Navier, « De l'exécution des travaux publics, et particulièrement des concessions », *Journal du génie civil*, t. 8, 1830, p. 327-352 (p. 349-351, notamment).

trouver un système cumulant autant de problèmes et des vices que l'adjudication. Tout d'abord, cette dernière éloigne du secteur des travaux publics « beaucoup d'hommes d'honneur et de talent qui n'ont pas pu et n'ont pas voulu consumer leur tems [*sic*] à étudier un projet, et à le mettre en lumière pour se le voir enlever à l'adjudication par quelque hardi spéculateur qui de l'affaire n'aurait su qu'une chose : c'est qu'elle devait être bonne, puisqu'elle était présentée et désirée par des hommes habiles et expérimentés » (p. 20). Qui plus est, la mise en adjudication « permet à tout spéculateur de se présenter pour enlever une entreprise tout élaborée, toute préparée, portée à grande peine par d'autres devant l'administration, les Chambres, le public ; la mise en adjudication n'est rien moins qu'une loterie ouverte sur les conceptions et le travail d'autrui » (p. 21). Mais le plus audacieux n'est pas nécessairement le plus capable, remarquait déjà Stéphane Flachat dans sa phase saint-simonienne dans un article paru dans *Le Globe* au sujet du système de l'adjudication, et la « concurrence » ne donne pas « à tous les hommes l'instruction nécessaire pour développer leur vocation, et les capitaux qui puissent leur permettre d'exercer l'industrie à laquelle ils ont été reconnus le plus propres[380] ».

Vues leurs critiques acides adressées au « système de lutte et de concurrence, résultat de la doctrine de l'intérêt privé » (p. 239), il n'est que normal que les auteurs des *Vues politiques et pratiques sur les travaux publics de France* se tournent vers l'État, seul acteur économique susceptible de baser ses décisions et ses actions non pas sur la seule différence comptable entre les recettes espérées et les dépenses engagées, mais sur l'impact positif (et non évalué nécessairement quantitativement) d'un projet sur l'ensemble de l'économie du pays et sur le bien-être des personnes. C'est sans conteste l'État français, qui, à leurs yeux, doit concevoir et exécuter l'ensemble des voies de communication dont le pays a besoin.

Tout d'abord, il a les « ressources humaines » pour le faire, en premier lieu les ingénieurs du corps des Ponts et Chaussées. Stéphane Flachat, qui avait côtoyé plusieurs membres du corps à l'époque du canal maritime de la Seine et qui n'était pas toujours tendre à leur égard, déclarait, en effet, dans *Le Globe* que si l'Angleterre comptait au début des années 1830 « à

380 S. Flachat, « Politique Industrielle. Travaux Publics (2e article [I].) De la concurrence en matière de travaux publics. », art. cité, p. 1384.

peine sept à huit ingénieurs d'un mérite réel », on pouvait facilement trouver au sein du corps des Ponts et Chaussées vingt-cinq ou trente personnes de niveau équivalent[381]. Ces derniers ne méritent pas d'être tenus responsables des erreurs de leur administration, dirigée jusqu'alors par des personnes étrangères à la science de l'ingénieur, à l'instar de Becquey. Se référant aux attaques dont le corps faisait l'objet au sujet du programme des canaux des années 1820 à la fois dans les Chambres et au sein de l'opinion publique, les auteurs des *Vues politiques et pratiques sur les travaux publics de France* soutiennent que les ingénieurs des Ponts et Chaussées sont compétents, sur le plan technique du moins, et que, tout calcul fait, les coûts des canaux français ne sont pas supérieurs à ceux des constructions anglaises si on prend en compte les dimensions des uns et des autres – le gabarit français est supérieur, en effet, à celui qui est opté outre-Manche – ainsi que les caractéristiques (topographie, hydrographie, régime des rivières, climat) très différentes des deux pays. Pour nos ingénieurs, grâce à sa capacité de mobiliser une main-d'œuvre très qualifiée, même imparfaitement administré, l'État français, la voix de la société toute entière, court moins de risque « de se tromper dans ses spéculations, de se livrer à des travaux improductifs, que chaque particulier livré à ses seuls efforts, à ses seules ressources » (p. 239-240).

De surcroît, contrairement aux visions partielles des individus et des entreprises particulières, l'État est, lui, en mesure de développer et de mettre en œuvre des visions globales, on dirait aujourd'hui systémiques. Ainsi le gouvernement « peut déterminer d'avance le moment précis où le réseau complet sera ouvert à la circulation » (p. 262), permettant ainsi à ses différentes composantes, grâce aux effets dits de réseau justement, de produire le maximum de leurs effets bénéfiques pour la collectivité. « [V]éritable père de famille » (p. 262) aux yeux de nos ingénieurs, l'État ne souffre pas non plus du court-termisme du secteur privé : il étend, en revanche « ses vues au-delà de plusieurs générations » et « fait entrer l'avenir dans les combinaisons du présent », alors que les compagnies, « avides de profits immédiats, dévorent le présent, sans s'inquiéter de l'héritage qu'elles lèguent à l'avenir » (p. 262). Et les auteurs de prendre en exemple le sort des portefaix qui chargeaient le

381 S. Flachat, « Politique Industrielle. Travaux Publics. V^e^ article. Du corps des ponts et chaussées. », art. cité, p. 79.

charbon de Rive-de-Gier sur les bateaux de Rhône avant d'être privés de leur emploi par l'établissement du chemin de fer de Saint-Étienne à Lyon. Ils commentent alors :

> [...] *si l'on avait construit le chemin de fer de Saint-*Étienne *à Lyon dès que l'exploitation des mines de charbon a commencé à prendre quelqu'importance* [*sic*] ; *on n'eût pas ainsi laisser* [*sic*] *créer des industries dont* L'INTÉRÊT GÉNÉRAL PORTE À DÉSIRER LA SUPPRESSION, *sans que la constitution de la société* offre AUCUN MOYEN D'INDEMNISER *ceux qui l'exercent* [ce sont les auteurs qui soulignent] (p. 242).

Le verdict est donc facile à prononcer. Même s'ils déclarent de ne pas condamner « d'une manière absolue le système des compagnies » (p. 263), les auteurs des *Vues politiques et pratiques sur les travaux publics de France* souhaitent que l'État doit concevoir et exécuter tous les travaux publics qu'il juge nécessaire pour améliorer le bien-être de la nation en général, des « ouvriers » en particulier. Or réalistes, nos quatre ingénieurs sont conscients du fait que le gouvernement et l'administration ont mauvaise presse en France au début des années 1830, en grande partie à cause de l'affaire des canaux. Ils vont passer alors un compromis avec leur temps, qualifié, selon la nomenclature saint-simonienne qu'ils font leur, d'« époque de transition » (p. 258), et vont proposer, entre le tout-privé (présent) et le tout-État – objectif à réaliser un jour quand l'opinion publique sera mûre pour entendre la vérité de nos missionnaires –, une solution qui porte « l'empreinte des idées qui dominent et des idées naissantes qui doivent les remplacer un jour ; elle doit être un compromis entre le passé et l'avenir. Tel est le système que nous proposons » (p. 258). Du présent, les auteurs de l'ouvrage retiennent, en effet, la compagnie et l'intérêt privé ; de l'avenir, l'État et l'intérêt public. En effet, selon le schéma de financement proposé, les travaux seraient exécutés, certes, par des entreprises privées, mais celles-ci seraient subventionnées par l'État et surveillées par ce dernier par l'intermédiaire de cahiers de charges où sont arrêtés les principaux détails des ouvrages. Si l'idée générale qui sous-tend le schéma financier proposé, la subvention étatique, est déjà suggérée dans un nombre d'articles dans *Le Globe*[382], voire par

382 « En ce moment, pour compléter l'entier établissement du chemin de fer du Havre à Marseille, une somme de cent millions environ serait nécessaire. Si le gouvernement garantissait à une compagnie un revenu de deux à trois millions pendant trente ans, les entrepreneurs se disputeraient cette immense entreprise » (Michel Chevalier, « Politique.

Stéphane Flachat lui-même en 1829 à l'occasion d'un projet ambitieux de canalisation de la France[383], le mode de financement précis proposé dans les *Vues politiques et pratiques sur les travaux publics de France* semble assez original. La solution imaginée se présente comme suit : l'État payerait aux (futures) compagnies concessionnaires un intérêt de 5 % des capitaux employés pendant cinq ans (correspondant *grosso modo* à la durée des travaux) ; puis, à dater de l'entrée en exploitation, l'État devrait s'engager pendant un certain nombre d'années à garantir un produit net annuel de 5 %, en fournissant par exemple « 2.1/2 % si les travaux en rapportaient 2.1/2 % » (p. 72). Et pour ne pas charger le contribuable de nouveaux impôts, les auteurs proposent que l'État remette aux compagnies des inscriptions de rente. Enfin, après une durée de dix-huit ans, la subvention devrait entièrement cesser. Moyennant une série d'hypothèses, l'État aurait participé de cette façon pour un tiers environ au financement total de travaux, d'un montant total de deux milliards[384], en versant, dans l'espace de dix-huit ans, un capital de 647 millions, représenté par une émission de 25 millions de rente 3 %. Et aux auteurs de poser la question rhétorique : « *Deux milliards de travaux publics exécutés sur le sol de France, en dix ans, augmenteraient-ils*

France. Politique Industrielle. Les préjugés du gouvernement français. – Leur origine. – Ses embarras. – Moyens d'en sortir. », *Le Globe*, 8 mars 1832, p. 269). – Quant à lui, Laurent Delaporte (1805- ?) suggère, pour la ligne Le Havre-Marseille et d'autres grands travaux, « une garantie de deux ou trois pour cent pendant un certain temps » (Laurent Delaporte, « Politique. France. Loi des céréales. », *Le Globe*, 25 mars 1832, p. 337-338, p. 338).

383 « [...] il faut exécuter ces canaux ; et ils ne peuvent l'être sans un secours accordé par le Gouvernement aux compagnies qui les exécuteront [...]. » Dans le même ouvrage de 1829, Stéphane évalue la dépense d'un certain nombre de travaux de canalisation qu'il appelle de ses vœux à 283 000 000 francs, « auxquels il est indispensable que l'État concoure par une avance de 142 000 000, pour qu'ils puissent devenir la matière de spéculations utiles pour des compagnies [...] » (S. Flachat, fils, *Du canal maritime de Rouen à Paris, et des perfectionnemens...*, *op. cit.*, p. 51 et p. 79-80).

384 Rappelons que Michel Chevalier réclamait pour la réalisation du réseau des chemins de fer dans son *Système de la Méditerranée* quatre milliards cinq cent millions de francs, alors que la réalisation d'une série de travaux que le triumvirat Chevalier-Fournel-Flachat (Stéphane) avait conçus exigeait trois milliards six cent millions (M. Chevalier, « Politique générale. La paix est aujourd'hui la condition de l'émancipation des peuples. IVe article (I). Système de la Méditerranée. Politique nouvelle. », art. cité ; *id.*, « Politique industrielle. Politique de déplacement. – Politique d'association. Amortissement. – Appel. », *Le Globe*, 30 mars 1832, p. 357-358). – Pour rappel, le budget annuel de la France s'élevait, dans ces années-là, à 1 200 ou 1 300 millions de francs (J.-P. Hirsch, « Saint-simonisme et organisation du territoire... », art. cité, p. 870).

les revenus publics de vingt-cinq millions au bout de dix-huit ans ? [ce sont les auteurs qui soulignent] » (p. 71).

Le schéma de financement arrêté, les quatre auteurs procèdent à une série de propositions précises sur les travaux spécifiques à réaliser pour revitaliser l'économie du pays et améliorer le sort de sa population. Parmi elles, les réseaux de communication, chemins de fer et canaux – mais pas de routes[385] –, sont destinés à consommer la majeure partie des deux milliards prévus. Détaillées et précises, témoignant d'une bonne maîtrise technique des sujets traités, les suggestions des auteurs n'en sont pas moins basées sur une série de réflexions générales et modes de raisonnement spécifiques que nous allons essayer de reconstituer dans les paragraphes qui suivent.

Nous avons vu le peu de respect que nos quatre ingénieurs éprouvent à l'égard du principe de concurrence. Évoquant explicitement l'idée saint-simonienne de l'« association[386] », qui est censée remplacer celle de « déplacement » (d'une « chose » vers une autre « chose »)[387], au lieu d'opposer chemins de fer et systèmes de canaux[388], « considérés

385 Les auteurs des *VPPTPF* ne mentionnent jamais les routes. Comme ils l'expliqueront dans un autre texte commun, ce « sujet n'entrait point dans le cadre que nous nous étions proposé. Il s'agissait pour nous de combattre la doctrine en vertu de laquelle les canaux et les chemins de fer sont délaissés à l'intérêt privé ; il s'agissait d'y faire intervenir l'État ; c'était, à vrai dire, les premiers jalons que nous voulions poser d'un traité d'alliance entre l'intérêt général et l'intérêt privé. Mais les routes et les chemins vicinaux ne sont heureusement pas tombés dans le domaine de l'intérêt privé ; ils étaient aux mains de l'État avant la naissance de la doctrine du *laissez faire*, et l'État ne les a pas abandonnés [ce sont les auteurs qui soulignent] » (Anonyme (Gabriel Lamé, Émile Clapeyron, Stéphane Flachat et Eugène Flachat), « Politique Industrielle. Travaux Publics. Analyse des *Vues politiques et pratiques sur les Travaux publics de France*. – Du grand réseau de chemins de fer étudié par l'administration. – Des ouvertures de routes projetées dans l'Ouest par le gouvernement. », *Revue encyclopédique*, t. LVI, 1832, p. 38-74, p. 62 ; repris dans la *Revue Universelle*, Ire année – tome V, Bruxelles, Louis Hauman et Cie, éditeurs, 1833, p. 113-134).

386 « Car ce ne peut être que par un large et profond développement des idées d'association que l'on peut espérer de populariser, de vulgariser les avantages des voies de communication qui en sont à la fois l'instrument et la preuve » (p. 265).

387 Les auteurs par exemple accusent « le système des économistes » d'encourager « d'autres entreprises dans lesquelles les bénéfices se composeront en totalité ou en partie des pertes éprouvées par une entreprise rivale, et résulteront, en un mot, non pas d'une création, mais d'un *déplacement* de richesse [c'est nous qui soulignons] » (p. 260). – Sur l'idée saint-simonienne de « déplacement », voir, par exemple, M. Chevalier, « Politique industrielle. Politique de déplacement. – Politique d'association. Amortissement. – Appel. », art. cité.

388 Rappelons qu'Eugène et Stéphane Flachat, avant que ce dernier n'embrasse la doctrine saint-simonienne, avaient mis en concurrence le canal maritime de la Seine et un projet

jusqu'à présent comme devant s'exclure l'un l'autre » (p. 89), ils sont probablement les premiers à proposer de façon détaillée un système global combiné de transports, selon une approche que l'on qualifierait aujourd'hui de multimodale. Cette complémentarité des chemins de fer et des canaux, tous les deux capables de « concourir ainsi, chacun dans sa sphère, à hâter l'avenir industriel de la France » (p. 89), est basée sur une analyse précise des avantages de chaque mode de transport à partir de deux propriétés (attributs) générales caractérisant tout système de communication : l'*économie* et la *rapidité*[389]. Alors que les transports par terre, et spécialement les chemins de fer à machines locomotives qui en constituent « le perfectionnement le plus avancé » (p. 88), illustrés par la toute récente ligne entre Liverpool et Manchester ouverte au public en 1830, se situent principalement du côté de la rapidité, les transports par eau se caractérisent, en revanche, par l'économie. Une sorte de division de travail entre ces deux types de réseaux découle alors assez naturellement de cette analyse. Comme pour le cas des hommes et des matières chères on cherche la rapidité, les chemins de fer à machines

de chemin de fer entre Paris et le Havre, pour conclure à la supériorité du canal. Dans les *VPPTPF* (« Note B »), les quatre auteurs défendent l'idée de l'association des deux moyens de transports, en proposant pour le trajet Paris-le Havre un chemin de fer de premier ordre *et* la voie par eau grâce à des perfectionnements dans la navigation de la Seine.

389 On trouve des références aux deux attributs : vitesse et économie, qui caractérisent les performances de différents moyens des transports, dans des articles dans *Le Globe* ainsi que dans les textes de Stéphane Flachat avant que ce dernier n'embrasse la doctrine saint-simonienne. On lit ainsi dans *Le Globe* : « Cet argument de la rapidité des communications produite par un chemin de fer a de l'importance lorsqu'il s'applique à des marchandises ayant beaucoup de valeur, comme le coton ; c'est là l'idée fondamentale de l'utile et gigantesque création du chemin de fer de Manchester à Liverpool » (Anonyme, « Travaux Publics. Du chemin de fer de Pontoise à Paris. Prix comparés du transport sur ce chemin de fer et du transport sur la Seine. – Travaux à entreprendre pour l'amélioration du cours de la Seine. – Occupation pour la classe ouvrière. », *Le Globe*, 29 juin 1831, p. 724). – Stéphane Flachat avait écrit de son côté : « Pour tous ces objets [de luxe], le prix de transport est réellement sans importance ; mais sa célérité est d'un grand intérêt » (S. Flachat, fils, *Du canal maritime de Rouen à Paris, et des perfectionnemens…*, *op. cit.*, p. 4). – On trouve enfin dans le rapport de mission de Lamé en Angleterre les passages suivants : « Les conditions principales que l'on réclame d'un système de communications intérieures sont au nombre de deux : la vitesse et l'économie des transports. Toutes les autres conditions ne sont que secondaires […] » ; « Ainsi pour donner aux routes et aux canaux de France, toute sa perfection dont leur ensemble est susceptible […] l'un toute la vitesse, l'autre toute l'économie possible » (Bibliothèque de l'université des transports d'État de Saint-Pétersbourg. Ms 7163. G. Lamé, « Observations relatives à l'art de l'ingénieur recueillies durant le voyage en Angleterre… (Résumé général) », *op. cit.*, p. 5 et p. 6).

locomotives, les seuls qui peuvent assurer des vitesses substantielles, sont les moyens appropriés. En revanche, les matières peu chères, comme les combustibles et les matériaux de construction, pour lesquels la durée du transport est de peu d'importance et ce qui compte vraiment est le « *bas prix du moteur transportant* [ce sont les auteurs qui soulignent] » (p. 88), doivent être transportées par voie d'eau. En s'inspirant de la classification existante en matière de routes – routes royales et routes départementales –, les quatre ingénieurs procèdent à une classification analogue pour les chemins de fer et les canaux. Un chemin de fer présentant les caractéristiques de la ligne Manchester – Liverpool, caractérisé par des faibles pentes et servi essentiellement (mais non exclusivement, précisent les auteurs) par des machines locomotives, est un chemin de fer de premier ordre. Aux chemins de fer servis par des chevaux ou des machines fixes et tendant à l'économie de la construction plus qu'à la rapidité du transport, les auteurs réservent l'appellation de chemins de fer de second ordre. Cette même nomenclature s'applique aussi au système de canaux, composé ainsi des canaux de grande section et de canaux de petite section.

Fiers de leurs schémas et analyses, nos ingénieurs peuvent alors énoncer que leur « conviction est absolue sur la nécessité et sur l'utilité de combiner [...] les canaux de grande et petite section, avec les chemins de fer de premier et de second ordre ; nous croyons que ce système indiqué par nous est neuf » (p. 107). Pris comme un tout, il l'est en effet, même si, ici et là, on peut lire des influences externes dans les propositions avancées. Concernant le réseau des chemins de fer qu'ils appellent de leurs vœux, les auteurs des *Vues politiques et pratiques sur les travaux publics de France* s'avèrent somme toute peu loquaces, dans la mesure où ils ne dessinent pour l'essentiel que le réseau de premier ordre[390]. Celui-ci porte inexorablement le poids, économique mais aussi administratif, des grandes villes et surtout de la capitale, et s'inspire fortement des propositions mises en avant par Chevalier, Fournel et Stéphane Flachat dans *Le Globe*[391]. Les quatre ingénieurs adoptent notamment l'idée de lier

390 Ils donnent quelques indications pour le réseau de second ordre dans le chapitre VIII des *VPPTPF*, consacré pour l'essentiel à la canalisation du pays.

391 Les principales lignes de chemins de fer proposées sont celles allant du Havre à Marseille par Paris ; de Nantes à Mayence par Paris et Strasbourg, avec embranchement sur Metz ; de Bayonne à Paris par Bordeaux ; de Lyon à Gray, de Gray à Bâle à Cologne ;

Marseille au Havre *via* Paris, la ligne à coup sûr la plus aimée des saint-simoniens au début des années 1830[392]. Ainsi on trouve parmi les sept lignes de premier ordre projetées cinq radiales – liant Paris à Valenciennes, Lille, Calais ; au Havre ; à Strasbourg ; à Lyon et Marseille ; à Bordeaux, avec embranchement sur Nantes –, une rocade Bordeaux – Lyon et une « route parallèle aux frontières du Nord » (p. 104-105), le tout pouvant être construit avec la somme de 560 000 000 francs[393]. Et les auteurs de s'expliquer sur cette dernière ligne de chemin de fer, qui tranche avec les autres propositions. S'ils ont suggéré une route parallèle aux frontières du Nord, c'est essentiellement pour des raisons militaires – les auteurs parlent pudiquement de « mouvement administratif » (p. 103) –, l'objectif visé étant le transport instantané des « forces nécessaires à la défense des points frontières attaqués » (p. 104). Malgré la prééminence accordée à l'industrie et au développement économique, en dépit des sensibilités saint-simoniennes qui traversent l'ouvrage, force est de constater que les auteurs retrouvent ici ce qui constitue l'une des préoccupations les plus classiques de l'État : la défense du territoire national en cas de guerre.

Si les auteurs centrent leurs propositions en matière de chemins de fer sur les lignes de premier ordre pour l'essentiel, ils sont en revanche bien plus prolixes en ce qui concerne la canalisation de la France. Il est vrai que cette dernière fait à l'époque l'objet d'une abondante littérature de qualité, à laquelle Stéphane Flachat avait contribué par ailleurs à la fin des années 1820, et dans laquelle nos ingénieurs puisent massivement en faisant souvent appel à la citation (l'autocitation y comprise) longue, qu'ils pratiquent constamment tout au long des *Vues politiques et pratiques sur*

---

de Gray à Verdun par Saint-Dizier ; de Paris à Bruxelles ; de Bordeaux à Brest par Nantes (*cf.* M. Chevalier, « Politique industrielle. Politique de déplacement. – Politique d'association. Amortissement. – Appel. », art. cité).

392 L'idée de lier Marseille au Havre *via* Paris est répétée par plusieurs auteurs dans *Le Globe*. Voir, par exemple : Anonyme, « France. », *Le Globe*, 10 décembre 1831, p. 1373 ; Charles Duveyrier, « Politique. France. Politique industrielle. », *Le Globe*, 21 février 1832, p. 205-206 ; M. Chevalier, « Politique. France. Politique Industrielle. Les préjugés du gouvernement français. – Leur origine. – Ses embarras. – Moyens d'en sortir », art. cité ; Henri Fournel, « Politique. France. Au Roi. », *Le Globe*, 13 avril 1832, p. 413.

393 Pour arriver à cette somme, les auteurs prévoient une dépense de 160 000 francs par kilomètre construit (*VPPTPF*, p. 105). – À titre de comparaison, Michel Chevalier prévoyait pour son *Système de la Méditerranée* une dépense moyenne de 80-100 000 francs par km (M. Chevalier, « Politique générale. La paix est aujourd'hui la condition de l'émancipation des peuples. IVe article (I). Système de la Méditerranée. Politique nouvelle. », art. cité).

les travaux publics de France. Le plan de navigation intérieure des auteurs comprend 4 200 kilomètres de canaux de grande section dont la dépense s'élève à 570 000 000 francs ainsi que 3 700 kilomètres environ de canaux de petite section ou de chemins de fer de second ordre – les premiers devant être principalement établis dans les contrées bien arrosées et peu accidentées ; les seconds dans les pays de montagnes – au coût total de 261 000 000 francs (pour les propositions précises des auteurs, on se reportera au chapitre VII de l'ouvrage ainsi qu'aux cartes jointes à la présente édition). De même que leur système global, et multimodal, des transports s'appuie sur des réflexions d'ordre général, de même le réseau de canalisation dessiné dans les *Vues politiques et pratiques sur les travaux publics de France* obéit aussi à une série de principes généraux : « Le système de canalisation doit avoir aujourd'hui pour but principal de perfectionner le système hydrographique dont la nature a doté chacun des bassins qui forme l'ensemble du territoire, de manière à *ce que les transports par eau, de* L'INTÉRIEUR *et de* L'EXTÉRIEUR, SE LIENT ENTRE EUX et *se fortifient par des lignes contenues* [*sic*] *et d'une navigation facile, économique et régulière* [ce sont les auteurs qui soulignent] » (p. 102). Il en résulte que, tandis que pour le réseau de chemins de fer de premier ordre, Paris occupe une place centrale, en revanche, le système de canalisation proposé est polycentrique, les centres étant ici les ports de mer principaux pour chaque bassin, à l'exception du bassin de la Seine où Paris s'impose de nouveau comme centre naturel. L'idée d'une intime liaison entre les ports de mer et leurs bassins, avancée d'abord par Stéphane Flachat en 1829[394], et la nécessité d'une grande régularité dans toutes les communications par eau, conduit les auteurs à proposer plusieurs canaux latéraux à la plupart des rivières françaises, même pour Bordeaux et Nantes.

Déjà très fourni, le chapitre sur la canalisation se prolonge en quelque sorte dans le chapitre suivant, consacré à des travaux publics « autres que des voies de communication, susceptibles d'être entrepris par des compagnies, au moyen d'une subvention du gouvernement » (p. 197). On y trouve des propositions portant sur la distribution d'eau dans les principales villes de France, sujet pressant suite à l'épidémie de choléra du printemps 1832 à laquelle Stéphane Flachat avait consacré un article

394 S. Flachat, *Du canal maritime de Rouen à Paris. N° 1…*, *op. cit.*, chap. III et IV ; S. Flachat, fils, *Du canal maritime de Rouen à Paris, et des perfectionnemens…*, *op. cit.*, p. 24-32 et chap. IV.

dans *Le Globe*[395], des travaux utiles à l'agriculture, tels que le dessèchement de marais, l'assainissement et culture de plusieurs landes, et des « recherches, ouvertures et exploitations de mines et d'établissemens [*sic*] métallurgiques » (p. 235). Mais c'est un type d'établissement particulier, les *docks* – rendus en français comme « bassin éclusés avec entrepôts administrés par des compagnies particulières » (p. 8), et liés au fonctionnement du réseau des canaux par l'intermédiaire *des principaux ports* du pays, « Paris port de mer » y compris –, qui reçoivent de loin les développements les plus amples. Rappelons que les deux Flachat sont des experts en la matière depuis l'époque où ils travaillaient sur le canal maritime de la Seine, qui avait justement comme composante essentielle un projet d'entrepôt installé dans la région parisienne ; ils avaient, par ailleurs, beaucoup publié sur le sujet en 1829[396]. Notons que, contrairement aux autres types de travaux évoqués, les *docks* sont considérés comme des entreprises suffisamment lucratives pour être assurées par l'intérêt privé seul sans qu'une subvention de l'État soit jugée nécessaire. Quant à leur utilité générale, elle consiste en grande partie dans le fait de « *monétiser* toutes les matières du commerce extérieur de France, et de mettre ainsi annuellement en circulation des valeurs représentatives de tout ce qui successivement stationnerait dans les entrepôts, c'est-dire au moins 300,000,000 [ce sont les auteurs qui soulignent] » (p. 215). Ainsi les *docks*, avec leur fonctionnement, sont-ils une véritable institution économique, illustrant le principe de la « saine économique politique » (p. 216), d'inspiration saint-simonienne il va de soi, à laquelle adhèrent les auteurs des *Vues politiques et pratiques sur les travaux publics de France*, principe qui dit haut et fort au gouvernement « non plus *laissez faire*, mais *faites circuler* [ce sont les auteurs qui soulignent] » (p. 216)[397].

---

395 Stéphane Flachat, « Politique. France. Le choléra – Assainissement de Paris. », *Le Globe*, 2 avril 1832, p. 369-370. – Signalons que la revue avait publié deux articles anonymes sur les eaux de Paris : Anonyme, « Eaux de Paris », *Le Globe*, 1er mars 1832, p. 244 (Il s'agit d'un compte rendu de l'ouvrage de F. A. Delacroix, *Considérations sur le projet d'une distribution générale d'eau dans Paris*, Paris, Imprimerie de Mme Huzard, 1831) ; Anonyme, « Eaux de Paris », *Le Globe*, 30 mars 1832, p. 359-360.

396 S. Flachat, *Du canal maritime de Rouen à Paris. N° 4…*, *op. cit.*, p. 90-112 ; S. Flachat, fils, *Du canal maritime de Rouen à Paris, et des perfectionnemens…*, *op. cit.*, chap. X, rédigé en commun par Stéphane et Eugène.

397 Sur le thème de la « circulation », des hommes et des biens, mais aussi du *capital*, chez les saint-simoniens, voir, entre autres : Pierre Musso, *Saint-Simon et le saint-simonisme*, Paris, PUF, 1999.

Centrées pour l'essentiel sur « les *travaux* à exécuter, et les moyens financiers par lesquels les *fonds* nécessaires peuvent être obtenus [ce sont les auteurs qui soulignent][398] », les *Vues politiques et pratiques sur les travaux publics de France* n'oublient pas totalement les hommes impliqués dans l'exécution de ce vaste programme[399]. D'après leurs calculs, le programme de travaux envisagé pourrait mobiliser pendant la période de la construction jusqu'à 350 000 hommes dans l'année. Ces ouvriers nécessaires pour l'exécution des travaux auraient pu être facilement trouvés, selon l'idée chère aux saint-simoniens, « en licenciant l'armée [...], ce qui donnerait quatre cent mille bras vigoureux aux travaux » (p. 278)[400]. Mais, vivant une « époque de transition », il faudra puiser pour le moment dans la main d'œuvre civile, soit entièrement, soit partiellement si on croit un désarmement partiel possible dans un future proche. Quoi qu'il en soit, il y aura de toute façon une entrée massive de bras sur le marché du travail, remarquent nos auteurs. En bons économistes, ils se posent alors la question des effets secondaires de cette injection pluriannuelle de dizaines de milliers de travailleurs dans le seul secteur des travaux publics. Tout en reconnaissant les perturbations possibles – une hausse dans la main d'œuvre sur les chantiers des travaux publics, doublée d'une pénurie de bras dans les autres secteurs économiques, l'agriculture notamment[401] –, nos ingénieurs considèrent que la création constante des richesses consécutive à la mise en œuvre de leurs propositions compenserait largement ces perturbations plus ou moins provisoires.

Dans la perspective de donner le plus large écho possible aux idées contenues dans leur ouvrage, les auteurs mettent en place une véritable stratégie de promotion.

---

398 G. Lamé et É. Clapeyron, *Plan d'écoles générale et spéciales...*, *op. cit.*, p. 2.

399 Rappelons que cette question des « hommes » est l'objet d'un ouvrage signé conjointement par Lamé et Clapeyron, qui se présente comme la seconde publication de l'« association » des ingénieurs qui avait écrit les *VPPTPF* (G. Lamé et É. Clapeyron, *Plan d'écoles générale et spéciales...*, *op. cit.*, Avertissement).

400 Pour cette idée, voir, par exemple : Laurent Delaporte, « Politique. France. De l'application de l'armée aux travaux publics, et de la nouvelle organisation de l'armée. », *Le Globe*, 3 mars 1832, p. 249-250 ; *id.*, « Politique. France. Organisation pacifique de l'armée », *Le Globe*, 6 mars 1832, p. 261-262 ; *id.*, « Politique. France. De l'armée, considérée sous le rapport d'amélioration du sort des peuples. (IIIe article.) », *Le Globe*, 9 mars 1832, p. 273-274.

401 Cette question avait été déjà abordée par Stéphane Flachat à propos du canal maritime de la Seine, ce dernier étant censé mobiliser de 27 à 30 000 ouvriers (S. Flachat, fils, *Du canal maritime de Rouen à Paris, et des perfectionnemens...*, *op. cit.*, p. XXXIV).

UNE STRATÉGIE CONCERTÉE DE RECENSIONS

Sorties de l'imprimerie le 14 septembre 1832 sous la forme d'un volume in-octavo, les *Vues politiques et pratiques sur les travaux publics de France* se vendent au prix de cinq francs l'exemplaire. À Paris, sa diffusion est assurée par deux libraires : rive droite par Paulin, dont la boutique est située place de la Bourse, et rive gauche par Carilian-Gœury, dont le magasin spécialisé dans les Ponts et Chaussées est installé quai des Augustins[402] ; en province, il est possible de trouver l'ouvrage chez Sebire à Nantes, et à Rouen chez Frère, Legrand et Julien[403].

Pour la diffusion de leur livre, les auteurs ne se contentent pas de s'en remettre à des libraires. Ils s'emploient à lui donner une large audience par une stratégie de promotion. Le livre paru, il s'agit pour eux de relancer les débats, de remettre le sujet des chemins de fer dans l'actualité et leurs propositions en discussion. Pour faire connaître leurs points de vue et convaincre le plus grand nombre de la nécessaire intervention de l'État ou de la remise en cause de l'adjudication des travaux publics au moins disant, ils déploient des procédés variés : encarts publicitaires, recensions par des associés ou publications de revue de presse. Ils avaient prévenu : « nous nous déclarons les antagonistes de la mise en adjudication des travaux publics, et nous ferons les efforts les plus assidus pour faire partager notre opinion sur ce point à l'administration et au public » (p. 22). L'écriture de l'ouvrage lui-même comme la campagne publicitaire qui accompagne sa sortie participent de ces efforts. Des encarts paraissent dans des quotidiens nationaux, pour annoncer la parution des *Vues politiques et pratiques sur les travaux publics de France*[404] mais aussi, quelques mois plus tard, signaler les comptes rendus qui en ont déjà été faits dans plusieurs journaux[405],

---

402 Sur le libraire-éditeur Michel-Antoine Carilian (1785-1854), repreneur de la maison Gœury, voir N. Montel, *Écrire et publier des savoirs au* XIX*e siècle…*, *op. cit.*, p. 204-206.

403 Anonyme (G. Lamé *et al.*), « Politique Industrielle. Travaux Publics… », art. cité, p. 38.

404 *Journal des débats politiques et littéraires*, 20 septembre 1832, p. 4 ; *Le Constitutionnel*, 21 septembre 1832, p. 4.

405 Une liste en est donnée dans un encart publicitaire paru dans le *Journal des débats politiques et littéraires*, 6 février 1833, p. 4. Il s'agit de titres nationaux : *Le Constitutionnel*, le *Journal des débats politiques et littéraires*, *Le National*, le *Journal du Commerce*, *Le Messager des chambres*, mais aussi provinciaux : l'*Indicateur de Bordeaux*, le *Journal de Rouen*, *Le Patriote de Juillet*, l'*Ami de la Charte de Nantes*, *Le Breton*.

relançant ainsi sa présence dans l'espace public. Payantes, ces insertions rendent compte des moyens mis en œuvre pour donner à l'ouvrage de la visibilité et faire en sorte qu'on continue d'en parler. Plusieurs recensions paraissent dans la presse nationale et régionale[406]. Si certaines sont spontanées, d'autres le sont moins. Quelques-unes méritent qu'on s'y arrête, qui mettent en évidence une stratégie concertée en vue de toucher différents lectorats. C'est le cas de trois articles d'Émile Pereire dans *Le National*, mais aussi d'un article signé des quatre auteurs paru dans la *Revue encyclopédique*. Publiée par Hippolyte Carnot et Pierre Leroux (1801-1888), celle-ci s'est choisie « Liberté, Égalité, Association » pour devise.

Le premier article de Pereire, paru le 12 septembre 1832, reprend et commente le texte paru dans *Le Moniteur* la veille. Ne se satisfaisant guère des déclarations d'intention qu'il comporte, Pereire se montre dubitatif : il accuse l'administration de vouloir simplement « conjurer l'orage qui gronde sur sa tête, et que l'ouverture prochaine de la session menace de faire éclater ». Fustigeant ses lenteurs et « ces interminables examens qui paralysent l'essor de l'industrie », il maintient sur le gouvernement une certaine pression pour que la cause des chemins de fer ne s'enlise pas[407]. Quant aux suivants, parus les 22 septembre et 21 octobre 1832, ils sont tout entiers consacrés à une analyse des propositions des *Vues politiques et pratiques sur les travaux publics de France* et incitent les lecteurs à en prendre connaissance. Tandis que le premier réaffirme, avec les auteurs, la nécessité d'une participation financière du gouvernement à la construction des lignes de chemin de fer, le second propose des modalités quelque peu différentes de celles préconisées dans l'ouvrage : une participation du trésor public au capital, plutôt qu'une garantie d'intérêt[408].

Si l'article paru dans la *Revue encyclopédique* en 1832 rend compte lui aussi de l'ouvrage, il n'est pas à proprement parler une recension. C'est en effet un résumé, composé de larges extraits du livre, et des compléments actualisés de leur réflexion que proposent les auteurs

---

406 Outre les titres inventoriés dans la note précédente, signalons que des comptes rendus paraissent également dans les journaux suivants : *Journal du Maine-et-Loire*, 11 octobre 1832 ; *Gazette de France*, 27 octobre 1832 ; *Journal de l'Aube. Écho de la Champagne*, 4 novembre 1832 ; *La Tribune politique et littéraire*, 7 janvier 1833 ; *La Revue du Midi*, avril 1833.

407 É. Pereire, « Chemins de fer, canaux et routes », *in Œuvres de Émile & Isaac Pereire rassemblées et commentées…*, *op. cit.*, p. G/6–G/10, p. G/8 et p. G/9.

408 É. Pereire, « Économie sociale. Des chemins de fer et des canaux (deux articles) », *in Œuvres de Émile & Isaac Pereire rassemblées et commentées…*, *op. cit.*, p. G/10–G/20.

eux-mêmes dans cet article. Organisé en trois points, il poursuit, par publication interposée, le dialogue engagé avec l'administration des Ponts et Chaussées et son directeur. Reprenant tout d'abord les lignes directrices et principales idées développées dans l'ouvrage, il souligne que celui-ci traite tout à la fois d'économie politique (plaidant pour l'abandon du « laissez-faire »), de finances (prônant l'aide du gouvernement) et d'art (proposant une analyse des mérites respectifs des chemins de fer et des canaux, considérés comme éléments d'un système général de voies de communication). Variant les manières de dire, les coauteurs empruntent aux commentaires sur le livre de deux quotidiens de province : le *Journal de Rouen* et le *Journal de Maine-et-Loire.* Réagissant ensuite à l'annonce faite par le gouvernement, dans *Le Moniteur* du 6 novembre 1832, de la réalisation de routes dites « stratégiques » en Bretagne et en Vendée, destinées à accroître la rapidité de la riposte du régime face à des attaques semblables à celle que venait de fomenter la duchesse de Berry, les auteurs font savoir qu'ils en approuvent le projet, qui reste à soumettre au Parlement, et insistent sur l'utilité des « moyens de répression qu'elles fourniront[409] ». Enfin, ils répondent aux discussions qui se sont tenues lors de la première réunion de la Commission administrative sur les chemins de fer, dont la création avait été annoncée dans *Le Moniteur* au début du mois de septembre 1832. Révélatrice de la manière dont Legrand entend procéder, cette commission réunit exclusivement des ingénieurs des Ponts et Chaussées, onze au total. Nos auteurs sont formidablement bien renseignés sur ce qui s'y est dit. Rien d'étonnant à cela puisque l'ancien compagnon de voyage de Lamé, le jeune Montricher, en fait partie ; il est plus particulièrement chargé d'étudier le tronçon Lyon-Marseille du chemin de fer reliant la capitale à la Méditerranée[410]. Profitant de leur nouvelle tribune, ils s'emploient à répondre aux objections formulées par certains des membres de cette commission, notamment quant à l'utilité même des voies ferrées, et à dissiper les doutes qui s'y sont exprimés. Ayant appris que la question des produits avait été particulièrement vive, ils en appellent aux grandes figures du corps des Ponts et Chaussées, à celui qui a été l'un de leur modèle en particulier : « lorsque Brisson a médité son système

409 Anonyme (G. Lamé *et al.*), « Politique Industrielle. Travaux Publics… », art. cité, p. 71.
410 *Annales des ponts et chaussées*, 1833, partie « Lois, ordonnances et autres actes », p. 254.

de canalisation, il ne s'est pas laissé préoccupé par cette pensée des produits », remarquent-ils, et ils n'hésitent pas à recadrer les missions mêmes de la commission, soucieux que ses travaux ne s'enlisent pas[411].

UN OUVRAGE SAINT-SIMONIEN ?

Les *Vues politiques et pratiques sur les travaux publics de France* doivent-elles être rangées parmi les ouvrages directement inspirés par la doctrine saint-simonienne ou convient-il de se montrer plus prudent concernant cette attribution ? Il est frappant de constater que l'ouvrage ne fait pas partie de la bibliographie saint-simonienne établie par Fournel en 1833[412]. Si l'adhésion de Stéphane Flachat au saint-simonisme est un fait avéré, son frère Eugène se montre beaucoup plus tiède, on l'a vu. Quant à Lamé et Clapeyron, bien qu'ayant fréquenté Enfantin en Russie puis à Paris, ils observeront toujours une certaine distance à l'égard du mouvement animé par ce dernier.

L'enrôlement des quatre auteurs des *Vues politiques et pratiques sur les travaux publics de France* dans la saga saint-simonienne peut être daté et son principal vecteur identifié : les *Œuvres de Saint-Simon et d'Enfantin*, véritable monument érigé sous le second Empire à la mémoire du saint-simonisme et à la gloire d'Enfantin. Lorsque paraissent les premiers volumes de cette série d'ouvrages à partir de 1865, ils ne sont plus de jeunes ingénieurs en quête de situations professionnelles mais quatre notables qui ont attaché leur nom à des compagnies de chemin de fer et dont la notoriété scientifique et technique est désormais solidement établie. Tous ont connu un destin brillant : Eugène Flachat est devenu en 1848 le premier président de la Société centrale des ingénieurs civils, Stéphane Flachat, rebaptisé *Mony*, est désormais un capitaine d'industrie qui, à partir de 1868, fait aussi partie du corps législatif, tandis que Lamé et Clapeyron sont tous deux entrés à l'Académie des sciences, le premier en 1843 et le second quinze ans plus tard. Quoi de plus tentant

411 Anonyme (G. Lamé *et al.*), « Politique Industrielle. Travaux Publics... », art. cité, p. 67-68.

412 Henri Fournel, *Bibliographie Saint-simonienne, de 1802 au 31 décembre 1832*, Paris, Alexandre Johanneau, Libraire, 1833.

pour les hagiographes du saint-simonisme que d'enrôler ces exemples achevés de « capacités » dans les rangs du mouvement ?

Mais peut-être est-ce mal poser le problème que de partir ainsi de l'appartenance ou non des quatre auteurs des *Vues politiques et pratiques sur les travaux publics de France* au mouvement saint-simonien. Cela présuppose pour commencer que le saint-simonisme se présente comme un mouvement aux limites bien définies permettant de distinguer un intérieur d'un extérieur alors qu'on se trouve en réalité en présence d'une série de cercles allant des saint-simoniens les plus engagés à des sympathisants plus ou moins convaincus, cercles dont les contours sont eux-mêmes flous. À ce premier modèle concentrique, même si ses anneaux sont loin d'être définis avec la netteté d'une cible de tir à l'arc, il convient de superposer des réticulations plus ou moins étendues qui connectent parfois des milieux et des personnalités qu'on ne songerait nullement à mettre sur le même plan quant à leur engagement dans le saint-simonisme. L'audience du mouvement se joue au moins autant dans le déploiement de ces réseaux hétérogènes que dans les effectifs des différents cercles saint-simoniens. C'est au sein de ces réseaux qu'il convient de replacer des personnalités comme Paulin Talabot par exemple, qui n'adhère certainement pas aux spéculations métaphysiques d'Enfantin, à la différence de son frère Edmond, mais fait à coup sûr partie des relations de ce dernier.

Envisagé de la sorte, le saint-simonisme ne ressemble plus beaucoup à cette organisation hiérarchique, cette église capacitaire doublée d'une armée pacifique de travailleurs dont avaient rêvé Enfantin et ses disciples les plus fervents. Il apparaît comme une mouvance beaucoup plus floue, étendue et par-là même capable de se connecter à des segments très différents de la France des dernières années de la Restauration et des tout débuts de la monarchie de Juillet, des banquiers aux artisans parisiens en passant par les avocats et les ingénieurs, des représentants de la mouvance économique libérale aux partisans d'une planification aux accents étatistes. On comprend mieux du même coup qu'il figure aussi bien parmi les ascendants du capitalisme du Second Empire qu'à l'origine de certains courants socialistes de la seconde moitié du XIXe siècle.

Un tel flou trouve toutefois sa contrepartie dans le caractère presque obsessionnel avec lequel reviennent un certain nombre de figures et de thèmes, figure du réseau et thématique planificatrice, importance de l'action publique et de la mobilisation du crédit, caractère vital des infrastructures de transport, par exemple. En dépit du flou de ses limites et de l'extrême fluidité de ses réseaux, le saint-simonisme n'est pas pour autant soluble dans l'air du temps. Si trois de ses quatre auteurs demeurent à la périphérie du saint-simonisme organisé, les *Vues politiques et pratiques sur les travaux publics de France* n'en sont pas moins prises dans cet ensemble de réseaux, de figures et de thèmes mobilisés par la mouvance saint-simonienne avec une efficacité toute particulière. « Nous avons enlacé le globe de nos réseaux de fer, d'argent, d'or, de vapeur et d'électricité[413] », se félicitera Enfantin au soir de sa vie. À l'échelle de la France et en se limitant aux seules infrastructures de transport, les *Vues politiques et pratiques sur les travaux publics de France* annoncent cet enlacement.

Les auteurs remercient Olivier Azzola, Ludovic Bouvier, Guillaume Saquet, Louisa Torres et Maria Tkachenko, pour l'aide apportée à la recherche documentaire dans leur Bibliothèque respective, Charles Riondet pour la mise à disposition d'un exemplaire de l'ouvrage réédité, Julie Ozcan pour le lissage du document et Aurélie Boissière pour la confection des cartes.

413 Prosper Enfantin, *Le crédit intellectuel*, Paris, E. Dentu, 1866, p. 7.

AVERTISSEMENT

L'édition des *Vues politiques et pratiques sur les travaux publics de France* proposée dans ce qui suit s'efforce de rester au plus près du texte original. Elle en reproduit largement l'orthographe, la syntaxe, la ponctuation et la typographie. L'usage qui prévalait au début du XIXe siècle de faire tomber le « t » devant le « s » pour les mots se terminant par « ant » ou « ent » est notamment conservé. L'orthographe des noms propres n'est pas non plus modifiée. Les coquilles dont le texte original est émaillé sont également restituées. Leur multiplicité renseigne sur les modalités de conception et de production de l'ouvrage, en particulier sa confection rapide. Repris à l'identique dans cette édition critique, l'errata n'en signale qu'un petit nombre. Dans la mesure du possible, les marques typographiques, telles que la taille relative des caractères, l'italique, le gras, les majuscules ou petites capitales, sont également reproduites. Par contre, le choix a été fait de supprimer les guillemets fermants présents à chaque début de ligne des citations. La police de caractère et les espaces variables entre les mots, ou les césures, ne pouvaient, quant à eux, être conservés à l'identique, entraînant par conséquent une nouvelle pagination. Les numéros de page originaux sont dès lors ajoutés entre crochets, disposés juste derrière le mot lorsque celui-ci était coupé. La nouvelle mise en page conserve toutefois les retours à la ligne (hors notes de bas de page), l'autonomie des paragraphes ou les lignes blanches de l'édition originale. En revanche, la numérotation des notes de bas de page est parfois modifiée, du fait de l'ajout par les éditeurs scientifiques de leurs propres notes. Le respect des consignes éditoriales fournies par Classiques Garnier a aussi généré quelques différences formelles avec l'édition originale, qui affectent là encore surtout les notes de bas de page. Dans l'édition originale, en effet, les notes des auteurs étaient introduites par des chiffres entre parenthèses, et le texte de la note, en plus petit caractère, n'était pas séparé du reste du texte par un trait ; quant aux numéros de page, ils apparaissaient en haut du texte, centrés et entre parenthèses. En outre, les sauts de ligne au sein de ces notes ont dû être supprimés. Ils sont signalés par des barres obliques (/). Un tableau (relatif aux arrivages de matières exotiques dans le port du Havre) a également dû être déplacé d'une note de bas de page au corps du texte (p. 282). Enfin, dans celui-ci, des bouts de lignes pointillées, qui précédaient notamment des chiffres, ont dû être remplacés par de simples espaces.

Ajoutées à celles déjà existantes, les notes de bas de pages introduites par les éditeurs scientifiques à l'intérieur même du texte visent à en faciliter la lecture. Il s'agit tout à la fois de préciser l'identité des personnes ou organismes cités, de clarifier des propos allusifs, notamment en redonnant des éléments de contexte, ou d'expliquer des termes techniques. C'est également pour aider à la compréhension du texte que deux annexes ont été jointes. La première de ces annexes compile les ouvrages cités ou simplement évoqués par les auteurs des *Vues politiques et pratiques sur les travaux publics de France* et dresse ainsi la liste les livres et brochures qui ont explicitement servi à l'écrire. Cette liste de références bibliographiques, données au format aujourd'hui en vigueur et classées par ordre alphabétique d'auteur, précise des informations livrées parfois de manière approximative tout en permettant de reconstituer une partie de la bibliothèque des auteurs et de prendre la mesure du travail effectué. Également réalisée spécialement pour cette édition critique, une seconde annexe comprend six cartes, dont cinq sont consacrées à la France et une à l'Angleterre. Ces cartes permettent de visualiser les infrastructures de transports (canaux et chemins de fer) convoquées par le texte, qu'elles existent déjà ou soient à l'état de projet. L'absence, au sein de l'édition originale, de ce type d'outil aidant le lecteur à se repérer ou à se représenter les réseaux décrits signale encore un ouvrage hâtivement réalisé et sans beaucoup de moyens. Enfin, un index des noms des personnalités citées est proposé, qui renvoie conjointement à l'introduction rédigée par les éditeurs scientifiques et au texte proprement dit des *Vues politiques et pratiques sur les travaux publics de France.*

VUES POLITIQUES ET PRATIQUES SUR LES TRAVAUX PUBLICS DE FRANCE[1]

1 PAR / LAMÉ ET CLAPEYRON, / INGÉNIEURS DES MINES, / ET / STÉPHANE ET EUGÈNE FLACHAT, / INGÉNIEURS CIVILS. // PARIS. / IMPRIMERIE D'ÉVERAT, / RUE DU CADRAN, N° 16. // SEPTEMBRE 1832.

TABLE DES MATIÈRES [5]

AVANT-PROPOS [11]

S'il existait un tribunal où toute grande entreprise de commerce, d'industrie, de travaux publics pût être impartialement et sainement jugée, qui pût mettre les capitalistes à l'abri du charlatanisme des spéculateurs, et toute la société à l'abri des illusions ou des fautes de l'intérêt privé en matière de questions d'intérêt général, nul doute que ce ne fût là une grande et utile institution.

Cette institution, ce tribunal ne peuvent être fondés aussi puissamment, aussi largement qu'il serait nécessaire pour qu'ils pussent remplir leur mission, que par le gouvernement, s'appuyant du concours de toute la société.

Mais le moyen d'obtenir cette institution nouvelle, ce n'est pas tant de la proposer incessamment, ni même de s'en faire une arme d'opposition, que de l'essayer.

Tel est le but que nous nous proposons.

Forts surtout de notre bonne foi, et d'un ardent désir de gloire et de prospérité pour le pays, nous nous associons pour étudier ensemble, et avec tous ceux aussi qui voudront coopérer à notre œuvre, toute question importante en matière de commerce, d'industrie, de finances [12] et de travaux publics ; nous nous associons pour donner notre opinion sur ces questions ; ne nous dissimulant pas d'ailleurs toute la difficulté de la tâche que nous entreprenons, puisque ces questions deviennent aujourd'hui les véritables questions politiques.

Quand on verra ressortir quelque bien de l'essai que nous faisons (et il est impossible que quelque bien n'en résulte pas malgré la faiblesse de nos ressources), on comprendra ce que l'on en pourrait obtenir si le pays tout entier y prenait part et intérêt, et l'on entrera enfin dans la route féconde de l'organisation du travail ; notre but alors sera rempli.

Notre association s'occupera plus spécialement d'ailleurs de travaux publics, soit parce que nous y sommes conduits par toutes nos études antécédentes, soit parce que nous pensons que c'est par un grand développement de travaux publics que l'on pourrait porter un premier et puissant remède à la misère de l'ouvrier, aux faillites du fabricant, et qu'il n'est pas aujourd'hui de fait politique digne d'une plus sérieuse méditation que la misère et la faillite en présence l'une de l'autre dans les ateliers.

C'est par ce motif que notre première publication nous a paru devoir être consacrée aux travaux publics. C'est ce qui va mieux ressortir d'ailleurs des considérations préliminaires que nous allons exposer.

[13] Ce qu'il y a de capital aujourd'hui dans l'administration ou la direction des travaux publics de France, c'est l'Administration des ponts-et-chaussées[1] et la mise en adjudication, avec concurrence et publicité, de tout travail public.

L'Administration des ponts-et-chaussées est loin d'être méconnue pour nous, comme elle l'est généralement par le public. Ce n'a pas pu être en vain que l'école polytechnique a fourni, depuis vingt ans, ses premiers élèves à ce corps. Ces hommes, parmi lesquels il s'en trouve un grand nombre d'une si haute distinction, ont amorti ou empêché bien des fautes de la part de ceux qui étaient à la tête de leur administration, et ont rendu patiemment, obscurément, des services sans nombre dont le pays leur doit une grande reconnaissance.

Aujourd'hui cette administration est enfin confiée à un homme habile[2], voulant sincèrement le bien, et qui, ingénieur lui-même, a sur ses prédécesseurs l'avantage immense de pouvoir décider, en connaissance de cause, sur des matières qui ne lui sont pas étrangères.

---

1 Héritière d'une institution d'Ancien Régime, l'administration des Ponts et Chaussées est constituée de services centraux et déconcentrés. Au niveau central, la direction générale des Ponts et Chaussées dépend en 1832 du ministre du Commerce et des Travaux publics, le comte Antoine d'Argout (1782-1858). Les services départementaux sont dirigés par des ingénieurs en chef des Ponts et Chaussées, placés sous les « ordres immédiats » du préfet et sous les « ordres supérieurs » du directeur général des Ponts et Chaussées.

2 Il s'agit de l'ingénieur des Ponts et Chaussées Alexis Legrand (1791-1848). Admis à l'École polytechnique en 1809, puis à l'École des ponts et chaussées deux ans plus tard, il est employé comme adjoint du secrétaire du Conseil général des ponts et chaussées. À partir de 1821, il est secrétaire de la Commission des canaux, établie spécialement pour la mise en œuvre du « plan Becquey ». En 1828, il ajoute à cette fonction celle de secrétaire du Conseil général des ponts et chaussées. En juin 1832, après deux ans passés comme secrétaire général du ministère en charge des Travaux publics, Legrand remplace, à titre provisoire d'abord, le banquier libéral Simon Bérard (1783-1859), directeur général des Ponts et Chaussées et des Mines depuis août 1830. Il est le premier ingénieur nommé à la tête de cette administration.

Mais les attributions du Directeur des ponts-et-chaussées sont resserrées dans d'étroites limites que les limites plus étroites encore de son budget ne lui permettent pas de dépasser.

À peine avec ce budget peut-il entretenir et conserver ce qui existe. Des fonds pour l'exécution ou même l'étude de grands travaux nouveaux ne lui sont pas alloués, et il lui serait [14] difficile d'en faire la demande, obligé déjà, comme il l'est, de lutter chaque année pour la conservation du corps qu'il dirige ; puis, pour obtenir les fonds nécessaires à la continuation des canaux entrepris en vertu des lois de 1821 et 1822[3], et qu'il faut bien achever, car l'État est engagé.

Les dispositions du public sont telles d'ailleurs, qu'à l'exception des routes et des canaux ci-dessus mentionnés, l'État ne peut plus songer à rien entreprendre avec le Corps des ponts-et-chaussées. C'est aujourd'hui un des préceptes les plus accrédités du formulaire constitutionnel, que l'État est le pire des constructeurs : ce précepte n'est pas juste, nous le démontrerons ; toutefois il faut bien reconnaître que l'Administration des ponts-et-chaussées est loin d'être exempte de vices graves ; seulement nous ne les croyons pas irrémédiables.

Ces préventions que nous venons de signaler nous paraissent donc devoir renfermer pour longtemps encore l'administration des ponts-et-chaussées dans le cercle de ses attributions. Ces attributions consistent notamment dans l'entretien et l'établissement des routes royales et départementales, dans l'achèvement des canaux de 1821 et 1822, dans l'examen de tous les projets de travaux publics présentés par les compagnies, mais en bornant cet examen au point de vue de l'art.

L'Administration des ponts-et-chaussées doit s'interdire formellement, en effet, tout examen [15] d'une autre nature. Pour elle et pour le Conseil des ponts-et-chaussées[4], un projet doit rester chose toute théorique et scientifique ; c'est un plan qu'il faut juger en lui-même et

---

3 Il s'agit des lois des 5 août 1821, 17 avril et 14 août 1822, qui autorisent, par concession, la construction du canal d'Aire à la Bassée, l'achèvement du canal Saint-Maur et les travaux de perfectionnement de la navigation entre le canal de Beaucaire et celui des deux-mers, mais aussi la réalisation par l'État, au moyen de prêts, de douze autres canaux et canalisations de rivières. Voir aussi annexe II, ill. 1.

4 Composé des inspecteurs, plus hauts gradés de la hiérarchie du corps des ingénieurs des Ponts et Chaussées, le Conseil général des ponts et chaussées donne son avis au ministre sur les projets de travaux. En 1830, il regroupe huit inspecteurs généraux et cinq inspecteurs divisionnaires. Il est présidé par le directeur général des Ponts et Chaussées et un ingénieur en chef en assure le secrétariat.

abstraitement ; le devis même ne doit pas être l'objet des délibérations du conseil, qui n'examine et ne donne d'avis que sur la question de savoir si les ouvrages proposés ne sont pas contraires à l'art, et s'ils ne nuisent pas à quelque service public.

Et qu'on ne croie pas que c'est ici de notre part un reproche contre l'Administration ou le Conseil des ponts-et-chaussées ; en agissant ainsi, ils se maintiennent dans la limite de leurs attributions ; et comment pourraient-ils songer à les étendre ?

S'ils donnaient leur avis sur le devis d'une entreprise dont l'exécution n'est pas dans leurs mains, puisqu'elle doit être adjugée à des compagnies, ils savent bien que les spéculateurs, qui vivent et agiotent sur les projets colportés par eux aux capitalistes, ne manqueraient pas de s'appuyer sur les devis fixés par l'administration ; elle deviendrait ainsi moralement responsable de toutes les fautes d'exécution vis-à-vis des actionnaires, masse d'hommes de peu de lumières en général, et qui, après avoir marché sur la foi de chiffres fixés par le gouvernement, ne manqueraient pas de s'en prendre à lui si les chiffres étaient dépassés.

Quant à donner un avis sur l'utilité de l'entreprise [16] comme spéculation particulière, remarquons d'abord que l'Administration des ponts-et-chaussées est dépourvue de tout moyen efficace et solide pour y parvenir. Les enquêtes qu'elle établit ne peuvent lui apporter que des faits sans valeur et sans portée ; elle n'a pas de fonctionnaires chargés de recueillir tous les faits statistiques propres à jeter la lumière sur de si importantes questions ; vis-à-vis du public, elle paraît sans documens, sans matériaux sur la circulation des hommes et des marchandises, elle qui préside à l'entretien et à la confection des voies de circulation ; et, répétons-le encore, la nature de ses attributions ne lui permettrait pas de faire usage de ces documens ; car si c'était pour donner son approbation à un projet, elle s'exposerait à des inconvéniens semblables à ceux que nous avons signalés pour la fixation du devis, et si c'était pour l'improuver, on ne manquerait pas de lui dire qu'elle s'est prononcée sur des matières qui doivent lui demeurer étrangères ; que ce n'est pas à elle, mais à l'intérêt privé, de décider si l'entreprise est bonne, et s'il en veut courir la chance ; et en tous cas, elle encourrait la responsabilité morale de son opinion. Ce lui doit être assez, sans doute, de celle qui déjà pèse sur elle

Il existe en ce moment deux projets qui ont épuisé toutes les formalités accumulées sur toute entreprise par le génie administratif et législatif de l'époque. Études par les ingénieurs, délibérations [17] de commissions des Ponts-et-Chaussées et du Génie militaire[5], avis du Conseil général des Ponts-et-Chaussées, procès soutenu et gagné devant le Conseil d'état, rapport du Directeur-général au Ministre, projet de loi et tarif soumis par celui-ci aux Chambres et adopté par elles ; rien n'y manque. Le canal de l'Essone et le canal des Pyrénées sont à cet égard au grand complet, et cependant on n'exécute ni le canal des Pyrénées, ni le canal de l'Essone.

Nous pourrions rappeler aussi l'affaire des eaux de Paris, examinée pendant plus d'un an au Conseil des Ponts-et-Chaussées, discutée plus long-temps encore aux bureaux de la ville, mise en adjudication et délaissée par les capitalistes[6].

Et le canal de Dieppe à Paris encore ! Plans préparés par l'administration, enquêtes volumineuses, avis de municipalités, devis estimatifs fixés cette fois, si nous ne nous trompons, par le Conseil lui-même, et cependant pas d'adjudicataire.

C'est donc chose convenue que l'intervention de l'État, des Chambres, de l'Administration des Ponts-et-Chaussées, avec le luxe de discussions et de formalités dont toute affaire de travaux publics s'y surcharge, sont sans importance auprès du public, ne font pas sa conviction, et ne constituent pas les élémens essentiels de succès d'une entreprise.

---

5 En octobre 1830, deux commissions spéciales sont créées au sein du Conseil général des ponts et chaussées afin d'examiner plus rapidement les projets de travaux soumis à l'assemblée plénière. L'une est dédiée aux affaires qui concernent les routes, l'autre à la navigation. Lorsque les travaux concernent aussi les départements de la Guerre ou de la Marine parce qu'ils touchent à la défense du pays, une commission mixte des travaux publics est chargée de donner son avis.

6 Un décret-loi du 19 mai 1802 prévoit l'ouverture d'un canal de dérivation de l'Ourcq pour alimenter Paris en eau. Mais avant même que le canal ne soit complété vers le milieu des années 1820, se pose la question d'une éventuelle intervention privée dans la construction et la gestion du réseau distribuant de l'eau à domicile aux Parisiens. Dès le milieu des années 1810 des compagnies anglaises s'intéressent à une concession éventuelle du (futur) réseau. Cette idée d'une concession est même soutenue par plusieurs hauts responsables du corps des Ponts et Chaussées. Par ordonnance royale du 23 décembre 1829, la ville de Paris est autorisée à lancer un appel d'offres pour transférer ses installations et infrastructures d'eau, à l'exception du canal de l'Ourcq, à un acteur privé et lui confier la gestion du service pour une durée de 99 ans contre la prise en charge de l'exécution et de l'entretien d'un réseau capable de subvenir aux besoins de la municipalité et des habitants. Mais faute de candidats, l'adjudication est déclarée infructueuse en juin 1830. Les eaux de Paris resteront ainsi aux mains de la Ville pour les décennies à venir.

Et on s'accommode de cet état de choses comme du plus convenable et du mieux entendu [18] dans les intérêts du pays. Il semble que cela se présente à l'esprit comme une division toute naturelle de travail ; en sorte que lorsqu'une loi est rendue sur une entreprise de travaux publics, il semble voir députés, ministres, ingénieurs, se dire avec satisfaction : Voilà une affaire finie pour nous ; nous avons fait notre devoir ; c'est maintenant au Concessionnaire à faire le sien.

Or le devoir du Concessionnaire, ce n'est rien moins que de démontrer que l'entreprise est bonne ; et cependant il semble que la société pense que c'est là la chose la moins importante, puisqu'elle laisse ce Concessionnaire livré à ses propres forces, à ses seules ressources, sans appui dans les institutions, sans concours de l'autorité ; il est seul, n'ayant que son intérêt pour guide entre ses désirs, ses illusions, ses besoins et la vérité : mais la société et l'état se rassurent, car son projet sera jugé, dit-on, par le bon sens public, et, s'il est avantageux, les profits qu'il en peut espérer seront réduits à des limites convenables par la mise en adjudication.

Le bon sens public, c'est sans doute une belle et grande chose et nul n'a plus foi que nous à ce sens intime, à cet instinct divin qui conduit les nations dans la route que la Providence a tracée à chacun de ces grands membres de la famille humaine.

Mais à la manière dont les travaux publics sont proposés, examinés, discutés, concessionnés, [19] exécutés, il est éclatant que le bon sens public n'y peut pas jouer le rôle qu'on lui attribue, et que c'est là encore une de ces fictions légales et administratives dont il a fallu bercer l'enfance du régime constitutionnel.

Car ce serait singulièrement faire tort au bon sens public que d'attribuer à son intervention, soit l'exécution de certains travaux publics si inutiles et si coûteux, soit le rejet de plusieurs projets dont l'utilité eût été grande.

Renvoyons ces niaiseries politiques aux tems de mensonge et de comédie où elles sont nées, et où elles étaient nécessaires ; aujourd'hui la question des travaux publics, comme toute question sociale, a besoin que toute vérité y soit dite ; or, sur la partie de la question de travaux publics qui nous occupe, voici la vérité :

Les projets de travaux publics sont, de la part de ceux qui les conçoivent vis-à-vis des capitalistes, et de la part des capitalistes vis-à-vis du public, l'objet d'un scandaleux agiotage, où il se déploie autant de fraude et de ruse que dans les plus hardis jeux de bourse.

Pour l'auteur du projet, l'objet important est de s'assurer sa part industrielle, afin de l'escompter le plus habilement possible, puis de démontrer aux banquiers, non pas que l'affaire est bonne, mais qu'il est possible de la faire paraître bonne ; car pour les banquiers aussi, la véritable question n'est pas dans l'utilité et la bonté de l'affaire, mais dans la possibilité d'en [20] écouler les actions ; on appelle cela répartir les risques, les rendre insensibles en les faisant partager au plus grand nombre possible.

Des parts industrielles et des commissions ; c'est à la marge que présente sous ce point de vue une entreprise de travaux publics que la mesure le *bon sens financier ;* c'est par là qu'elle s'exécute, et l'on dit que le *bon sens public* l'a acceptée, quand tout le capital en est répandu dans une masse d'actionnaires tous parfaitement étrangers à l'entreprise, y participant sur la foi des maisons de banque qui la présentent, et ne s'inquiétant même pas si ces maisons y ont conservé un intérêt égal à celui du plus faible d'entre eux.

L'on suppose que la mise en adjudication, si elle ne les empêche pas complétement, réduit au moins de beaucoup ces bénéfices illicites, et nous croyons, nous, que la mise en adjudication est une des causes principales de l'immoralité qui préside à la conception et à la proposition des travaux publics.

Car la mise en adjudication a éloigné de cette nature d'entreprises beaucoup d'hommes d'honneur et de talent qui n'ont pas pu et n'ont pas voulu consumer leur tems à étudier un projet, et à le mettre en lumière pour se le voir enlever à l'adjudication par quelque hardi spéculateur qui de l'affaire n'aurait su qu'une chose : c'est qu'elle devait être bonne, puisqu'elle était présentée et désirée par des hommes habiles et expérimentés.

[21] Pour juger une entreprise de travaux publics, pour en calculer les chances, les produits présumables, les dépenses probables, il faut beaucoup de tems, de frais, d'études, une infinité de documens habilement et franchement discutés, comparés, médités. Est-ce que la mise en adjudication fournit ces documens, élargit et mûrit ces études, détermine les dépenses, évalue les produits ? Loin de là ; elle permet à tout spéculateur de se présenter pour enlever une entreprise tout élaborée, toute préparée, portée à grande peine par d'autres devant l'Administration,

les Chambres, le public ; la mise en adjudication n'est rien moins qu'une loterie ouverte sur les conceptions et le travail d'autrui.

Existe-t-il un seul travail public pour lequel il se soit établi une discussion réelle, solide, entre hommes compétens, apportant sur ce travail le fruit de travaux et de recherches diverses, et les soumettant à une discussion publique ?

Aux diverses adjudications qui ont déjà été ouvertes, les concurrens des ingénieurs qui avaient conçu le projet ont-ils été des ingénieurs ou des capitalistes ?

Les faits et le plus simple raisonnement répondent si victorieusement à ces questions, que nous nous croyons complétement dispensés de donner pour le moment plus d'étendue à cette discussion ; au reste, l'expérience de l'Angleterre achevera de corroborer notre opinion sur [22] l'inutilité, l'impuissance et l'immoralité de la concurrence absolue en matière de travaux publics : jamais l'Angleterre n'a mis en adjudication la concession de ses travaux publics.

Les institutions qui nous régissent sont donc très-incomplètes à cet égard ; il est évident que l'Administration des ponts-et-chaussées ne peut imprimer à nos travaux publics le développement dont le pays a un si urgent besoin, et la mise en adjudication paralyse plus encore ce développement.

C'est pourquoi l'un des buts principaux de notre association sera de servir d'auxiliaire à l'Administration des ponts-et-chaussées, et de faire vis-à-vis du public et dans l'intérêt d'une bonne direction de nos travaux publics, ce que ses attributions ne lui permettent pas de faire.

Et en même temps nous nous déclarons les antagonistes de la mise en adjudication, et nous ferons les efforts les plus assidus pour faire partager notre opinion sur ce point à l'administration et au public ; et tant que cette malheureuse institution subsistera, nous chercherons à en atténuer les pernicieux effets, en portant autant qu'il sera en nous la lumière sur toute entreprise proposée. Par là du moins, nous l'espérons, nous déjouerons souvent les manœuvres au moyen desquelles les travaux les plus utiles à la prospérité publique sont exploités dans un but d'agiotage ; et, par nos efforts, en écartant des travaux [23] publics les spéculateurs ignorans qui en ont si malheureusement retardé le développement par le succès de quelques-unes de leurs tentatives, nous y rappellerons les hommes compétens, les hommes de talent et de probité.

Ce que nous nous proposons de faire pour les travaux publics, nous nous le proposons également sur toute question commerciale, industrielle, financière. Toutes ces questions se touchent ; toutes peuvent avoir une grave influence sur la prospérité de l'état, et nous avons donné la mesure de l'importance que nous y attachons, et par conséquent du soin que nous apporterons dans leur examen, en déclarant que ces questions nous paraissaient les véritables questions politiques, et que toute la société gravitait vers ce terrain.

Pour résumer en quelques mots ce que nous venons de dire, nous nous proposons ;

1° De donner notre opinion motivée sur l'utilité, comme entreprise et comme spéculation, de tout projet de travail public proposé.

2° De provoquer l'examen et l'étude des travaux qui nous paraîtraient utiles ;

3° De faire nous-mêmes ces études pour les compagnies qui nous en feraient la demande, ou même à nos frais ;

4° De donner notre opinion, ou de provoquer l'attention du public sur toute question grave en matière d'industrie, de commerce, de finances.

[24] Nous répétons ici notre appel à tous les hommes qui, en présence des événemens devenus si graves, de l'anarchie levant la tête, de l'état d'inquiétude et de souffrance auquel la nation est en proie, ont reconnu que l'organisation du travail était le seul moyen de sortir de la crise que nous subissons, et qui semble, chaque jour, se développer plus menaçante.

Nous ne fondons pas une coterie ; la première loi de l'organisation du travail, c'est la publicité, c'est la lumière et l'indépendance pour toute opinion. Toute industrie trouvera en nous, non pas des défenseurs (car il est des restrictions, des prohibitions que nous ne défendrons pas), mais des organes ; nous dirons ce qu'elles croient être leurs besoins, alors même que nous penserions qu'elles se trompent, ce que nous dirons aussi ; et quand une industrie exprimera des vœux qui nous paraîtront d'accord avec ceux du pays, quand une entreprise nous semblera manifestement utile, ou certainement désastreuse, nous éleverons une voix infatigable, et nous ne nous arrêterons qu'entendus.

Nous comptons sur le concours de tous ceux qui sentiront profondément comme nous la nécessité de montrer au pouvoir et à toute la société qu'il est possible de constituer un tribunal, un jury industriel qui répandrait la lumière sur toute question industrielle, et lui donnerait une utile et sage direction ; ces hommes viendront à nous, non avec la pensée que ce tribunal, ce [25] jury puisse se constituer définitivement en nous et par nous, nous ne le pouvons pas, mais avec la certitude qu'un essai de ce genre, même très-imparfait, est nécessaire aujourd'hui, et que s'il faut quelque courage pour le tenter, ce doit être le courage que l'on puise dans la sincérité, dans l'indépendance, dans le désintéressement.

Au reste, dans une question si sérieuse nous avons reconnu que nous ne devions pas nous borner pour ainsi dire à un prospectus, à un programme ; qu'il fallait immédiatement nous faire juger sur une œuvre ; cette œuvre, c'est l'ouvrage que l'on va lire, œuvre commune des quatre fondateurs de l'association.

Nous avons la certitude que la pensée qui a inspiré notre association est bonne.

Nous n'avons pas la certitude que nous soyons capables de la réaliser.

C'est pourquoi, avant de nous constituer juges nous-mêmes, nous avons voulu être jugés. C'est au public à nous donner notre investiture ; l'accueil qui sera fait à cette première production nous apprendra si nous devons persévérer.

Paris, Août 1832.

Stéphane et Eugène FLACHAT,
Ingénieurs civils.

LAMÉ et CLAPEYRON,
Ingénieurs des Mines

CHAPITRE PREMIER

Des préventions actuellement existantes contre l'intervention du gouvernement en matière de travaux publics. – Du grand réseau de routes royales exécuté par l'État dans le dernier siècle. – Du canal du Languedoc. – Des canaux du Centre et de Saint-Quentin. – Du canal Calédonien. – Des canaux de l'Amérique du Nord. – De la nécessité que l'État intervienne dans l'établissement du système général des communications.

Le pays souffre ; l'industrie ne fut jamais (relativement) moins active, jamais le commerce plus languissant ; jamais la main-d'œuvre plus insuffisante au besoin de l'ouvrier ; jamais le prix des matières de consommation plus élevé ; jamais le profit du travail plus faible pour le travailleur[1].

Cet état de choses est si patent, si général, qu'il commence à devenir l'objet de l'attention et des méditations de tous, et déjà depuis quelque temps les hommes qui sont [28] en possession d'élever sur les questions de cette nature une voix écoutée, les économistes, l'ont signalé, et ont cherché à en déterminer les causes et à indiquer quels remèdes y pourraient être apportés.

Ils ont tous été d'accord sur la nécessité d'un bon système de communications, complet, économique, rapide, et par lequel pût s'opérer à bas prix et avec régularité la distribution des produits du travail. Ils ont vu dans l'établissement de ce système un des plus puissans moyens de prospérité pour le pays ; mais après en avoir manifesté l'opinion et

1 En juin 1832, de violentes émeutes ouvrières ont lieu à Paris alors qu'en novembre de l'année précédente éclatait la révolte des canuts à Lyon. Après près d'une décennie de prospérité, le pays connaît à partir de 1826 une récession économique. L'indice de la production industrielle globale passe ainsi de 36,2 pour les années 1823-1827 à 33,4 pour les années 1828-1832. Les conséquences sociales du marasme économique sont particulièrement dramatiques. En 1832, les salaires atteignent 60 % de leur niveau de 1826, alors que les prix agricoles, après une tendance à la baisse depuis 1817, repartent à la hausse en 1828 à la suite de mauvaises récoltes, aggravées par un hiver 1829-1830 particulièrement dur.

exprimé le vœu avec persévérance, voyant que l'établissement de notre système de communications marchait avec une lenteur désespérante, ils se sont écriés : la faute en est à l'administration.

D'accord avec les économistes[2] sur l'utilité, sur la nécessité d'un bon système de communications, nous ne le sommes pas sur la cause qu'ils assignent à la lenteur du développement de ce système.

Les économistes pensent que les travaux publics de France ne sont aussi arriérés que parce que l'administration publique y a encore trop d'influence, et, selon nous, pour qu'ils prennent toute l'activité qu'il est si urgent d'y apporter, il faut que le gouvernement y intervienne très-puissamment.

Cette opinion, nous le savons, compte aujourd'hui fort peu de sectateurs ; nous sommes donc obligés de l'appuyer de quelques preuves et de faire connaître les motifs qui nous y ont nous-mêmes conduits.

Qu'il doive être reproché au gouvernement de grandes fautes et beaucoup d'inertie dans la part qu'il a prise aux [29] travaux publics ; que l'inextricable dédale et les interminables lenteurs de ses bureaux en aient entravé le développement, nous l'accordons.

Toutefois ces difficultés n'ont pas empêché la formation du petit nombre de compagnies qui exécutent en ce moment des travaux publics. En même temps, le corps des ponts-et-chaussées est occupé depuis neuf années à l'établissement de près de six cents lieues de lignes navigables, au nombre desquelles sont quelques-uns des canaux qui peuvent avoir le plus d'influence sur la prospérité du pays.

C'est, il est vrai, depuis que ces canaux ont été entrepris par le gouvernement, en vertu des lois de 1821 et de 1822, que les reproches des économistes[3] sont devenus plus vifs, et qu'ils s'en sont fait une arme d'opposition plus active.

---

2 Les années 1820 constituent une sorte de « décennie d'or » pour la science de l'économie politique française, marquée par plusieurs publications importantes. Leurs auteurs sont très présents dans les débats politiques et idéologiques de l'époque. À côté de Jean-Baptiste Say (1767-1832), bien installé dans son rôle de figure tutélaire, on peut ainsi citer les noms de Joseph Droz (1773-1850), Charles Comte (1782-1837), Charles Dunoyer (1786-1862), Adolphe Blanqui (1798-1854) et Charles Dupin (1784-1873). Les idées libérales sont dominantes au sein de ce groupe d'économistes, qui condamnent les « préjugés administratifs » (Tanneguy Duchâtel) et sont hostiles à l'intervention de l'État dans la vie économique de la nation.

3 « Ce corps coûte beaucoup et produit peu » écrit Say à propos des ingénieurs des Ponts et Chaussées. Tout en soulignant le rôle des voies de communication dans le développement

Profitant d'une faute grave qui fut commise alors par la direction des ponts-et-chaussées, et dont il sera parlé au Chapitre III, ils ont pensé qu'ils pouvaient puiser là un argument puissant contre l'intervention du gouvernement dans les travaux publics, et ils ont à cet égard complétement réussi à faire adopter généralement leurs préventions si profondes contre toute part quelconque prise par le gouvernement dans l'exécution des travaux publics.

Depuis ce succès des économistes, le gouvernement n'est plus intervenu, en effet, dans les travaux publics que par les examens administratifs et les formalités législatives, et nous avons dit plus haut (avant-propos, pag. [16] à [18]), le peu d'influence de ces examens et de ces formalités pour le succès d'une entreprise. Il en est résulté que, tandis que [30] les ponts-et-chaussées, continuant les travaux de 1821 et 1822, répandaient annuellement sur le sol de France, pour dix à douze millions de main-d'œuvre, sans compter leur budget ordinaire qui y donne près de vingt-cinq millions, les compagnies particulières formées pour l'exécution de quelques travaux publics, ponts, canaux, ou chemins de fer, n'ont pas employé trente millions dans le cours de ces dix années.

Pour en bien juger les causes, reprenons en peu de mots les argumens qu'employèrent les économistes.

« Un bon système de communications est nécessaire.

Les diverses parties dont il se composera doivent être conçues et exécutées par des compagnies particulières.

Car le gouvernement n'a aucun moyen de juger l'opportunité des travaux à exécuter, et d'en apprécier l'utilité ; il doit être, surtout, absolument exclu de l'exécution de ces entreprises ; l'intérêt privé peut seul y développer l'activité, l'économie, la promptitude nécessaires.

Pour que l'entreprise ne soit pas improductive pour l'intérêt privé, il faut qu'elle rapporte au moins l'intérêt des fonds qui doivent y être

---

économique, l'économiste conteste la façon française d'exécuter les travaux publics, cette dernière accordant, à ses yeux, un poids excessif à l'État et à ses agents. Ces derniers sont alors accusés d'être « intéressés à faire durer les travaux et à multiplier les dépenses ». Comme toute corporation, le corps des Ponts « nuit au développement de l'industrie personnelle et à l'émulation qui fait naître en d'autres pays [lire l'Angleterre] des ingénieurs civils libres ». Say s'exprime en 1829 à une époque où le corps des Ponts et Chaussées est violemment attaqué, en particulier pour les retards constatés dans la réalisation du programme des canaux entrepris à la suite des lois de concession des 5 août 1821 et 14 août 1822.

appliqués. C'est l'intérêt privé qui peut seul découvrir et prouver que l'entreprise produira ce résultat.

Afin que l'entreprise ne soit pas trop productive pour l'intérêt privé, ce qui serait contraire à l'intérêt général, il faut la mettre en adjudication.

La lutte des intérêts privés est essentielle dans ce cas à l'intérêt général. »

L'on ne niera pas, sans doute, que tout ceci ne soit de [31] très-pure économie politique, telle quelle est aujourd'hui professée.

Nous ne nous attacherons pas ici à discuter en détail chacun des principes économiques que nous venons de reproduire résumés ; cette discussion trouvera sa place dans le cours de l'ouvrage. Constatons d'abord ce qui résulte du succès que ces principes ont obtenu.

Les travaux publics sont, en France, de plus en plus désertés par l'intérêt privé, par les capitaux, par le talent ; nos routes dépérissent ; nos fleuves sont à peine navigables, nos canaux restent inachevés ; de chemins de fer, il s'en projette beaucoup, et il ne s'en construit pas.

Il est vrai que l'économie actuelle a sa réponse : « S'il ne se produit pas de canaux et de chemins en fer, c'est qu'apparemment l'intérêt privé a jugé que ces travaux ne lui seraient pas assez productifs. »

Cette réponse est malheureusement très-vraie, mais, en bonne foi, pour être vraie, est-elle suffisante ? C'est là la cause du mal, ce n'en est pas sans doute le remède.

« Le prix du transport quadruple le prix du blé. Avec de bons transports et des navigations rapides, la France n'éprouverait pas de disettes », a dit M. Say[4], dont personne plus que nous n'estime et ne respecte le talent et la sagacité[5].

---

4 [Note de l'auteur] *Économie politique pratique*, tom. II, p. 269.

5 Un de plus célèbre des économistes français, Jean-Baptiste Say (1767-1832) se situe dans la continuité des penseurs libéraux, français (physiocrates) et anglais, du XVIIIe siècle, en particulier d'Adam Smith (1723-1790) qu'il contribue grandement à faire connaitre en France. Issu d'une famille protestante et huguenote, le jeune Jean-Baptiste découvre le monde de l'économie d'abord en France comme employé d'une maison de commerce, ensuite en Angleterre où il se forme aux pratiques commerciales et à la langue anglaise dans les années 1785/1786. Il figure parmi les fondateurs de la *Décade philosophique, littéraire et politique* en 1794, et participe à l'animation du courant des Idéologues avant d'être nommé membre du Tribunat (1799-1804), l'une de quatre assemblées instituées par la Constitution de l'an VIII. Refusant de soutenir la politique fiscale de Bonaparte, il est évincé du Tribunat et se consacre à la fondation et à la gestion, entre 1806 et 1813, d'une manufacture de coton. Au milieu des années 1810, il entame une longue carrière d'enseignant en économie, d'abord à l'Athénée (1816-1819) et au Conservatoire des arts et métiers (1820-1832), puis au Collège de France (1831-1832), tout en collaborant à diverses

Mais aux conditions qu'impose l'économie politique actuelle pour l'établissement des canaux, on peut affirmer à priori qu'il ne se construira jamais de canaux qui puissent empêcher une disette.

[32] Pour qu'un canal puisse être une bonne spéculation, et qu'ainsi l'intérêt privé puisse s'en occuper, il faut qu'il transporte au moins 120,000 tonneaux de 1,000 kilogrammes ; or un pareil échange de matières n'existe qu'entre pays déjà bien cultivés, où l'industrie aussi est florissante, et qui n'ont plus déjà depuis long-temps à redouter de disettes.

Il n'y a que la société tout entière, c'est-à-dire le gouvernement, qui puisse ouvrir ces canaux qui empêcheraient des disettes, parce que le produit de tels canaux n'en couvrirait évidemment pas la dépense ; le gouvernement peut seul faire de telles dépenses dans l'intérêt général.

Dira-t-on maintenant que de telles dépenses ne sont pas dans l'intérêt général ?

Il y a un siècle, si le système des routes à barrières[6] eût été établi, et que l'on n'eût pu songer à construire des routes qu'autant que le droit de barrière en aurait couvert l'entretien et l'administration, il est évident que l'économie politique actuelle n'aurait eu alors à conseiller que l'établissement de celles de ces routes qui auraient satisfait à la condition que nous venons d'indiquer, puisque ç'auraient été les seules qui pussent offrir des entreprises productives à l'intérêt privé.

Ainsi une petite portion seulement s'en serait successivement exécutée, et la plus grande partie des routes ouvertes il y a un siècle ne se pourrait pas même entreprendre aujourd'hui ; car aujourd'hui encore

---

revues, comme la *Revue Encyclopédique*, l'*Encyclopédie philosophique* ou le *Censeur européen*. Say est l'auteur d'un *Traité d'économie politique* (dont la première édition paraît en 1803), d'un *Catéchisme d'économie politique* (1815), des *Lettres à Malthus* (1820) et d'un *Cours complet d'économie politique pratique* (1828-1829). Contrairement à des économistes anglais comme Ricardo, voire Smith lui-même, Say défend la théorie de la « valeur utilité » selon laquelle la valeur des biens échangés dépend de la satisfaction éprouvée par les consommateurs et non du temps de travail utilisé pour les produire. Libéral, Say croit que l'État doit laisser les forces du marché réguler les activités économiques en se contentant de remplir des fonctions de justice et de police ainsi que de créer un environnement favorable aux entreprises privées, en améliorant les voies de communication par exemple.

6 Les routes à barrières, en fait des routes à péage ainsi dénommées à cause des barrières tournantes empêchant les véhicules de s'y engager avant d'avoir acquitté un droit d'entrée, se développent en Angleterre à partir du XVIIe siècle avant d'être adoptées par les États-Unis d'Amérique dans les années 1790. En France, un droit de passage sur les grandes routes est instauré en 1798. Il ne durera que huit ans, la pratique du péage se heurtant aux fortes réticences des populations.

le droit de barrière sur la plupart de nos routes royales n'en couvrirait pas certainement pas l'entretien.

[33] Une autre marche fut suivie ; l'État se décida à faire un grand sacrifice ; devançant de beaucoup le moment où l'on pourrait même songer à confier des travaux de cette nature à des particuliers, il couvrit le territoire d'un vaste réseau de routes qui ont mis en communication les contrées de France les plus arriérées, avec celles ou la civilisation, l'industrie, l'agriculture, étaient le plus avancées.

Cette détermination du gouvernement ne fut-elle pas inspirée par les vues les plus sages ? n'a-t-elle pas produit d'immenses résultats ? malgré les imperfections des routes tracées alors, n'est-il pas certain qu'on peut les compter au nombre des causes les plus fécondes des progrès accomplis depuis ce temps ?

Cela n'a sans doute besoin de démonstration pour personne, ni surtout pour les économistes. Pourquoi donc n'en serait-il pas fait ainsi aujourd'hui pour les canaux et les chemins de fer ?

L'établissement d'un grand système de canaux et de chemins de fer est-il moins nécessaire aujourd'hui, que ne l'était, il y a cent ans, l'établissement d'un grand système de routes ?

Les économistes ne le pensent pas, puisqu'ils voient dans l'imperfection de l'état actuel des transports, c'est-à-dire dans l'absence de canaux et de chemins de fer, l'une des causes principales de la détresse de l'industrie, de l'agriculture, du commerce.

Le canal du Languedoc, exécuté par Riquet avec de l'argent qui lui fut donné en grande partie par Louis XIV ou les états du Languedoc ; le canal du Centre, exécuté par les soins des états de Bourgogne[7] ; le canal Saint-Quentin, [34] exécuté aussi aux frais du gouvernement, et par ses ingénieurs, attestent, aussi bien que les travaux du Simplon, que les ponts de Bordeaux, d'Iéna, d'Austerlitz, que la digue de Cherbourg, que les endiguemens de la Hollande, sous l'Empire, tout ce que peut exécuter la société, tout ce qui peut se produire sous les inspirations de l'intérêt général, a défaut de l'intérêt privé qui n'eût entrepris aucun

7 Sous l'Ancien Régime, les pays d'états sont des provinces ayant conservé leurs assemblées provinciales chargées notamment de la détermination de l'impôt. Ces assemblées ou états, représentatives des trois ordres – clergé, noblesse et tiers état –, s'occupent fréquemment des infrastructures et de leur financement. Au XVIIIe siècle, certains pays d'états se dotent même d'administrations des Ponts et Chaussées distinctes de celle du reste du royaume. C'est en particulier le cas de la Bourgogne et du Languedoc.

de ces travaux, faute d'y trouver matière à une bonne spéculation, ainsi que le prouvent les faits accomplis.

Le canal du Languedoc, malgré les énormes dépenses qui y ont été faites depuis Riquet, ne rapporte guère aujourd'hui, en produit net, que 3 à 4 pour cent du capital employé à sa construction, et qui équivaut à 33,000,000 fr., monnaie d'aujourd'hui.

Le canal du Centre ne rapporte guère que 3 pour cent de ce qu'il a coûté, non compris les dépenses supplétives qui y ont été faites par les ingénieurs qui ont succédé à son illustre constructeur, Gauthey[8].

Le canal Saint-Quentin, qui a coûté 12,000,000 fr., a été concédé pour vingt-sept ans, après adjudication publique, à M. Honnorez[9], qui s'est chargé de faire à ce canal des augmentations et réparations évaluées au plus à 4,000,000. En supposant que ces fonds soient placés à 10 pour cent, on voit que cela représenterait 2 ½ pour cent, des 16,000,000, prix définitif du canal, sans compter ce que l'administration y avait dépensé depuis son ouverture.

Eh bien ! malgré que les produits de ces trois belles entreprises soient si loin d'atteindre le taux que recherchent les spéculateurs pour s'occuper d'une affaire de travaux publics, [35] nous ne croyons pas qu'il soit jamais venu à la pensée de qui que ce soit de faire un tort aux divers gouvernemens qui les ont exécutés de n'avoir pas attendu qu'elles pussent devenir l'objet de spéculations lucratives pour des particuliers. S'ils l'eussent fait, il est bien clair qu'aujourd'hui encore nous n'aurions ni le canal Saint-Quentin, ni le canal du Centre, ni le canal du Languedoc.

---

8 Émiland-Marie Gauthey (1732-1806) est un ingénieur des Ponts et Chaussées auquel on doit un ensemble d'ouvrages de génie civil, dont le canal du Centre, et d'écrits concernant l'art de l'ingénieur. Entré au service des États de Bourgogne comme ingénieur après sa sortie de l'École des ponts et chaussées en 1758, il réalise le canal du Centre qui relie Digoin à Chalon-sur-Saône et par conséquent la Loire à la Saône, entre 1783 et 1794. On lui doit aussi une série de ponts dont ceux de Navilly et Chalon ainsi que plusieurs édifices comme l'église de Givry ou l'hôtel de ville de Tournus. Auteur d'un monumental *Traité de la construction des ponts* et de *Mémoires sur les canaux de navigation* publiés après sa mort par son fils adoptif Henri Navier, il termine sa carrière en tant qu'inspecteur général du corps des Ponts et Chaussées auquel ont été intégrés les ingénieurs de Bourgogne à la suite de la Révolution.

9 Augustin Honnorez (1770-1840) est un entrepreneur de travaux publics et homme d'affaires belge. Originaire de Mons, il se fait une spécialité de la construction et de l'exploitation de voies navigables dans le nord de la France. Une loi du 29 mai 1827 lui a concédé la jouissance des produits du canal de Saint-Quentin, en échange de l'exécution à ses frais des travaux nécessaires à sa navigation.

Nous verrons dans le second chapitre par quelles circonstances la canalisation de l'Angleterre a été exécutée par des compagnies. Néanmoins l'ouverture du canal Calédonien[10], ayant été reconnue l'un des moyens les plus propres à hâter le développement de la civilisation dans la Haute-Écosse, le Parlement en a ordonné l'exécution[11] ; et dans les années même où l'Angleterre se trouvait le plus embarrassée dans ses finances, à la fin des guerres de l'Empire, le Parlement a consacré des sommes importantes à ce canal. La sagesse qui avait inspiré cette mesure a bien éclaté par l'expérience ; l'impulsion donnée par le canal Calédonien à l'agriculture et à l'industrie de la Haute-Écosse est un des faits qui prouvent le mieux combien la civilisation rend avec usure et rapidité les avances qui lui sont faites.

L'Amérique du Nord est pénétrée de ce principe, et tous ses états, et même le pouvoir fédéral, fournissent des subventions pour l'ouverture des canaux, des routes et des chemins de fer, dans les pays où l'industrie est le moins développée, [36] afin d'en accélérer les progrès, et il n'est pas une seule entreprise, conçue sous cette inspiration, dont les résultats n'aient dépassé les espérances qui en avaient été conçues.

Enfin on commence à savoir, et les détails que nous donnerons sur ce point à la fin de notre ouvrage en fourniront la preuve, que les canaux dont l'ouverture a été le moins productive pour les compagnies qui les entreprenaient, ont toujours donné à l'état de très-grands bénéfices, pour l'accroissement qui s'est produit dans les propriétés situées sur la ligne nouvelle de communication, et par l'augmentation des impôts, par l'économie produite sur le roulage de terre, et dont toute la société profite, et enfin par la diminution dans l'entretien des routes de terre.

De tout ce qui vient d'être dit, nous ne concluons pas que, pour donner à la France le système de communications qui y est devenu le besoin vital du travail, on doive en remettre l'exécution au gouvernement. Nous

10 [Note de l'auteur] *Des travaux et de l'aménagement des eaux du canal Calédonien*, par Stéphane Flachat, I vol., avec atlas. Paris, Carilan-Gœury, libraire.

11 Situé au Royaume-Uni, le canal Calédonien relie la mer d'Écosse à la mer du Nord, permettant ainsi d'éviter le périlleux contournement du nord de l'Écosse. Le canal navigable est conçu par l'ingénieur écossais Thomas Telford (1757-1834) et construit sous sa direction entre 1804 et 1822. Son creusement, qui mobilise plus de 3 000 travailleurs locaux, s'avère une entreprise difficile et son ouverture accuse un retard de 12 ans par rapport au projet initial. Ce canal, long de plus de 96 kilomètres, traverse trois grands lacs et comprend 29 écluses.

l'avons dit dans notre avant-propos, il n'y a pas lieu aujourd'hui à songer à une telle proposition ; l'opinion publique la repousserait sans examen.

Mais on doit reconnaître aussi qu'il n'est pas possible d'attendre que tout travail public soit devenu la matière d'une bonne spéculation pour en doter le pays ; il doit paraître évident que l'établissement du système de canalisation et de routes en fer[12], c'est-à-dire des voies industrielles principales, serait entravé pendant des siècles encore, si l'on s'imposait rigoureusement cette condition. Les points les plus riches, les plus importans de France, ceux où il se fait le plus de commerce, où l'industrie est le plus développée, où les [37] consommations sont les plus actives, ne seraient ainsi jamais mis en communication, parce qu'il faudrait, pour les réunir, traverser de longues contrées sans culture, sans industrie, sans population : cela ne peut être. Il y a évidemment lieu ici que toute la société intervienne ; le gouvernement ne peut rester inerte et spectateur indifférent dans une question de vie ou de mort pour le pays ; il y a seulement à rechercher comment il peut intervenir, et c'est aux hommes qui sentent profondément ce qu'il y a de fatal dans l'imperfection de nos voies de communication, et la part qu'il faut faire aux préventions publiques que nous venons de signaler, qu'il appartient d'indiquer quelle part pourrait être prise par l'état dans un vaste développement des travaux publics, sans porter trop brusquement atteinte aux idées aujourd'hui dominantes.

12 Expression parfois utilisée à l'époque pour désigner les chemins de fer. On rencontre aussi l'appellation « ornières de fer ».

CHAPITRE II [38]

De la canalisation de l'Angleterre, exécutée par des compagnies. – Intervention du gouvernement anglais dans l'exécution de quelques canaux. – Historique de la canalisation de l'Angleterre. – Premiers canaux joignant Londres et Liverpool, par Manchester, avec embranchemens sur Birmingham. – Bénéfices obtenus par les compagnies. – Comparaison de la France avec l'Angleterre pour l'établissement des travaux publics. – Différences dans la topographie, – dans l'hydrographie, – dans le climat, – dans le régime des rivières, – dans les institutions. – Supériorité de l'Angleterre sous tous les points de vue. – Conclusion à tirer de cette comparaison.

La canalisation de l'Angleterre a été exécutée par des compagnies particulières, et un grand nombre de ces entreprises ont été suivies d'un succès inespéré ; des bénéfices énormes y ont été réalisés.

Ce fait a été l'un des argumens les plus habituellement employés pour installer parmi nous le principe de l'exécution des travaux publics par compagnies. Nous croyons que l'on a fait usage des faits relatifs à la canalisation de l'Angleterre comme de ceux qui touchent à ses mœurs parlementaires, avec engouement et sans bien analyser les circonstances dans lesquelles ils se sont produits. L'anglomanie est passée de mode, quant à ce qui tient à l'établissement [39] de nos lois ; souhaitons qu'elle disparaisse aussi pour toute autre chose. En matière de travaux publics, surtout, gardons-nous de bâtir des systèmes sur des faits mal connus.

Remarquons d'abord que le gouvernement anglais, pour avoir concédé à des compagnies l'exécution de la presque totalité des canaux et chemins de fer de ce pays, ne s'est nullement interdit d'y intervenir lui-même quand la nécessité en serait démontrée.

Ainsi, nous avons déjà dit que le canal Calédonien a été exécuté aux frais de l'État, parce que le Parlement avait reconnu dans cette entreprise un des moyens les plus sûrs et les plus prompts de civiliser la Haute-Écosse. Ajoutons que pour ce même pays d'Écosse, le Parlement a consenti encore à intervenir dans la construction du canal de Forth et Clyde, par un prêt de 50,000 livres sterling, à la compagnie concessionnaire. Au moyen de ce prêt, la compagnie a pu réunir le reste des fonds nécessaires ; le canal s'est exécuté ; les produits en ont d'abord été faibles ; puis ils se sont successivement accrus au point que les 50,000 liv. st. sont remboursées, et cette entreprise est certainement aujourd'hui l'une des meilleures de la Grande-Bretagne.

Nous laisserons maintenant parler l'auteur d'un ouvrage estimé sur les *Canaux navigables*, M. Huerne de Pommeuse[1], retraçant l'histoire de l'établissement du premier canal d'Angleterre. Dans ce pays, tout de traditions, où tout se règle par les antécédens, il est intéressant de connaître comment s'est créée la première entreprise de navigation ; les exemples qu'elle a donnés ont décidé de la législation et du mode d'exécution de tous les autres.

[40] « Le duc de Bridgewater[2] sortant de sa minorité, et dans un âge où les plaisirs absorbent si souvent les facultés de l'homme, entreprit et fit construire à lui seul le premier canal navigable qui fut établi en Angleterre. Le but principal du sien était de créer les débouchés les plus vastes et les moins dispendieux pour des mines de charbon de terre qu'il possédait à Worsley, et que l'étendue de leur gite semblait rendre inépuisables ; il calculait aussi les bénéfices qu'il retirerait des droits de transport sur son canal…

Le jeune lord sut braver les critiques et la dérision d'individus qui, ne pouvant s'élever à la hauteur de ses conceptions, regardaient comme ruineux sans être utile, et même comme inexécutable, le projet qu'il formait d'établir une navigation artificielle par un canal qui traverse une rivière sur un pont aquéduc, tandis qu'il se présentait une navigation naturelle à peu de distance de ses mines, par la proximité de l'Yrwell, qui passe à Manchester et se jette dans la Mersey, qui s'embouche dans la mer à Liverpool.

1 Avocat, Michel Huerne de Pommeuse (1765-1840) est député de la majorité sous la Restauration. Jusqu'en 1827, il siège à l'Assemblée. Dès mars 1816, à l'occasion de l'examen du budget, il promeut le développement de canaux pour assurer la prospérité du pays. En 1822, il publie *Des canaux navigables considérés d'une manière générale, avec des recherches comparatives sur la navigation intérieure de la France et celle de l'Angleterre*, texte accompagné d'un atlas. Le volume comprenant le texte est ici présenté comme le second tome d'un ouvrage dont le premier, dit en préparation, en réalité ne paraîtra jamais.

2 [Note de l'auteur] Huerne de Pommeuse, *Des canaux navigables*, t. II, p. 2 à 5.

Mais d'après les inconvéniens ordinaires aux courans d'eau naturels, le duc de Bridgewater avait su se convaincre de l'insuffisance de ce moyen apparent de navigation qu'offrait l'Yrwell ; il avait reconnu qu'il fallait un moyen plus sûr, plus prompt et surtout plus économique pour donner à ses mines le grand produit dont elles étaient susceptibles.

Le jeune lord présida à l'exécution de son projet, et en surmonta les difficultés avec une constance qu'on ne saurait trop louer ; il réduisit sa dépense personnelle à 400 livres [41] sterling par an, et consacra tout le surplus de ses grands revenus aux dépenses de son entreprise ; il habita lui-même sur un des bateaux qui furent construits pour les ateliers destinés à activer les travaux de tout genre.

Sa première idée n'avait été que d'établir une communication entre ses mines et Manchester ; il obtint, à cet effet, en 1758, un acte du Parlement[3]… »

Ici l'auteur rend compte des difficultés que le duc eut à surmonter à cause des grands travaux d'art nécessaires pour l'établissement de son canal, et il ajoute :

« La noble émulation du lord s'alimentant même par les difficultés qu'il avait surmontées, il sollicita successivement d'autres actes du Parlement pour prolonger son canal jusqu'à Preston-Brook, et de là le diriger d'un côté jusque dans les eaux de Liverpool, et de l'autre jusqu'au canal dit le *Grand-Tronc*, entrepris, comme on le verra ci-après, par suite des avantages qui résultaient des beaux travaux du duc. »

Ces avantages pour le duc de Bridegwater furent immédiats par le développement considérable que prit en très-peu de temps l'exploitation de ses mines. Quant aux produits de la circulation du canal de Manchester a Liverpool, ils ne s'élevèrent que lentement au taux suffisant pour couvrir les dépenses de construction ; mais au bout de plusieurs années, par suite de l'impulsion donnée par ce canal et ceux qu'il a fait établir, à l'industrie de Manchester et de Birmingham et au commerce de Liverpool, les produits du canal se sont élevés jusqu'à 20 pour cent du prix de construction.

---

3 Long de 65 kilomètres, le canal du duc de Bridgewater est commissionné par Francis Egerton (1736-1803), 3e duc de Bridgewater, afin de relier ses mines de charbon de Worsley à Manchester, l'un des principaux centres de consommation du combustible. Conçu avec le concours de l'ingénieur James Brindley (1716-1772) et ouvert en 1761, le canal comprend des ouvrages remarquables comme le pont-canal de Barton.

Ainsi s'est fondé législativement le système de canalisation [42] de l'Angleterre ; d'autres particuliers ont fait pour d'autres canaux ce que le duc de Bridgewater avait fait pour le sien ; comme lui, des compagnies ont proposé au Parlement de se charger de l'exécution d'une ligne navigable, dont elles fournissaient les plans, moyennant concession d'un péage à perpétuité ; comme pour le projet du duc de Bridgewater, des enquêtes ont été ouvertes par la Chambre des Communes[4] ; elle a discuté, débattu le tarif avec les entrepreneurs, et quand elle a reconnu les entreprises utiles au point de vue général, elles les a concédées aux particuliers, sans concurrence.

Remarquons d'abord que ce système de législation est bien plus propre que la nôtre à appeler les capitaux et les talens dans les travaux publics.

Continuons maintenant à examiner comment se sont établis les canaux d'Angleterre[5].

Voici les dates des actes de concession des principaux canaux d'Angleterre.

Canaux du duc de Bridgewater,	1758 et 1760.
Canal du Grand-Tronc,	1766
Canal de Coventry,	1768
Canal d'Oxford,	1769
Canal de Stafford et Worcester,	1775
Canal de Leeds et Liverpool,	1779
Canal de Grande-Jonction,	1792

Les quatre premiers de ces canaux avaient pour but de mettre en communication *Londres et Liverpool*, alors comme aujourd'hui *les deux ports les plus actifs de l'Angleterre ;* [43] aussi ces canaux ont-ils été au nombre de ceux dont les bénéfices ont été les plus élevés.

Nous avons dit quels avaient été ceux du canal de Bridgewater : les actions du canal du Grand-Tronc, se sont élevées de 100 liv. st. à 1,300 liv. st. ; celles du canal de Coventry, de 100 liv. st. à 1,250 liv. st. ; celles du canal d'Oxford, de 100 liv. à 720 liv. st. Mais cette hausse dans les actions ne s'est pas produite immédiatement ; c'est généralement au *bout de plusieurs années que le dividende a seulement couvert le capital, et s'est élevé successivement comme nous venons de l'indiquer.*

4 En Angleterre, les grandes infrastructures financées pour partie au moyen de péages, comme les routes à barrières et certains canaux, font souvent l'objet d'un vote au Parlement autorisant leur concession sans concurrence.

5 Voir annexe II, ill. 6.

Les canaux autour de Birmingham et de Manchester ont été concédés de 1785 à 1795. Il est remarquable qu'une bonne partie des canaux anglais a été ouverte dans les années de guerre avec la France, et cela se conçoit très-bien. Cette guerre, en livrant à l'Angleterre l'approvisionnement d'une partie de l'Europe en matières exotiques et fabriquées, approvisionnement que la France opérait en très-grande partie avant 1789, donnait au commerce de Londres, de Liverpool, de Bristol, de Hull, à l'industrie de Manchester et de Birmingham, une activité qui explique la nécessité de toutes les lignes navigables qui se sont créées avec tant de succès autour de ces diverses villes.

Il n'est pas de plus belle ligne de navigation intérieure que celle qui joint aujourd'hui Londres à Liverpool par les canaux de Bridgewater, de Grand-Tronc, de Coventry, une courte portion du canal d'Oxford, et le canal de Grande-Jonction. Ce dernier a remplacé le canal d'Oxford et la Tamise depuis Braunston jusqu'à Londres, et ses actions sont [44] montées de 100 l. sterl. jusqu'à 311 l. sterl. Cette ligne de navigation, qui passe par Manchester et a des embranchemens sur Birmingham, et qui joint ainsi les deux cités les plus manufacturières aux deux ports les plus florissans, n'a pas plus de soixante lieues de long.

Ce que nous venons de dire suffirait déjà, sans doute, pour expliquer le succès des principales entreprises de canalisation de l'Angleterre ; mais bien d'autres causes encore y ont contribué.

Au premier rang, il faut mettre les institutions de l'Angleterre, institutions qui, en concentrant dans un petit nombre de mains de vastes étendues de terre et d'énormes capitaux, y ont rendu très-facile l'établissement des grands travaux publics.

Nous avons vu tout-à-l'heure que c'était un pair d'Angleterre qui l'avait dotée de son premier canal ; c'est à un autre pair d'Angleterre, lord Stafford[6], qu'elle doit le canal du Grand-Tronc, et celui de Stafford et Worcester. Il n'est pas d'entreprise de cette nature où l'aristocratie anglaise ne soit intervenue avec ses capitaux et son influence.

6 George Granville Leveson-Gower, également connu sous le nom de lord Stafford (1758-1833), est un diplomate, politicien et propriétaire terrien auquel on doit de multiples investissements dans les canaux à la charnière des XVIIIe et XIXe siècles. Il sera considéré par la suite comme l'homme le plus riche d'Angleterre. Il est également passé à la postérité pour son rôle controversé dans l'éviction de nombreux fermiers écossais destinée à rationaliser l'exploitation des terres qu'ils cultivaient.

Quant aux dispositions naturelles, l'hydrographie, la topographie, le climat d'Angleterre, le régime de ses rivières, tout se prête admirablement dans ce pays à l'établissement des voies de communication ; c'est, au reste, ce qui va complétement ressortir de la comparaison que nous allons établir, sous ces divers points de vue, entre la France et l'Angleterre.

L'étendue du territoire de la France, et la hauteur des montagnes qui l'enserrent et la traversent dans tous les [45] sens, y composent un sol beaucoup plus tourmenté que celui de l'Angleterre. Ce fait, que le plus simple examen des cartes géographiques atteste suffisamment, est révélé, en ce qui concerne la canalisation, par la hauteur des points de partage[7].

Le point de partage le plus haut des canaux d'Angleterre, celui du canal du Grand-Tronc, est à 135 mètres au-dessus du niveau de la mer ; le point de partage du canal de Grande-Jonction, à 127 m., et celui du canal d'Oxford, à 120 m.

Le point de partage du canal du Languedoc est à 189 mètres au-dessus du niveau de la mer ; le réservoir du Lampy, où se prend une partie de ses eaux d'alimentation, est à 646 m.

Le point de partage du canal du Centre est à 313 mètres ; celui du canal de Bourgogne à 383 m. ; celui du canal de Briare à 165 m. ; celui du canal du Rhône au Rhin à 349 m. ; l'un des points de partage du canal de Nantes à Brest à 181 m.

Cette seule circonstance prouve que l'établissement des canaux en France doit être généralement plus coûteux qu'en Angleterre. L'aménagement des eaux est pour nos canaux plus difficile et plus cher ; il faut des rigoles plus longues pour amener au point de partage la quantité d'eau nécessaire à l'alimentation, et un plus grand nombre d'écluses pour descendre aux fleuves navigables.

La France n'est baignée par la mer que sur une partie de son territoire, et encore les deux parties qui jouissent de cet avantage, les côtes du Midi et celles de l'Ouest, sont-elles [46] séparées par l'Espagne et par le long

7 Le point de partage des eaux d'un canal reliant deux bassins hydrographiques correspond à l'endroit où le canal franchit la limite géographique entre ces deux bassins. De part et d'autre du point de partage, les eaux s'écoulent dans des directions opposées, vers la Garonne d'un côté, vers la Méditerranée de l'autre dans le cas du canal du Languedoc, vers la Loire et la Saône en ce qui concerne le canal du Centre. Dans la mesure où il faut trouver des sources permettant d'approvisionner le canal en eau situées à une altitude supérieure au point de partage, la difficulté de la canalisation s'accroît avec la hauteur de ce point.

détour du détroit de Gibraltar ; de là, tous les projets de canaux de mer en mer sur lesquels se sont fondés presque tous les systèmes généraux de canalisation du territoire, systèmes que nous jugerons ailleurs.

On peut remarquer aussi que nos côtes ne sont pas profondément découpées par la mer comme celles de l'Angleterre ; la portion des fleuves de France sur lesquels remonte la navigation maritime est fort courte par rapport à l'étendue du territoire.

Le climat est aussi fort différent de celui de l'Angleterre ; beaucoup plus inégal, moins régulièrement pluvieux, et la durée de sécheresse étant bien plus longue en France qu'en Angleterre ; d'où résulte pour la France l'obligation de faire des dépenses plus fortes pour l'approvisionnement des eaux des points de partage, et la nécessité d'établir de grands réservoirs, où les eaux superflues qu'amènent les saisons pluvieuses puissent être aménagées pour la saison sèche.

Nos rivières d'ailleurs sont d'un régime bien plus inégal que celui des rivières d'Angleterre, et on le conçoit facilement en réfléchissant que, comme elles partent de cimes beaucoup plus élevés pour parcourir un terrain plus étendu, leur cours est d'abord d'une rapidité qui pour plusieurs est torrentielle, et qui, dans la plupart des cas, ne les laisse propres à la navigation qu'à de grandes distances de leurs sources ; sur le reste de leur cours, leur navigation est généralement pénible, embarrassée, et les différences de hauteur d'eau qu'elles présentent de la saison sèche à la saison [47] pluvieuse offrent de très-grands obstacles à la navigation.

La France n'a donc pas seulement à joindre ses fleuves et rivières au moyen de canaux à point de partage ; il faut encore qu'elle améliore la presque totalité de ses lignes navigables naturelles ; et ajoutons ici que, tandis que l'Angleterre, quand ses fleuves ont eu besoin d'améliorations, a pu les opérer très-souvent au moyen de barrages très-économiques, témoin la Tamise au-dessus de Londres, il n'y a pas même lieu de songer à améliorer ainsi le Rhône et la Loire sur tout leur cours, la Garonne, la Seine, la Meuse, la Moselle sur une grande partie du leur. Ainsi les canaux à point de partage de France aboutissent à des rivières dont la navigation doit être, pour la plupart, entièrement remplacée par des canaux ; il n'en est pas ainsi en Angleterre.

Le canal du Grand-Tronc aboutit à la rivière de Trent à plus de quarante lieues au-dessus de son embouchure dans l'Humber ; le canal de Stafford et Worcester débouche dans la Severn à trente-six lieues de son embouchure à la mer ; le canal de Leeds et Liverpool débouche à vingt-huit lieues du port de Leeds, etc., etc., et la navigation de toutes ces rivières a été très-facilement et très-économiquement améliorée.

Si l'on examine maintenant comment se trouvent disposés les points principaux où s'exercent le commerce et l'industrie de la France, on reconnaît qu'à cet égard elle est infiniment moins bien partagée que l'Angleterre.

Tout le bassin de la Seine, par exemple, est dépourvu de mines de charbon ; les plus voisines de Paris sont celles de Valenciennes ; et tandis que Londres est alimenté de charbon de terre par les mines de Newcastle, situées sur le [48] bord de la mer, Paris n'en peut recevoir que par l'intérieur. Les mines de fer qui se trouvent dans le bassin de la Seine, et sur lesquelles se sont fondées les importantes et nombreuses forges du département de la Marne, sont éloignées aussi des mines de charbon, en sorte que la partie du territoire la plus peuplée, la plus industrieuse de France, ne peut se procurer aujourd'hui ni fer ni charbon à bon marché, c'est-à-dire que les consommations de ces matières y sont fort restreintes. Or le principal produit des canaux anglais consiste dans le transport du fer et du charbon, dont la consommation est considérable dans ce pays, en raison du bon marché de ces matières.

Dans les autres parties du territoire, nous trouvons également des dispositions bien moins avantageuses que celles que nous avons signalées en Angleterre.

Dans le bassin de la Gironde, Firmy, dont les mines de fer et de charbon promettent à l'Europe un de ses plus beaux foyers industriels, commence à peine à être exploité, et les canaux ou chemins de fer qui peuvent joindre Firmy à la mer ou au reste du territoire sont d'une exécution bien plus difficile, bien plus coûteuse que les canaux anglais cités plus haut.

Dans le bassin du Rhône, Saint-Étienne est à une extrémité, Marseille à l'autre ; la Voulte et ses mines de fer ne recevront tout leur développement que lorsqu'elles pourront recevoir du combustible à bon marché. Alais comme Firmy entre à peine en exploitation, et ses communications avec l'intérieur du pays seront aussi d'un établissement difficile et dispendieux.

Les dispositions du sol et du climat de France sont donc [49] infiniment moins heureuses que celles d'Angleterre pour l'établissement des voies de communication.

Nous avons déjà dit que notre système d'administration offre plus de difficultés aussi pour cette nature d'entreprises que celui d'Angleterre.

La division de la propriété et des capitaux est enfin une cause d'embarras très-grave pour la confection des chemins de fer et des canaux de France, et nous avons vu que cette difficulté n'existait pas, ou du moins était beaucoup moins grande en Angleterre.

Ainsi, par exemple, en ce qui concerne l'expropriation, les grands propriétaires d'Angleterre n'ont pu douter un instant de l'amélioration que de grands travaux publics devaient apporter à leurs immenses possessions territoriales.

En France, au contraire, et surtout sur les lignes que doivent traverser les voies de communication, et qui sont celles généralement où l'industrie est le plus développée et la population plus nombreuse, le terrain est si morcelé, que pour un très-grand nombre de petits propriétaires qui se trouvent sur le tracé, il ne résulte pas autre chose de l'entreprise, qu'un très-grand dérangement. Ceux mêmes dont les propriétés sont un peu plus étendues n'apprécient pas combien cette entreprise peut leur devenir avantageuse. Les faits attestent que du moment qu'une petite portion de leur propriété est entamée, ils ne font nullement la part de l'accroissement de valeur bien certain qui en doit résulter pour tout le reste, et ils exigent pour la partie enlevée des prix vraiment exorbitans. Or ces prétentions, si mal fondées, des petits [50] propriétaires de France, sont un des plus grands obstacles à l'établissement des travaux publics, soit par les embarras et les lenteurs, soit par les dépenses qui en résultent

La rareté des grandes fortunes, en France, crée, pour les travaux publics, une difficulté que l'Angleterre n'a pas eue à combattre, du moins au même degré.

Les actions dans les entreprises des canaux ou des chemins de fer ne peuvent se placer, en France, que parmi les possesseurs de fortunes médiocres, pouvant peu risquer, ayant besoin pour aventurer quelque chose que l'entreprise présente de grandes sécurités et de larges espérances, tenant surtout à ne pas fournir leurs capitaux, si l'intérêt au moins ne leur en est assuré pendant le temps de la construction, car cet intérêt entre dans leurs dépenses habituelles.

Enfin, tandis qu'un droit de péage est établi sur toutes les voies de circulation en Angleterre, en France la circulation par terre est gratuite[8] ;

8 En fait, seules certaines grandes routes anglaises, les *turnpike roads*, littéralement « routes à barrières pivotantes », sont soumises au péage. Leur établissement fait l'objet d'une procédure d'approbation par le Parlement.

les canaux et les chemins de fer ont ainsi bien moins de facilité en France pour lutter contre les transports par terre.

De tout ce que nous venons de dire, il résulte que l'établissement du système général des voies de communication, chemins de fer et canaux, présente beaucoup plus d'obstacles en France qu'en Angleterre, et que par conséquent il serait beaucoup plus difficile d'arriver, en France, à l'établissement de ce système par le moyen des compagnies.

Nous avons déjà montré que les principaux canaux de France exécutés, ne présentaient pas un revenu suffisant pour des compagnies ; avant que les autres canaux ou chemins de fer à établir n'offrissent l'espoir d'un résultat différent, [51] combien de temps encore devraient rester notre industrie, notre agriculture, dans l'état de souffrance qui pèse aujourd'hui sur elles ?

La conclusion à tirer des beaux travaux de canalisation de l'Angleterre n'est donc pas que le système des compagnies exécutantes et concessionnaires sans aucune intervention ou subvention du gouvernement doit être installé en France ; car ce système n'est pas praticable parmi nous, à moins qu'on ne veuille se résigner à attendre que, par de longs et pénibles efforts, nos manufactures, notre commerce et notre agriculture se soient agrandis au point de fournir matière à de bonnes spéculations dans l'ouverture des canaux et des chemins de fer. Combien de temps sera nécessaire pour arriver à ce moment ? combien de faillites d'émeutes, rempliront cet intervalle ; c'est ce que nous laissons à décider aux sectateurs de l'intérêt privé, livré à ses seules ressources, en matière de travaux publics.

Pour nous, en présence des étonnans résultats que l'Angleterre a obtenus de sa canalisation ; en présence de cette population grandissant et s'enrichissant si vite par la réduction dans les prix des matières premières et de consommation qu'elle doit à ses canaux ; témoins de ces magnifiques et rapides progrès de l'industrie, du commerce et de l'agriculture d'Angleterre, nous pensons que la France ne saurait attendre plus long-temps, et qu'il faut aussi qu'elle se couvre le plus rapidement possible de canaux et de chemins de fer.

Mais lorsque nous voyons que la plupart des entreprises de canalisation de l'Angleterre, bien que favorisées par les plus heureuses circonstances, ont été généralement dans les [52] premières années onéreuses aux compagnies concessionnaires, puis, pour la plupart, se sont élevées successivement à des produits considérables, nous pensons qu'il y a lieu de mettre à profit ce grand enseignement.

Et puisque le sol, et le climat, et l'hydrographie et les institutions de France présentent plus de difficultés que ceux de l'Angleterre pour l'établissement des travaux publics, nous pensons que la France doit suivre pour ces travaux un système différent de celui de l'Angleterre ; il nous paraît démontré que la société tout entière, l'État, doivent intervenir en France pour la confection d'un système complet de voies de communication, et que la conclusion à tirer de l'exemple de l'Angleterre, c'est que le pays qui saura faire un sacrifice pour l'établissement de ses voies de communication, en sera bientôt et largement dédommagé par un développement inattendu dans ses travaux industriels et agricoles, par une prospérité qui dépassera ses espérances.

CHAPITRE III [53]

Des canaux exécutés par le gouvernement en vertu des lois de 1821 et de 1822. – De l'emprunt contracté pour assurer les fonds nécessaires à leur construction. – Des devis fournis par la Direction des ponts-et-chaussées. – Causes de l'inexactitude de ces devis. – Des reproches dirigés contre les ingénieurs. – Comparaison du prix des canaux exécutés par les compagnies en Angleterre, et par les ingénieurs du gouvernement en France.

La difficulté de livrer l'exécution des canaux à des compagnies concessionnaires, fut bien démontrée en 1821 et 1822[1] ; la concession de plusieurs travaux importans fut offerte à des particuliers et fut refusée ; le canal de Paris à Dieppe fut mis en adjudication, et il ne s'y présenta personne.

Le gouvernement sentait dès-lors, sans aucun doute, l'importance du perfectionnement de nos voies de communication. Il y a lieu de croire aussi que le ministère Villèle[2] avait pensé que, pour arriver à l'exécution de ses projets politiques, il fallait que le pays lui fût redevable d'un notable accroissement dans sa prospérité matérielle. Quoi qu'il en soit, ce ministère, et celui qui l'avait précédé sentaient la nécessité de donner une forte impulsion aux travaux publics, [54] et, en 1821 et 1822, les chambres autorisèrent des transactions financières dont nous allons parler tout-à-l'heure pour l'exécution des canaux suivans :

1 Les lois de 1821 et 1822 sont précédées par un *Rapport au roi sur la navigation intérieure de la France* publié en août 1820 par le directeur général des Ponts et Chaussées Becquey. Ce *Rapport* propose un système hiérarchisé de voies navigables pour l'ensemble du territoire et préconise de les financer par des concessions à des entreprises privées. Mais la mise en œuvre de ce programme de développement de la navigation intérieure en France rencontre de nombreux obstacles.

2 Monarchiste ultra, Joseph de Villèle (1773-1854) est président du Conseil du 14 décembre 1821 au 4 janvier 1828.

	Longueur en mètres.
Canal de Nantes à Brest	369,537
Canal du Rhône au Rhin	346,825
Canal de Berri	320,350
Canal de Bourgogne	242,372
Canal latéral à la Loire	192,063
Canal du Nivernais	174,565
Canal de la Somme	158,310
Navigation de l'Isle	116,000
Canal d'Ile et Rance	80,796
Canal du Blavet	59,818
Canal d'Arles à Bouc	45,883
Canal des Ardennes	38,830
	2,145,349

L'ensemble de ces lignes navigables compose donc 536 lieues de 4000 mètres.

Plusieurs de ces canaux avaient déjà été commencés soit par les anciennes provinces, avant la révolution, soit par l'empire ; 48,900,000 fr. y avaient déjà été consacrés, savoir :

Au canal de Bourgogne	14,800,000
Au canal du Rhône au Rhin env.	13,000,000
Au canal d'Ile-et-Rance	6,000,000
Au canal du Nivernais	5,500,000
Au canal de la Somme	5,000,000
Au canal de Berri	2,300,000
Au canal de Nantes à Brest	1,500,000
Au canal de Blavet, environ	500,000
Au canal d'Arles à Bouc, environ	500,000
TOTAL	48,900,000[3]

3 [Note de l'auteur] Ces chiffres sont extraits de l'excellent ouvrage de M. Dutens, inspecteur-général des ponts-et-chaussées, sur l'*Histoire de la navigation intérieure de la France*, tome Ier.

[55] Nous estimons qu'en raison de l'ancienneté des ouvrages exécutés avec cette somme, et de l'abandon où ils avaient été laissés, la valeur de ces travaux commencés ne devait pas entrer en compte en 1821, pour plus de 40,000,000 fr.

La Direction générale des ponts-et-chaussées fournit au ministère le devis des sommes nécessaires à l'achèvement des divers canaux ci-dessus mentionnés ; nous verrons tout-à-l'heure comment ces devis furent établis. Quoi qu'il en soit, le montant total des devis fournis par la Direction générale des ponts-et-chaussées était de 123,000,000.

Remarquons que la faiblesse des devis était évidente pour quiconque avait étudié et la canalisation de l'Angleterre et celle de la France.

On sait que les canaux anglais, tant en grande qu'en petite section, ont coûté 90,000 fr. par kilomètre ; et d'après l'allocation demandée par les ponts-et-chaussées, à laquelle il fallait ajouter 40,000,000 d'anciens travaux, c'étaient 163,000,000 fr. pour 2,145 kilomètres de canaux, soit 76,000 environ par kilomètres, somme évidemment beaucoup [56] trop faible. En comptant même les anciens travaux pour toute leur valeur, les devis n'auraient encore été que de 80,000 fr. par kilomètre.

Mais, nous le répétons encore, l'attention ne se fixa nullement sur ce point ; il fut alors accordé autant de confiance à l'Administration des ponts-et-chaussées qu'il lui en est peu donné aujourd'hui. Les chiffres furent acceptés tels qu'elle les fournissait.

Ainsi que nous l'avons dit plus haut, plusieurs des canaux projetés furent offerts à des compagnies, elles les refusèrent.

Dans cette position, le gouvernement eut recours à des emprunts d'un mode particulier pour se procurer les fonds nécessaires.

En 1821, de premiers traités furent passés pour le canal de la Somme et pour celui des Ardennes, avec une compagnie représentée par M. Sartoris[4], et pour le canal du Rhône au Rhin, par une compagnie, représentée notamment par MM. Humann, Saglio, Renouard de Bussières[5], etc.

4 Urbain Sartoris (vers 1767-1833) est un banquier franco-suisse venu s'installer à Paris en 1819 après avoir fait des affaires à Londres.

5 Né à Strasbourg, l'homme d'affaires Jean-Georges Humann (1780-1842) fait fortune sous le premier Empire dans le négoce de denrées coloniales. Dans les années 1820, il se lance dans de nombreuses entreprises. Libéral modéré, il est élu député en 1820 à Strasbourg. Négociant et conseiller municipal de Strasbourg, Florent Saglio (1777-1841) a également été élu député du Bas-Rhin l'année précédente. En 1822, il fonde avec Humann une entreprise de recherche de houille dans les Vosges. Lui aussi élu

En 1822, d'autres traités furent passés pour le canal latéral à la Loire, pour le canal du Nivernais, pour le canal de Berry, et pour les canaux de Bretagne (canal d'Ile et Rance, canal de Blavet, et canal de Nantes à Brest), avec une compagnie dite des *Quatre-Canaux*, représentée principalement par MM. Laffitte[6], Ardoin[7], André et Cottier[8], Lapanouze[9], Rothschild[10], Hentsch Blanc et C[e11] ; pour le canal de Bourgogne, avec une compagnie représentée par M. Hagermann[12] ; pour celui d'Arles à Bouc, avec une compagnie représentée par M. Odier[13] ; pour la navigation de l'Isle, par une compagnie représentée par M. Froidefond de Bellisle[14].

[57] Les conditions furent généralement que l'État paierait aux compagnies prêteuses un intérêt fixe, une prime, un amortissement, et les admettrait, après amortissement, au partage des bénéfices provenant des canaux pendant un certain temps.

Il a été, par exemple, stipulé que pour le canal de la Somme l'intérêt serait de 6 %.

---

député du Bas-Rhin en 1820, Athanase-Paul Renouard de Bussières (1776-1848) est un négociant et banquier strasbourgeois.

6 Banquier parisien, Jacques Laffitte (1767-1844) amasse une grande fortune. Il est gouverneur de la Banque de France de 1814 à 1820 et député libéral de la Seine à partir de 1816. Il a un rôle important durant la révolution de 1830 et devient président du Conseil de Louis Philippe.

7 Banquier parisien, membre de la Chambre durant les Cent-jours, Jacques-Joseph-Augustin-Aimé Ardoin (1779-1854) est l'un des principaux organisateurs et supports financiers de la Compagnie du canal maritime de Paris à Rouen. Il se propose ensuite de construire une ligne de chemin de fer de Paris à Saint-Denis, puis Rouen, mais fait faillite en 1831.

8 Dominique-Isabeau André (1766-1844) appartient à une lignée de banquiers. En 1808, il s'associe avec François Cottier (1780-1838) pour créer la maison André, Cottier et Cie, spécialisée dans le négoce. Elle devient une banque importante de la place de Paris.

9 Ancien officier de Marine, Alexandre-César de La Panouse (1764-1836) fonde à Paris sous la seconde Restauration une maison de banque qui ne tarde pas à prospérer. Il est élu, en mars 1822, député de la Seine.

10 James de Rothschild (1792-1868) installe à Paris en 1815 l'établissement Rothschild frères.

11 Le banquier genevois Henri Hentsch (1761-1835) fonde à Paris en 1812 la banque Hentsch, Blanc et Cie.

12 D'origine suédoise, Jonas-Philip Hagerman (ou Hagermann) (1774-1839) travaille à Gênes avant de s'installer banquier à Paris.

13 Né à Genève, Antoine Odier (1766-1853) est un banquier français qui investit dans l'industrie.

14 Antoine-Xavier-Catherine de Froidefond de Bellisle (1775-1862) est maître des requêtes en service ordinaire (1814, 1819, 1820) ou extraordinaire (1815, 1822) au Conseil d'État.

Qu'après la construction des travaux, il y serait ajouté une prime de 1/2 % ;

Et qu'il serait fait un fonds d'amortissement de 1 %. L'excédant des produits du canal, après le service de l'intérêt, de la prime, et de l'amortissement appartient à la compagnie pendant tout le temps de l'amortissement ; après ce temps, les bénéfices sont partagés entre le gouvernement et la compagnie.

Pour le canal des Ardennes, mêmes conditions ; seulement la prime est de 1 %.

Pour le canal du Rhône au Rhin, l'intérêt est fixé à 6 %. Après l'exécution de ces travaux, il doit être ajouté 2 % pour amortissement ; le partage des bénéfices doit avoir lieu par moitié après l'amortissement du capital, pendant 99 ans.

Les traités de 1822 furent conçus dans le même esprit ; seulement l'intérêt fixe n'a été porté qu'a 5 ¼ % environ.

Dans plusieurs de ces traités ont été introduites des clauses comminatoires, pour le cas où le gouvernement n'aurait pas exécuté les travaux dans le délai fixé par lui. Ainsi, pour le canal du Rhône au Rhin, il a été convenu que si les travaux n'étaient pas finis le 1er juillet 1827, il serait accordé à la compagnie, à titre de dédommagement, 1 % la première année, 2 % les années suivantes.

[58] Il est très-probable que le gouvernement pensa que les primes et le fonds d'amortissement qu'il s'engageait à payer une fois que la navigation serait ouverte, lui seraient fournis, au moins, par cette navigation même ; qu'ainsi il empruntait de l'argent à 5 ¼ ou 6 %, et qu'il aurait encore tout le bénéfice que l'ouverture d'aussi belles lignes navigables ne pouvait manquer de lui procurer par l'accroissement des revenus publics. En outre il avait la perspective de l'accroissement des revenus des canaux par-delà la prime et le fonds d'amortissement.

Au taux d'intérêt de 6 pour cent pour 1821, et de 5 ¼ pour 1822, l'opération n'était donc pas onéreuse au point de vue financier. (Les fonds publics étaient à 80 en 1821, et à 85 en 1822.)

Les reproches qui lui ont été faits à cet égard ne nous paraissent donc pas fondés. Mais elle est devenue bien fâcheuse sous un autre rapport.

Nous avons vu que les compagnies prêteuses étaient composées de tout ce que la banque française comptait de maisons les plus respectables. Or, dans le cours de l'exécution, il n'est presque aucune de ces compagnies qui ne se soit crue lésée dans ses intérêts et qui, usant des droits que lui conféraient les traités, n'ait engagé des discussions, quelquefois très-graves, avec l'Administration des ponts-et-chaussées.

Ainsi les traités donnaient à ces compagnies le droit d'examen des plans ; l'administration, il est vrai, s'était réservé le droit de décision.

L'administration ayant cru, par exemple, devoir modifier quelques-uns des plans annexés à la loi, les compagnies [59] qui voyaient des causes de retard dans ces modifications, se plaignirent. Des motifs plus légitimes de plaintes leur furent d'ailleurs bientôt donnés.

Lorsque M. de Villèle avait demandé à la Direction des ponts-et-chaussées des projets de canaux, on y avait recueilli à la hâte les documens, plans et devis qui y existaient, et, sans examen plus approfondi, on en avait produit au ministre les résultats généraux, résultats nécessairement très-incomplets ; car, pour la presque totalité, ils ne s'appuyaient d'aucun des travaux préparatoires sur lesquels on peut établir de bonnes évaluations. Ainsi, pour la plupart de ces canaux, après la loi de concession, au lieu de se mettre à l'œuvre, on se mit à l'étude. Les ingénieurs allèrent porter des niveaux là où le public supposait qu'ils conduisaient de nombreux et actifs ateliers. Pour le canal latéral à la Loire, par exemple, trois années furent employées aux études, et à la fin de la troisième année, la compagnie prêteuse avait versé 2,400,000 et prélevé l'intérêt de ces fonds, et l'administration n'avait guère encore employé sur cette somme que 300,000 fr. en études. Ce fait paraîtrait incroyable, s'il n'était puisé dans les rapports annuels dressés par l'Administration des ponts-et-chaussées[15], sur les canaux exécutés en vertu des lois de 1821 et 1822[16].

15 L'article 9 de la loi du 14 août 1822 prévit la remise au Parlement, par l'administration des Ponts et Chaussées, d'un rapport annuel sur l'avancement des travaux et les sommes dépensées pour les canaux entrepris. Réalisés par la Commission des canaux, ces rapports sont rédigés par Legrand. Présentant un état d'avancement de la mise en œuvre des lois de 1821 et 1822 relatives à la navigation intérieure, ils participent à l'instauration d'un dialogue entre le gouvernement et les assemblées parlementaires. Au total, sept rapports annuels sont produits. Voir, par exemple, Ministère de l'Intérieur, *Rapport au roi sur la situation, au 31 mars 1829, des canaux et autres ouvrages entrepris en vertu des lois des 20 juin et 5 août 1821, 17 avril et 14 août 1822…* (1829).

16 [Note de l'auteur] Ce canal latéral à la Loire a été l'un de ceux où les estimations ont été le plus fortement dépassées ; on ne l'avait évalué qu'à dix millions, il en coûtera probablement vingt-cinq. / L'illustre auteur du canal du Centre, Gauthey, avait rédigé les projets du canal latéral à la Loire, et sentant bien que le canal du Centre, l'œuvre capitale de sa vie, ne rendrait tous les services qu'il en avait espérés, qu'autant que la navigation de la Loire serait améliorée, ou plutôt remplacée, Gauthey, dans le désir [60] de déterminer le

[60] L'on comprend que les compagnies prêteuses, qui voyaient par d'aussi longs retards reculer l'époque où elles entreraient en jouissance des produits du canal, élevèrent des plaintes très-vives sur la négligence de l'administration des ponts-et-chaussées, et, à cet égard, sans aucun doute, leurs reproches n'étaient que trop fondés.

Puis à mesure que ces compagnies acquérant quelque expérience des travaux publics, commencèrent à s'apercevoir que les sommes qu'elles avaient prêtées seraient insuffisantes pour l'entier établissement des canaux, leurs plaintes [61] redoublèrent ; et c'est à ces plaintes, partant de ce qu'il y avait de plus honorable dans la haute industrie de France, trouvant par conséquent de nombreux et de faciles échos, et envenimées par tous les adversaires du pouvoir, dont le nombre était grand alors, qu'il faut attribuer surtout les préventions devenues si profondes et si générales aujourd'hui contre l'intervention du gouvernement dans les travaux publics, et la facilité avec laquelle on a fait prévaloir le système

---

gouvernement à faire cette dépense, chercha à la réduire le plus possible, et avait proposé pour la traversée de l'Allier, qui se jette dans la Loire par la rive gauche sur laquelle est situé le canal, des ouvrages très-économiques. / Mais les progrès faits par la science de l'ingénieur depuis vingt ans, démontraient trop clairement l'insuffisance des moyens proposés par Gauthey. La navigation n'eût été nullement affranchie par ces ouvrages des difficultés et des lenteurs auxquelles on voulait la soustraire. Au bout de trois ans d'études, le conseil des ponts-et-chaussées prit la sage détermination de prescrire un pont-canal sur l'Allier, en sorte que de Digoin à Briare, la navigation sera complétement indépendante du fleuve. Le pont-canal de l'Allier coûtera seul deux et peut-être trois millions. / Cette première détermination a mis sur la voie d'une autre mesure plus importante encore. Nous venons de voir que le canal latéral est sur la rive gauche ; les deux canaux du Centre et de Briare, qui débouchent en face des deux extrémités de ce canal à Digoin et à Briare, arrivent à la Loire par la rive droite, et sont ainsi séparés du canal latéral par la Loire et par toutes les irrégularités et les obstacles que présente sa navigation. On a proposé deux ponts-canaux sur la Loire pour réunir les canaux du Centre et de Briare au canal latéral, et affranchir ces trois canaux de l'incertitude [61] de la navigation fluviale. Ces deux ponts-canaux coûteraient environ trois à quatre millions. / Il y a tout lieu d'espérer qu'on se déterminera à faire de si beaux et si utiles travaux. / Et, remarquons-le, la société seule peut exécuter d'aussi vastes entreprises ; car la société seule peut y trouver un bénéfice certain. / Des compagnies particulières, livrées à leurs seules ressources, ne peuvent se permettre de telles dépenses. Il est bien remarquable que les plus beaux travaux publics de l'Angleterre ont, en définitive, constitué pour les compagnies qui ont cru devoir les exécuter les entreprises les plus onéreuses. Le canal d'Ellesmère, où se trouvent les deux beaux ponts-canaux de Chirk et de Cysilty, est l'un des canaux les moins productifs de l'Angleterre ; le Tunnel sous la Tamise ne peut s'achever, faute de présenter l'espoir de produits suffisans : les deux magnifiques ponts de Waterloo et de Southwark à Londres donnent à peine 1 p. % à leurs actionnaires. Aussi le gouvernement a-t-il été obligé de se charger de la construction du nouveau pont de Londres.

de l'intervention des compagnies, livrées à leurs seules ressources pour l'exécution de ces travaux.

Les détails que nous venons de donner montrent sans doute combien ces préventions sont mal fondées, au moins dans ce qu'elles ont d'essentiel ; car nous ne cherchons pas à pallier la coupable négligence du directeur des ponts-et-chaussées [62] de cette époque[17], bien qu'elle ne nous fasse pas oublier les services qu'a rendus d'ailleurs cet administrateur, homme bon, honorable, mais qui, pour s'être fait l'instrument trop docile, trop empressé, des désirs d'un ministre, a fait peser de si injustes reproches sur le corps qu'il dirigeait[18].

Car il est bien évident que les ingénieurs des ponts-et-chaussées ne sont nullement responsables de la précipitation avec laquelle d'anciens projets ont pu être recueillis et présentés sans leur participation ; et c'est à eux, au contraire, qu'il faut reporter le mérite de tout ce qui s'est fait dans ces immenses constructions depuis dix ans.

Or, à cet égard, il faut bien remarquer que jamais plus vaste opération de travaux publics ne fut exécutée. Les mille lieues de canaux existant en Angleterre ont été construites, pour la plus grande partie, dans un espace de trente années. La France ne s'est proposé rien moins que d'exécuter, en onze à douze ans, cinq cent trente lieues de lignes navigables, entreprise vraiment grande, et qui acquiert plus d'importance encore quand on sait combien elle a développé d'hommes du talent le plus élevé dans le corps des ponts-et-chaussées. Ce n'est pas que beaucoup de fautes n'aient été commises ; mais ceux qui s'en sont fait une arme ignorent combien de fautes peuvent être reprochées aux ingénieurs anglais, et ont été couvertes par eux à force d'argent, dans l'exécution des canaux d'Angleterre.

Au reste, voici des chiffres qui fixeront complétement l'opinion à cet égard.

Sur les cent trois canaux dont se compose le système de canalisation de l'Angleterre, quarante-trois, ayant un développement [63] de 1244 milles anglais, ont coûté 8,103,016 livres sterling, ce qui revient, en mesures et monnaies de France, à 101,136 fr. le kilomètre[19].

---

17 Il s'agit de Louis Becquey, chargé de l'administration des Ponts et Chaussées et des Mines du 17 septembre 1817 au 19 mai 1830. Cette direction dépend alors du ministère de l'Intérieur.

18 Après six années à la tête du gouvernement, Villèle quitte la présidence du Conseil le 4 janvier 1828. Nommé ministre de l'Intérieur, le monarchiste modéré Jean-Baptiste Sylvère Gaye de Martignac (1778-1832) devient alors chef du gouvernement.

19 [Note de l'auteur] Dutens, *Histoire de la Navigation de la France*, t. II, p. XVIJ.

Or les canaux anglais de grande section sont de dimensions inférieures à celles qui ont été arrêtées pour les nôtres. La largeur des écluses des canaux anglais, grande section, est de 4^{m},20 ; celle des nôtres de 5^{m},20 ; leur largeur, au plafond, de 7^{m},20 ; celle des nôtres de 10^{m} ; leur tirant d'eau de 1^{m},50 ; celui des nôtres, 1^{m},63.

Nous avons vu que la longueur des canaux exécutés en vertu des lois de 1821 et 1822 est de 2,145 kilomètres.

Nous avons vu aussi que les sommes qui y ont déjà été affectées se montent à	163,000,000
On a demandé pour les terminer	77,000,000
Mais nous supposons encore que l'on n'ait pas complétement calculé toutes les dépenses qui pourront être nécessaires après l'ouverture des canaux pour l'étanchement, et autres frais imprévus ; il y a d'ailleurs à ajouter les appointemens des ingénieurs chargés de la construction, et nous porterons encore une somme qui paraîtra énorme sans doute, mais nous ne voulons pas rester au-dessous de la vérité	30,000,000
TOTAL	270,000,000

Ce qui fait, pour 2,145 kilomètres, 121,000 fr. par kilomètre ; mais il faut bien remarquer qu'une petite partie des 2,145 kilomètres est en petite section, ce qui peut [64] faire porter le prix des nouveaux canaux de France, en grande section, à 125,000 fr. par kilomètre.

Ceux d'Angleterre ont coûté 101,000 fr. ; mais ils sont de dimensions inférieures aux nôtres, et, pour que la comparaison soit juste, il faut réduire le prix de ceux-ci à 115,000 fr. au moins.

Si l'on se reporte maintenant au chapitre II, et que l'on pèse les augmentations de dépenses que créent, pour les canaux de France, les difficultés naturelles, bien plus grandes qu'en Angleterre, on reconnaît que ces difficultés doivent certainement ajouter au moins un septième au prix de construction ; et qu'ainsi l'on est bien dans la vérité quand on affirme que les cinq cent trente lieues de canaux terminés en ce moment par le corps des ponts-et-chaussés ne coûteront pas relativement plus cher que les canaux exécutés par les compagnies de l'Angleterre.

Tels seront donc les résultats de cette opération si amèrement critiquée.

Mais si ces résultats définitifs, en ce qui concerne la dépense d'établissement de ces cinq cent trente lieues de lignes navigables, ne sont pas onéreux au pays, ainsi qu'on le lui a fait penser, il faut bien reconnaître que momentanément cette opération a eu les plus fâcheuses conséquences, en faisant peser sur le corps des ingénieurs d'injustes préventions, et en établissant contre eux, de la part des capitalistes, une méfiance qui paralyse tous les efforts qui restent à faire en France pour achever l'établissement de ses communications intérieures.

Nous avons montré que cela tenait aux collisions qui s'étaient élevées entre les compagnies prêteuses et l'Administration [65] des ponts-et-chaussées. En donnant à ces compagnies, dont l'influence sur le public était grande, de justes motifs de plainte, on a jeté les esprits dans la voie où nous les voyons engagés aujourd'hui. De ce que l'Administration avait fait des fautes, on a conclu qu'elle était absolument incapable, ainsi que le corps qu'elle dirige, et qu'à l'intérêt privé seul pouvait appartenir la conception et la direction des travaux publics. Et pour assurer aux compagnies particulières toute leur indépendance, on a voulu qu'elles n'eussent rien à demander au gouvernement, afin que celui-ci n'eût à se mêler de rien.

Il y a évidemment dans un tel système toute l'exagération de la réaction, et c'est pourquoi nous croyons que le moment est venu de l'attaquer, et nous avons la ferme conviction d'y réussir, aidés de tous ceux, et le nombre en devient grand, qui partagent notre opinion.

Nous renvoyons aux chapitres qui terminent l'ouvrage, quelques observations sur le système financier des traités de 1821 et 1822. Nous ne les avons pas introduites ici, parce qu'elles ne touchent qu'indirectement à la question principale que nous nous proposions de traiter dans ce chapitre.

CHAPITRE IV [66]

Résumé des chapitres précédens. – Nécessité de n'en pas tirer la conclusion rigoureuse, et de faire la part des préjugés encore existans. – Recherches d'un système qui, sans heurter ces préjugés, rende possible l'exécution de grands travaux publics en France. – Principes posés à cet égard. – Questions à examiner. – Indication sommaire du système.

Nous avons montré dans notre premier chapitre combien avait été nécessaire et utile l'intervention du gouvernement dans l'exécution des principaux travaux publics de France, routes ou canaux, dont le pays serait encore privé, s'il avait dû attendre que des compagnies particulières pussent les entreprendre par l'espoir d'y trouver un profit suffisant.

Dans le second, nous avons fait connaître comment s'est fondée la canalisation de l'Angleterre par compagnies concessionnaires, et établissant la comparaison entre l'Angleterre et la France, nous avons prouvé que, sous tous les points de vue, la France est beaucoup moins bien partagée que l'Angleterre pour l'établissement de ses travaux publics, et qu'ainsi ces travaux doivent y offrir bien moins d'avantages aux compagnies. Des faits ont constamment fourni la preuve de nos argumens.

Enfin, dans notre troisième chapitre, nous avons fait [67] connaître l'opération financière au moyen de laquelle s'exécutent les principaux canaux de France, et nous avons montré que ces canaux ne coûteront pas relativement plus cher à la France, exécutés par le corps des ponts-et-chaussées, que n'ont coûté à l'Angleterre ses canaux exécutés par des compagnies.

Des faits et des argumens présentés dans ces trois chapitres, l'on pourrait donc conclure (et bien des argumens encore viendraient, pour cette conclusion, à l'appui de ceux que nous y avons présentés) qu'il est dans l'intérêt de toute la société que le gouvernement se charge de l'exécution des routes, canaux ou chemins de fer que réclament l'industrie et l'agriculture ; que ces travaux seront aussi bien exécutés par lui que par des compagnies, et que le pays èn jouira beaucoup plus tôt.

Telle n'est cependant pas notre conclusion, et nous en avons déjà indiqué les motifs dans notre avant-propos et dans notre premier chapitre. L'on ne fait sortir la société d'une mauvaise voie où elle a été conduite par ses préventions qu'en faisant une large part à ces préventions ; or, en ce moment, nous l'avons dit plusieurs fois, le sentiment général est très-hostile à l'intervention de l'état dans les travaux publics comme constructeur.

Faire effort pour déraciner immédiatement de la société ce sentiment qui y a si profondément pénétré, et pour lui en inculquer un tout opposé, serait donc aujourd'hui une œuvre fausse, et annoncerait, de la part de ceux qui l'entreprendraient, une aussi grande ignorance de la manière dont s'accomplit tout progrès social, que les efforts de ceux qui veulent que les travaux publics soient exclusivement exécutés [68] par les compagnies, sans aucune intervention de l'état, prouvent une profonde ignorance des faits et des véritables intérêts du pays.

Il n'y a de système proposable aujourd'hui, avec espoir de le voir facilement sanctionné par l'opinion publique, que celui qui consisterait à confier à des compagnies l'exécution des travaux publics, en leur rendant cette nature d'entreprise accessible, au moyen d'une subvention du gouvernement.

Encore ne peut-on espérer d'obtenir la sanction de l'opinion publique à ce système, que si les subventions de l'état étaient combinées de telle sorte que la charge qui en résulterait pour tous fût pour ainsi dire insensible.

Car il existe aujourd'hui un si profond sentiment de la mauvaise répartition des impôts, et il est si peu permis encore d'entrevoir comme très-prochain le moment où la société se délivrera enfin du poids accablant des armées permanentes, que l'on ne pourrait fonder aucun espoir de succès sur un système qui devrait beaucoup ajouter aux charges, qui, par les impôts mal répartis et infructueusement employés, pèsent aujourd'hui sur la société.

Telle est la première recherche à laquelle notre association a cru devoir se livrer, comme base fondamentale de tous ses travaux ultérieurs.

Dans cette recherche, nous sommes partis des principes suivans :

1° La presque totalité des travaux publics de France ne peut fournir aux compagnies qui les entreprendraient un revenu suffisant pour les fonds qui y devraient être consacrés. Tout ce qui précède a fourni une démonstration, que nous croyons [69] complète, de ce premier fait pris par nous comme fondamental.

2° Les efforts que font les compagnies pour limiter la dépense du travail qu'elles entreprennent, en en réduisant toutes les dimensions, n'abaissent pas toujours cependant cette dépense à un taux que le revenu puisse encore couvrir ; et en même temps ces réductions dans les dimensions sont contraires à tous les intérêts, à celui de la compagnie exécutante aussi bien qu'à celui de la société. De tels travaux sont nécessairement à reprendre au bout de peu de temps ; ou bien des entreprises concurrentes et supérieures s'élèvent, et les capitaux employés à la première entreprise sont perdus.

Nous ajouterons dans le chapitre suivant quelques développemens à cette idée.

3° Les voies de communication ne peuvent produire tout leur effet utile que lorsque le système en est complet, ou du moins très-étendu, et n'offrant pas de ces solutions de continuité qui paralysent les meilleures entreprises, ou en altèrent profondément les bons effets.

Ces principes posés, nous avons reconnu que nous devions nous livrer à l'étude des questions suivantes :

1° Deux natures de communication sont aujourd'hui en présence : les canaux et les chemins de fer. Quelle est l'utilité relative de chacun de ces deux modes de transport ; l'un d'eux doit-il généralement exclure l'autre, ou bien doivent-ils être concurremment et simultanément établis, pour satisfaire à des besoins différens ?

L'examen de cette question fait l'objet du chapitre suivant.

[70] 2° Dans l'état de nos voies de communication, quels canaux ou quels chemins de fer devraient être entrepris pour composer, si ce n'est l'ensemble complet des voies de communication, au moins de premiers réseaux dont toutes les parties se correspondraient, et sur lesquels pourraient ensuite s'embrancher toutes les lignes d'une importance secondaire ?

Les chapitres VI et VII sont consacrés à cette question.

3° Quels autres travaux publics seraient nécessaires pour seconder l'impulsion que donnerait à notre industrie, à notre commerce, à notre agriculture, l'établissement des voies de communication, d'après le système résultant des recherches ci-dessus ?

Cette question fait l'objet du chapitre VIII.

4° Ces travaux étant déterminés, et la somme nécessaire pour les exécuter étant de deux milliards, comment peut-on trouver cette somme ?

5° Pour résoudre cette question, nous avons recherché en combien de tems les deux milliards devraient et pourraient être dépensés.

Nous avons reconnu qu'ils pouvaient l'être en dix ans.

6° Quelle est la quotité présumable de la subvention que le gouvernement devrait fournir dans cette somme de deux milliards, pour que les compagnies pussent fournir le reste ?

7° Sous quelle forme devrait être établie cette subvention ?

[71] Nous avons reconnu que ce devait être sous forme de primes, et nous proposons que l'état, au lieu de remettre aux compagnies le capital de la prime, lui en remette la valeur en inscriptions de rentes.

Nous arrivons ainsi à un système qui n'augmente les charges de l'état que d'une manière très-insensible et progressive, et dont le résultat est qu'au bout de DIX-HUIT ANS l'état a son grand-livre chargé de VINGT-CINQ millions de RENTES environ, en même temps que, sur toutes les entreprises subventionnés, il aurait PREMIÈRE HYPOTHÈQUE pour le capital nominal des primes données par lui. Ce capital serait de SIX CENT QUARANTE-SEPT millions.

Et alors toute la question s'est réduite pour nous à la solution du problème suivant :

8° *Deux milliards de travaux publics exécutés sur le sol de France en dix ans, augmenteraient-ils les revenus publics de vingt-cinq millions au bout de dix-huit ans ?*

Même en faisant abstraction de l'hypothèque prise par l'état et montant à 647 millions, le problème ci-dessus ne nous a paru pouvoir être résolu que par l'affirmative, en sorte qu'en définitive la charge imposée à l'état par notre système serait nulle. C'est ce dont on pourra acquérir la conviction en méditant les preuves que nous donnons à l'appui de notre solution dans les chapitres qui terminent l'ouvrage.

Pour que l'on puisse prendre immédiatement une idée du système, sauf à en étudier les développemens plus loin, nous en présentons ci-contre le tableau.

Pour former ce tableau, nous avons admis : 1° que la première année il ne pourrait être dépensé que 30,000,000, [72] la mise en train de grands travaux étant toujours lente et difficile ; puis nous avons supposé une progression assez rapidement croissante jusqu'à la septième année, et décroissante ensuite vers la neuvième et la dixième.

2° Que l'état devrait garantir un intérêt de 5 % pendant l'exécution des travaux, et après l'exécution des travaux s'engager pendant un certain nombre d'années à parfaire le même intérêt, c'est-à-dire, par exemple, à fournir 2 ½ % si les travaux en rapportaient 2 ½.

Et alors nous avons pensé que, comme au bout de cinq ans, des travaux auraient déjà été exécutés pour 510,000,000 ainsi qu'il résulte des proportions annuelles des dépenses indiquées au tableau, et qu'une partie de ces travaux serait déjà en produit, nous ne devions plus calculer qu'à quatre et demi pour cent la masse des subventions que l'État aurait à payer ; car, admettant qu'une partie des travaux exécutés rapporterait 2, 1 ½, et 1 %, il ne leur paierait plus que 3, 3 ½, et 4 %, tandis qu'il paierait 5 % aux travaux non encore terminés.

Au bout de sept ans nous avons pensé que la moyenne des primes ne serait plus que de 4 %.

Puis, nous avons admis qu'au bout de dix ans, l'état, sur la totalité des deux milliards, ne paierait plus que 3 % ; au bout de douze ans, 2 % ; au bout de quinze ans, 1 %.

Ainsi s'est formée la seconde colonne de notre tableau.

3° La masse des fonds à employer étant donnée, ainsi que la prime à y appliquer, nous en avons déduit, pour chaque année, le capital de la prime que l'État aurait à [73] payer. On voit par ce tableau qu'au bout de dix ans cette prime serait de 347,000,000, et de dix-huit ans, 647,000,000, pour lesquels nous admettons que l'État aurait première hypothèque sur toutes les entreprises.

4° Nous avons admis encore que la prime ne serait pas donnée aux compagnies en capital, mais en inscriptions de rentes 3 % ; cela veut dire, ou bien que l'État ferait tous les ans un emprunt pour payer les primes, ou bien qu'il remettrait aux compagnies les coupons de rentes, pour en être fait par les compagnies ce qu'elles aviseraient, et nous croyons qu'en général cette dernière combinaison serait préférée.

Nous avons supposé le cours de la rente 3 % à 70 la première année ; nous avons admis que pendant les dix-huit années la rente suivrait un cours de hausse qui la mettrait, au bout des dix-huit années, au taux où est aujourd'hui celle de l'Angleterre.

Nous avons ainsi formé les quatrième et cinquième colonnes du tableau suivant.

Ce ne sont là que les indications très-sommaires de notre système ; le développement s'en trouve dans les chapitres qui terminent l'ouvrage.

[74] TABLEAU *indiquant la quotité des Primes à fournir par l'État pendant* DIX-HUIT *ans, pour que des Compagnies particulières puissent exécuter pour* DEUX MILLIARDS *de travaux publics en* DIX *ans*[1].

ANNÉES.	SOMMES à employer par année.	INTÉRÊT garanti par l'État.	CAPITAL nominal de l'intérêt garanti par l'État.	TAUX de la Rente 3 %	MONTANT de la Rente à délivrer chaque année par l'État.
1re	30,000,000	5 %	1,500,000	70	64,285
2e	50,000,000	*Id.*	4,000,000	70,50	170,212
3e	90,000,000	*Id.*	8,500,000	71	359,155
4e	140,000,000	*Id.*	15,500,000	71,50	650,349
5e	200,000,000	*Id.*	25,500,000	72	1,062,500
6e	270,000,000	4 ½	35,100,000	73	1,442,464
7e	350,000,000	*Id.*	48,025,000	74	1,946,810
8e	350,000,000	4	59,200,000	75	2,368,000
9e	270,000,000	*Id.*	70,000,000	76	2,763,158
10e	250,000,000	*Id.*	80,000,000	77	3,116,883
TOTAUX.	2,000,000,000		347,325,000		13,943,796
11e	*Idem.*	3	60,000,000	78	2,307,692
12e	*Idem.*	*Id.*	60,000,000	79	2,278,404
13e	*Idem.*	2	40,000,000	80	1,500,000
14e	*Idem.*	*Id.*	40,000,000	81	1,481,481
15e	*Idem.*	*Id.*	40,000,000	82	1,463,414
16e	*Idem.*	1	20,000,000	83	722,891
17e	*Idem.*	*Id.*	20,000,000	84	714,285
18e	*Idem.*	*Id.*	20,000,000	85	705,822
TOTAUX des primes en capital et en rentes			647,325,000		25,089,241

1 Les auteurs chiffrent le programme des travaux publics proposé dans l'ouvrage à deux milliards de francs (1re colonne : « TOTAUX »). La réalisation du programme est confiée à des entreprises privées. Ces dernières doivent compléter les travaux au bout de dix ans et bénéficieront pour cela d'une garantie de l'État pour le revenu de leurs capitaux mobilisés durant une période de 18 ans (1re colonne). Les sociétés construisent d'abord les ouvrages prévus – et pendant une première période de 5 ans n'ont pas de « revenus » – et ensuite commencent à exploiter ces derniers avec une rentabilité qui passe de zéro à 0,5 % la 6e année, pour atteindre 2 % la 11e année, 3 % la 13e année, 4 % la 16e année, 5 % au-delà de la 18e année (3e colonne). C'est à l'État de combler alors par un versement (6e colonne) l'intérêt garanti (3e colonne), en mobilisant un instrument financier du type « rentes à taux variables », et dont le cumul, s'élevant à 25 MF (6e colonne : « TOTAUX »), serait couverte, déclarent les auteurs, par les « revenus publics » induits par ces travaux, « en sorte qu'en définitive la charge imposée à l'état [...] serait nulle » (p. [71]).

CHAPITRE V [75]

De l'engouement momentané de l'Angleterre pour les chemins de fer. – Causes de cet engouement. – De la route en fer de Manchester à Liverpool. – Des solutions nouvelles données par ce travail sur la question des chemins de fer. – Chemins de fer à machines locomotives. – Des conditions de leur tracé. – De l'état de la question des chemins de fer et des canaux en France. – Des erreurs répandues sur cette question. – Comparaison du chemin de fer de Manchester à Liverpool, et de celui d'Andrezieux à Roanne. – Proposition de diviser les chemins de fer en deux classes, l'une dite *chemins de fer de premier ordre*, l'autre dite *chemins de fer de second ordre.* – Prix de construction et frais de halage des canaux de grande et petite section. – Prix de construction et frais de traction des chemins de fer de premier et de second ordre. – Système général à en déduire pour les communications de France.

Deux natures de communication sont aujourd'hui en présence : les canaux et les chemins de fer ; quelle est l'utilité relative de chacun de ces deux modes de transport ? L'un d'eux doit-il généralement exclure l'autre, ou bien doivent-ils être concurremment et simultanément établis pour satisfaire à des besoins différens ?

Ainsi que nous l'avons dit au précédent chapitre, cette question a été la première dont nous ayons reconnu devoir [76] nous occuper, pour jeter avec certitude les bases du système général de nos communications intérieures, et reconnaître de quels élémens principaux devait se composer ce système.

Cette question, ou du moins la première partie de cette question, a déjà été très-controversée ; beaucoup d'ingénieurs ont établi des comparaisons entre les canaux et les chemins de fer ; mais ç'a été, la plupart du temps, pour faire prévaloir un système exclusif ; les chemins de fer ont surtout été l'objet de cette nature de tentative ; on a cherché fréquemment à leur faire attribuer une préférence absolue sur les canaux.

C'est en Angleterre que cet engouement pour les chemins de fer[1] a pris naissance ; la nation anglaise fut, en 1827, saisie comme d'une fièvre de chemins de fer, à ce point qu'il n'était question de rien moins que de combler les canaux et d'établir des ornières de fer (*railways*) dans leur lit. À cette ardeur si incroyable a succédé une atonie complète pendant quelque temps ; un seul projet a survécu, celui de Liverpool à Manchester, et ce travail a donné la solution de la question des chemins de fer. Construit avec une grande habileté, il a appris ce que l'on doit attendre de la nature de cette voie de communication, et on lui doit la renaissance de plusieurs projets de routes en fer en ce moment soumis au Parlement.

Or l'engouement pour les chemins de fer était venu précisément dans un moment où l'Angleterre, venant d'éprouver des pertes énormes dans les affaires des fonds publics étrangers, et subissant par là une forte crise industrielle et commerciale, cherchait ailleurs la cause de cette crise, et [77] avait cru en trouver le remède dans une rénovation complète de ses voies de communication.

Ses ingénieurs contribuèrent à l'entretenir dans cette illusion, et voici comment.

On sait que, depuis le milieu du dernier siècle, l'usage des chemins de fer s'était introduit dans les mines d'Angleterre, pour le roulage des matières, dans l'intérieur de la mine[2] ; ces voies de roulage furent prolongées à l'extérieur jusqu'au point d'embarquement et de chargement, et l'économie de ce mode de transport étant bien démontrée sur le roulage par chevaux, il fut adopté par toutes les grandes exploitations d'Angleterre, et c'est ainsi que ce pays possède aujourd'hui cinq cents lieues de ces chemins de fer.

---

1 Connu sous le nom de *Railway Mania* en anglais, cet engouement pour les chemins de fer, provoqué par le succès des premières lignes voyageurs ouvertes outre-Manche comme la liaison de Stockton à Darlington, opérationnelle à partir de 1825, et, surtout, la ligne Manchester-Liverpool inaugurée en 1830, se traduit par une fièvre d'investissements encouragée par l'absence de contrôle de la puissance publique. La *Railway Mania* se terminera vers 1845 sous l'effet conjugué d'une hausse des taux d'intérêt de l'argent et d'une série de faillites de compagnies peu rentables.

2 La voie ferrée est effectivement une innovation liée à l'exploitation minière. Plus généralement, le chemin de fer doit beaucoup au monde de la mine où l'on trouve aussi des machines à vapeur pour pomper l'eau dans les galeries profondes. C'est un ingénieur travaillant aux mines de Cornouailles, Richard Trevithick (1771-1833), qui a l'idée de mettre une machine à vapeur à haute pression sur des rails en inventant ainsi la première locomotive vers 1802-1803.

Pour l'usage auquel ils étaient destinés, on conçoit très-bien que les frais de construction n'en avaient pas dû être très-élevés ; le roulage s'y opérait généralement par des chevaux ou par des machines ; la plupart n'étaient qu'à une voie.

Les ingénieurs, récapitulant les frais de construction de tous ces chemins de fer, avaient reconnu qu'ils pouvaient être évalués à 55,000 fr. environ par kilomètre, tandis que les canaux en avaient coûté 90,000 fr. ; et établissant leurs calculs sur ces bases, ils en concluaient que tous les transports de l'Angleterre pouvaient s'effectuer à meilleur prix par routes de fer que par canaux.

Un moment on le crut, et des projets furent mis au jour pour plus de 1 000 lieues de chemins de fer.

Mais quand, examinant de plus près, on aborda la question du tracé de ces nouvelles voies, on s'aperçut que ce qui avait été si économique pour de courtes distances, où [78] le terrain était facile, devenait très-coûteux alors qu'il s'agissait d'un parcours plus étendu ; que le tracé des chemins de fer avait ses conditions onéreuses, ses sujétions absolues aussi bien que celui des canaux, et que l'on ne pouvait *en attendre le succès que si on en maintenait les pentes dans des limites qui rendent nécessaires des terrassemens considérable.*

On consulta l'expérience, et l'on s'aperçut que, dans le district de Birmingham, toutes les exploitations qui sont distantes des canaux de moins de 1,000 mètres, y communiquent par des chemins de fer et que quand la distance est plus grande, la communication s'établit par canaux[3].

Enfin fut construit le chemin de fer de Manchester à Liverpool, et ce chemin a coûté, pour 31 milles anglais, 820,000 liv. st., soit 413,000 fr. par kilomètre. Cette dépense est énorme sans doute ; mais l'on a dû vaincre des difficultés extraordinaires.

Nous avons dit que cette entreprise avait donné la véritable solution de la question des chemins de fer ; et d'abord, tandis que l'on comptait que cette voie nouvelle servirait surtout au transport des marchandises, et que l'on avait très-peu fait entrer dans le calcul celui des voyageurs, il se trouve que le produit principal de cette route de fer consiste dans le transport des hommes, et qu'il ne s'y transporte guère que 80,000 tonneaux de marchandises, tandis qu'il y passe près de 400,000 voyageurs.

---

3 [Note de l'auteur] Huerne de Pommeuse, *Des Canaux navigables*, t. II, p. 29.

Les voyageurs composent donc le principal revenu de la route de Manchester à Liverpool, et cela tient à ce que les [79] pentes de ce chemin sont très-faibles, que les machines locomotives peuvent y marcher avec une vitesse de 36 à 40 kilomètres à l'heure, et que la possibilité de faire en une heure un quart les 50 kilomètres qui séparent Liverpool de Manchester, a triplé le nombre des voyages entre ces deux villes depuis l'ouverture du chemin de fer.

En même temps, ainsi que nous le disions plus loin, les frais de traction sont beaucoup moindres sur les chemins en fer construits de manière à être servis par des machines locomotives, que par ceux où il faut employer des chevaux ou des machines fixes par suite de la raideur des pentes.

Mais, pour que des machines locomotives puissent parcourir un chemin en fer sur toute son étendue, il faut remplir certaines conditions qui sont bien déterminées aujourd'hui par l'expérience des chemins de fer de Manchester à Liverpool[4].

1° Les pentes n'y doivent pas dépasser un centième ;

2° Les plans inclinés qui ont cette pente ne doivent pas avoir plus de 2,500 m. de long ;

3° Le plan qui précède un tel plan incliné doit avoir une pente beaucoup plus faible, afin que les machines locomotives puissent être lancées sur ce plan avec une vitesse supérieure à la vitesse moyenne, et qu'elles puissent gravir le plan incliné au moyen de ce surcroît de force ; elles arrivent au sommet du plan incliné à un centième avec une vitesse très-faible.

Telle est la principale sujétion du tracé des chemins de fer servis par machines locomotives, et l'on comprend très-bien que cette condition doit, en général, entraîner à des dépenses considérables de terrassement. C'est ce qui explique [80] l'énorme dépense du chemin de fer de Manchester à Liverpool, dépense double de celui de Saint-Étienne à Lyon, et presque quintuple de celui d'Andrezieux à Roanne[5]. (*Voir* la note A à la fin de l'ouvrage.)

---

4 Longue d'environ 50 kilomètres, la ligne reliant Manchester à Liverpool compte parmi les réalisations les plus emblématiques des premiers temps des chemins de fer. Financée par des industriels et des commerçants de Manchester et Liverpool et conçue par l'ingénieur George Stephenson (1781-1848) avec le concours de son fils Robert (1803-1859) pour les locomotives, elle est ouverte le 15 septembre 1830.

5 Ouvertes au début des années 1830, les lignes de Saint-Étienne à Lyon et d'Andrézieux à Roanne, longues respectivement de 58 et 67 kilomètres, comptent parmi les premières

De très-grandes difficultés ont dû être vaincues sans doute dans l'établissement du premier de ces chemins ; des tranchées considérables, le souterrain d'arrivée à Liverpool, et la traversée des marais de Chat, ont entraîné à de très-fortes dépenses.

Mais remarquons en même temps que si le chemin de fer d'Andrezieux à Roanne est d'un prix si inférieur à celui de Manchester à Liverpool, c'est entre autres motifs : 1° parce que les terrains y ont été beaucoup moins chers (53 francs par mètre courant sur le chemin de fer de Manchester à Liverpool ; 6 francs 50 centimes sur celui d'Andrezieux à Roanne) ;

2° Parce que les pentes du chemin de fer d'Andrezieux à Roanne étant beaucoup plus fortes, les terrassemens y ont été moins considérables (127 francs par mètre courant sur le chemin anglais, 16 francs sur le chemin français).

Il y a dans le chemin de fer d'Andrezieux à Roanne ;

Un plan incliné de 6,600 m., qui a une pente de 0,0097,

Un plan incliné de 2,230 m., qui a une pente de 0,04,

Un plan incliné de 2,230 m., qui a une pente de 0,039,

Un plan incliné de 1,890 m., qui a une pente de 0,045.

Ces plans ne pourront être servis que par chevaux ou par [81] machines fixes, et, si l'on consulte la note A à la fin de l'ouvrage, on verra que les frais de traction sont bien plus coûteux dans ce cas que par machines locomotives.

On a fait, il y a plusieurs jours, sur le chemin d'Andresieux à Roanne l'essai d'une machine locomotive ; mais d'après les détails donnés sur cette expérience, c'est sur le plan de la Coise à Balbigny que cet essai a eu lieu : or, les pentes y sont de 0,00125, et de 0,0008. À la descente, la vitesse a été de 22,000 m. à l'heure, et dans quelques instans de 36,000 m. À la remonte, elle a été plus faible[6].

Ainsi une différence considérable sépare le chemin de fer d'Andresieux à Roanne de celui de Manchester à Liverpool, quant à la rapidité et à l'économie du transport ; et ce n'est pas ici, de notre part, un reproche à l'habile ingénieur qui a conçu et dirigé cette entreprise ; il est bien

---

lignes de chemin de fer françaises. Elles transportent à la fois du charbon et des voyageurs. Dans les premiers temps de leur mise en service, la traction sur ces lignes utilise aussi bien des chevaux que des locomotives.

6 [Note de l'auteur] *Journal du Commerce* du 5 août 1832, extrait du *Vulcain*, journal de Saint-Étienne.

évident que les localités ne permettaient pas une dépense plus forte que celle qu'il a faite.

Mais il est essentiel que cette différence capitale soit bien connue, afin que l'on ne voie plus le charlatanisme exploiter à la fois le bas prix du chemin de fer de Roanne à Andresieux, et les magnifiques résultats de celui de Liverpool à Manchester, pour induire en erreur les capitalistes français.

Pour simplifier désormais notre pensée et nos propositions, nous appellerons *chemins de fer de premier ordre* les chemins de fer construits dans les conditions auxquelles on a assujetti le chemin de fer de Manchester à Liverpool, pour [82] qu'il pût être parcouru dans son entier par des machines locomotives ; et nous appellerons *chemins de fer de second ordre* ceux où, tendant à l'économie de la construction plus qu'à l'économie et à la rapidité du transport, on n'aura pas évité les fortes pentes, comme au chemin de fer de Roanne à Andresieux.

Ce n'est pas que nous pensions que les chemins de fer du premier ordre ne devront, dans aucun cas, avoir de fortes pentes servies par machines fixes ; il y a des localités où leur emploi est forcé. Nous ne pensons pas non plus que les machines locomotives seront exclues des chemins de fer du second ordre ; il est bien clair, par exemple, que sur celui d'Andresieux à Roanne, la portion de la Coise à Balbigny sera servie par machines locomotives ; mais un tiers de ce chemin a des pentes de plusieurs centièmes ; nous le mettons au nombre des chemins de fer de second ordre.

Maintenant disons un mot de l'état de la question des chemins de fer en France.

Elle s'y est présentée dans les circonstances les plus favorables pour faire attribuer à ces nouvelles voies de transport un avantage décidé sur les voies navigables.

Ainsi que nous l'avons déjà indiqué sommairement, et qu'on le verra plus en détail au chapitre suivant, les canaux de France, pour la presque totalité, sont isolés et sans liens entre eux ; il n'existe pas en France une seule ligne de navigation complète ; partout des canaux aboutissant à des rivières dont la navigation est dans le plus mauvais état.

En telle sorte qu'il n'est vraiment pas possible d'asseoir aucune donnée vraie sur ce que pourrait être la canalisation [83] complète de France, et de calculer, soit les dépenses du fret, soit les avantages qui en résulteraient, quand on n'établit ses calculs que sur les canaux jetés çà et là sur le territoire, tels que nous les avons aujourd'hui.

C'est cependant ce que l'on a toujours fait quand on a voulu établir des comparaisons entre les canaux et les chemins de fer.

On a généralement suivi la méthode suivante :

On a pris pour exemple les canaux les plus chers de France, soit comme prix de construction, soit comme prix de fret, résultant du grand nombre de leurs écluses ou des habitudes de lenteur contractées dans la navigation de ces canaux, par suite du peu d'activité du commerce qui les emploie.

Pour le prix des chemins de fer, au contraire, on a pris les données des ingénieurs anglais, données qui, ainsi que nous l'avons vu plus haut, ne sont nullement applicables aux chemins de fer, établissant de grandes communications, et qui ont été complétement infirmées par celui de Manchester à Liverpool.

On a ainsi promis, comme nous le disions plus haut, aux capitalistes, des résultats semblables à ceux qui s'obtiennent sur cette route, en même tems qu'on leur présentait des devis qui seraient tout au plus suffisans pour la construction de chemins de fer où l'on n'aurait pas évité les fortes pentes, et où le transport ne pourrait par conséquent s'opérer, ni avec autant de rapidité ou d'économie, ni avec autant d'avantage pour la compagnie exécutante, que sur celui de Manchester à Liverpool.

C'est ainsi que des spéculateurs ont été sur le point d'égarer [84] l'opinion publique en France sur cette question, secondés d'ailleurs qu'ils étaient par la prévention qu'avait attachée aux canaux l'inexactitude des devis de ceux qu'exécute en ce moment le gouvernement.

Nous mettons au nombre des premiers devoirs que notre association doive remplir, celui de détruire, à force de persévérance, les notions fausses répandues dans le public sur les chemins de fer, non pas que nous soyons les adversaires de cette nature de voies de communication, mais parce que, convaincus au contraire qu'elles ont beaucoup d'avenir, nous croyons que les efforts qui sont faits en ce moment par quelques spéculateurs pour en faire établir sur de mauvais principes, tendent à compromettre pour long-temps la construction de chemins de fer semblables à celui de Manchester à Liverpool, et dont le pays a un impérieux besoin.

Guidés par les idées que nous venons d'exposer, nous avons cherché à établir une comparaison, la plus exacte possible, entre les canaux et les chemins de fer, sous le rapport des frais de construction et des frais de halage ou de traction.

Nous sommes arrivés aux résultats suivans, dont tous les détails sont consignés dans la note A. Nous n'avons pas besoin de dire, d'ailleurs, que ces résultats n'ont de valeur que pour une grande étendue de canaux ou de chemins de fer. Ce sont des prix *moyens* que les localités peuvent faire beaucoup varier.

1° Prix de construction de canaux de grande section, par kilomètre.	125,000 fr.
2° Prix de construction de canaux de petite section, par kilomètre. [85]	65,000 fr.
3° Fret sur les canaux de grande section, par tonneau et par kilomètre	0^{f},015
4° Fret sur les canaux de petite section, par tonneau et par kilomètre.	0^{f},02
5° Prix de construction des chemins de fer, servis par machines locomotives, sauf des exceptions rares, absolument commandées par des localités dont les difficultés ne pourraient être surmontées que par machines fixes, y compris le matériel des machines, par kilomètre.	160,000 fr.
6° Prix de construction de chemins de fer servis par des chevaux ou des machines fixes, ou par des machines locomotives ne pouvant prendre qu'une faible vitesse ou trainer un faible poids en raison de la raideur des pentes, par kilomètre.	70,000 fr.
7° Ce prix, pour n'établir d'abord qu'une seule voie, en faisant d'ailleurs les travaux de terrassement pour deux voies, peut se réduire par kilomètre, à	45,000 fr.
8° Frais de traction sur les chemins en fer de premier ordre, par tonneau et par kilomètre.	0^{f},04
9° Frais de traction sur les chemins de fer de second ordre.	0^{f},08

[86] Il est un article de dépenses sur lequel il a été présenté beaucoup de conjectures ; c'est le coût d'entretien comparé des chemins de fer et des canaux. Nous pensons que cette dépense doit être très-variable ; mais, en général, nous sommes portés à croire que les frais d'entretien des chemins de fer sont sensiblement supérieurs à ceux des canaux, et

que, sur les chemins de fer, ils augmentent avec la circulation, tandis qu'il n'en est pas ainsi sur les canaux.

On a beaucoup argumenté contre les canaux des interruptions que les gelées et les réparations apportaient dans leur navigation. Cette observation est juste, et l'on peut admettre que la navigation des canaux bien administrés est nécessairement suspendue pendant vingt-cinq à trente jours par an, tant pour les réparations que pour les gelées.

Mais c'est là un bien faible inconvénient pour la nature des matières qui circulent sur les canaux, et dont le commerce est toujours obligé de faire des approvisionnemens pour plusieurs mois, approvisionnemens bien peu coûteux d'ailleurs eu égard au peu de valeur de ces matières.

Mais les chemins de fer présentent aussi un inconvénient qui peut quelquefois être assez grave, c'est celui de ne pouvoir transporter les matières d'un volume et d'un poids un peu fort. Le cahier des charges des deux chemins de fer, en ce moment en exécution, leur réserve la faculté de refuser ces matières. C'est qu'en effet la force des *rails* n'est calculée que pour un poids donné, et que les chemins de fer ne pourraient opérer le transport des matières très-lourdes, transport très-facile pour les canaux, que si on en augmentait la dépense, qui pourrait être alors de beaucoup supérieure à celle des canaux.

[87] De tout ce qui vient d'être dit il résulte pour nous, de la manière la plus positive, que dans les comparaisons qui ont été établies entre les canaux et les chemins de fer, on a généralement fait entrer des élémens de calculs inexacts, et qui devaient nécessairement fausser les résultats. Cela nous paraît tenir à ce que ces comparaisons s'établissent, pour la plupart, dans l'intérêt d'un système, et qu'on y a fait ainsi les erreurs auxquelles entraîne toujours l'esprit de système, prenant d'une part tous les faits favorables, et de l'autre tous ceux qui ne le sont pas. Les conclusions qu'on en a tirées, savoir, que les chemins de fer étaient destinés à remplacer les canaux, et que tous les capitaux devaient se porter sur cette nouvelle nature de communications, nous paraissent à la fois erronées et fâcheuses ; erronées, car on fait espérer des chemins de fer des services qu'ils ne peuvent rendre qu'à la condition inévitable d'être beaucoup plus coûteux qu'on ne l'a dit ; fâcheuses, parce que l'on a détourné les capitaux de la confection des lignes navigables, sans lesquelles cependant on ne peut arriver à voir établir et prospérer de grandes routes en fer sur tout le territoire.

Ces derniers mots renferment notre conclusion ; nous pensons que le système général des communications, en France, ne doit pas se composer de canaux ou de chemins en fer, mais, 1° *pour les réseaux de premier ordre, de canaux de grande section* ET *de chemins de fer de premier ordre, c'est-à-dire servis par des machines locomotives* ; 2° *pour les réseaux secondaires, de canaux de petite section ou de chemins de fer de second ordre, c'est-à-dire servis* [88] *par des chevaux ou des machines fixes ; le choix à faire de l'un ou l'autre de ces moyens de transport secondaires dépendant des localités.*

Les transports se divisent aujourd'hui en transports par terre et en transports par eau ; les premiers sont pour les hommes et les matières chères, les seconds pour les matières de bas prix.

Les routes de fer à machines locomotives sont le perfectionnement le plus avancé des transports par terre, comme les grandes lignes navigables artificielles et indépendantes des fleuves sont le perfectionnement le plus avancé des transports par eau.

Les hommes et les matières chères vont par terre en ce moment, parce que le tems du voyage ou l'intérêt des fonds compose pour eux la quotité de dépenses la plus forte, et que la condition la plus essentielle, parce qu'elle est la plus économique pour eux, c'est la *rapidité*[7].

Les matières premières de bas prix, les combustibles, les matériaux de construction vont par eau, parce que leur valeur sur le lieu de production étant très-faible, l'intérêt des fonds qu'ils représentent est très-faible aussi ; qu'ainsi pour eux la durée du transport est de peu d'importance, et que la condition la plus essentielle, parce qu'elle est la plus économique, c'est le *bas prix du moteur transportant.*

Les hommes et les matières chères appartiennent donc aux routes en fer à machines locomotives ; le prix de transport sur ces routes sera de 50 ou 60 % plus faible que par les routes de terre, en même temps que le temps des voyages [89] sera très-raccourci, et ainsi s'accroîtra de beaucoup la circulation des hommes et des matières de prix.

---

7 La rapidité du nouveau moyen de transport est ce qui frappe d'emblée les contemporains des premiers chemins de fer. Dès 1829, à l'occasion du concours de Rainhill destiné à départager les concurrents pour la fourniture de locomotives à vapeur de la ligne Manchester-Liverpool, la « fusée » des Stephenson père et fils atteint 59 km/h, une vitesse sans équivalent jusqu'alors. À la fin du XIXe siècle, de nombreux trains européens circuleront à près de 100 km/h.

Les matières premières de bas prix, les combustibles, les matériaux de construction appartiennent aux lignes navigables artificielles, qui transporteront aussi plus vite et plus économiquement que les voies d'eau actuelles, et, en réduisant le prix des matières premières, diminueront aussi celui des matières fabriquées, et contribueront par là à accroître puissamment la circulation de ces matières sur les routes en fer à machines locomotives.

Et ces grandes lignes de communication seront servies par des canaux de petite section ou par des chemins de fer à chevaux et à machines fixes, suivant que les localités auront dû faire préférer l'un ou l'autre de ces moyens de transport

En résumé, le partage des hommes et des marchandises entre les routes et les voies navigables signale l'existence de deux sortes de besoins, d'une part la rapidité, de l'autre le bas prix des transports. La canalisation de la France, destinée à satisfaire ce dernier, exige encore d'immenses améliorations ; le premier ne sera satisfait que par un système de routes en fer distribuées convenablement sur la surface du royaume.

C'est ainsi que ces deux modes de communication, considérés jusqu'à présent comme devant s'exclure l'un l'autre, nous paraissent destinés à atteindre deux buts différens, et à concourir ainsi, chacun dans sa sphère, à hâter l'avenir industriel de la France, dont ils satisferont les besoins divers. Ainsi, loin de regarder comme perdu ou comme destiné à périr le capital immense employé en France en [90] travaux de navigation artificielle, ajoutons encore à sa valeur en complétant le système ; accompagnons ce vaste ensemble de transports par eau d'un ensemble aussi vaste de transports par routes en fer ; et que les canaux et les routes en fer, loin de se nuire par leur concurrence, contribuent à leur prospérité commune, en facilitant l'échange de plus en plus facile et économique des matières premières et pesantes, contre les produits fabriqués et de grande valeur.

CHAPITRE VI [91]

Considérations générales sur l'établissement du réseau de communications du premier ordre, canaux ou routes en fer. – Jonction par canaux des différens bassins de France. – Lacunes qui existent encore dans cette jonction des bassins. – Insuffisance de ce système. – Imperfection de la navigation de nos fleuves. – Exemple. – Isolement des ports français de la navigation artificielle de l'intérieur. – Ce qui en résulte. – Conséquences à en déduire pour le système de canalisation.

Principes généraux pour le grand réseau des chemins de fer de premier ordre. – Indication sommaire de ces routes. – Leur prix.

Le système général de nos communications intérieures doit se composer, avons-nous dit dans le chapitre précédent :

1° Pour les réseaux de premier ordre, de canaux de grande section, et de routes en fer à machines locomotives ;

2° pour les réseaux secondaires, de canaux de petite section et de chemins de fer servis par des chevaux et des machines fixes.

Nous nous proposons dans ce chapitre d'exposer les considérations [92] générales qui nous paraissent devoir présider à l'établissement des réseaux de premier ordre, canaux et routes de fer ; nous traiterons d'abord de ce qui est relatif à la canalisation.

Le territoire de la France se divise, sous le point de vue hydrographique, en quatre bassins principaux, savoir : les bassins du Rhône, de la Gironde, de la Loire et de la Seine, et en vingt-trois bassins secondaires, dont les principaux sont ceux de l'Adour, de la Charente, de la Vilaine, de la Rance, de la Somme, de l'Escaut, de la Meuse, de la Moselle, du Rhin, de l'Hérault et du Var.

Les travaux de canalisation exécutés jusqu'à ce moment ont eu pour but de mettre en communication les principaux de ces bassins.

Ainsi, pour la jonction des deux principaux, ceux de la Loire et de la Seine, nous avons :

1° Le canal de Briare, le premier canal d'Europe, commencé sous Henri IV, et dont l'acte de concession date du règne de Louis XIII, 1638 ;

2° Le canal d'Orléans, concédé en 1692 ;

3° Le canal du Nivernais, concédé en 1822 ;

Pour la jonction du bassin de la Seine avec celui du Rhône par la Saône ;

4° le canal de Bourgogne, commencé avant la Révolution, et définitivement concédé en 1822 ;

Pour la jonction du bassin de la Seine avec ceux de la Somme et de l'Escaut ;

5° Le canal Crozat. – 1738.

[93] 6° Le canal Saint-Quentin. – 1810 ;

Pour la jonction du bassin de la Seine avec celui de la Meuse :

7° Le canal des Ardennes. – 1822 ;

Pour la jonction du bassin de la Loire avec celui du Rhône et de la Saône :

8° Le canal du Centre. – 1791 ;

Pour la jonction du bassin du Rhône avec celui du Rhin :

9° Le canal du Rhône au Rhin. – 1822 ;

Pour la jonction du bassin de la Loire avec les bassins de la Vilaine, de l'Aulne et de la Rance :

10° Le canal de Nantes à Brest. – 1822 ;

11° Le canal d'Ile et Rance ;

Pour la jonction du bassin de la Gironde avec celui du Rhône :

12° Le canal du Languedoc. – 1680.

Ainsi, il reste encore à établir les communications suivantes :

1° Entre le bassin de la Seine et ceux de la Moselle et du Rhin ; cette lacune a donné lieu au projet du canal de Paris à Strasbourg, dont les études ont été faites par M. Brisson[1], et dont nous parlerons au chapitre suivant ;

---

1 Barnabé Brisson (1777-1828) est un ingénieur des Ponts et Chaussées et mathématicien. Ayant commencé sa carrière au service des canaux du Rhône au Rhin puis du canal du

2° Entre le bassin de la Loire et le bassin de la Gironde ; M. Brisson[2], inspecteur-divisionnaire des ponts-et-chaussées, [94] a proposé de remplir cette lacune par un canal qui remonterait la Vienne (affluent de la Loire), entrerait dans le bassin de la Charente et gagnerait la Drôme (affluent de l'Ile, laquelle tombe dans la Dordogne ;

M. Deschamps[3], inspecteur général des ponts-et-chaussées[4], indique aussi ce canal, mais avec quelques différences dans le tracé. Nous en parlerons au chapitre suivant ;

3° Entre le bassin de la Gironde et celui de l'Adour ; cette lacune a donné lieu à plusieurs projets, au nombre desquels doivent se remarquer surtout ceux proposés par M. Deschamps[5].

D'autres lacunes peuvent encore être signalées dans nos canaux à point de partage, notamment une jonction entre la Basse-Seine et la Basse-Loire, et une jonction entre la Haute-Loire et la Dordogne.

Une pensée principale a long-temps présidé à tous les systèmes généraux de canalisation proposés pour la France, c'était celle de la jonction de la Méditerranée à l'Océan par l'intérieur du royaume. Les écrits de Strabon et de César portent les traces de cette pensée, et on comprend quelle importance on devait y attacher dans un tems où la navigation maritime était si arriérée. Cette pensée se retrouve plus positive dans les mémoires de Sully, et lorsque le meilleur [95] et l'un des plus habiles de nos rois, Henri IV, faisait entamer le canal de Briare, il y voyait la première réalisation de cette grande idée. Alors encore, on comprend

---

Saint-Quentin, il fait rapidement figure de spécialiste des questions de canalisation et de navigation intérieure. Appelé à Paris en 1820 après avoir servi comme ingénieur en chef du département de l'Escaut sous l'Empire, puis de la Marne dans les premières années de la Restauration, il devient professeur de construction à l'École des ponts et chaussées et secrétaire du Conseil général des ponts et chaussées. Sa connaissance approfondie des canaux est mise à profit par le directeur des Ponts et Chaussées Becquey pour l'élaboration des aspects techniques de son plan de navigation intérieure de la France (« plan Becquey »). Il est membre de la Commission des canaux.

2 [Note de l'auteur] *Essai d'un système général de navigation intérieure*, pages 20 à 24.

3 [Note de l'auteur] *Travaux à faire pour l'assainissement et la culture des landes de Gascogne, et canaux de jonction de l'Adour à la Garonne*. Paris, 1832.

4 Claude Deschamps (1765-1843) entre à l'École des pont et chaussées en 1782 et fait toute sa carrière comme ingénieur du corps. Il est promu inspecteur général, en janvier 1822. De 1810 à sa mise à la retraite en 1842, il travaille à Bordeaux. De juillet 1831 à juin 1832, il assure la fonction de Vice-président du Conseil général des ponts et chaussées.

5 [Note de l'auteur] Même ouvrage.

qu'une grande importance y fût attachée, l'état de guerre presque permanent de toutes les nations européennes devant faire désirer à la France d'ouvrir à son commerce du Nord au Midi une route à l'abri des hostilités.

Aujourd'hui une telle conception est évidemment fausse, aussi bien que celle, par exemple, qui a fait ouvrir le canal de Nantes à Brest (l'approvisionnement du port de Brest en temps de guerre) ; mais, sous l'empire d'une conception que le progrès des sociétés européennes doit faire écarter, de belles lignes navigables se sont construites, et la France leur sera redevable du développement de son industrie et de son commerce (et, par exemple, au canal de Nantes à Brest, de l'accélération de la civilisation de la Bretagne), faits bien autrement importans que des approvisionnemens en temps de guerre, que des routes à l'abri des hostilités, puisque ce sont ces faits eux-mêmes qui tendent à mettre un terme à l'état de guerre.

C'est surtout parce qu'il semblait réaliser la pensée de la jonction des deux mers, que le canal du Languedoc avait acquis tant de célébrité, et que long-temps il fut décoré du nom fastueux de Canal des deux mers.

Ce fut un des motifs qui contribua le plus à déterminer l'exécution du canal du Centre, puisque ce canal semblait ouvrir la dernière barrière qui séparât l'Océan de la Méditerranée, Marseille du Havre. Un même bateau pouvait, en effet, remonter le Rhône et la Saône, arriver sur la Loire par le canal du Centre, la descendre jusqu'au canal [96] de Briare, arriver de là sur la Seine et la descendre, venant d'un port méditerranéen, jusque vers un port de l'Océan. Mais cela ne s'est jamais accompli.

D'autres communications existent entre Marseille et le Havre, mais par la mer.

Le fret de Marseille sur le Havre est de 50 à 60 fr. par tonneau, plus l'assurance. Le seul fret de Marseille à Lyon, par le Rhône, est en ce moment de 60 à 65 fr., plus l'assurance.

Nous avons déjà sommairement indiqué les causes d'un tel état de choses ; il tient à l'imperfection vraiment inouïe de la navigation de nos fleuves.

Écoutons, par exemple, l'illustre ingénieur à qui l'on doit le canal du Centre, décrivant la portion de la Loire qui sépare ce canal du canal de Briare.

« La Loire[6] est moins rapide que le Rhône ; mais sa navigation est plus pénible et plus dispendieuse que celle de ce fleuve en remontant, parce que l'on ne peut établir, comme le long du Rhône, un chemin de halage, et principalement entre Digoin et Briare, eu égard à l'instabilité du courant, qui change à presque toutes les crues, à la grande étendue de son lit et au peu de consistance des bancs de sable qu'elle laisse après les inondations ; les bœufs de halage, et même les hommes que l'on emploie quelquefois, ne peuvent marcher sans enfoncer dans des sables mouvans que laisse ce fleuve dans toutes les parties où se sont étendues les inondations.

Les inconvéniens de la descente ne sont pas moins [97] considérables que ceux de la montée ; la Loire est basse la plupart du temps ; ses crues sont assez fréquentes, mais durent peu ; on profite des moindres crues pour partir de Digoin ; mais il arrive souvent que, pendant le trajet, la rivière venant à baisser, les bateaux s'engravent et sont obligés de s'arrêter plusieurs jours. On ne les charge guère, pour cette raison, que de trente à trente-cinq milliers ; s'ils l'étaient davantage*, ils toucheraient* plus souvent et le transport durerait plus long-temps, circonstance qui oblige à employer *trois* bateaux sur la Loire pour recevoir les marchandises d'*un seul* bateau du canal du Centre, et les reverser dans un bateau du canal de Briare, ce qui occasione des frais d'autant plus considérables, que les bateaux de la Loire ne remontant pas ce fleuve, on est forcé de les vendre à Paris à vil prix. Le trajet de Digoin à Briare se fait quelquefois en cinq ou six jours, et en sept à neuf lorsqu'on n'éprouve pas d'obstacle ; mais souvent on est bien plus d'un mois. »

« La remonte ne se fait guère qu'avec de grandes voiles, lorsque le temps est favorable ; elle se fait en douze à quinze jours, mais le plus souvent il *faut plus d'un mois et quelquefois deux ou trois…* »

Ce sont les difficultés vraiment incroyables de la navigation de la Loire qui ont déterminé l'exécution du canal qui lui est latéral de Digoin à Briare, et où la navigation pourra, *régulièrement et en charge entière*, s'opérer en cinq à six jours.

Les difficultés de la navigation de la Seine et du Rhône, sans être aussi considérables, sont telles cependant que toute marchandise dont la valeur est de 1,500 à 2,000 fr. par tonneau a plus d'avantage à prendre

6 [Note de l'auteur] *Mémoires de Gauthey*, publiés par M. Navier, t. III.

la voie de [98] terre parallèle à ces fleuves, qu'à se servir des bateaux qui les remontent.

Les choses en sont à ce point que ces canaux à point de partage, que nos aïeux regardaient comme le complément des fleuves de France, comme les derniers liens des lignes de navigation intérieure traversant tout le territoire, lignes dont, suivant eux, presque tous les frais avaient été faits par la nature, ne sont plus aujourd'hui pour nous que les premiers anneaux d'une chaîne qu'il faut étendre le long de nos fleuves, et dont ces fleuves ne feront plus partie en général, que comme moyen d'alimentation des canaux latéraux qui les remplaceront.

Cette création de canaux, ainsi isolés dans l'intérieur du royaume, a présenté un grave inconvénient, c'est qu'à l'exception du port de Dunkerque, sur lequel converge et s'appuie tout le groupe des canaux du département du Nord, tous nos ports de mer sont restés très-éloignés des navigations artificielles.

Ainsi, dans le bassin de la Seine, le canal Saint-Denis est le canal le plus voisin du Havre, et il s'en trouve à une distance de 331,000 mètres, soit 83 lieues.

Dans le bassin de la Loire, le canal d'Orléans est le canal le plus voisin de Nantes, et il s'en trouve à une distance de 320,000 mètres, soit 80 lieues.

Dans le bassin de la Gironde, le canal du Languedoc est à 286,000 mètres, soit 71 lieues de Bordeaux.

Dans le bassin du Rhône, le canal du Centre est le canal le plus voisin de Marseille, en marchant vers le Nord, et il en est à une distance de 460,000 mètres, soit 115 lieues.

[99] Tandis que les quatres premiers canaux de l'Angleterre, ainsi que nous l'avons vu (chapitre II, pages 41 à 43), avaient mis en communication les deux villes les plus manufacturières de l'intérieur, Manchester et Birmingham, avec les deux ports les plus actifs, Londres et Liverpool, tandis que les autres grandes lignes de navigation (chapitre II, page 46), débouchent dans les fleuves qui conduisent aux ports principaux, à de faibles distances des ports de mer, et dans des parties dont la navigation est facile ou bien a été facilement améliorée, en France la navigation maritime et la navigation artificielle sont restées complètement en dehors de leur sphère d'activité réciproque. Nos ports sont demeurés sans moyens de communication économique avec l'intérieur, puisqu'ils ne peuvent encore

y expédier leurs envois que par terre ou par des fleuves d'une remonte de plus en plus difficile ; ils continuent à communiquer entre eux, de l'Océan à la Méditerranée par la mer, malgré le long détour du détroit de Gibraltar ; le cabotage de Marseille sur Bordeaux est plus actif que la navigation du canal du Languedoc[7] ; et notre marine marchande voit ses progrès s'accomplir lentement et péniblement, en présence des progrès si rapides, si heureux des pavillons anglais, américains, hollandais, parce que ces pavillons appartiennent à des ports où aboutissent de l'intérieur de grandes lignes navigables artificielles, au moyen desquelles leurs importations se distribuent à bas prix. L'Angleterre consomme par tête 6 à 7 kilogrammes de sucre ; en France il ne s'en consomme que 2 kil. ½.

Il est d'autant plus urgent de mettre un terme à un tel état de choses, qu'il ne s'agit pas seulement pour le commerce [100] français de l'approvisionnement du pays en denrées ou matières exotiques, mais de celui aussi de l'Allemagne centrale, dont les ports de France, et notamment du bassin de la Seine, sont les ports naturels. Quelques développemens sur ce point ne seront pas superflus.

Les désastres dont le commerce de la France, et celui de l'Espagne, de la Hollande, et d'autres nations encore, a été frappé de 1789 à 1815, ont tous tourné au profit du peuple que sa position appelait à conserver l'empire des mers, lorsque le Nouveau-Monde n'avait pu encore élever son pavillon rival, et que l'Europe était ébranlée par les guerres continentales de la fin du dernier siècle et du commencement de celui-ci.

L'Angleterre, depuis la paix, a suivi avec constance et vigueur la carrière qu'elle s'était ouverte pendant la guerre. Sa prospérité commerciale est arrivée à un point extraordinaire, et on a pu croire pendant quelque temps qu'elle parviendrait au monopole de l'approvisionnement des autres nations en matières exotiques. C'est par suite de ce développement inoui de commerce que se sont créés les magnifiques entrepôts de Londres[8] et de Liverpool, et que le marché de ces deux villes a dominé tous ceux du continent.

---

7 L'une des ambitions initiales du canal du Languedoc, aussi appelé canal des Deux Mers, consistait précisément à relier l'Atlantique à la Méditerranée tout en évitant aux navires le contournement de l'Espagne. Ce canal creusé au XVIIe siècle est rebaptisé canal du Midi après la Révolution.

8 Fondée au bord de la Tamise, Londres devient très vite un important centre d'échanges et de commerce, la rivière permettant d'acheminer des marchandises jusqu'au cœur de la ville. Devenus trop petits, les *docks* – traduit par les auteurs des *Vues politiques et*

Mais une longue paix, en rendant aux nations les forces et la richesse qu'elles ont pu perdre par la guerre, tend à rétablir entre elles l'équilibre, ou tout au moins les appelle à prendre une plus juste part au mouvement et à la fortune générales.

Telle est, en peu de mots, et pour ces quinze dernières années, l'histoire des nations maritimes de l'Europe ; il n'est pas une d'elles qui ne fasse effort aujourd'hui pour [101] s'affranchir du marché anglais ; il est évident, en effet, que c'est un état de choses forcé que celui qui concentre les matières destinées aux consommations de l'Europe dans les entrepôts de Londres, d'où les matières ne peuvent sortir que pour aller à un autre port, qui les expédie enfin à leurs points de consommation.

Cette station intermédiaire sur un point tout-à-fait excentrique, ces manutentions inutiles ne peuvent résister longtemps encore aux efforts des villes maritimes de l'Océan, de la Baltique et de la Méditerranée. Ces villes tendent toutes à accroître leurs relations avec les lieux de production, et à opérer ainsi directement et sans l'intermédiaire de l'Angleterre l'approvisionnement de la partie du territoire qui les avoisine.

Dans cette lutte des ports européens contre les ports anglais, et même des ports européens entre eux, les circonstances physiques, le climat, la nature du territoire, l'hydrographie, la position géographique, forment les élémens qui doivent rester victorieux, car ils sont impérissables ; les circonstances politiques peuvent en suspendre les effets, mais elles ne peuvent détruire ces causes premières, et l'état de paix leur rend toute leur influence.

C'est ainsi que Hambourg et Anvers, par l'heureuse combinaison de leur position géographique et hydrographique, ont été des premières à

---

pratiques sur les travaux publics de France comme « bassins éclusés » – de l'époque romaine sont remplacés à l'extrême fin du XVIIe siècle par le *Howland Great Dock*, doté d'un ancrage bien plus large – il pouvait accueillir jusqu'à 120 navires – et sécurisé. Avec l'intensification du commerce, d'autres *docks*, aux surfaces imposantes, voient le jour au début du XIXe siècle. Les *London Docks* (120 000 m^2) sont construits dans les quartiers de *Wapping*, entre 1802 et 1805 sur les plans de l'ingénieur John Rennie (1761-1821). Les *West India Docks*, localisés sur l'*Isle of Dogs* (1799-1806), sont l'œuvre de l'ingénieur William Jessop (1745-1814) ; ils sont constitués des *Import Docks* (120 000 m^2) et des *Export Docks* (97 000 m^2). Les *East India Docks*, conçus par Ralph Walker (1749-1824), sont construits en 1803-1806 (*Import Docks* de 73 000 m^2 et *Export Docks* de 61 000 m^2). Les *St. Katharine Docks*, dus à Thomas Telford (1757-1834), datent de la seconde moitié des années 1820. Plus petits (25 000 m^2), ils sont, en revanche plus centraux. Tous ces *docks* comportent des quais mouillés, où les navires peuvent charger et décharger, des quais secs pour leur réparation, ainsi qu'un grand nombre d'entrepôts pour le stockage des marchandises.

constituer des marchés qui peuvent aujourd'hui soutenir la concurrence du marché de Londres pour toute la partie de l'Allemagne qui se trouve dans la sphère d'activité de ces deux villes.

C'est ainsi que la France, par le bassin de la Seine et le Havre, doit arriver à reconquérir l'approvisionnement de [102] l'Allemagne centrale, qui a été enlevé à la France par l'Angleterre, et qui est aujourd'hui disputé au bassin de la Seine par Londres et par le bassin du Rhin et de l'Escaut.

C'est par de grandes voies de communication que la France peut s'assurer cette conquête pacifique.

Et c'est en dirigeant aujourd'hui le système de sa canalisation, d'après la conception que nous venons de présenter, qu'Elle rendra à son pavillon son ancienne prospérité, et qu'Elle pourra soutenir la concurrence des autres pavillons. Le système de canalisation doit avoir aujourd'hui pour but principal de perfectionner le système hydrographique dont la nature a doté chacun des bassins qui forme l'ensemble du territoire, de manière *à ce que les transports par eau,* de L'INTERIEUR *et de* L'EXTERIEUR, SE LIENT ENTRE EUX et *se fortifient par des lignes contenues et d'une navigation facile, économique et régulière.*

Les considérations qui viennent d'être présentées suffisent pour nous guider dans l'indication des lignes navigables qui, avec une partie de celles aujourd'hui existantes ou en construction, doivent composer le réseau de grande navigation de la France[9]. Nous renvoyons au chapitre suivant le détail de ces canaux.

Ces considérations nous guideront aussi dans le tracé des routes en fer de premier ordre, et dès à présent dans la détermination des points principaux qu'elles doivent mettre en communication ; car nous ne nous proposons pas, dans cette première publication, de donner notre opinion détaillée sur le tracé des diverses routes. En raison même des conditions d'art auxquelles elles doivent satisfaire, leur [103] tracé doit être très-profondément étudié, et. dans une aussi grave question, rien ne se doit hasarder légèrement.

---

9 La distinction entre petite et grande navigation est essentiellement affaire de section des canaux et par conséquent de gabarit des bateaux qui peuvent les emprunter. En France, ainsi que le notent les auteurs des *Vues politiques et pratiques sur les travaux publics de France*, un canal de grande navigation présente une largeur de plus de 7,2 mètres au fond, une largeur de 5,2 mètres aux écluses et un tirant d'eau de 1,65 mètre. La première moitié du XIXe siècle est traversée de débats concernant la priorité à accorder à la réalisation de voies d'eau de grande ou de petite navigation.

Mais ce qui nous paraît dès à présent démontré, c'est que les routes en fer à machines locomotives qui, ainsi que nous le disions au chapitre précédent, sont le perfectionnement le plus avancé des moyens de transports par terre, doivent, comme les routes dites royales ou de premier ordre, avoir pour centre la capitale du royaume.

Leur produit principal doit consister en transports d'hommes et de matières chères ; c'est autour de la capitale que s'effectuent le plus de déplacemens d'hommes et de matières chères ; c'est entre la capitale et les principales villes du royaume que des circulations de cette nature ont principalement lieu ; c'est donc entre la capitale et les principales villes du royaume que ces routes doivent être tracées.

Le service des postes s'effectue par les routes royales ; les routes de fer à machines locomotives sont évidemment destinées à faire le service des postes[10], et le centre de ce service est à Paris.

Les grandes lignes de navigation ont surtout à pourvoir aux premiers besoins de la consommation et de l'industrie ; mais les routes en fer participeront au mouvement administratif non moins qu'au mouvement industriel ; leur bu principal est d'établir une communication la plus rapide possible du centre aux extrémités.

Les canaux auront surtout pour résultat de mettre en valeur chacune des parties du territoire ; les routes en fer les rallieront entre elles et leur donneront l'unité et la force nécessaires au développement de l'industrie autant qu'à l'action administrative.

[104] Si l'on porte son attention, d'ailleurs, sur le cas de guerre, hypothèse dont la réalisation nous paraît de moins en moins prochaine et possible, on voit que le système que nous proposons devrait être nécessairement adopté ; que la capitale du royaume devrait être le centre des routes en fer, en y ajoutant toutefois cette condition, qu'elles fussent reliées à leur extrémité par une autre route en fer parallèle aux frontières de terre, et le long de laquelle pourraient se porter instantanément les forces nécessaires à la défense des points frontières attaqués. La conviction dont nous sommes pénétrés des difficultés qui tous les

---

10 Jusqu'au développement du chemin de fer, l'histoire de la poste se confond avec celle des routes. Réorganisée sous la Révolution avec l'abolition de la Ferme générale des postes d'Ancien Régime, la poste devient un service doté du monopole sur l'acheminement du courrier structuré au moyen de relais de poste avec des chevaux assurant les liaisons entre eux. Le chemin de fer mettra en crise cette organisation.

jours s'opposent plus grandes à une guerre européenne (et toute guerre contre la France aurait bientôt pris ce caractère) cette conviction ne nous permet pas d'insister davantage sur l'utilité des routes de fer pour la défense du territoire. Au reste, ceux qui désireraient avoir plus de détails sur ce point, les trouveront dans le *Compte rendu trimestriel de l'association polytechnique* pour juillet 1832, où est inséré l'extrait d'un mémoire de deux d'entre nous sur les chemins de fer[11]. La partie extraite de ce mémoire est celle relative aux avantages des chemins de fer pour la défense du territoire.

Nous croyons donc que le réseau des grandes routes en fer à machines locomotives doit se composer des parties suivantes :

1° Route de Paris à Valenciennes, Lille, Calais ;
2° Route de Paris au Havre ;
3° Route de Paris à Strasbourg ;
4° Route de Paris à Lyon et Marseille ;
[105] 5° Route de Paris à Bordeaux, avec embranchement sur Nantes ;
6° Route de Bordeaux sur Lyon ;
7° Route parallèle aux frontières du Nord.

L'ensemble de ces routes doit composer environ 3,500 kilomètres, qui, à 160,000 fr. le kilomètre, feraient une somme totale de 560,000,000 fr.

Nous croyons devoir terminer ce chapitre en déclarant que les tracés qui ont été proposés jusqu'ici pour de grandes communications par chemins de fer ne nous paraissent pas bien conçus ; nous croyons que l'on n'y a pas tenu compte des conditions d'art que doivent remplir les routes en fer, pour rendre les services que l'on s'en promet et que l'on promet au public. Les devis qui ont été répandus sont évidemment beaucoup trop faibles, et nous nous attacherons avec une persévérance

11 L'Association polytechnique est créée juste après la Révolution, en août 1830. Composée d'anciens élèves de l'École polytechnique, elle propose des cours gratuits à destination des ouvriers et organise des discussions entre ses membres. – Le document évoqué est le suivant : Gabriel Lamé et Émile Clapeyron, « Mémoire sur les chemins de fer considérés sous le point de vue de la défense du territoire (extrait) ; lu à l'Association polytechnique, dans sa séance du 20 juin », *in* Auguste Perdonnet, G. Lamé et É. Clapeyron, *Notices sur les chemins de fer*, Paris, Imprimerie de Guiraudet, 1832, p. 27-28 (voir aussi l'Introduction des éditeurs).

inébranlable à le démontrer ; car les mécomptes que de telles erreurs entraîneraient, pourraient retarder pour long-temps la création des routes en fer établies sur les principes de l'art et les leçons de l'expérience, et arrêter ainsi l'élan que ces routes bien construites doivent inévitablement donner au travail et à la civilisation.

CHAPITRE VII [106]

Division du chapitre en cinq sections

1re SECTION. *Bassin de la Seine.* – Travaux de canalisation exécutés dans ce bassin. – Vue générale sur l'hydrographie de la France, et notamment du bassin de la Seine. – Difficultés de la navigation de la Seine. – Historique des travaux proposés pour son amélioration. – Du canal maritime du Havre à Paris. – Examen de cette entreprise. – Du canal maritime de Rouen à Paris. – Examen de cette entreprise. – Solution proposée pour l'union de la navigation maritime et de la navigation intérieure dans le bassin de la Seine. – Chemin de fer du premier ordre entre le Havre, Rouen et Paris. – Perfectionnement de la Seine entre Paris et Rouen, et entre Rouen et le Havre. – Canal latéral à la haute Seine et à l'Yonne. – Agrandissement des canaux de Briare, du Loing et d'Orléans. – Du canal de l'Essonne. – Canal Brisson, de Paris à Angers. – Canal de la Seine au Rhin. – Canal de l'Oise à la Sambre. – Perfectionnement de la Seine supérieure. – Canalisation de la Vesle. – Autres lignes secondaires.

2e SECTION. *Bassin de la Loire.* – Travaux de canalisation et chemins de fer exécutés dans ce bassin. – Canal maritime de Nantes. – Canal latéral à la Loire, de Nantes à Orléans. – Canal de Roanne à Digoin. – Ponts-aqueducs du canal latéral à la Loire. – Considérations générales sur les lignes secondaires du bassin de la Loire. – Jonction par chemin de [107] fer de la Dordogne à la Sioule. – Autres lignes de jonction du bassin de la Gironde et du bassin de la Loire. – Canal latéral à l'Allier. – Canal de la Loire à la Charente. – Autres lignes secondaires.

3e SECTION. *Bassin de la Gironde.* – Travaux de canalisation exécutés dans ce bassin. – Canal maritime de Bordeaux. – Canal latéral à la Garonne, de Toulouse à Bordeaux. – Canal de la Charente à la Dordogne. – Canaux des Landes. – Canal des Pyrénées. – Autres lignes secondaires.

4e SECTION. *Bassin du Rhône.* – Travaux de canalisation exécutés dans ce bassin. – Vues générales sur l'hydrographie du bassin du Rhône, et comparaison d'un chemin de fer et d'un canal latéral au Rhône. – Détails sur ce canal.

– Perfectionnement de la navigation de la Saône. – Canal de Bouc à Marseille. – Jonction de la Saône, à la Meuse et à la Moselle. – Autres lignes secondaires.

5ᵉ SECTION. *Bassins secondaires.* – Indication sommaire des travaux à y exécuter.

En entrant, comme nous allons le faire, dans le détail des divers travaux de canalisation à exécuter en France, nous n'avons pas la pensée que nos indications puissent être définitives ; notre conviction est absolue sur la nécessité et sur l'utilité de combiner, comme nous l'avons indiqué dans les deux chapitres précédens, les canaux de grande et petite section, avec les chemins de fer de premier et de second ordre ; nous croyons que ce système indiqué par nous est neuf ; nous nous attacherons, dans nos publications subséquentes, à le développer encore ; mais c'est parce que nous introduisons une pensée nouvelle dans le système général des communications de France, que nous sommes plus exposés [108] à nous tromper sur les détails de ce système ; peut-être avons-nous proposé des travaux qui ne seraient pas utiles, peut-être en avons-nous omis qui seraient indispensables. Nous appelons et nous espérons, à cet égard, les conseils et les renseignemens de tous ceux qui s'occupent de ces matières si graves, si importantes pour le développement des forces matérielles du pays.

Nous n'avons pas besoin de dire que, pour tout ce qui concerne les travaux de canalisation, nous avons eu principalement recours aux beaux ouvrages déjà souvent cités par nous de MM. Brisson et Dutens[1].

Nous diviserons ce chapitre en cinq sections : les quatre premières traiteront des lignes de navigation à ouvrir dans les quatre principaux bassins, et la cinquième des travaux de ce genre à exécuter dans les bassins secondaires.

---

1 Joseph-Michel Dutens (1765-1848) entre à l'École des ponts et chaussées en 1783. Promu ingénieur en chef en 1805, il prend part aux travaux de la route du Simplon, avant d'être nommé en 1808 à la tête du service de navigation du Cher. En 1816, il dirige les études du canal du Cher et de la Nièvre. Deux ans plus tard, il est envoyé en voyage d'études en Angleterre par le directeur général des Ponts et Chaussées Becquey. Il en rend compte dans un livre intitulé *Mémoires sur les travaux publics de l'Angleterre* (1819). En 1820, un travail resté manuscrit sur le perfectionnement de la navigation intérieure de la France alimente le *Rapport au roi*, imprimé la même année par Becquey. Les années suivantes, il est membre de la Commission des canaux. En 1829, il fait imprimer une *Histoire de la navigation intérieure de la France*, en deux volumes, largement sollicitée par les auteurs des *Vues politiques et pratiques sur les travaux publics de France*.

PREMIÈRE SECTION
Bassin de la Seine[2]

Nous avons vu, dans le chapitre précédent, que ce bassin est déjà mis en communication avec ceux qui l'entourent, par cinq canaux à point de partage, terminés ou en exécution, savoir : les canaux d'Orléans, de Briare, de Nivernais, de Bourgogne, des Ardennes et de Crozat.

À ces lignes navigables il faut ajouter, dans l'intérieur du bassin :

1° Le canal du Loing formant la continuation des canaux [109] de Briare et d'Orléans, et venant déboucher dans la Seine à 126,000 mètres environ au-dessus de Paris.

2° Les canaux de l'Ourcq, de Saint-Denis et de Saint-Martin ayant pour but, le premier d'amener de l'eau à Paris, soit pour y être distribuée dans l'intérieur de la ville, soit pour alimenter les deux autres, qui ouvrent un débouché de la haute à la basse Seine à travers Paris, et épargnent aux bateaux les lenteurs et les dépenses d'une navigation difficile de la Briche à Bercy et le passage de quinze ponts.

3° Des travaux d'amélioration en cours d'exécution dans la rivière d'Oise, depuis Chauny, où débouche le canal Crozat. Ces travaux consistent en un canal latéral depuis Chauny jusqu'à Port-Pintrelle, sur une longueur de 34,800 mètres ; le reste de la navigation de l'Oise, jusqu'à son embouchure dans la Seine, sera amélioré par des barrages éclusés sur une longueur de 86,000 mètres environ. Ces travaux sont exécutés par la compagnie Sartoris, à des conditions analogues à celles que nous avons fait connaître au chapitre III, et conformément auxquelles cette compagnie exécute les canaux de la Somme et des Ardennes.

4° Le canal Saint-Maur, de 1,150 mètres de longueur, et remplaçant 20,000 de navigation difficile sur la Marne.

5° Le canal Cornillon, de 370 mètres de long, servant à éviter les difficultés et les détours de la Marne dans la ville de Meaux.

6° Des travaux d'amélioration dans la haute Seine, entre Marcilly et Troyes.

7° Une écluse construite à Pont-de-l'Arche, près de [110] Rouen, pour racheter la chute que formait la rivière, sous les arches de ce pont, à cause la faible ouverture de ces arches.

2 Voir annexe II, ill. 2.

Telle est, en ce moment, la situation de la navigation artificielle dans le bassin le plus riche et le plus peuplé de France, dans la partie du territoire où se trouve la capitale du royaume, son premier port pour le commerce extérieur, le Havre ; son second port pour le cabotage, Rouen, qui est en même temps sa ville de fabriques la plus importante. C'est un fait à peine explicable que cette absence presque complète de toute amélioration, par exemple, sur la partie du fleuve qui joint Paris avec Rouen et le Havre ; sur un cours de 351,743 mètres, un seul perfectionnement, l'écluse du Pont-de-l'Arche !

Les cours d'eau du bassin de la Seine présentent, il est vrai, en général, une navigation moins difficile que celle des rivières ou fleuves des autres bassins, et cela s'explique bien en remarquant que les montagnes qui enceignent ce bassin ne sont que des branches très-inférieures de la grande Dorsale européenne qui entre en France par les Alpes et y projette les Cévennes et les Pyrénées ; c'est dans ces chaînes de premier ordre que prennent naissance le Rhin, le Rhône, la Garonne, la Loire et leurs principaux affluens, tous fleuves et rivières dont la navigation est généralement difficile et irrégulière, et le régime torrentiel, par suite de la rapidité que leur donnent leur grande pente et l'élévation de leurs sources.

C'est dans le Jura et dans les Vosges, branches secondaires de la grande Dorsale, que prennent naissance la Meuse, la Moselle, le Doubs, la Saône, fleuves d'une [111] moindre pente et d'un régime moins irrégulier que ceux dont nous venons de parler.

C'est enfin des Vosges que s'avance vers l'ouest la branche secondaire des Faucilles qui projette au Nord le long rameau de troisième ordre, dit des monts d'Argonne et des Ardennes occidentales, où l'Ornain, l'Aire et l'Aisne ont leurs sources, et qui, s'infléchissant brusquement à l'Ouest, donne naissance à l'Oise, vient former la ligne de faîte et de quatrième ordre de la Haute-Normandie, d'où s'écoulent les petites rivières du Thérain, de l'Epte, de l'Andelle et de Lillebonne.

Cette même branche des Faucilles projette, au Midi, le plateau de Langres et les monts de Morvan, chaînes de troisième ordre, où la Marne, l'Aube, la Seine, l'Yonne et l'Armançon prennent leurs sources, et qui se terminent par le long chaînon de quatrième ordre qui forme le plateau d'Orléans, et la ligne de faîte de la Basse-Normandie, d'où s'écoulent le Loing, l'Essone, l'Eure, l'Yton et la Rille.

Ainsi la Seine et ses affluens prenant naissance dans des montagnes de troisième et quatrième ordre, et leurs sources étant généralement moins élevées que celles des fleuves des autres bassins de France, leur navigation est généralement aussi, comme nous le disions, moins difficile. Toutefois une partie de cet avantage est détruit par le déboisement presque complet du bassin de la Seine, d'où résultent une différence considérable des hauteurs d'eau de la saison pluvieuse à la saison sèche, et une grande rapidité et beaucoup de violence dans les crues.

L'on cite des crues de la Seine où les eaux se sont élevées [112] de $8^{m}.10$ au-dessus de son étiage ; les grandes crues ordinaires sont de 4 à 6 mètres, et, pendant les crues, toute navigation est impossible[3].

L'on trouvera des notions plus détaillées sur le régime de la Seine, dans un ouvrage publié par l'un de nous en 1829[4], et dont nous aurons encore à parler plus loin ; nous nous bornerons à en extraire le passage suivant[5] :

« Si l'on examine quelle est la nature des marchandises qui viennent par terre du Havre ou de Rouen à Paris, et [113] de celles qui viennent par eau, l'on trouve que toutes les marchandises chères, cafés, cotons, épiceries fines, viennent presque exclusivement par terre.

Quelques-unes viennent tantôt par eau, tantôt par terre ; ce sont notamment, entre Paris et le Havre, les sucres et les acajous ; entre Rouen et Paris, les cuivres.

D'autres, enfin, viennent exclusivement par eau : les vins, les sels, les savons, et toutes les matières premières de peu de valeur. »

---

3 [Note de l'auteur] S'il faut prendre au pied de la lettre l'assertion de l'empereur Julien, le régime de la Seine aurait subi d'étranges modifications depuis le quatrième siècle jusqu'à nos jours. Rappelant, au prologue de son *Misopogon*, quelques détails relatifs à son séjour à Paris, il dit, en termes positifs, que le niveau de l'eau de la Seine éprouvait très-peu de variations, et qu'à cet égard, il n'y avait pas, pour l'ordinaire, de différence de l'hiver à l'été. / Ce qu'il ajoute relativement à la température ordinaire des hivers à Paris, et aux places qu'il avait vu charrier par la Seine, est assez conforme à ce qui se passe annuellement sous nos yeux. / En admettant que Julien n'eût pas tiré de quelques faits légèrement observés des inductions trop étendues, il faudrait peut-être attribuer cette étonnante uniformité du régime de la Seine à l'influence des vastes forêts qui ombragaient alors son cours. On conçoit, en effet, qu'elles devaient ralentir l'écoulement des eaux pluviales, et que sous leur abri, la fonte des neiges ne s'effectuait pas aussi rapidement que sur des champs et des côteaux dépouillés. (*Extrait du travail de M. l'ingénieur L. Fresnel, sur le Tracé du canal maritime de Maisons à Vernon.*)

4 [Note de l'auteur] Du canal maritime de Paris à Rouen, par Stéphane Flachat, 4 vol., 1829. Paris, Bachelier, libraire.

5 [Note de l'auteur] Tom. II, pag. 83.

Or, le prix moyen du fret du Havre à Paris est de 26 fr., et celui du transport par terre de 60 fr.

Pour toutes les marchandises qui viennent tantôt par terre, tantôt par eau, on peut donc conclure que les dépenses accessoires à la navigation, les débarquemens qui ont encore lieu à Rouen pour beaucoup de marchandises expédiées du Havre à Paris, et surtout les intérêts, les avaries et les assurances, ajoutent au fret, dont le prix maximum

est de	34 fr.
une dépense supplétive quelquefois plus forte que	26
puisque ces deux sommes réunies ne font que	60 fr.

prix du transport par terre, et que, pour que des marchandises qui viennent souvent par eau soient expédiées de préférence par terre, il faut que l'on calcule que, dans ces momens, le fret, les intérêts, les avaries et les assurances réunis composent une somme plus forte que le prix du roulage.

Nous croyons que ce fait révèle, plus fortement que toutes les descriptions ne pourraient le faire, le mauvais état de la navigation de la Seine.

Cette imperfection si notable de la voie principale de [114] communication entre Paris, Rouen et le Havre, a donné lieu depuis long-temps à beaucoup de projets sur celte rivière.

Pour la partie comprise entre Rouen et le Havre, sur laquelle la circulation s'opère principalement par navires, et dont les difficultés sont bien connues, dès 1783, l'académie de Rouen avait mis au concours la question du perfectionnement de la navigation.

En 1785, Lamblardie[6] proposa un canal maritime latéral aux falaises qui bordent le fleuve sur la rive droite, commençant au Havre, et venant déboucher à Villequier.

En 1792, Cachin[7] proposa un canal maritime latéral à la rive gauche, commençant à Honfleur, et venant déboucher en face de Caudebec.

---

6 Jacques-Élie Lamblardie (1747-1797) est un ingénieur des Ponts et Chaussées longtemps en poste en Normandie où il s'occupe de projets de ports de mer et de canaux. C'est dans ce cadre qu'il conçoit le projet de canal latéral à la Seine mentionné ici. Il sera par la suite directeur de l'École des ponts et chaussées ainsi que le premier directeur de l'École centrale des travaux publics créée en 1794 et rebaptisée École polytechnique un an plus tard.

7 Joseph Cachin (1757-1825) est un ingénieur des Ponts et Chaussées principalement connu pour son rôle déterminant dans l'aménagement du nouveau port de Cherbourg, l'un des

Lamblardie et Cachin sont deux des hommes dont les œuvres et le talent honorent le plus le corps des ponts-et-chaussées, dont ils sont morts tous deux inspecteurs-généraux.

En 1791, MM. Sganzin, aujourd'hui inspecteur-général des ponts-et-chaussées[8], et Forfait, depuis ministre de la marine[9], remontent la Seine de Rouen à Paris sur le lougre *le Saumon*, et proposent diverses coupures qui feraient éviter les sinuosités les plus fortes et les passages les plus difficiles du cours de la Seine.

En 1804, construction de l'écluse du Pont-de-l'Arche.

En 1813, décision du Conseil des ponts-et-chaussées[10] [115] ordonnant qu'il sera établi, le long des anciens remparts de la ville de Vernon, dans l'emplacement des deux dernières arches du pont, et sous la nouvelle arche qui doit les remplacer, un canal de dérivation dans lequel il serait pratiqué une écluse à sas, pour faire franchir aux bateaux la chute de 0^{m},55 que forme la Seine sous le pont de cette ville.

Cette décision n'a pas reçu d'exécution.

Vers le même temps, on décide que l'on remplacera, par un canal de dérivation de 3,887 mètres de long, la partie du cours de la Seine où se trouve le pertuis si difficile de Poses. Cette décision ne s'est également pas réalisée.

En 1823, M. de Bérigny[11], alors inspecteur divisionnaire, aujourd'hui inspecteur-général des ponts-et-chaussées, reçoit mission de se livrer à

---

principaux chantiers français sous le Premier Empire. On lui doit par ailleurs de très nombreux projets, dont celui de canal latéral à la Seine reliant Honfleur à Caudebec, ainsi que toute une série de mémoires et de rapports sur les canaux et les travaux maritimes.

8 Joseph-Mathieu Sganzin (1750-1837) est ingénieur des Ponts et Chaussées spécialiste des travaux maritimes. Sous l'Empire il dirige l'ensemble des travaux maritimes ordonnés par Napoléon après avoir occupé brièvement le poste de directeur du dépôt des cartes et plans de l'administration des Ponts et Chaussées. En parallèle à ses fonctions à la tête des travaux maritimes, Sganzin fait partie des premiers professeurs de l'École polytechnique où il enseigne la géométrie descriptive appliquée, cours qui devient le cours de construction de l'École en 1807. L'ouvrage tiré de ses leçons connaîtra un vif succès et sera traduit en anglais et en allemand. Il est nommé inspecteur général en 1803, fonction qu'il occupe jusqu'en 1835.

9 Pierre-Alexandre-Laurent Forfait (1752-1807) est un ingénieur des Constructions navales, ministre de la Marine et des Colonies de 1799 à 1801.

10 [Note de l'auteur] Dutens, *Histoire de la Navigation intérieure de la France*, tom. I, pag. 582.

11 Charles Bérigny (1772-1842) est ingénieur des Ponts et Chaussées. Il commence sa carrière en s'occupant de travaux de navigation, puis il élabore des projets pour les ports de Dieppe, Saint-Valéry et du Tréport. Nommé ingénieur en chef à Strasbourg puis à Versailles, il devient en 1814 secrétaire général du Conseil général des ponts et chaussées.

l'étude approfondie du cours de la Seine de Paris au Havre, et de présenter tous les projets qui lui paraîtront propres à assurer la meilleure navigation possible.

Les choses en étaient en cet état, lorsqu'au commencement de 1825, une compagnie particulière se présenta à l'autorité, déclarant qu'elle avait la conviction qu'un canal maritime, amenant à Paris les navires qui entrent au Havre, était exécutable, et pouvait présenter des produits suffisans pour les capitaux qui y seraient destinés, à la condition que cette compagnie pût réunir à son entreprise l'entrepôt de Paris, qui serait alors un entrepôt maritime.

Cette proposition, conçue en ces termes, a soulevé, sans aucun doute, l'une des plus hautes et des plus larges questions industrielles dont on se soit occupé depuis long-temps.

C'est à ce titre que nous donnerons quelque étendue a [116] l'examen que nous en allons faire. D'ailleurs deux d'entre nous[12] ont consacré plusieurs années à l'étude de cette question, et nous trouvant tous d'accord aujourd'hui pour lui donner une solution différente de celle qu'ils en avaient présentée, quelques développemens sont nécessaires pour motiver cette opinion nouvelle.

L'auteur de l'ouvrage *du canal maritime de Paris à Rouen* a nettement formulé la pensée qui nous paraît devoir présider à l'établissement de voies de communication entre Paris et la mer, lorsqu'il a dit (tome IV, page XXII) :

« *Ce sont les capitaux de Paris, c'est l'admirable système hydrographique qui converge sur cette ville par le Loing, l'Yonne, l'Armançon, la Marne et l'Oise ; c'est cette incalculable force d'un million d'hommes si bien secondés par les circonstances politiques et physiques qu'il* FAUT FAIRE INTERVENIR DANS LA NAVIGATION MARITIME DU BASSIN DE LA SEINE. »

En 1821, il est promu inspecteur divisionnaire, chargé de l'inspection du bassin de la Loire. Membre du Conseil général et de la Commission des canaux, il se penche aussi sur les projets de liaison navigable et ferrée entre Paris et Le Havre. Il est, par ailleurs, député de la Seine Inférieure, actuelle Seine Maritime, de 1828 à 1842. Il reçoit le grade d'inspecteur général en 1830. Il assure la fonction de Vice-président du Conseil général des ponts et chaussées de juin 1832 à mars 1833. Il occupe ainsi la plus haute position du corps des Ponts et Chaussées au moment où paraît l'ouvrage ici réédité.

12 [Note de l'auteur] Stéphane et Eugène Flachat, chargés de la direction des études du canal maritime de 1826 à 1830, et dont les vues sur cette entreprise ont été principalement exposées dans l'ouvrage dont nous avons déjà parlé, *du Canal maritime de Paris à Rouen*, rédigé par Stéphane Flachat.

Cette intervention ne lui paraissait alors pouvoir s'opérer que par un canal maritime, et voici quels étaient ses argumens à cet égard.

« Dans les bassins du Rhône, de la Gironde et de la Loire, dit-il (tom. 1er, pag. 112), tout le système hydrographique converge et s'appuie sur les trois ports de Marseille, de Bordeaux et de Nantes, et au moyen de travaux de canalisation bien entendus, ces trois ports peuvent devenir [117] le centre des arrivages des matières, que les consommations de ces bassins appellent, et de l'exportation des objets que leur territoire ou leur industrie produisent.......

Le système hydrographique du bassin de la Seine, au contraire, vient se centraliser tout entier autour d'une ville *intérieure*, qui se trouve être en même temps la capitale du royaume. Les deux ports du bassin ne tiennent au système hydrographique que par un fleuve dont la navigation est longue, difficile et coûteuse, et dont le dernier affluent navigable, l'Oise, est à 286,000 mètres du port principal, le Havre.

Cet état de choses ne saurait trop fixer l'attention des hommes éclairés, et il ne leur échappera pas que le moyen à la fois le plus simple, le plus sûr et le moins coûteux, de donner à un territoire toute sa valeur, c'est d'y accomplir ce que la nature a indiqué ; c'est d'y terminer ce qu'elle a ébauché. Lorsqu'un point est désigné par elle pour être le centre d'un grand système de navigation intérieure, tout ce que l'art et la science donnent de ressources à l'homme doit être mis en œuvre pour y amener la navigation maritime, si elle n'y existe pas ; pour l'y perfectionner, si déjà elle y existe. »

L'auteur fixe ensuite l'attention sur un fait en effet très-remarquable ; c'est que, tandis que dans les bassins de la Loire et de la Gironde, Nantes et Bordeaux ont une population deux ou trois fois supérieure à celle des villes les plus importantes de leur bassin, tandis que le même fait se produit dans les bassins du Rhône, pour Marseille, dont la population l'emporte de beaucoup sur celles de toutes les villes de son bassin, Lyon excepté ; dans le bassin de la Seine, au contraire, Paris, *ville intérieure*, a une population six [118] fois plus forte que celle de Rouen, *port de mer*, quarante-deux fois plus forte que celle du Havre, autre *ville maritime*.

« Ainsi, dit-il (page [127]), tout se réunit dans les bassins de la Loire, de la Gironde et du Rhône, pour fonder un marché à Nantes, à Bordeaux et à Marseille : supériorité de population, supériorité de capitaux, tout concourt à y établir le système le plus simple et le plus net pour les opérations de commerce, à y affermir ce que l'on peut appeler *l'unité commerciale*, c'est-à-dire la concentration sur un seul point, et sur le point le plus riche et le plus peuplé, des approvisionnemens et des échanges de territoire, pour tout ce qui peut venir par la mer et sortir par cette voie...

Rien de semblable ne se trouve dans le bassin de la Seine.

L'approvisionnement de ce bassin et les opérations commerciales auxquelles donnent lieu cet approvisionne et l'exportation des produits du bassin, se divisent entre le Havre et Paris. » Le Havre fait le commerce extérieur, et Paris n'y prend guère part que de *seconde main*. Rouen fait le cabotage ; mais c'est également Paris qui correspond directement avec les ports d'envoi ; Rouen perçoit une commission de passage. Cette division dans les opérations est évidemment très-fâcheuse...

« Ainsi, et de tous côtés ressort la preuve que, si tout doit être mis en œuvre pour maintenir et développer la supériorité déjà acquise par Marseille, par Bordeaux et par Nantes dans les bassins du Rhône, de la Gironde et de la Loire, sur les villes intérieures de ces bassins, les mêmes motifs, [119] les mêmes circonstances conduisent, avec non moins d'évidence pour le bassin de la Seine, à y porter la navigation maritime au point central de la navigation intérieure, et à achever ainsi d'y fixer, autant que possible, l'unité commerciale dans la ville qui déjà domine de si haut les autres villes intérieures et les villes maritimes de ce bassin ; dans la ville dont la situation hydrographique est si heureuse, les relations commerciales si étendues, l'industrie si riche, la population si nombreuse et si éclairée, en un mot, dans la capitale du royaume. »

Les argumens qui viennent d'être présentés nous paraissent d'une haute importance, et ne pouvaient avoir d'autre solution, au temps où ils étaient présentés, qu'un canal maritime. Alors, en effet, n'était pas encore construit le chemin de fer de Manchester à Liverpool ; alors on ignorait réellement tout ce qui pouvait être obtenu des voies de communication de ce genre, et on peut s'en convaincre, par exemple, en lisant la brochure où un ingénieur justement estimé développe le projet d'un chemin de fer du Havre à Paris[13]. Dans ce projet, toutes les vallées perpendiculaires à la Seine sont traversées au moyen de machines fixes ; ainsi les marchandises ont à monter et à descendre des vallées dont l'auteur estime par erreur la profondeur moyenne à 70 ou 80 mètres ;

13 [Note de l'auteur] Navier, *De l'établissement d'un chemin de fer entre Paris et le Havre ;* mai, 1826.

elle est de cent vingt à cent cinquante mètres. Le chemin de fer proposé par M. Navier[14] n'aurait donc pu être servi par machines locomotives, et sans aucun doute le transport des marchandises y aurait été très-coûteux. [120] Aussi l'auteur de l'ouvrage du *Canal maritime de Paris à Rouen* démontrait-il d'une manière victorieuse, selon nous[15], que ce chemin de fer ne pourrait soutenir la concurrence du canal maritime proposé.

Mais aujourd'hui l'expérience prouve que les machines locomotives sur chemins de fer bien construits pour cet objet peuvent facilement parcourir 30,000 mètres à l'heure ; on sait que cette vitesse est généralement de 36,000 à 40,000 mètres sur la route en fer de Manchester à Liverpool. Une telle route peut être exécutée entre le Havre et Paris ; deux machines fixes au plus y seraient probablement nécessaires. En supposant donc qu'une route en fer de Paris au Havre ait un développement de 250,000 mètres, afin d'éviter la plupart des vallées qui coupent le plateau de la Normandie, Paris, au moyen d'une telle route, se trouverait à huit ou neuf heures de distance du Havre ; à quatre ou cinq heures de Rouen.

Et alors on peut se demander si par une telle voie de communication on n'obtiendrait pas une solution satisfaisante du problème dont les termes nous ont paru si nettement posés par cette phrase que nous reproduisons ici :

« *Ce sont les capitaux de Paris, c'est l'admirable système hydrographique qui converge sur cette ville par l'Yonne, l'Armançon, la Marne et l'Oise ; c'est cette incalculable force d'un million d'hommes si bien secondés par les circonstances politiques et physiques qu'*IL FAUT FAIRE INTERVENIR *dans la navigation maritime du bassin de la Seine.* »

---

14 Fils adoptif d'Émiland-Marie Gauthey dont il publie les œuvres, Claude-Louis-Marie-Henri Navier (1785-1836) est ingénieur des Ponts et Chaussées. Il est surtout passé à la postérité pour ses travaux en mécanique et résistance des matériaux. En 1821-1822, il établit des équations décrivant le mouvement des fluides. Professeur à l'École des ponts et chaussées, puis à l'École polytechnique à partir de 1831, il fait également progresser l'application de la mécanique aux constructions. Mais Navier est aussi un ingénieur profondément engagé dans les grands débats technico-économiques de son temps. Il effectue plusieurs voyages en Angleterre, pour se tenir au courant des innovations qui s'y développent. Il joue ainsi un rôle pionnier dans la diffusion des ponts suspendus en France. Il se penche aussi de près sur les techniques de construction et les modalités de financement des routes et s'intéresse aux chemins de fer, ainsi qu'en témoigne son projet de ligne entre Paris et Le Havre. Caractéristique des premiers temps de la voie ferrée, le projet prévoit une traction hippomobile.

15 [Note de l'auteur] Tom. IV, pag. 198 à 206.

[121] Nous croyons qu'une route en fer de Paris au Havre, passant par Rouen, et servie par machines locomotives ayant une vitesse moyenne de 30,000 mètres à l'heure est la meilleure solution de ce problème, à la condition qu'en même temps la navigation de la Seine serait améliorée pour les bateaux ; car il ne suffirait pas seulement de joindre Paris, le Havre et Rouen par une voie de communication qui ne satisferait qu'à un des besoins de la circulation entre ces trois villes, *la rapidité*, il faut aussi que la seconde condition, l'*économie*, soit remplie, pour les marchandises qui la réclament impérieusement.

D'autres conditions encore nous paraîtraient devoir être remplies, mais elles ne sont que secondaires ; la plus importante serait que le port du Havre constituât enfin les établissemens commerciaux qui lui manquent, et qu'une nouvelle entrée y fût construite. On trouvera les développemens nécessaires sur ce sujet au chapitre suivant.

Comparons sommairement maintenant ces diverses solutions.

Les premières études de la compagnie du canal maritime avaient pour objet un canal qui pût amener à Paris des navires d'un tonnage égal à celui des bâtimens qui entrent au Havre.

Ce canal avait pour but de *centraliser* à Paris le *commerce extérieur et intérieur*, et d'y constituer complétement ainsi *l'unité commerciale* dont nous avons vu plus haut l'utilité démontrée par des argumens qui nous semblent incontestables. Le résultat du canal devait être évidemment d'anéantir le commerce du Havre au profit de Paris.

Si aucune autre solution ne se présentait pour constituer [122] unitairement le commerce du bassin de la Seine, et y faire intervenir fortement la capitale du royaume, nous adhérerions à cette solution. Mais d'autres moyens se présentent et, lors même qu'ils seraient moins absolument satisfaisans que celui d'un grand canal maritime de Paris au Havre, nul doute, suivant nous, qu'ils ne dussent obtenir la préférence.

Le canal maritime de Paris au Havre était évalué[16] 153,000,000 fr.

La partie du canal comprise entre Rouen et le Havre, bien que beaucoup plus courte que celle comprise entre Paris et Rouen, entrait pour moitié dans cette évaluation ; mais les ingénieurs qui l'avaient étudiée, et les commissaires aux examens desquels leurs travaux avaient été soumis, n'avaient pas dissimulé qu'il n'était pas possible de garantir que

16 [Note de l'auteur] *Canal maritime de Paris à Rouen*, tom. IV, pag. 14.

les évaluations n'y seraient pas dépassées ; qu'on pouvait bien affirmer que les ouvrages, tels qu'ils étaient projetés, résisteraient certainement à toutes les attaques de la mer[17] ; mais qu'il était possible que, pendant la construction, des coups de vent ou de hautes marées causassent des avaries considérables, et en détruisant les ouvrages commencés n'amenassent d'importantes augmentations dans les dépenses[18].

[123] Admettons néanmoins cette évaluation de 153,000,000 francs.

Une route en fer de Paris au Havre, passant par Rouen, et ayant un développement de 250,000 m., ne nous paraît pas, à raison des difficultés particulières du tracé[19], pouvoir coûter moins de	45,000,000 fr.
L'amélioration de la Seine entre Paris et Rouen pour des bâteaux coûterait, ainsi qu'il est dit plus loin	18,000,000
Pour l'amélioration de la Basse-Seine, entre Rouen et le Havre, nous porterons, conformément aux explications qui seront données ci-dessous	5,000,000
TOTAL	68,000,000
Différence avec le canal maritime du Havre à Paris	85,000,000

La compagnie du canal maritime, reconnaissant qu'il ne serait pas possible de trouver les capitaux nécessaires pour cette entreprise d'un canal pouvant amener à Paris les navires qui entrent au Havre, lorsqu'il pouvait y rester une aussi grave incertitude sur la dépense, présenta alors une solution nouvelle, celle d'un canal qui aménerait à Paris les navires qui entrent à Rouen.

Dans l'ignorance où l'on était encore des avantages qui [124] pouvaient être obtenus par une route en fer, et dans l'impossibilité d'exécuter le premier canal étudié, cette solution était encore, sans

17 [Note de l'auteur] Le canal latéral à la Basse-Seine devait avoir 67,000 mètres de long, et, sur cette longueur, 35,000 mètres se composaient d'une digue longitudinale élevée sur les *laisses* de basse mer, et par conséquent constamment battue par la haute mer. – [Note de l'éditeur] La laisse de basse mer est la limite atteinte par la mer à marée basse, en l'absence de perturbations météo-océanographiques exceptionnelles. La laisse de basse mer constitue généralement la ligne de référence juridique pour mesurer la largeur des zones maritimes.

18 [Note de l'auteur] Voir pour plus de détails le *Rapport de MM. de Prony, Dutens et Cavenne, sur le canal maritime de la Seine*, et un *Rapport à la Commission des canaux, par M. Brisson*, sur la même entreprise.

19 [Note de l'auteur] Nous publierons prochainement une étude détaillée de cette route en fer ; le chiffre que nous produisons ici n'est donc que le résultat d'une étude sommaire. – [Note de l'éditeur] La publication annoncée n'a jamais vu le jour.

nul doute, de beaucoup préférable à toute autre ; car, plus qu'aucune autre, elle donnait le moyen de faire intervenir Paris dans la navigation maritime, et c'est là, nous le répétons, la base fondamentale de tout système de perfectionnement dans les voies de communication du bassin de la Seine.

Mais aujourd'hui il ne nous paraît pas que cette proposition conserve l'avantage que nous venons de signaler ; il est évident qu'elle ne constituerait pas aussi unitairement le commerce du bassin de la Seine qu'une route en fer, construite de manière à être servie par des machines locomotives, et qui mettrait Rouen à cinq heures, le Havre à neuf heures de Paris. On sait le mot de Napoléon : « Paris, le Havre et Rouen ne sont qu'une ville dont la Seine est la grande rue[20] ». Le mot serait complétement juste si la grande rue était un chemin de fer à machines locomotives.

Le canal maritime de Paris à Rouen était évalué 65,000,000 fr. ; mais l'augmentation dans les dimensions résultant des décisions du conseil des ponts-et-chaussées, lorsqu'il a examiné cette affaire, en aurait porté la dépense au moins à 75,000,000 f.

A quoi il faut ajouter, pour le perfectionnement de la Basse-Seine, comme ci-dessus 5,000,000

TOTAL 80,000,000 f.

On a maintenant tous les élémens pour juger l'opinion à laquelle nous nous sommes arrêtés.

[125] Par le système que nous proposons pour l'établissement de grands travaux publics en France, les plus vastes entreprises pourraient s'exécuter, sans doute ; il suffirait qu'il fût bien établi que l'utilité en est incontestable, et qu'elles offrent le seul moyen d'obtenir le perfectionnement désiré. Mais entre deux solutions qui satisferaient à peu près également au problème, nul doute que la préférence devrait être donnée à celle qui serait la moins coûteuse.

Or celle que nous proposons pour les communications de Paris avec les deux ports du bassin de la Seine nous paraît à peu près aussi complète que celle d'un grand canal maritime de Paris au Havre, et beaucoup plus complète que celle d'un canal maritime de Paris à Rouen.

---

20 Propos attribué à Bonaparte lors de sa visite au Havre du 7 novembre 1802.

La dépense en est inférieure de 80,000,000 fr. à celle du premier canal, et de 12,000,000 fr. à celle du second ; donc elle doit leur être préférée.

Si l'on recherche maintenant laquelle des trois solutions donnerait le plus de produits, et demanderait par conséquent la moindre prime au gouvernement, on trouve encore que c'est celle à laquelle nous nous arrêtons. Nous avons besoin d'entrer ici dans quelques détails.

Les études faites pour le canal maritime de Paris au Havre établissaient la possibilité d'un produit de 17 à 18,000,000 fr. Ce travail se trouve dans deux ouvrages considérables qui ont eu une grande publicité en 1827[21].

[126] Il ressort de ces ouvrages que les auteurs des études et la commission des négocians avaient admis qu'une des économies principales, résultant d'une grande communication directe de Paris à la mer, c'était la suppression de l'intermédiaire qui existe au Havre entre les lieux de production des matières exotiques et les lieux de consommation, notamment à Paris. Il y a six à sept ans que l'intervention du Havre entre les colons producteurs de sucre, par exemple, et les raffineurs de sucre de Paris, était très-coûteuse pour Paris, parce que le Havre n'adressait pas directement des sucres aux raffineurs, mais à des négocians parisiens qui revendaient aux raffineurs, et on admettait que, par l'effet du canal maritime, ces maisons de Paris ne traiteraient plus avec le Havre, mais directement avec les producteurs. Cela se serait réalisé sans nul doute, et le canal maritime avait droit à une portion de l'économie qu'il produisait. Or le produit de ce droit était fort important.

Aujourd'hui les choses sont autrement constituées ; les maisons de Paris ont toutes, ou à peu près, successivement disparu ; le Havre a des commis-marchands à Paris, se tenant au courant des besoins de la place, ne percevant qu'une faible commission et faisant directement expédier du Havre sur Paris.

---

21 [Note de l'auteur] *Canal maritime de la Seine. Tarifs et produits.* Grand in-folio de 364 pages, avec tableaux. / *Canal maritime de la Seine. Tarifs et produits. Rapports de la Commission des négocians.* Les membres de la Commission des négocians étaient MM. Ardoin, Vital-Roux, Larreguy, Lafond fils et Drouillard. – [Note de l'éditeur] La Commission des négociants était initialement composée de : Jacques-Joseph-Augustin-Aimé Ardoin (1779-1854) (président) (banquier), Narcisse Lafond (fils) (1793-1866), Vital-Roux (1766-1846) (régent de la Banque de France), François-Dominique Larreguy (1786-1842) (secrétaire) (banquier), Cavalier (banquier) (le dernier, décédé, sera remplacé bientôt par Hippolyte Drouillard (1791-1856), membre de la maison de commerce « Blacque, Certain et Drouillard »).

De plus, il y a six et sept ans, la navigation de la Seine était si mal organisée que la commission des négocians avait reconnu que l'on ne pouvait calculer moins de *deux mois* en moyenne pour le transport des marchandises du Havre à Paris. Aujourd'hui ce même transport s'effectue en vingt-cinq à trente jours, et l'on peut calculer que les frais du transport sur la Seine ont baissé de près de 30 p. 0 / 0 depuis sept ans. Or le droit du parcours du canal maritime, soit du Havre [127] à Paris, soit de Rouen à Paris, était calculé d'après le fret tel qu'il existait alors. Les réductions opérées dans le fret nécessitent donc de fortes réductions dans les tarifs proposés pour ces entreprises, et leurs produits deviennent alors très-inférieurs à la dépense qu'ils entraînent[22].

22 [Note de l'auteur] J'éprouve ici le besoin de répéter que la proposition du canal maritime date de 1825, et qu'à cette époque la différence du prix des sucres, par exemple, entre le Havre et Paris, était de 150 à 170 fr. par tonneau. Cette différence aujourd'hui n'est pas de plus de 115 à 120 fr. De plus, le fret par grands bateaux entre le Havre et Paris était en moyenne de 30 fr., et le temps de la navigation variait de 40 à 100 jours. Aujourd'hui le fret moyen est de 26 fr., et le temps de la navigation varie de 20 à 50 jours. / Ainsi, en 1825, l'entreprise du canal maritime était certainement la plus utile qui pût être proposée, et les preuves fournies à cet égard, dans les ouvrages considérables cités plus haut, ne me paraissent laisser aucun doute à cet égard. / Cela avait bien été compris par M. de Villèle, alors président du Conseil des ministres, et je n'avance rien dont je ne sois sûr en disant que l'entreprise se fût réalisée s'il fut resté au Conseil. On sait quelle était son influence sur les banquiers de France, aussi bien que de l'étranger. Il eût certainement fait former l'association financière qui se serait chargée de l'exécution de cette vaste entreprise. / Sous le ministère qui lui succéda [Note de l'éditeur : dirigé par le vicomte de Martignac], l'entreprise éprouva de la part de l'autorité les difficultés les plus graves ; la protection spéciale que lui avait accordée M. de Villèle semblait comme la frapper de réprobation. / D'un autre côté, c'est pendant les deux années de ce ministère que se consomma la chute de la plupart des maisons parisiennes faisant le commerce de la commission sur les matières importées du Havre et consommées à Paris. Pendant ce ministère aussi, commencèrent [128] à s'introduire quelques améliorations dans la navigation de la Seine. / L'entreprise du canal maritime fut donc, de 1825 à 1829, la meilleure solution qui pût être proposée pour les relations les plus économiques entre le Havre, Rouen et Paris ; et sans les circonstances politiques, cette entreprise se fût certainement réalisée. / Je ne pense pas qu'il y ait lieu de répondre plus explicitement à ce singulier reproche que quelques personnes ont adressé à la compagnie, savoir, *qu'elle aurait dû prévoir les changemens qui sont survenus* dans les relations commerciales et dans la navigation. En présence des risques qu'a courus cette compagnie, et des études immenses auxquelles elle s'est livrée ; en présence de l'hommage rendu par les hommes les plus compétens et les plus distingués au zèle, à la bonne foi, au talent dont elle a fait preuve dans ces études, ce reproche, je le répète, est au moins singulier. / Le rapport de MM. de Prony, Dutens et Cavenne se terminait comme il suit : / « Nous cédons ici à un sentiment de justice en déclarant que MM. les soumissionnaires du canal maritime, loin de chercher à se dissimuler les difficultés de cette grande entreprise, se sont attachés à les reconnaître

[128] La solution que nous proposons aurait-elle des produits suffisans pour couvrir la dépense ? Nous ne le pensons pas davantage. Mais remarquons que, comme on satisfait par cette solution à des besoins plus variés que ceux auxquels auraient satisfait les deux canaux maritimes, l'on peut affirmer qu'on aurait à effectuer plus de transports, les marchandises de peu de valeur trouvant ce qui leur est nécessaire [129] dans un perfectionnement économique de la navigation de la Seine, les marchandises chères et les voyageurs pouvant prendre au contraire la route en fer.

En deux mots, le projet que nous présentons est certainement le plus économique et celui qui peut donner le plus [130] de produits, c'est-à-dire celui qui aurait à demander la moindre prime au gouvernement.

Perfectionnement de la Seine entre Rouen et Paris

Il nous reste maintenant à faire connaître notre opinion sur les perfectionnemens de la Seine entre Rouen et Paris.

C'est encore là une question très-controversée, et où se trouvent en présence les deux systèmes qui partagent encore les ingénieurs : celui de la canalisation par barrages, ou par dérivations latérales au fleuve. Beaucoup de projets et d'écrits ont déjà été présentés sur cette matière.

---

pour faciliter aux actionnaires les moyens de les vaincre, et qu'aucun sacrifice ne leur a coûté pour atteindre ce but, que nous avons vu, pendant la durée de notre mission, être l'objet constant de leur sollicitude. » / La commission des négocians a énoncé dans son rapport : – « Qu'elle estimait que jamais entreprise n'avait été préparée avec [129] autant de bonne foi, de soins et de maturité, et que les preuves multipliées qu'elle avait recueillies de l'exactitude que l'on s'était efforcé d'apporter dans cet immense et difficile travail lui paraissaient dignes des plus grands éloges. » / L'avis de la commission des canaux (composée alors de MM. Tarbé, Cavenne, Dutens, Roussigné et Legrand) commence en ces termes : / « La commission reconnaît avec satisfaction que parmi les nombreux projets soumis à l'administration, depuis plusieurs années, par les compagnies qui se sont occupées de la canalisation dans plusieurs contrées de la France, il n'en est aucun qui ait été étudié avec autant de soin, et qui réunisse un aussi grand nombre de matériaux utiles à consulter. » / Enfin M. Dutens, inspecteur-divisionnaire des ponts-et-chaussées, s'est exprimé comme il suit, dans son ouvrage sur l'*Histoire de la navigation intérieure du royaume*, tom. II, pag. 259. / « Jamais projet n'avait été, jusqu'à ce jour, étudié avec plus de soin, plus de talent et présenté avec plus de renseignemens, de documens et de détails de toute espèce à la connaissance du public, à l'examen de l'administration et à la discussion des savans, que ne l'a été celui du canal maritime de la Seine. » / De pareils témoignages seront pour tout homme impartial une réponse bien suffisante aux attaques quelquefois bien étranges et bien amères dont l'entreprise du canal maritime a été l'objet de la part d'individus ou de compagnies dont elle blessait les intérêts. / (*Note de Stéphane Flachat.*)

Peu partisans, en général, de la canalisation par barrages, que nous ne croyons préférable que pour des cours d'eau d'un régime très-réglé (et telle n'est pas la Seine), ou bien pour des rivières très-encaissées et où ne seraient pas praticables d'autres perfectionnemens (telles sont quelques rivières du bassin de la Gironde), nous ne pensons pas qu'il y ait lieu de canaliser la Seine par barrages entre Rouen et Paris.

Un travail important[23] a été publié sur cette matière par MM. Coïc[24] et Duleau[25], ingénieurs en chef des ponts-et-chaussées. Dans cet ouvrage, MM. Coïc et Duleau établissent que les 54 lieues qui forment le développement de la Seine de Rouen à l'embouchure du canal Saint-Denis se divisent en quinze espaces, dont sept, formant une longueur [131] totale de 15 lieues, présentent des obstacles plus ou moins graves, tels que ponts à petites arches, pertuis ou passages étroits, trémates ou graviers hauts qui traversent tout le lit, courans rapides, etc. ; et que les huit espaces intermédiaires, formant ensemble 39 lieues, sont presque entièrement exempts de difficultés, et offrent pendant les basses eaux une profondeur moyenne de deux mètres, et quelquefois beaucoup plus.

---

23 [Note de l'auteur] *Reconnaissance de la Seine de Rouen à Saint-Denis, en* 1829 *et* 1830, *et travaux proposés pour rendre cette partie de la Seine facilement navigable.*

24 Julien-Désiré-Abel Coïc (1779-1839) s'engage dans la Marine en 1793, puis entre à l'École polytechnique en 1797. Trois ans plus tard, il poursuit ses études à l'École des ponts et chaussées. En 1815, il est attaché aux travaux du canal de l'Ourcq et est nommé ingénieur en chef des eaux de Paris en 1817. En juillet 1818, il est chargé de la direction des travaux du canal de l'Ourcq pour le compte de la compagnie concessionnaire des canaux de Paris. En 1821, il réalise un projet pour le canal Saint-Martin. De 1822 à 1824, il fait partie du conseil qui préside à l'exécution des travaux de ce canal. Coïc est nommé directeur du service de l'assainissement de Paris en 1826, puis est promu inspecteur divisionnaire en octobre 1830.

25 Alphonse-Jean-Claude Bourguignon, dit Duleau (1789-1832), entre à l'École polytechnique en 1807 et à l'École des ponts et chaussées en 1809. Il est nommé ingénieur ordinaire des Ponts et Chaussées en 1813. Après avoir travaillé à la surveillance des travaux de construction du pont de Bordeaux à partir de 1817, il est chargé en 1820 d'un des arrondissements des travaux du canal de l'Ourcq, travaillant sous les ordres de Coïc. À partir de 1822, il supplée Brisson comme professeur de construction à l'École des ponts et chaussées et est attaché pendant quatre ans aux travaux du canal Saint-Martin. En 1826, il remplit les fonctions d'ingénieur en chef sous la direction de Tarbé de Vauxclairs pour le contrôle des travaux des canaux de l'Ourcq, Saint-Denis et Saint-Martin. À la mort de Brisson en 1828, il devient professeur titulaire du cours de construction. Nommé ingénieur en chef en 1829, il remplace Coïc au service municipal des égouts, sous la direction de l'ingénieur des Ponts et Chaussées Pierre-Simon Girard (1785-1836). Il décède du choléra en avril 1832.

De cette alternative de passages difficiles occupant moins du tiers de la longueur totale, et de portions bonnes et pouvant devenir à peu de frais entièrement parfaites, résulte, suivant MM. Coïc et Duleau, la possibilité et la convenance d'améliorer ou d'éviter isolément chacun des passages mauvais au moyen de canaux de dérivation avec écluse à l'aval, mais sans barrage en rivière, vu la dépense énorme de constructions et surtout d'indemnités qu'ils entraîneraient, vu le dérangement qu'ils causeraient à la navigation, et pour ne changer en rien le régime général de la rivière. Ces canaux pourraient être établis sur une moitié de leur longueur dans des bras étroits qu'on isolerait du lit principal, et pour l'autre moitié à travers des plaines basses de terrains d'alluvion. On donnerait à ces canaux la profondeur que présente le reste de la rivière et l'écluse du Pont-de-l'Arche, deux mètres aux plus basses eaux.

MM. Coïc et Duleau évaluent la dépense de ces divers travaux à 15,000,000 fr. ; le produit brut à 1,100,000 fr., et net à 900,000 fr.

Nous pensons que le système d'amélioration proposé par MM. Coïc et Duleau est bon, mais nous le croyons susceptible d'un perfectionnement qui en augmenterait probablement [132] la dépense de 3,000,000 fr., et les produits dans une proportion plus forte. Nous étudions en ce moment ce perfectionnement ; nous ferons prochainement connaître notre opinion sur ce point.

Amélioration de la navigation entre le Havre et Rouen

Quant au perfectionnement de la Basse-Seine, entre Rouen et le Havre, ou plutôt entre le Havre et La Meilleraye (car le bassin compris entre Rouen et La Meilleraye est très-beau), les plus hautes questions de la science des ponts-et-chaussées s'y rattachent, et déjà aussi les hommes qui tiennent rang parmi les plus distingués dans le corps y ont apporté le tribut de leur talent. Cachin, Lamblardie père et fils[26], de Prony[27],

26 Antoine-Élie Lamblardie (1784-1842), polytechnicien et ingénieur des Ponts et Chaussées, est le fils de Jacques Elie, cofondateur et premier directeur de l'École polytechnique. Nommé inspecteur général du corps en 1835, il est comme son père un grand spécialiste de travaux portuaires et maritimes. Il est, entre autres, l'auteur de *Canal maritime de Paris au Havre, observations sur un mémoire de M. Pattu* (1826).

27 Gaspard-Clair-François-Marie-Riche de Prony (1755-1839) est l'un des plus influents ingénieurs des Ponts et Chaussées de son époque. Directeur du Cadastre sous la Révolution,

Girard[28], de Bérigny, Brisson, Cavenne[29], Dutens, Pattu[30], Duleau, Fresnel[31], s'en sont successivement ou simultanément occupés. L'ingénieur en chef du Havre, M. Frissart[32], a publié récemment un ouvrage sur ce

---

professeur à l'École Polytechnique, directeur de l'École des Ponts et Chaussées de 1798 à 1839, membre de l'Académie des Sciences, il est l'auteur d'une œuvre scientifique abondante, quoique tombée dans l'oubli. Il fait surtout figure d'expert dans des domaines qui vont de la mécanique et de l'hydraulique aux travaux publics. Nommé inspecteur général en 1805, il siège 34 ans au Conseil général des ponts et chaussées. Il en assure la Vice-présidence de mai 1830 à juillet 1831.

28 Pierre-Simon Girard (1785-1836) est élève au Bureau des plans et élèves (qui deviendra l'École des ponts et chaussées), dirigé par Perronet, où il entre en 1784. D'abord employé dans la généralité de Poitiers, il est chargé, en mai 1792, des travaux de la navigation de la Somme. Il est envoyé, deux ans plus tard, au port du Havre. En 1798, il fait partie de l'expédition d'Égypte et rentre en France en 1801, avec le grade d'ingénieur en chef. L'année suivante, il est désigné par Napoléon pour diriger les travaux du canal de l'Ourcq. Dutens travaille alors sous ses ordres. En 1807, il reçoit le titre de directeur des travaux du canal et des eaux de Paris. Dix ans plus tard, il est écarté du service du canal de l'Ourcq, restant attaché aux services des anciennes eaux de Paris. L'année suivante, le canal de l'Ourcq est concédé, afin de permettre son achèvement.

29 Entré à l'École des ponts et chaussées en 1793, François-Alexandre Cavenne (1773-1856) suit les cours de l'École polytechnique à sa création l'année suivante. Rapidement nommé ingénieur du corps des Ponts et Chaussées, il est promu ingénieur en chef en 1810. Il est chargé du département du Rhône en 1813 et responsable du projet de canal latéral au Rhône à partir de 1822. Il passe ingénieur divisionnaire en 1825 et participe aux travaux de la Commission des canaux créée en 1828. En 1831, il est promu inspecteur général.

30 Jacques-Pierre-Guillaume Pattu (1772-1839) entre à l'École des ponts et chaussées en 1792, puis deux ans plus tard à l'École polytechnique tout juste créée, avant de revenir en 1796 à l'École des ponts et chaussées, désormais école d'application. Il est nommé ingénieur ordinaire dans le Calvados en 1798, puis ingénieur en chef à Bayeux en 1812. Il est l'auteur en 1825 de : *Développement des bases d'un projet de barrage-déversoir maritime... pour améliorer la navigation de l'embouchure de la Seine*, puis, l'année suivante, de : *Éclaircissemens... sur les moyens d'améliorer la navigation des parties inférieures de la Seine.*

31 Léonor-François Fresnel (1790-1869) est le frère cadet d'Augustin auquel on doit la théorie ondulatoire de la lumière ainsi que les lentilles à échelons qui équipent les phares. Ingénieur des Ponts et Chaussées comme son frère, Léonor participe à l'étude du canal maritime de la Seine. Il réalise en 1826 le plan général de la partie comprise entre le parc de Maisons et le pont de Vernon.

32 Pierre-François Frissard (1787-1854) entre à Polytechnique en 1806 et deux ans plus tard à l'École des ponts et chaussées. Il se spécialise dans les travaux portuaires. En 1819, il est attaché comme ingénieur ordinaire au port de Fécamp. De 1823 à 1824, il est chargé des études relatives à la navigation de la Seine entre la Bouille et le Havre. En 1825, il est affecté au port de Dieppe et, trois ans plus tard, est promu ingénieur en chef du port du Havre. Il publie : *Navigation fluviale du Havre à Paris, amélioration de la navigation du Havre à Rouen* (1832).

sujet[33] ; M. Frimot, ingénieur ordinaire[34], a aussi présenté une solution de ce grand problème[35].

L'embouchure de la Seine est soumise, jusqu'au-delà de Rouen, à l'influence de la marée ; la configuration de ses rives, qui forment une baie très-large, étranglée à son embouchure par les caps du Hoc et de Honfleur, et de l'autre côté entre le Hode et Berville, puis entre Tancarville et Quillebeuf, détermine un phénomène qui se retrouve dans [133] quelques rivières dont la forme d'embouchure a de l'analogie avec celle de la Seine ; par exemple, la Gironde et la rivière des Amazones. Ce phénomène porte le nom de *barre* (*mascaret*, dans la Gironde), et a reçu ce nom parce que son caractère le plus saillant est une intumescence qui se produit dans le fleuve, et qui s'avance en le remontant aux heures de la marée ascendante. Cette invasion rapide et violente du *flot* (marée montante) dans la Seine, y produit des déplacemens continuels dans tous les bancs de sable qui sont à son embouchure, et y rendraient toute navigation impraticable, si le courant d'*Ebbe* (marée descendante) ne rétablissait pas un chenal.

Il existe une autre cause très-grave de difficultés dans la navigation de la Seine.

La lutte des courans montans et descendans produit entre Quillebeuf et Villequier un long banc de sable dit la *Traverse*, résultant de l'équilibre qui s'établit, dans cette partie de la rivière, entre les deux courans. Cette explication de la formation de la *Traverse* paraît d'autant plus fondée que le banc de la *Traverse* avance ou recule de 4,000 mètres en amont ou en aval, suivant que l'un des deux courans devient prédominant. Ainsi, lorsque les eaux de la Seine sont hautes, le courant descendant devient le plus fort, et la *Traverse* descend vers Quillebeuf ; elle remonte, au contraire, vers Villequier, quand les eaux de la rivière sont basses.

---

33 [Note de l'auteur] *Navigation fluviale du Havre à Paris. Amélioration de la navigation du Havre à Rouen*, 1832.

34 Admis à l'École polytechnique en 1808, Jacques-Joseph Frimot (1790-1866) entre deux ans plus tard à l'École des ponts et chaussées. Il travaille de 1813 à 1815 à la construction du pont de Bordeaux, puis à Bourbon-Vendée (actuelle La Roche-sur-Yon). Ingénieur ordinaire, il passe en 1820 dans l'arrondissement de Landerneau. Il consacre une large part de son temps à concevoir et perfectionner des machines à vapeur. En 1827, il publie un *Mémoire sur l'établissement d'une navigation à grand tirant d'eau, entre Paris et la mer par la voie fluviale.*

35 [Note de l'auteur] *Établissement d'une navigation à grand tirant d'eau entre Paris et la mer ;* 1827.

Ce banc de la *Traverse* est le plus élevé de tous ceux de l'embouchure de la Seine ; il ne s'y trouve pas plus d'un mètre d'eau en basse mer et en temps d'étiage.

[134] Trois natures de projets ont été présentés pour l'amélioration de la Basse-Seine :

1° Un canal latéral, sur la direction duquel on est aujourd'hui fixé, depuis les travaux de MM. Lamblardie père, Bérigny et Fresnel, projets qui ont été examinés, dont les moyens de construction ont été discutés et les dépenses évaluées tant par leurs auteurs que par MM. de Prony, Brisson, Cavenne, Dutens, Duleau. La dépense de ce canal latéral serait de 70 à 80,000,000 fr., à moins de désastres pendant la construction, ainsi que nous l'avons dit plus haut.

2° Des barrages à l'embouchure du fleuve, ayant pour but de maintenir les eaux à la hauteur où elles se trouvent lorsque la marée est montée, et par le moyen desquels les navires pourraient ainsi en tout temps trouver une profondeur suffisante pour naviguer en sûreté.

Les projets de barrages ont été présentés ; l'un par M. Pattu, entre le Havre et Honfleur ; la baie de Seine sur cette direction a 7,500 mètres de long ; l'autre, par M. Lescaille[36], entre Saint-Sauveur et Guesneville, a 2,500 mètres environ en arrière de celui proposé par M. Pattu, et dans l'endroit où la baie de Seine est le plus large (10,500 mètres) ; le troisième, par M. Sénéchal[37], a 9,000 mètres en arrière de celui proposé par M. Pattu, entre les caps du Hode et de Berville. Ce barrage n'aurait que 5,500 mètres de long.

Ces projets ont donné lieu à des discussions qui ont été portées devant l'Académie des Sciences, et pour la solution desquelles des vaisseaux ont été envoyés par l'État afin de faire à l'embouchure de la Seine les expériences réclamées [135] par les savans et les hommes de l'art. Il s'agissait principalement de déterminer quelle influence un barrage à l'embouchure de la Seine pouvait avoir sur le port du Havre,

36 Jean-Louis-Hyacinthe Lescaille (1760-1843) entre à l'École des ponts et chaussées en 1780. Passé dans la généralité de Rouen en 1785, il est promu ingénieur en chef en 1800 et nommé dans le Calvados. De 1805 à 1815, il est chargé des travaux de navigation dans le département de l'Eure. En 1827, il est mis à la retraite.

37 Admis à l'École polytechnique en 1807, Jean-Nicolas Sénéchal (1788-1852) entre à l'École des ponts et chaussées deux ans plus tard. De 1825 à 1828, il est mis à la disposition de la Compagnie du canal maritime de la Seine par l'administration des Ponts et Chaussées qu'il réintègre ensuite.

relativement à la hauteur et à la tenue du plein des marées, et à l'entrée et à la sortie de ce port.

M. de Prony, membre de la commission d'examen des travaux produits par la compagnie du canal maritime, dont faisaient partie le projet de M. Pattu et celui aussi de M. Sénéchal, a traité cette grande question dans un mémoire qui a depuis été imprimé dans les *Annales des Ponts-et-Chaussées*, numéros de mai et juin 1831[38].

M. de Prony a émis l'opinion que les craintes que l'on avait manifestées sur les effets du barrage par rapport au port du Havre ne sont pas fondées, et cette opinion paraît maintenant généralement partagée par les ingénieurs.

M. de Prony a examiné aussi l'effet que le barrage pourrait avoir sur le lit de la Seine, et, recherchant si les craintes qui avaient été exprimées que le fleuve ne s'ensablât promptement sont fondées, M. de Prony a pensé qu'il n'y avait pas lieu de concevoir cette inquiétude.

Cette partie de l'opinion de M. de Prony est encore vivement contestée, et nous croyons que cette question aurait besoin de nouvelles études.

La dépense des barrages était estimée par MM. Pattu et Sénéchal de 40 à 50,000,000 fr. Cette estimation nous paraît bien faible.

3° Enfin l'on a proposé des systèmes de digues ou d'épis longitudinaux et perpendiculaires au courant du fleuve, et au moyen desquels on retrécirait le lit du fleuve, et on forcerait [136] le courant d'Ebbe à suivre un même chenal, dont la profondeur serait ainsi toujours assurée et suffisante.

Tels sont notamment les projets présentés par MM. Frimot et Frissard.

Ces divers projets nous paraissent à peu près soumis aux mêmes objections que ceux des barrages. Au reste, nous ne croyons pas pouvoir leur opposer de meilleure autorité que celle du conseil-général des ponts-et-chaussées examinant des projets analogues pour la Gironde et la Garonne. Voici ce que porte, à cet égard, la délibération du conseil, en date du 21 juin 1825 :

« Que l'interposition proposée de digues résistantes dans le lit de la Garonne, quelles que soient leur direction, leur forme ou leur hauteur, n'aurait d'autre résultat que de réduire encore plus l'aire de la section du

38 Gaspard-Clair-François-Marie Riche Prony, « Examen relatif aux projets de barrage de la Seine dans le voisinage du Havre », *Annales des ponts et chaussées*, 1831, 1er semestre, p. 335-385.

fleuve, et d'ajouter ainsi à la cause de la diminution de l'action du flot, qu'il faudrait, au contraire, chercher à rappeler par tous les moyens possibles.

Que quand même on parviendrait, par ce moyen, à approfondir, même à rectifier momentanément les deux points qui forment les écueils signalés comme les plus nuisibles à la navigation maritime, ces barres, qui sont la suite du régime de la Garonne, des circonstances de l'état actuel de ses rives et de son embouchure, se reproduiraient immédiatement et avec une augmentation de volume sur d'autres points plus ou moins rapprochés des passes du bec d'Ambès et de Mont-Ferrand ; qu'ainsi on aurait fait de grands frais pour reculer la difficulté, n'obtenir non-seulement aucun résultat utile, mais pour ajouter à la cause du mal dont on se plaint. »

[137] Le conseil, dans la suite de cette délibération, demande l'étude d'un canal latéral à la Gironde.

On voit qu'une décision entre tant et de si divers projets est bien difficile encore, et que celle qui sera prise ne saurait être entourée de trop de lumières et d'expériences trop approfondies.

Les 5,000,000 que nous avons portés plus haut pour l'amélioration de la Basse-Seine ne sont donc relatifs à aucun de ces projets, mais seulement aux perfectionnemens qui, dès-à-présent, pourraient être établis, savoir : 1° l'établissement ou la réparation des chemins de halage de la Meilleraye à Rouen ; 2° la construction de quelques posées et des réparations à celles qui existent ; 3° le balisage bien entretenu des passes ; 4° leur éclairage suivant le plan présenté par M. Legrand, capitaine de port à Rouen ; 5° et enfin l'établissement de bateaux à vapeur qui, entre Berville et Caudebec, feraient rapidement franchir aux navires, pendant le plein, cette portion du fleuve où sont les principaux obstacles de la navigation.

Une telle entreprise est évidemment de celles dont, immédiatement surtout, les produits ne peuvent pas couvrir la dépense, et cependant l'utilité n'en est certes pas contestable. Les hommes les plus compétens en ont signalé la nécessité[39] ; nous la portons donc au nombre de celles dont [138] l'exécution intéresse, à un très-haut degré, le pays tout entier.

39 [Note de l'auteur] Notamment M. Vacquerie, armateur à Villequier, dans un excellent écrit, intitulé : *Observations sur la navigation de la Seine*, 1824. Rouen, imprimerie de Périaux père. / M. Bérigny a indiqué aussi l'utilité de ces améliorations dans son *Mémoire sur la navigation maritime du Havre à Paris*, pag. 75 et 76. – [Note de l'éditeur] Charles-Isidore Vacquerie (1779-1843) est un capitaine au long cours, devenu armateur prospère au Havre.

Ayant ainsi déterminé quelles doivent être les voies de communication entre Paris et les deux ports du bassin de la Seine, examinons maintenant comment peut être perfectionné tout le système hydrographique qui converge sur Paris, par la Seine et ses affluens.

Canal latéral à la Haute-Seine et à l'Yonne

Au premier rang nous plaçons le perfectionnement de la Haute-Seine, de Paris à Montereau, où l'Yonne se jette dans cette rivière. Ce perfectionnement est de la plus haute importance ; la Seine reçoit à Moret le canal du Loing, débouché commun des canaux d'Orléans et de Briare ; l'Yonne, qu'elle reçoit un peu plus haut, est le débouché des canaux du Nivernais et de Bourgogne.

En considérant l'importance des belles lignes de navigation dont nous venons de parler, et la nécessité de les compléter par des voies de communication aussi régulières, aussi faciles que ces canaux eux-mêmes, nous croyons qu'il ne faudrait pas se contenter, sur la Seine ni sur l'Yonne, d'une canalisation par barrages, qui serait fort coûteuse d'ailleurs sur ces deux rivières, et qu'il est bien préférable d'établir un canal latéral à la Seine jusqu'à Montereau, et à l'Yonne jusqu'à Auxerre, où débouche le canal du Nivernais.

La dépense de ces travaux peut être évaluée savoir : pour la Seine, 120,000 mètres à 90,000 f. le kilomètre, en raison [139] des facilités du terrain et du très-petit nombre d'ouvrages d'art	10,800,000 f.
Et 115,000 mètres de canal latéral à l'Yonne, à 100,000 f.	11,500,000
TOTAL	22,300,000 f.

La dépense de cette entreprise ne serait certainement pas couverte de quelque temps par ses produits, puisqu'elle aurait à lutter contre la descente de rivières assez faciles. Nous observons, toutefois, que si une telle ligne de navigation existait, le commerce ne tarderait pas à lui donner la préférence sur la rivière ; car, ni la Seine ni l'Yonne ne peuvent, pendant une grande partie de l'année, offrir aux bateaux un tirant d'eau de plus d'un mètre à un mètre trente centimètres, tandis que le canal de Bourgogne et celui du Nivernais ont un tirant d'eau d'un mètre soixante-cinq centimètres. Il faudrait donc décharger en partie les bateaux, venant du canal de Bourgogne pour leur faire descendre l'Yonne et la Seine; et l'on sait combien les déchargemens, transbordemens, manutentions sont redoutés par le commerce; il emploierait donc sans nul doute, à la descente, le canal latéral, qui aurait d'ailleurs toute la remonte.

Agrandissement des canaux de Briare, de Loing et d'Orléans

Pour compléter ces lignes au midi du bassin de la Seine, nous avons à mentionner ici les améliorations que réclament depuis long-temps les canaux de Briare, de Loing et d'Orléans.

[140] Le canal de Briare a généralement 8 m. au plafond et 12 m. à la ligne d'eau; ses écluses ont 4 m. 60 c., de large, et 32 m. 48 c. de long. Son tirant d'eau est de 1 m. 50 c. de large.

Ce sont là aussi en général les dimensions des canaux du Loing et d'Orléans; leurs écluses n'ont que quatre mètres 40 centimètres de large.

Or, ces dimensions sont inférieures à celles de tous les canaux de grande section de France; la largeur y est généralement de 10 m. au plafond, et de 14 m. environ à la ligne d'eau. Le tirant d'eau y est de 1 m. 65 c.; la largeur des écluses, de 5 m. 20 c., et leur longueur, de 32 m. 50 cent.

Les canaux de Briare, de Loing et d'Orléans, qui sont au centre des plus belles lignes navigables construites ou à construire, réduiraient donc les avantages de ces lignes par la faiblesse de leurs dimensions, qui obligerait, ou bien à ne pas charger à toute charge sur les autres canaux, ou bien à alléger quand on arriverait aux canaux de Briare, de Loing et d'Orléans.

Il nous paraît donc indispensable que les propriétaires de ces canaux ne tardent pas davantage à réaliser cette amélioration pour ces trois canaux, amélioration qui, si nous sommes bien informés, a déjà été provoquée par quelques hommes éclairés et influens dans ces compagnies. En tout cas, il y a là question d'utilité publique, et les propriétaires des trois canaux de Briare, d'Orléans et de Loing se mettraient évidemment dans le cas de l'expropriation, si, entendant aussi mal leurs intérêts que ceux du pays, ils ne [141] se livraient pas bientôt aux améliorations que nous venons d'indiquer.

Nous évaluons ces travaux d'agrandissement à 8 millions.

Du canal de l'Essone

On a proposé un canal qui ferait concurrence à celui d'Orléans, et qui lui enlèverait tous ses produits, parce qu'il pourrait opérer les arrivages sur Paris plus rapidement. C'est le canal de l'Essone, qui établirait une ligne plus courte de 67,000 mètres, que celle du canal d'Orléans entre Paris et Orléans.

Si le canal latéral de la Haute-Seine était établi, et que le canal d'Orléans fît les augmentations indiquées plus haut, nous avouons que cette différence de 67,000 mètres de long entre les deux lignes nous paraîtrait bien peu importante ; car, en supposant que les bateaux prissent, sur cette ligne navigable, une vitesse seulement égale à celle des canaux du Nord, soit 25,000 mètres par jour, la différence du temps de navigation sur ces deux lignes ne serait que de trois jours, différence vraiment peu appréciable pour des vins de bas prix, pour des vinaigres, pour des bois, et pour toutes les marchandises, enfin, qui passent sur le canal d'Orléans et prendraient celui de l'Essone.

La dépense du canal de l'Essone ne paraît pas pouvoir être moindre de 18 millions, non compris les intérêts pendant la construction, eu égard notamment aux difficultés d'établissement des ouvrages d'art dans la vallée tourbeuse de l'Essone, et aux énormes indemnités à payer aux usines qui emploient les eaux de cette rivière. De grands travaux [142] sont nécessaires aussi pour l'approvisionnement des eaux.

Cette dépense serait-elle couverte par les produits ? nous ne le pouvons penser. Les revenus du canal d'Orléans sont aujourd'hui de 400,000 fr. En admettant même, ce qui nous paraît très-exagéré, que le canal de l'Essone pût enlever au roulage une petite partie des marchandises qui prennent cette voie entre Orléans et Paris, en supposant même, si l'on veut, que le produit de ce canal fût double de celui d'Orléans, on voit combien il serait encore insuffisant.

Il devrait donc être mis au nombre de ceux qui auraient à demander une subvention au gouvernement, et alors les considérations que nous venons de présenter auraient toute leur importance ; il viendrait s'y ajouter encore la possibilité d'établir une autre communication par eau entre la Seine et la Basse-Loire, dont nous allons parler, et nous croyons que ces diverses considérations feraient écarter le canal de l'Essone.

Un autre point encore devrait être examiné. On a proposé un chemin de fer de Paris à Orléans : sauf étude plus approfondie, nous pensons que les grandes routes en fer à machines locomotives dont nous avons indiqué le besoin au chapitre VI, page [105], entre Paris et Lyon, et entre Paris et Nantes, ne devraient pas passer par Orléans. Mais l'on pourrait certainement diriger de la route de Paris à Nantes un embranchement sur Orléans, et le canal de l'Essone n'aurait plus aucune utilité.

Canal Brisson, ou de Paris à Angers [143]

Une communication nouvelle de la Seine à la Basse-Loire a été indiquée par M. Brisson, et la beauté des conceptions qui l'ont conduit à en reconnaître et à en démontrer la possibilité nous ont déjà fait penser que ce canal devrait porter son nom[40].

Le canal Brisson, partant de la Haute-Seine par la vallée de la petite rivière d'Orge, à trois lieues au-dessus de Paris, passerait par Dourdan, près de Chartres, à Châteaudun, Vendôme, la Flèche, et arriverait à la Loire par Angers. Ce canal, qui emprunterait le lit du Loir sur une grande partie de son cours, serait alimenté par cette rivière, sur le versant de la Loire, et sur le versant de la Seine, [144] par l'Eure, à laquelle on ferait une prise d'eau à Courville, à l'aval de Pontgouin, prise d'eau de l'aquéduc de Maintenon.

Ce canal aurait 360 kil. environ, et 280 mètres de chute environ à racheter ; M. Brisson l'évalue à 40,572,000 fr.

M. Brisson envisageait ce canal comme la première partie d'une ligne navigable qui unirait Paris à Bordeaux, les bassins de la Gironde, de la Charente et de la Loire au bassin de la Seine ; et c'est par ce motif qu'il proposait que toute cette ligne fût construite en grande section.

40 [Note de l'auteur] Deux d'entre nous, S. et E. Flachat, avaient présenté, au commencement de 1830, une demande en autorisation d'études détaillées de ce projet. Cette autorisation fut retardée par les oppositions du domaine d'Orléans. / Nous avions fait connaître à l'administration notre vœu sur la dénomination de ce canal, et elle l'avait agréé. Nous avions déclaré d'ailleurs que si la concession nous était accordée, notre intention était d'offrir une portion des bénéfices qu'elle pouvait nous procurer, aux héritiers de M. Brisson. / Nous mentionnons ici ce fait, persuadés qu'il suffit de le faire connaître aux compagnies qui pourraient s'occuper de cette affaire pour qu'elles voient dans cette offre aux héritiers de M. Brisson ce que nous y avions vu nous-mêmes, un devoir vis-à-vis d'un des hommes qui, après avoir rendu tant de services à son pays, est mort sans laisser de fortune à ses héritiers. / Le domaine d'Orléans ne ferait sans doute pas d'opposition au projet aujourd'hui.

Si l'on considère, d'une part, que le tracé de cette grande ligne paraît à peu près celui que devrait suivre le chemin de fer de premier ordre de Paris sur Bordeaux, et qu'il n'y a pas lieu de croire, d'un autre côté, qu'il y passe une grande quantité des matières pour lesquelles il importe le plus d'avoir de grands bateaux, en raison de l'économie de leur fret et de l'encombrement de ces matières, savoir, des charbons et des bois, peut-être sera-t-on conduit à penser que l'on pourrait se contenter d'établir toute la ligne navigable de Paris à Bordeaux en petite section, et cette opinion nous paraîtrait confirmée encore par cette considération que cette ligne sera parallèle à la voie de mer, dont elle ne pourrait soutenir généralement la concurrence que si ses tarifs étaient très-bas, et par conséquent sa construction la moins coûteuse possible. La ligne de Paris à Angers ne coûterait, en petite section, que 22,000,000. Dans ce cas les produits pourraient être, dès à présent, de 3 à 4 %.

Canal de la Seine au Rhin [145]

Passons maintenant au canal qui, par la vallée de la Marne, mettrait en communication le bassin de la Seine avec ceux de la Meuse, de la Moselle et du Rhin, unirait Paris à Bar-le-Duc, Nancy, Metz et Strasbourg.

Ce canal est, sans aucun doute, un des plus importans qui puissent être établis en France ; outre la communication qu'il ouvrirait entre des provinces qui sont au nombre des plus riches, des plus éclairées, des plus industrieuses de France, il a, par rapport aux relations avec l'Allemagne, le plus haut intérêt, et l'on ne saurait trop y appeler l'attention du public et du gouvernement.

L'étude de ce canal est une des plus belles œuvres de l'ingénieur illustre dont nous venons de parler, M. Brisson[41].

---

41 [Note de l'auteur] Les ingénieurs qui ont concouru à la rédaction de ce projet, sous les ordres de M. Brisson, sont : MM. Polonceau, Duleau, Tourneux, Mangin, Jacquiné et Husson. – [Note de l'éditeur] Admis à l'École polytechnique en 1797 et à l'École des ponts et chaussées deux ans plus tard Antoine-Rémy Polonceau (1778-1847) passe ingénieur en chef des Ponts et Chaussées en 1812, puis inspecteur divisionnaire en 1830. À partir de 1814, il travaille à Versailles. Il est surtout connu comme l'inventeur d'un système de ponts en fonte et en bois qu'il met en œuvre pour la construction du premier pont du Carrousel à Paris entre 1831 et 1834. Jean-François Tourneux (1779-1834) entre à l'École polytechnique en 1799 et à l'École des ponts et chaussées en 1801. Il est attaché au canal de Saint-Quentin, avant d'être promu ingénieur en chef en 1813. Il passe dans

Le canal de Paris au Rhin met, comme nous l'avons dit, quatre grands bassins en communication ; mais son tracé est tel, qu'il doit traverser le petit bassin de la Sarre, affluent de la Moselle, comme il traverse ceux de la Meuse et de la Moselle, c'est-à-dire perpendiculairement à ces rivières. C'est donc cinq vallées qui sont unies par ce canal, d'où semblait résulter la nécessité de quatre points de partage. M. Brisson est parvenu à n'en avoir que deux, l'un entre le bassin de la Seine et ceux de la Meuse et de la Moselle, qui sont traversées toutes deux par des ponts-aquéducs, l'autre entre le bassin du Rhin et ceux de la Sarre et de la Moselle.

[146] Le tracé de ce canal est donné avec détails dans l'ouvrage de M. Brisson, pages 11 à 14.

La longueur du canal serait de 517 kilomètres, dont 11,900 m. en souterrain. La somme des pentes à racheter par les écluses est de 539 m. ; la dépense est évaluée à 67,500,000 fr., non compris les intérêts pendant la construction. Il est à remarquer aussi que les projets ne commencent qu'à Saint-Maur, et qu'il faudrait y ajouter les améliorations à faire dans la navigation de la Seine et de la Marne, depuis ce point. C'est pourquoi nous porterons la dépense du canal de la Seine au Rhin à 70,000,000.

D'après le tracé proposé par M. Brisson, le canal devait rester dans la vallée de la Marne, de Saint-Maur à Vitry, sur 218 kil. de longueur. Nous laissons ici parler M. Dutens[42].

« Cette partie du tracé ne pouvait être arrêtée sans donner lieu à une discussion importante, dans laquelle se sont reproduites, comme dans tous les cas à peu près semblables, des opinions contraires qui, jugées par les uns, semblent encore pour les autres au moins susceptibles de plusieurs solutions. Un canal latéral était-il indispensable dans cette localité, et n'était-il pas préférable d'emprunter le lit de la rivière en

la Marne en 1820, puis dans les Vosges en 1831. Joseph-Nicolas Mangin ou Mengin (1760-1842) entre à l'École des ponts et chaussées en 1781. Passé ingénieur en chef en 1813, il est chargé des travaux du canal de Dieuze, destiné à acheminer les produits du bassin houiller de Sarrebruck vers Metz. Il est mis à la retraite en 1831. Jean-Joseph Jacquiné ou Jaquiné (1781-1853) entre à l'École polytechnique en 1800 et à l'École des ponts et chaussées en 1802. Il est nommé ingénieur en chef en 1825, chargé des études relatives au projet de canal de Rhin à Marne entre le moulin de Nidermüth et l'Ornain. Nicolas-François Husson (1785- ?) entre à l'École polytechnique en 1803 et deux ans plus tard à l'École des ponts et chaussés. En tant qu'élève, il participe en 1808 aux travaux du canal de Dieuze.

42 [Note de l'auteur] *Histoire de la navigation intérieure de la France*, tom. II, pag. 189 et 190.

améliorant sa navigation ? Les auteurs du projet répondaient à cette question en objectant que tous les barrages actuels sur la Marne étaient à reconstruire, que quarante barrages neufs et autant d'écluses à sas deviendraient indispensables dans le tracé entre Saint-Maur et [147] Vitry ; que ces ouvrages dispendieux n'assureraient la navigation que dans les basses eaux ; mais, qu'au moment des crues, il s'établirait dans le lit de la rivière une vitesse qui retarderait la remonte, et en augmenterait beaucoup le prix, dernières considérations qui, pouvant n'être que d'un faible poids dans quelques cas contraires, avaient paru à la commission des canaux[43] acquérir la plus grande force, surtout dans la circonstance actuelle, ou il s'agissait moins d'un canal d'exploitation que d'un canal destiné à favoriser un commerce de transit qui ne pouvait s'établir qu'au moyen de la plus grande célérité dans les transports, dont la majeure partie s'effectuerait à la remonte. »

Il fut donc arrêté que la ligne navigable serait établie latéralement à la Marne.

Cette décision nous paraît inspirée par une connaissance parfaite des besoins et des véritables intérêts du commerce ; et bien que nous pensions qu'une partie du transit sur lequel on comptait pour le canal de la Seine au Rhin s'opérerait par la route en fer que nous proposons entre Paris et Strasbourg (chapitre VI, page [105]), nous n'en sommes pas moins bien convaincus que cette partie du canal de la Seine au Rhin doit être exécutée latéralement à la Marne, afin d'établir la communication la plus régulière et la plus économique possible.

Quant aux produits de cette belle entreprise, une compagnie qui avait obtenu une ordonnance du roi pour en faire les études, a fait connaître que le résultat de ses travaux, vérifié et modifié par une commission de négocians, lui présentait l'espoir d'un revenu de 9 à 10 %.

---

43 La Commission des canaux est créée en août 1821, auprès du directeur général des Ponts et Chaussées Becquey, pour piloter et suivre l'exécution du système de navigation intérieure avalisé par le Parlement. En font partie, à sa création, outre Jean-Bernard Tarbé de Vauxclairs (1767-1842) – inspecteur général des Ponts et Chaussées depuis 1813, vice-président du Conseil général des ponts et chaussées de 1814 à 1830 et directeur de l'École des ponts et chaussées de 1839 à 1842 –, les inspecteurs divisionnaires Dutens et Bérigny et l'ingénieur en chef Brisson, Legrand, ingénieur ordinaire, en assurant le secrétariat. Cette commission court-circuite le Conseil général des ponts et chaussées, qui ne manque pas de s'émouvoir de la situation. En octobre 1830, les affaires relatives aux canaux reviennent à la commission de la navigation du Conseil général des ponts et chaussées.

Nous croyons que le canal de la Seine au Rhin est un de [148] ceux qui a le plus d'avenir, et qu'un petit nombre d'années suffirait pour lui assurer un dividende suffisant ; mais nous sommes bien convaincus aussi que comme, à l'exception des transports déjà existans par la Marne et qui sont très-importans, les principales sources des produits proviennent de débouchés nouveaux à établir, bien plus que des débouchés déjà existans, et qu'il faudrait seulement développer et améliorer, le canal de la Seine au Rhin, dans les premières années, présentera un faible revenu. Nous nous croyons, pour le moment, dispensés d'entrer dans plus de détails à cet égard. Sans doute la compagnie soumissionnaire voudra livrer ses travaux à la publicité, ainsi que l'ont fait d'autres compagnies ; elle n'a pas d'autre moyen, d'ailleurs, de faire partager au public la confiance qu'elle avait dans son entreprise ; elle n'en a pas d'autre, non plus, d'obtenir du gouvernement la subvention sans laquelle ce canal, l'un des plus essentiels au pays, ne nous paraît pas exécutable.

Canalisation de l'Aisne

Nous voici arrivés au dernier affluent important de la Seine, l'Oise.

C'est par cette rivière ou par ses affluens que le bassin de la Seine est mis en communication avec les bassins de la Somme, de l'Escaut, de la Meuse, au moyen des canaux de la Somme, de Crozat, de Saint-Quentin et des Ardennes. Nous avons déjà dit que l'Oise est améliorée en ce moment depuis Chauny, embouchure du canal Crozat, jusqu'à la Seine ; partie par des dérivations latérales, partie [149] par des barrages. Il restera à améliorer la rivière d'Aisne, affluent de l'Oise, depuis son embouchure dans cette rivière jusqu'à Neufchâtel, point où elle reçoit le canal des Ardennes[44]. Le développement de cette partie de l'Aisne est de 114,000 mètres, qui sont évalués devoir coûter 4,260,000 fr., parce que la canalisation doit s'y opérer aussi par des barrages. Cette évaluation, qui ne met le prix du kilomètre qu'à 37,000 fr., nous paraît faible ; nous porterons 7,700,000 fr., ce qui fait 50,000 fr. le kil.

44 [Note de l'auteur] Le canal des Ardennes finit réellement à Semuy sur l'Aisne, et cette rivière est canalisée de Semuy à Neufchâtel. Ces travaux font partie de la concession du canal des Ardennes.

Il y a tout lieu de croire que ces travaux projetés dans l'Aisne, et en cours d'exécution aujourd'hui sur l'Oise, seront suffisans. L'Oise et l'Aisne sont au nombre des rivières de France dont le régime est le plus doux. Toutefois il est bon de remarquer que sur la portion de la rivière d'Oise[45] comprise entre la dernière écluse du canal Crozat et Sempigny, on avait espéré donner à la rivière, sur cette longueur de 5,000 m. environ, une hauteur d'eau suffisante au moyen d'un barrage établi à Sempigny. Ce résultat n'a pas été obtenu aussi complet qu'on le désirait, et un canal latéral à l'Oise, de Chauny à Manicamp, a été ordonné et est aujourd'hui exécuté.

Ce fait nous confirme dans l'opinion que les améliorations dans les rivières dont le régime est irrégulier, et qui sont les débouchés de canaux très-importans, doivent bien plutôt s'opérer par dérivations latérales que par barrages. C'est ce [150] qui nous a déterminé à proposer cette solution pour la Haute-Seine et l'Yonne.

Canal de l'Oise à la Sambre et à l'Escaut

Un canal a été proposé pour joindre l'Oise à la Sambre et à l'Escaut. Cette entreprise a éprouvé des difficultés vraiment étranges de la part du génie militaire, et les conditions auxquelles il assujétissait le canal en rendraient l'alimentation si incertaine qu'aucune compagnie ne se présentera, sans aucun doute, pour l'exécuter, tant que cette difficulté ne sera pas levée. Comme nous ne pouvons pas croire que pour long-temps encore le génie militaire puisse entraver les projets de canalisation les plus utiles, nous porterons ce canal au nombre de ceux à exécuter. La dépense nous paraît devoir en être évaluée à 14,000,000.

On trouvera tous les détails nécessaires sur cette ligne dans les ouvrages de MM. Brisson et Dutens[46].

Telles sont les lignes de navigation de premier ordre dont l'exécution nous paraît nécessaire dans le bassin de la Seine, soit pour y compléter les lignes de navigation qui y existent déjà, soit pour y établir les communications qui lui manquent encore avec les autres bassins.

---

45 [Note de l'auteur] Dutens, *Histoire de la navigation intérieure*, tom. I, pag. 409.

46 [Note de l'auteur] Dutens, tom. II, pag. 117 ; Brisson, pag. 47 à 49.

Lignes de second ordre

Quant aux lignes de communication du second ordre, nous nous bornerons à mentionner spécialement :

1° Le perfectionnement de la navigation de la Haute-Seine de Montereau à Marcilly, sur 82,000 mètres, et de Marcilly [151] à Châtillon sur 118,000 mètres ; total, 200,000. Ce perfectionnement a de l'importance ; quelques portions en ont déjà été exécutées, notamment entre Mery et Troyes. Ce sont des dérivations latérales avec écluse à l'aval, remplaçant les portions de rivières dont la navigation était trop difficile. Des travaux semblables entre Marcilly et Montereau, et entre Troyes et Châtillon, donneraient à toute la navigation de la Seine supérieure la régularité qui y est nécessaire. Nous évaluons ces travaux à 9,000,000 fr.

2° La canalisation de la Vesle, depuis l'Aisne jusqu'à Reims, réclamée par la compagnie de M. Sartoris, qui s'offre à l'exécuter, ainsi que lui en donne le droit le traité fait avec elle en 1821, et sanctionné par une loi du 5 août même année. Cette compagnie évalue la canalisation de la Vesle, sur 48,000 mètres de long, à 2,500,000 fr. ; c'est 52,000 fr. par kil. Cette évaluation nous paraît suffisante ; nous porterons donc 2,500,000 fr.

M. Brisson, dans son ouvrage sur un système général de navigation intérieure, propose pour le bassin de la Seine d'autres canaux secondaires, dont la dépense ne serait pas moindre de 217,000,000 fr.

Nous ne pouvons entreprendre ici de discuter le mérite des diverses lignes qu'il propose. Toutes seraient utiles, sans nul doute, mais non pas également. Des études approfondies peuvent seules permettre de décider auxquelles devra être donnée la priorité, et nous n'avons pas de documens assez précis pour nous prononcer. D'ailleurs, il nous paraît hors de doute qu'une partie des lignes qu'il propose pourrait être avantageusement remplacée par des chemins de fer servis par chevaux ou machines fixes.

[152] Nous ne porterons donc qu'une somme de 40,000,000 f. pour les lignes secondaires du bassin de la Seine, canaux ou chemins de fer, pour lesquels nous pensons que les autorités locales ou les compagnies réclameraient du gouvernement une subvention si l'état entrait dans cette voie, et l'obtiendraient de lui après avoir justifié de l'utilité de leur projet et produit des études qui eussent permis de décider en connaissance de cause.

DEUXIÈME SECTION
Bassin de la Loire[47]

Le bassin de la Loire est mis en communication avec le bassin de la Seine par les canaux d'Orléans, de Briare, du Nivernais ; avec le bassin du Rhône par le canal du Centre et par le chemin de fer de Saint-Étienne à Lyon, et avec les bassins du Blavet, de l'Aulne, de la Vilaine, par les canaux de Bretagne.

Les autres perfectionnemens dans les voies de communication du bassin de la Loire sont le canal latéral de Digoin à Briare, le canal du Berri, allant de Montluçon à Tours par Saint-Amand, Bourges et Vierzon ; ce canal est en petite section ; le chemin de fer de Saint-Étienne à Andrezieux et celui d'Andrezieux à Roanne.

Le bassin de la Loire est le plus étendu de France ; la Loire en est le fleuve le plus important ; dans son cours de deux cents lieues, ce fleuve reçoit un grand nombre de rivières de premier ordre : l'Allier, le Cher, l'Indre, la Vienne sur la rive gauche, et le Loir, la Sarthe et la [153] Mayenne, qui, réunies au-dessus d'Angers, forment son principal affluent de la rive droite.

Mais si la Loire est le plus beau fleuve de France, c'est aussi celui dont la navigation est la plus irrégulière et la plus difficile ; nous en avons, plus haut, fourni la preuve, chap. VI, pag. [96] et [97].

Déjà une partie de la navigation est remplacée, savoir : d'Andrezieux à Roanne par le chemin de fer déjà cité, dont la longueur est de 65,000 mètres, et de Digoin à Briare par le canal latéral, dont la longueur est de 192,000 mètres.

Trois parties restent encore à perfectionner : celle comprise entre Roanne et Digoin, celle entre Briare et Nantes, celle entre Nantes et la mer.

Canal maritime de Nantes.

Nantes est à douze lieues de la mer, et cette partie de son cours présente aux navires qui sont en destination de ce port d'assez graves difficultés, et, pour tous ceux dont le tirant d'eau dépasse 300 tonneaux,

47 Voir annexe II, ill. 3.

une insuffisance de profondeur qui les oblige de relâcher à Paimbœuf et à Saint-Nazaire, situés à son embouchure sur chacune de ses rives.

Nous sommes ici dans un cas très-différent de celui pour lequel nous nous sommes livrés à de si longs développemens plus haut, celui des difficultés de la navigation de la Seine entre le Havre et Paris.

Il est bien évident, en effet, qu'une route en fer de Nantes à Paimbeuf ou à Saint-Nazaire n'offrirait pas une compensation appréciable des inconvéniens que supporte Nantes des arrêts et des transbordemens de ses gros navires dans ces deux ports secondaires. Saint-Nazaire et Paimbeuf [154] sont bien loin d'avoir, par rapport à Nantes, l'importance du Havre et de Rouen par rapport à Paris.

C'est pourquoi, tandis que pour le bassin de la Seine nous n'avons pas pensé qu'il y eût lieu de se livrer à l'énorme dépense d'un canal maritime, soit du Havre, soit de Rouen à Paris, et qu'une route en fer à machines locomotives entre ces villes offrait une meilleure solution ; pour Nantes, au contraire, nous pensons qu'il n'y a pas à hésiter sur l'importance de donner à ce port de la plus belle partie de notre territoire les moyens de développer son commerce, et de se livrer aux opérations de long cours avec de plus forts navires, et par conséquent avec plus d'économie qu'il n'a pu le faire jusqu'ici.

Nous proposons donc un canal maritime de Nantes à la mer. Nous n'avons pas assez de données sur les localités pour en apprécier avec quelque précision la dépense. Toutefois supposant que la longueur serait de 50,000 mètres, et évaluant le kilomètre à 700,000 fr.[48], la dépense serait de 35,000,000 fr.

Peut-être pourrait-on satisfaire à ce que nous regardons comme de la plus haute importance pour le bassin de la Loire, l'arrivage facile de forts navires, en établissant, soit à Paimbeuf, soit à Saint-Nazaire, soit dans toute autre localité favorable de l'embouchure de la Loire, un port ayant [155] de bonnes entrées et une grande profondeur d'eau, et en mettant ce port en communication avec Nantes au moyen d'une route en fer. Mais outre que cette solution serait certainement aussi chère que celle proposée ci-dessus, elle serait évidemment moins satisfaisante, moins

48 [Note de l'auteur] Le canal maritime du Havre à Paris était estimé, pour la partie comprise entre Rouen et Paris et ayant 167,000 mètres, 76,000,000 ; soit 460,000 fr. par kil., et pour la seconde partie comprise entre le Havre et Rouen, et ayant 67,000 mètres, 70,000,000 ; soit 1,044,000 fr. par kil. Nous avons dit quelles étaient les difficultés particulières de cette portion du tracé.

complète, et nous ne la proposons que si le canal maritime de Nantes à la mer coûtait plus de 35,000,000 fr. par suite de difficultés graves dans les localités, ce que nous ne pensons pas.

Canal de Nantes à Briare

La partie de la Loire comprise entre Nantes et Briare a 400,000 mètres de développement.

« Si la Loire, dit M. Dutens[49], offre un cours plus régulier dans sa partie inférieure, depuis Orléans jusqu'à Tours, et surtout depuis ce dernier point jusqu'à Nantes, d'un autre côté, le pilote y rencontre des obstacles de la part des vents. Il y a quelques années, on compta au-dessus de l'embouchure de la Vienne au moins 400 bateaux de toutes grandeurs, qui, étant partis successivement de Nantes avec un vent favorable, furent obligés de s'arrêter à ce point et d'y séjourner pendant *tout l'hiver.* Cette flottille, entièrement chargée de marchandises précieuses, ne put se mettre en mouvement qu'à l'aide des premières crues du printemps ; enfin, si par un bonheur extraordinaire on peut citer quelques bateaux qui, partis de Nantes avec un vent favorable et des eaux propices, sont parvenus à l'embouchure du canal d'Orléans en moins de huit jours, il n'est [156] pas moins vrai qu'on en a vu rester plus de six mois à faire le même trajet. »

Le canal latéral de Nantes à Orléans a été l'objet des études d'une compagnie à ce autorisée ; ces études n'ont pas eu de publicité. Nous ne pouvons donner ici qu'une évaluation sommaire, et nous pensons que, soit pour cette partie, soit pour celle comprise entre Orléans et Briare, le canal latéral ne coûterait pas plus de 110,000 fr. par kil. ; soit, pour 400 kil., 44,000,000 fr.

Canal de Roanne à Digoin

Quant à la partie de la Loire comprise entre Roanne et Digoin, et dont la longueur est de 60,000 mètres environ, une compagnie particulière a reçu autorisation d'y ouvrir un canal latéral, continuation de celui de Briare à Digoin ; ce canal est estimé 6,000,000.

---

49 [Note de l'auteur] *Histoire de la navigation intérieure*, tom. II, pag. 87.

Ponts-aquéducs sur la Loire

Les ponts-aquéducs sur la Loire, l'un du canal du Centre au canal latéral en face de Digoin, l'autre du canal latéral, au canal de Briare, sont, l'un définitivement adopté, l'autre sur le point de l'être. Nous félicitons de nouveau l'administration des ponts-et-chaussées de cette sage détermination pour le pont-aquéduc de Digoin, dont la dépense sera environ de 1,500,000 fr., et nous pensons qu'elle persistera dans cette voie, et qu'au lieu d'une traversée dans le lit de la Loire, traversée qui serait d'ailleurs assez coûteuse, parce que, pour y avoir de l'eau en étiage, il faut construire des épis qui resserrent le courant et maintiennent [157] la profondeur nécessaire, l'administration arrêtera définitivement l'établissement, plus coûteux il est vrai, d'un mode de communication entre les deux canaux, bien plus complet, bien plus sûr et plus économique.

Nous l'avons déjà dit, l'administration doit être applaudie par tous les hommes éclairés quand elle sait faire de telles dépenses, et les hommes qui attacheront leur nom à ces beaux travaux ne tarderont pas à en recevoir la récompense ; car le moment n'est pas loin où la reconnaissance publique sera surtout acquise à ce genre de services rendus au pays.

C'est à ce titre que nous signalons ici le beau travail qui vient d'être exécuté par un jeune ingénieur, M. Julien[50], le pont-aquéduc au bec d'Allier, dont les voûtes ont été fermées cette année. Ce travail, le plus considérable qui, en ce genre, existe en France, et qui peut se comparer aux ponts-aquéducs les plus renommés de l'Angleterre, a été conduit avec une activité et une vigueur qui placent bien haut son auteur. M. Julien vient d'être chargé du pont-aquéduc de Digoin.

Lignes secondaires du bassin de la Loire

Nous avons à examiner maintenant les diverses améliorations secondaires que réclament les voies de communication du bassin de la Loire.

50 Pierre-Alexandre-Adolphe Jullien (1803-1873) entre à l'École polytechnique en 1821 puis à l'École des ponts et chaussées en 1823. Nommé ingénieur ordinaire en 1828, il est affecté au canal latéral à la Loire, pour lequel il participe à la conception et à la construction de deux ponts aqueducs : celui de Guétin, sur l'Allier, et celui de Digoin, sur la Loire.

Nous présenterons d'abord quelques considérations sur la partie supérieure de ce bassin, celle où la Loire et ses principaux affluens prennent leur source.

C'est dans cette partie du territoire de la France, ainsi que dans la partie supérieure du bassin de la Gironde, et [158] dans la partie occidentale du bassin du Rhône, que se trouve ce vaste groupe de montagnes, si justement célèbre par la magnificence de ses sites, la richesse de son sol, ses ressources minérales et toute sa constitution géologique.

Les Cévennes, les Margerides, les Garigues, la Lozère, le Plomb du Cantal, le Puy-de-Dôme, le Mont-d'Or composent les parties principales de ce territoire si tourmenté et si peu accessible aux travaux de canalisation, que, dans toutes les cartes où ont été esquissés les systèmes généraux de navigation, il y a là une vaste lacune qui semble avoir défié tout l'art des ingénieurs.

Et cependant cette lacune ne peut subsister, car l'état géologique de toutes ces montagnes y a révélé l'existence de mines importantes. C'est sur leurs flancs que se trouvent les inépuisables mines de charbon et de fer carbonaté d'Alais et de Firmy ; les belles mines de plomb de Pontgibaud sont au pied du Puy-de-Dôme ; des mines de fer, de plomb, de cuivre, de houille, ont été reconnues dans toutes ces contrées.

Nous croyons que ce territoire offre aux ingénieurs, afin de le doter de communications économiques, une étude aussi neuve et aussi intéressante que celle qu'ont offerts aux géologues, depuis quelques années, les magnifiques volcans d'Auvergne, à peine explorés jusqu'alors.

Et cette étude nous paraît avoir pour objet principal d'y déterminer l'établissement d'un réseau de chemins de fer du second ordre qui, établi ainsi sur les points les plus élevés de la France centrale, viendrait, sur les bassins de la Loire, de la Gironde et du Rhône, rejoindre leurs canaux, ou les chemins de fer de premier ordre.

[159] Ce n'est pas sans raison que les trois chemins de fer existant en France sont précisément construits dans cette partie de son territoire[51].

---

51 L'ordonnance royale du 26 février 1823 autorise l'établissement, par voie de concession, d'une première ligne de chemin de fer de 23 kilomètres entre Saint-Étienne et Andrézieux pour le transport de houille. La ligne est mise en service en 1827. La traction est assurée par des chevaux. La ligne de Saint-Étienne à Lyon, longue de 58 km, est concédée le 7 juin 1826 aux frères Seguin et mise en service en octobre 1832. C'est la première ligne transportant des voyageurs en France. La concession de la ligne d'Andrézieux à Roanne, longue de 67 km, a lieu le 27 août 1828. Elle est ouverte en février 1833.

M. Brisson, décrivant les lignes de canaux à ouvrir dans tout ce territoire, fait remarquer que[52] « les difficultés de tous genres qu'offre le pays, et surtout la raideur des pentes, qui multiplierait le nombre des écluses de manière à rendre le transport par canaux peu avantageux, s'opposent à ce qu'on y établisse autant de canaux que dans les autres régions, et qu'on devra y suppléer par d'autres voies de communication, et notamment par des chemins de fer. » Et il indique (pag. 101) un chemin de fer dans la partie de la vallée de l'Allier qui précède Brioude, et (pag. 102) un chemin de fer de Feurs, sur la Loire, jusqu'à Aigueperse, sur l'Allier, par les vallées de la Dore et du Lignon. Nous verrons plus loin qu'il propose d'autres chemins de fer dans les bassins du Rhône et de la Gironde

Nous n'essaierons pas d'entrer dans le détail des divers chemins de fer qui nous paraissent pouvoir être établis dans la partie supérieure du bassin de la Loire.

Toutefois nous ferons connaître la pensée principale qui nous paraît devoir présider à l'étude de ces divers chemins et à leur jonction avec la navigation.

M. Brisson (pag. 27 à 31 de son ouvrage sur la navigation intérieure), recherchant les moyens d'établir une jonction entre Bordeaux et Bâle, et par conséquent entre les parties supérieures des bassins de la Gironde et de la Loire, [160] déclare qu'il regarde comme possible une ligne navigable, qui remonterait la Dordogne, qui la quitterait non loin de sa source pour suivre la vallée de Chavanon. Le point de partage serait entre cette vallée et celle du Sioulet, par lequel on arriverait dans la vallée de la Sioule, affluent de l'Allier.

M. Brisson ne se dissimule pas les difficultés de cette ligne, et il déclare que, dans la Dordogne et dans la Sioule, la navigation devra souvent être établie en lit de rivière au moyen de barrages et d'écluses submersibles.

Cette direction ne serait pas, sans doute, sans de graves difficultés pour un chemin de fer ; mais elles seraient moindres, à ce que nous pensons, que pour un canal ; et quand nous avons dit, chap. VI, pag. [105], qu'une ligne de communication de cette nature nous paraissait devoir être établie entre Bordeaux et Lyon, nous avions en vue cette ligne.

---

52 [Note de l'auteur] *Essai d'un système général de navigation intérieure*, page 100.

Nous indiquerons encore une autre ligne qui mettrait en communication le haut du bassin de la Gironde, et notamment Firmy, avec les parties les plus élevées du bassin de la Loire. Cette ligne nous paraîtrait pouvoir suivre le Lot, à compter de Livignac, où nous supposons qu'un chemin de fer d'Aubin et de Firmy viendrait aboutir. On remonterait le Lot jusqu'à l'embouchure de la Trueyre ; la direction de la partie supérieure de cette rivière indique qu'il y a un point de dépression assez fort dans le contrefort qui la sépare de la vallée de l'Allier, vers la petite rivière de la Dège ; ou bien l'on passerait par la Londe, affluent de la Trueyre, et l'on entrerait par l'Arceuil, ou l'Alagnon, dans la vallée de l'Allier, où pourraient être ainsi amenés du fer et du [161] charbon à assez bas prix. L'on comprend facilement, au reste, que ces indications auraient besoin d'être attentivement étudiées.

Nous supposerons que la partie des chemins de fer de second ordre qui seraient établis dans le bassin supérieur de la Loire, non compris celui de la Dordogne à la Sioule, qui fait partie du grand réseau de chemins de fer dont l'évaluation est donnée en masse, chap. VI, pag. [105], aurait 300 kil. de développement, qui à 100,000 fr. le kil., en raison des difficultés du terrain, feraient une somme totale de 30,000,000 fr.

Canal latéral à l'Allier

L'affluent le plus élevé, et l'un des principaux de la Loire, est l'Ailier, qui arrose des provinces importantes et qui atteindront un haut degré de richesse quand elles auront de bons débouchés. Un canal latéral à l'Allier a été sollicité depuis long-temps. Il a été l'objet de beaucoup d'études, et l'on trouve ici ce qui se rencontre dans presque tous les projets de canalisation : d'une part, l'absence d'un système général et bien coordonné, de l'autre, la faiblesse des produits à espérer, par rapport à la dépense nécessaire, ont fait présenter des projets très-différens de chemins de fer et de canaux latéraux à l'Allier, en grande et en petite sections. Quant à nous, admettant que la ligne de chemin de fer, proposée ci-dessus, par la vallée de la Dordogne et celle de la Sioule, s'exécute, nous croyons que le seul projet qui, dans ce cas, pût avoir quelque valeur, serait un canal latéral à l'Allier, depuis le pont-aquéduc par lequel [162] le canal latéral à la Loire passe au-dessus de cet affluent, jusqu'à Varennes, où le chemin de fer de la Dordogne et de la Sioule couperait la vallée de l'Allier pour pénétrer dans l'intérieur de la France par la vallée de la Bebres et la ligne du canal du Centre, où il rejoindrait à Châlons-sur-Saône le grand chemin de fer de Paris à Lyon, qui nous paraît devoir descendre sur le Rhône par la vallée de la Saône, à compter de Gray.

Un canal latéral à l'Allier, en section semblable à celle du canal latéral à la Loire, aurait environ 90,000 mètres, qui, à 125,000 fr. le kil., ferait 11,250,000 fr.

Le reste du cours de l'Allier serait remplacé par un chemin de fer à comprendre dans le réseau indiqué ci-dessus.

Canal de la Loire à la Charente

Nous avons fait connaître, dans la section précédente, la première partie de la ligne indiquée dans l'ouvrage de M. Brisson, entre Bordeaux et Paris. Cette première partie établit une communication entre la Loire et la Basse-Seine. La seconde partie de cette ligne établirait la jonction des bassins de la Loire et de la Charente.

Nous ayons vu que la partie de la Seine à la Loire aboutissait à ce dernier fleuve par le Loir et Angers ; de là on remonterait le Loir par le canal latéral, jusqu'à l'embouchure de la Vienne, que l'on suivrait jusqu'au-dessus de Châtelleraut ; puis l'on suivrait la vallée du Clain, en passant par Poitiers, et l'on entrerait dans le bassin de la Charente par le fleuve de ce nom et au-dessous de Couvray[53].

[163] Cette partie du canal de la Loire, jusqu'à Angoulême, aurait 220 kil. et 237 mètres de chute à racheter ; elle ne peut s'évaluer à moins de 30,000,000 fr., eu égard aux grandes difficultés des localités, et notamment du point de partage ; c'est un peu moins de 140,000 fr. par kil. ; ci, 30,000,000 fr.

Lignes secondaires

Quant aux canaux de petite section pour tout le bassin de la Loire, M. Brisson et M. Dutens en proposent un grand nombre. Au nombre des

53 [Note de l'auteur] Voir pour plus de détails, les ouvrages de M. Brisson, pag. 20 à 22, et de M. Dutens, tom. II, pag. 131 à 133.

plus remarquables et des plus essentiels, nous comptons ceux qui suivraient latéralement le cours des principaux affluens de la Loire. Parmi les lignes proposées par M. Brisson, il en est quelques-unes qu'il indique pouvoir être avantageusement remplacées par des chemins de fer, selon toute probabilité.

La dépense de ces lignes proposées par M. Brisson serait de 234,666,000 fr. Nous ferons comme pour le bassin de la Seine ; nous ne prendrons qu'une partie de cette somme, 30,000,000 fr., pour lesquels nous supposerons qu'au moyen d'études bien faites, et de démonstrations bien établies, des demandes en concession avec subvention pourraient être présentées au gouvernement et accordées par lui.

TROISIÈME SECTION
Bassin de la Gironde[54]

Les travaux de navigation intérieure dans le bassin de la Gironde consistent seulement dans le canal du Languedoc, [164] dans la canalisation de l'Isle, affluent de la Dordogne, au moyen de barrages, et en cours d'exécution aujourd'hui, au moyen d'un prêt fait par une compagnie, comme nous l'avons dit chap. III, et dans la canalisation de la Corrèze et de la Vezêre, concédée à une compagnie et exécutée par elle.

L'hydrographie du bassin de la Gironde est disposée de la manière la plus heureuse pour centraliser à Bordeaux tout le mouvement industriel et commercial du bassin. Les embouchures des principaux affluens de la Gironde se trouvent en effet à peu de distance de Bordeaux ; la Dordogne se joint à la Garonne à 22,000 mètres environ sous Bordeaux, et l'Isle se jette dans la Dordogne à 32,000 mètres de son embouchure dans la Gironde ; le Lot débouche dans la Garonne à 121,000 mètres de Bordeaux ; la Bayse, à 126,000 mètres ; le Tarn, à 203,000 mètres. Enfin, deux des principaux canaux projetés dans le bassin de la Gironde aboutissent à Bordeaux.

Nulle part, mieux que dans ce bassin, il ne peut donc s'établir une plus intime et plus féconde union entre la navigation maritime et la navigation fluviale.

---

54 Voir annexe II, ill. 4.

Canal maritime de Bordeaux

La première question à se faire pour le bassin de la Gironde est donc de savoir si la navigation maritime de ce port n'a pas besoin d'améliorations, et, en réponse à cette question, nous entendrons s'élever les plaintes de plus en plus vives des négocians et des armateurs de Bordeaux sur la diminution du tirant d'eau du fleuve à son embouchure, [165] et sur les difficultés toujours croissantes de son entrée et de sa navigation.

Beaucoup de mémoires et de projets ont été présentés pour améliorer le cours de la Gironde et y rendre la circulation des navires plus sûre et plus commode. Des mémoires très-intéressans ont été publiés sur cette question[55], et des travaux de natures fort diverses ont été proposés. Il y a lieu de croire, toutefois, que tous les travaux proposés en lit de rivière n'ont pas paru à l'habile ingénieur qui a si longtemps et avec tant de talent étudié toute cette contrée pouvoir assurer les résultats qu'on en attendait. Nous trouvons, en effet, dans un ouvrage déjà cité[56], de M. Deschamps, inspecteur-général des ponts-et-chaussées, qu'il pense que, pour faire éviter, dans les gros temps, aux navires de commerce, les dangers de l'entrée de la Gironde, il y aurait lieu de construire un canal débouchant, d'une part, à la mer, dans le mouillage au-dessus de l'ile d'Oléron, suivant la vallée de la petite rivière de Sendre, parallèle à la Gironde, et débouchant dans la rade des Monnards, près de Talmont, dans la Gironde, à 24,000 mètres de la tour de Cordouan, et à 85,000 mètres environ de Bordeaux.

La longueur de ce canal serait d'environ 75,000 mètres, qui, à 700 fr. le kil., feraient une dépense de 52,500,000 francs.

Nous rappelons d'ailleurs la délibération du Conseil [166] général des ponts-et-chaussées mentionnée page [136], et où se trouve constatée la nécessité d'un canal maritime pour Bordeaux.

---

55 [Note de l'auteur] Entre autres un mémoire de M. de Vivens, sur *les causes des encombremens successifs de la Gironde et du port de Bordeaux*. – [Note de l'éditeur] Robert de Labat, vicomte de Vivens (1771-1855), propriétaire d'un château dans le Bordelais, se préoccupe jusqu'à la fin de sa vie des questions liées aux encombrements de la Gironde.

56 [Note de l'auteur] *Assainissement et culture des Landes de Gascogne*, pag. 56.

Canal latéral à la Garonne

La distance de Bordeaux au canal du Midi, par la Garonne, est de 286,000 mètres. La navigation présente de très-grandes difficultés sur cette distance, surtout à mesure qu'on se rapproche de Toulouse. La rapidité du courant et le manque d'eau dans la saison sèche y rendent le transport par eau difficile et coûteux à la remonte et à la descente.

Depuis long-temps cette portion de la rivière de la Garonne, en raison de ces difficultés et de l'importance des contrées qu'elle arrose, et qui recevraient si rapidement une impulsion si féconde par l'établissement d'une communication facile, régulière et économique, a été l'objet de l'intérêt de l'administration et d'études très-longues et très-approfondies prescrites par elle, puis dirigées dans l'intérêt d'une compagnie.

Le résultat de ces études a été un canal latéral à la Garonne, depuis Toulouse jusqu'à Castets, à 78,500 mètres de Bordeaux, point à compter duquel on est assuré d'une profondeur d'eau de 2 mètres aux plus basses marées jusqu'à Bordeaux.

La description et la discussion, non-seulement du tracé de ce canal, mais des questions économiques que soulève cette entreprise, se trouvent dans deux rapports de M. Cavenne, inspecteur-général des ponts-et-chaussées, rapports auxquels nous renvoyons comme à un parfait modèle de la manière dont les sujets de cette nature peuvent être mis à la [167] portée des personnes les plus étrangères à l'art de l'ingénieur, tout en étant traitées avec le soin et la profondeur qu'elles méritent[57].

La dépense du canal est estimée par M. de Baudre[58], ingénieur en chef, rédacteur du projet, à la somme de 39,698,000 fr., ce qui porte le prix du mètre courant à la somme considérable de 198 fr. Cela provient de ce que l'on s'est décidé à passer la Garonne, le Tarn, le Lot, la Bayse et beaucoup de petits affluens, au moyen de ponts-aqueducs, afin d'affranchir la navigation des difficultés et des dangers des crues, et que même, sur presque la moitié du canal, on est obligé de se défendre des crues, et quelquefois d'entrer en rivière. Toutefois M. Cavenne pense

57 [Note de l'auteur] *Annales des ponts-et-chaussées*, 1832.

58 Jean-Baptiste (de) Baudre (ou Debaudre) (1774-1850) est admis à l'École des ponts et chaussées en 1792 puis intègre, à sa création, l'École polytechnique. Ingénieur des Ponts et Chaussées à Calais en 1797, il est nommé ingénieur en chef dans les Landes en 1812, puis promu inspecteur divisionnaire, chargé de l'inspection du bassin de la Garonne, en 1832. Il est considéré comme le père du canal latéral à la Garonne.

que, par une meilleure disposition des biefs et par une construction mieux appropriée des ponts et des ponts-aqueducs, on pourrait réduire la dépense de 3 ou 4,000,000 fr.

Quant au produit du canal, l'ouvrage publié à ce sujet par M. Doin[59], concessionnaire de cette entreprise[60], et même le rapport de M. Cavenne laissent à désirer, et M. Cavenne, au reste, s'en explique nettement dans les conclusions de son second rapport.

« Jusqu'ici, dit-il, l'administration supérieure ne s'est jamais occupée, du moins officiellement, de ces questions de produits, que j'ai été conduit à traiter à l'occasion des observations de la commission d'enquête de Toulouse, et elle a eu pour but, dans sa réserve sur ce point, de laisser [168] aux concessionnaires toute la responsabilité de leurs spéculations.

Si elle voulait s'écarter aujourd'hui de cette marche, il serait alors nécessaire de ne pas s'en rapporter uniquement aux calculs que j'ai présentés, parce qu'étranger aux localités et aux opérations du commerce maritime, je n'ai pu que suivre, sans moyen de contrôle, les renseignemens qu'on m'a donnés sur la navigation de la Garonne et sur la navigation par le détroit de Gibraltar. »

Ces renseignemens, communiqués à M. l'inspecteur général des ponts-et-chaussées, se trouvent en détail dans l'ouvrage de M. Doin ; nous les y avons étudiés avec attention, et tout en reconnaissant l'étendue des recherches de l'auteur, nous pensons, à moins qu'il ne fournisse de nouveaux documens, et, sur beaucoup de points, des preuves mieux établies, que cette entreprise n'aurait pas un revenu tout-à-fait suffisant pour couvrir la dépense, et que le concessionnaire devra recourir à une demande en subvention du gouvernement.

Canal de la Charente à la Dordogne

Nous avons vu, dans les deux chapitres précédens, les indications données, notamment par M. Brisson, pour l'établissement d'une grande ligne de navigation entre Paris et Bordeaux, et nous avons déjà décrit les deux portions qui uniraient le bassin de la Seine au bassin de la Loire, et celui-ci au bassin de la Charente.

---

59 Alexandre-Jean-Baptiste Doin (1788-1836) est un ancien militaire, devenu avocat après 1815.

60 [Note de l'auteur] *Mémoire sur le canal latéral à la Garonne*, par M. Doin, 1832.

Le tracé que nous avons indiqué pour la seconde partie s'arrête à Angoulême sur la Charente. M. Brisson propose de continuer à suivre cette rivière sur une faible distance [169] jusqu'à Monac ; puis, se dirigeant par Diville, de remonter la rivière d'Arce jusqu'à Nonac, et d'entrer dans le bassin de la Gironde par la petite rivière de la Tude, qui vient se jeter dans la Dronne ; on suivrait cette rivière jusqu'à l'Isle, que l'on canalise en ce moment, ainsi que nous l'avons dit plus haut.

La distance d'Angoulême à Coutras, où la Dronne débouche dans l'Isle, est d'environ 100 kilomètres, et la pente à racheter de 157 mètres. La dépense paraît devoir être de 15,000,000.

M. Deschamps, dans l'ouvrage dont nous avons parlé tout à l'heure, indique une autre direction. Le canal, partant de Blaye sur la rive droite de la Gironde, à 40 kil. environ de l'aval à Bordeaux, suivrait parallèlement la Garonne jusqu'au-delà de Conac, et entrerait dans le bassin de la Charente par la vallée de la Seugne. Cette rivière, au-dessous de Pons, se divise en deux bras ; par l'un de ces bras, le canal gagnerait la Charente pour la remonter par Cognac et Angoulême ; par l'autre bras, il gagnerait aussi la Charente pour communiquer avec Rochefort.

Si les moyens d'alimentation de cette ligne navigable peuvent suffire à une grande navigation, elle nous paraitrait préférable à celle indiquée par M. Brisson, et susceptible de donner plus de produits. Nous remarquerons, d'ailleurs, qu'elle est proposée par un ingénieur à qui les localités sont beaucoup plus familières qu'elles ne l'étaient sans doute à M. Brisson.

Canal des Landes

Mais, c'est surtout pour l'amélioration du vaste territoire [170] situé au midi de Bordeaux, et connu sous le nom des *Landes de Gascogne*, que nous croyons que les projets proposés par M. Deschamps méritent la plus sérieuse considération, et certainement la préférence sur ceux qui avaient été proposés avant lui.

Une longue étude de cette contrée a conduit M. Deschamps à l'adoption d'un système général de travaux d'assainissement et de navigation dans les Landes, dont il a produit le projet général dans son ouvrage sur ce sujet, ouvrage plein d'intérêt et des vues les plus élevées[61].

61 [Note de l'auteur] *Des travaux à faire pour l'assainissement et la culture des Landes de Gascogne, et des canaux de jonction de l'Adour à la Garonne*, pag. 32.

Ces projets de navigation à travers les Landes ont aussi pour but la jonction du bassin de la Garonne à celui de l'Adour ; et deux projets, connus sous les noms des *Canaux des grandes et petites Landes*, avaient jusqu'ici pris place dans tous les systèmes généraux de navigation de la France.

Le premier, dit *Canal des petites Landes*, mentionné, entre autres, dans l'ouvrage de M. Brisson, comme continuant sur Bayonne la ligne de navigation de premier ordre de Paris à Bordeaux, suivrait la Bayse, affluent de la Garonne, et la remonterait jusqu'à Lavardac pour suivre la Gelize, puis, par la vallée de la Rimbe, gagnerait le faîte qui sépare les deux bassins ; le point de partage serait à Cazaubon, d'où l'on descendrait par la Douze et la Midouze jusqu'à l'Adour. La dépense de ce canal est évaluée 18,000,000.

L'Administration des ponts-et-chaussées a proposé de laisser aux compagnies la faculté d'ouvrir ce canal, soit [171] sur une section égale à celle du canal du Languedoc, dans lequel cas il coûterait la somme indiquée plus haut, soit sur une section sous-double, et alors sa dépense ne serait plus probablement que de 12 à 13 millions.

Un autre canal a été proposé sous le nom de *Canal des grandes Landes*. Ce canal, partant de Bordeaux, remonterait vers Castelnau, traverserait les communes du Temple, d'Andouze et Parentis, Sainte-Eulalie, Escource, Mezos, Castels, Magesc, Saint-Vincent, et aboutirait à l'Adour en face de Dax : il aurait 350 kil. de long. On évalue sa dépense, en grande section, à 25,000,000, et en petite section à 16,500,000 fr.

M. Deschamps propose, comme ligne principale du réseau de canaux qu'il croit nécessaire à l'assainissement et à la culture des Landes, une ligne qui tiendrait le milieu entre les deux canaux ci-dessus mentionnés. Son tracé est décrit ainsi dans l'ouvrage de cet ingénieur, page 22 :

« Le canal s'embrancherait sur la Garonne, au quartier de Paludate, au-dessus du pont de Bordeaux, d'où, en suivant le ruisseau ou Estey de Bigles et le vallon de la petite rivière dite de l'Eau-Bourde, il se dirigerait par les territoires de Villenave d'Ornon, de Draguignan et de Cestas, pour arriver sur les Landes. De là, s'établissant après Saucats, sur les plaines humides et couvertes d'une suite de lagunes des communes de Saint-Magne, Hostens, le Turan et Mano, le canal traverserait la branche orientale de la Leyre au-dessus du bourg de Sore ; après quoi il se développerait dans les Landes qui séparent cette première de la branche occidentale de la même rivière. Il entrerait ensuite dans le vallon de celle-ci, à peu de distance [172] de son origine sur le plateau de Sabres, d'où partent les eaux qui versent au bassin d'Arcachon d'un côté, et les petites rivières ou gros ruisseaux qui, de l'autre, affluent à la Midouze à l'exposition du sud-ouest.

Parmi ces derniers, le Beez, remarquable par le volume de ses eaux et la beauté de son vallon, est favorablement disposé pour y recevoir le canal. On l'établirait donc généralement dans ce vallon qu'il suivrait jusqu'à la Midouze, où il déboucherait sous le bourg de Saint-Yague, entre Mont-de-Marsan et Tartas. La Midouze étant déjà navigable, quoique difficilement, à ce point, il n'y aurait qu'à la remplacer, sur une partie seulement de son cours, entre Tartas et Dax, par un canal latéral, et à l'améliorer sur le reste, pour la rendre propre à recevoir en toute saison les bâteaux du canal, et à les conduire ainsi à Bayonne par Dax. »

M. Deschamps évalue la dépense de ce canal (p. 38) à 16,955,000 fr.

Lignes secondaires

Au nombre des canaux qui nous paraissent devoir être ouverts en petite section dans le bassin de la Gironde, nous plaçons en première ligne ceux que M. Deschamps propose dans les Landes, afin d'y assurer sur tous points l'écoulement des eaux stagnantes qui sont la cause de l'insalubrité et de l'infertilité des Landes, et pour y porter le mouvement et la vie ; nous parlerons de ces lignes dans le chapitre suivant, comme ayant surtout pour but des améliorations agricoles.

Canal des Pyrénées [173]

Une autre ligne de communication a été proposée entre les bassins de la Gironde et de l'Adour, par la Haute-Garonne et la Neste, et par l'Arros et l'Adour. Cette ligne est connue sous le nom de canal des Pyrénées, et la concession en a été faite dans la dernière session à M. Galabert[62].

62 À partir de 1825, et après une carrière militaire, Louis Galabert (1773-1841) devient le promoteur d'un projet de canal prolongeant le canal du Midi et reliant Toulouse à Bayonne. La loi du 20 février 1832 autorise l'exécution de ce canal des Pyrénées. Galabert est, en outre, député du Gers depuis juillet 1831.

Les difficultés que paraît éprouver le concessionnaire de ce canal pour réunir les fonds nécessaires à l'exécution de cette entreprise nous paraissent tenir à ce qu'il s'est promis de ce canal des produits qu'un temps très-long nous paraît seul pouvoir réaliser.

Si l'on examine la direction de ce canal entre Toulouse et Bayonne, on voit qu'il ne toucherait à aucune ville importante, et que, remontant très-avant vers les Pyrénées, il doit être considéré surtout comme un canal à la suite duquel se créeront des exploitations de forêts et de mines vierges encore, et non comme un canal développant des exploitations déjà existantes ; c'est donc une ligne dont les revenus ne peuvent se développer que lentement.

Nous pensons que ce canal devrait être ouvert en petite section, et surtout qu'il y aurait lieu d'en faire l'étude comparative avec un chemin de fer du second ordre.

Nous sommes portés à croire qu'un chemin de fer pourrait bien être préférable dans cette localité, en considérant les pentes que ce canal devrait racheter sur ses deux versans, savoir, 424 m. sur le versant de la Garonne, 535 m. sur celui de l'Adour. Sa longueur serait de 345 kilomètres, et sa dépense est évaluée en grande section à 58 millions ; en petite section, sa longueur serait de 296 kilomètres, et [174] les pentes à racheter de 953 m. ; la dépense est évaluée à 35 millions. Un chemin de fer de second ordre ne coûterait probablement que 25 à 26 millions.

Quant aux autres lignes de communication du second ordre a établir dans le bassin, nous portons en première ligne le perfectionnement de la navigation des affluens de la Garonne, et notamment du Lot et de l'Aveyron ; les magnifiques mines de Firmy et d'Aubin sont entre ces deux rivières. Tout doit être fait pour en rendre la navigation facile, mais ce ne sera pas sans de grands frais.

Les lignes proposées par M. Brisson dans ce bassin, non compris celles qui établissent la communication avec le bassin de la Loire, et que nous avons proposées ci-dessus, sont au nombre de huit, y compris un chemin de fer joignant l'Aveyron, le Tarn et l'Orb. La dépense en serait d'environ 60,000,000 fr. Nous croyons, par les mêmes considérations, que celles que nous avons exposées pour la partie supérieure du bassin de la Loire, que les chemins de fer de second ordre seront plus avantageux pour la partie supérieure du bassin de la Gironde que les canaux, et que le perfectionnement des communications pourra être plus complet ainsi vers les sources des rivières qui arrosent ces contrées, qu'on ne l'a indiqué dans les projets de systèmes généraux de canalisation.

Nous porterons donc pour toutes les lignes de communications secondaires du bassin de la Gironde, autres que celles que avons décrites en particulier, 30,000,000.

QUATRIÈME SECTION [175]
Bassin du Rhône[63]

La partie supérieure du bassin du Rhône, où le Doubs et la Saône prennent leur source, est entourée de montagnes de second ordre, comme nous l'avons déjà fait voir à la première section de ce chapitre ; aussi a-t-elle été mise en communication avec les autres bassins par des canaux ; savoir, les canaux du Centre, de Bourgogne, et celui du Rhône au Rhin.

Dans la partie moyenne on a construit le canal de Givors au Rhône, pour l'exploitation des mines de Rive-de-Gier ; une ordonnance récente autorise la prolongation du canal de Givors vers Rive-de-Gier ; mais la hauteur des montagnes du Forez ne permet pas de faire passer le canal jusque dans le bassin de la Loire ; c'est pourquoi la communication a été établie par le chemin de fer de Saint-Étienne à Lyon.

Enfin dans la partie inférieure du bassin se trouve le canal du Languedoc et ses diverses prolongations vers le Rhône, les canaux des Étangs, de Silveréal, de la Radelle, de Beaucaire ; sur la rive gauche le canal d'Arles à Bouc, en cours d'exécution aujourd'hui, et sur cette même rive les canaux de Viguerat, des Alpines, de Craponne, servant à l'irrigation, ou au desséchement de grands marais.

Si nous examinons avec attention les dispositions hydrographiques et topographiques du bassin du Rhône, nous voyons que, de Lyon à Arles, ce bassin est resserré des deux côtés d'Est et d'Ouest, par des montagnes élevées, d'une part, les Garrigues, les Cévennes et les montagnes du Vivarais [176] et du Forez ; de l'autre, tous les contreforts projetés par les Alpes Graïes, par les hautes et basses Alpes. Ces montagnes lui envoient des affluens, ou plutôt des torrens, qu'il est impossible de canaliser

63 Voir annexe II, ill. 5.

(l'Isère excepté, peut-être) et dont la pente est trop raide pour que l'on songe à les remplacer par des canaux latéraux. Il est évident, et ici les considérations que nous avons exposées dans les deuxième et troisième section relativement à l'établissement des chemins de fer de second ordre dans les régions élevées, prennent toute leur force, il est évident que tout le système secondaire des voies de communication du bassin du Rhône doit se composer de chemins de fer de second ordre, et si l'on se reporte aux travaux généraux de canalisation de MM. Brisson et Dutens, on voit que le premier n'a proposé de Lyon à Arles d'autre ligne secondaire que :

1°. Un canal latéral à l'Isère, de son embouchure à Grenoble, admettant que le cours supérieur de ce fleuve serait remplacé par un chemin de fer.

2°. Un chemin de fer allant d'Avignon à Aix par Orgon, se bifurquant à Aix, pour venir sur Marseille d'une part, et de l'autre se diriger sur la vallée de l'Argens, où une seconde bifurcation est établie, d'une part, sur Toulon, de l'autre, sur Fréjus.

M. Dutens propose un canal latéral à l'Allier, jusqu'à Chambéry ; un canal suivant à peu près le même tracé que celui du chemin de fer ci-dessus, et un canal d'Alais à la mer. Mais un chemin de fer est aujourd'hui soumissionné d'Alais au canal de Beaucaire.

Il nous paraît donc hors de doute que le système des communications secondaires de toute cette partie du bassin du [177] Rhône devra se composer de chemins de fer de second ordre pénétrant sur la rive droite dans les bassins de la Loire et de la Gironde, et sur la rive gauche s'élançant vers les montagnes, le long des torrens qui en descendent, pour aller mettre en valeur les richesses minérales et végétales qui y abondent.

Et alors s'élève une question grave ; celle de savoir si la navigation du Rhône, de Lyon à Arles, qui forme le tronc de tout le système de communications du bassin, doit être remplacée par un canal ou par un chemin de fer.

Comparaison d'un canal et d'un chemin de fer latéral au Rhône

L'on s'étonnera peut-être de nous voir poser ici cette question sur le choix à faire de l'un ou l'autre de ces modes de transport, lorsque nous avons déclaré (chapitre V) que les grandes lignes de communication devaient se composer de canaux et de chemins de fer de premier ordre.

Mais c'est qu'il se présente ici une difficulté toute particulière.

On a reconnu qu'il n'était pas possible de placer le canal latéral au Rhône sur la rive droite, et cette décision n'a été prise qu'après de très-longs examens, car cette rive eût été préférable à la rive gauche, parce qu'on s'y serait rattaché aux canaux de Givors et à toute la ligne des canaux du Midi, et aussi parce qu'en cas de guerre, la position eût été bien plus favorable sur la rive droite que sur la gauche. Mais les contreforts que les montagnes du Vivarais et des Cévennes projettent jusque dans les eaux du fleuve, créent sur cette rive à l'établissement d'un canal des difficultés très-graves. La rive gauche a donc été choisie.

[178] Mais cette rive elle-même présente aussi beaucoup d'obstacles ; à Valence et à Vienne, par exemple, qui sont immédiatement situées sur le bord du Rhône, le canal prend la place de la route royale, et celle-ci se reporte sur la gauche, sur l'emplacement de maisons qu'il faudra abattre. Le tracé du canal à Vienne coûtera près de 600 fr. par mètre courant, c'est-à-dire cinq fois plus environ que son prix moyen pour toute sa longueur. Ce n'est qu'au moyen des combinaisons résultant du travail plus approfondi que l'on vient à bout de vaincre d'autres obstacles encore, et, par exemple, de ne pas couper les célèbres coteaux de l'Hermitage où l'on évalue l'hectare à 80,000 fr.

Si l'on exécute le canal latéral sur la rive gauche, il est donc évident que les difficultés de cette rive deviendront alors pour le tracé d'un chemin de fer de premier ordre plus graves encore que sur la rive droite, et qu'ainsi, si l'on veut pour le bassin du Rhône, et un canal et un chemin de fer de premier ordre, il faut se résigner à établir le chemin de fer sur la rive droite.

C'est pourquoi ici, par exception, on peut se demander si l'on ne pourrait pas se contenter d'un chemin de fer, qui serait alors construit sur la rive gauche de Lyon à Avignon, et d'Avignon viendrait sur Marseille par le tracé indiqué plus haut.

Ce chemin de fer recueillerait sur sa route et sans transbordement les produits venant des chemins de fer de la rive gauche, et quant à ceux apportés par les chemins de fer de la rive droite, on ferait passer leurs chariots, soit sur des bacs, soit sur des ponts, s'il en existait déjà, et ils continueraient par la rive gauche.

[179] Ce système suffirait-il aux besoins du bassin du Rhône ?

Remarquons que, si un chemin de fer était établi latéralement au Rhône, il transporterait sans nul doute non-seulement les matières qui prennent aujourd'hui la voie de terre, mais une bonne partie de celles qui prennent le fleuve ; d'où l'on peut conclure que le fret *à la descente* augmenterait ; car la proportion des marchandises en descente à celle des marchandises en remonte ne serait plus comme aujourd'hui celle de 2 à 1, mais peut-être celle de 4 à 1. D'où il suit, ou bien que les bateaux devraient être déchirés à Arles, ne trouvant pas de quoi remonter, ou bien que la dépense de la remonte des bateaux à vide serait plus grande qu'à présent, deux cas dans lesquels le fret de descente augmenterait.

Or, parmi les matières qui descendent, le charbon de terre entre pour la plus forte portion. Un chemin de fer latéral au Rhône, établi à l'exclusion d'un canal, aurait donc pour résultat de faire monter le prix du charbon dans ce bassin, et le prix aussi des autres matières en descente, au nombre desquels doivent se trouver aussi des céréales, en raison de l'insuffisance des produits de cette nature dans toute la Provence ?

Dira-t-on que si les charbons de Saint-Étienne et ses fers et ceux aussi de la Voulte et de l'Isère, ne peuvent plus descendre à aussi bon marché, Alais fera remonter les siens ?

Nous répondrons, et les détails que nous donnons dans la note A, en fournissent une preuve complète, que la circulation sur une ligne navigable d'une certaine étendue, et ayant aussi peu d'écluses qu'en aurait le canal latéral au Rhône (70 sur 286,000 m.) ne pourrait pas coûter de fret plus de 0 fr. 015 par tonne et par kil., et que sur le chemin [180] de fer latéral au Rhône on ne pourrait pas calculer les frais de traction à moins de 0 fr. 045, ce qui ferait une différence par tonneau de 8 fr. 58 c. pour le parcours d'Arles à Lyon, différence considérable pour le charbon, pour le fer, pour le blé.

Dira-t-on encore qu'il vaut mieux se soumettre à cette augmentation de prix sur les matières de première nécessité que de construire le canal latéral, qui obligerait, ou bien à ne pas avoir de route en fer de Lyon à Marseille, ou si l'on veut de Paris sur la Méditerranée, ou bien à en construire une très-chèrement sur la rive droite ? Nous répondrons que c'est précisément parce que la route en fer de Lyon à Marseille est une portion de la grande communication de Paris sur la Méditerranée, et par conséquent l'une des artères principales du mouvement industriel et commercial de France, que l'on peut y faire des sacrifices importans, afin de l'établir sur la rive droite.

Pour ceux qui font entrer dans la balance la considération du cas de guerre, le choix de la rive droite pour le chemin de fer de Marseille à Lyon est de beaucoup préférable à celui de la rive gauche ; car cette route, dominant le fleuve, pourrait faire regarder toute cette partie de nos frontières comme inexpugnable.

Pour ceux que l'accroissement de la dépense sur la rive droite pourrait effrayer, nous ferons remarquer que cet accroissement n'est certainement pas de plus de six à sept millions, et qu'une partie de cette somme est couverte par la portion du chemin de fer de Saint-Étienne à Lyon comprise entre Givors et Lyon, et qui peut très-bien faire partie d'un [181] chemin de fer de premier ordre, les pentes n'y étant pas de plus de 0,0016, 0,004 et 0,000565 par mètre.

Enfin nous ajoutons que, si l'on n'avait pour cette partie si importante du bassin du Rhône qu'un chemin de fer pour le transport des matières chères et des voyageurs, et pour celui des matières de première nécessité, les frais d'entretien de ce chemin ne tarderaient pas à devenir considérables, et alors il ne faudrait certainement pas compter pour les frais de traction 0,045 par kil. et par tonneau, mais peut-être 0,06.

Considérant donc, d'une part, l'importance d'une communication qui mettrait la capitale du royaume à vingt-quatre heures de distance de la Méditerranée, et de l'autre l'utilité d'une ligne navigable qui mettrait les canaux ouverts dans la partie supérieure du bassin du Rhône en communication avec ceux qui sont ouverts dans ses parties inférieures, de telle sorte que les marchandises pourraient circuler des unes aux autres sans transbordement, et peut-être en raison de l'étendue de ces lignes, moyennant un fret de 0,01 seulement par tonne et par kilomètre ; considérant que c'est seulement par le bas prix des matières de première nécessité que la France peut espérer obtenir le développement de toute son industrie, et la mise en valeur des richesses minérales ou végétales de son territoire, et en particulier du bassin du Rhône, nous n'hésitons pas, malgré les difficultés locales que nous avons signalées, à persister dans notre opinion de la nécessité de faire concourir, dans le grand réseau de nos communications, les chemins de fer de premier ordre et les canaux indépendans des fleuves ; et nous nous prononçons, en ce qui concerne le [182] bassin du Rhône, pour l'établissement d'un canal latéral sur la rive gauche de ce fleuve, de Lyon à Arles, et d'une route en fer, de Givors à Avignon, sur la rive droite, et de là, à Marseille et à Toulon par la rive gauche.

Canal latéral au Rhône

Le canal latéral au Rhône nous paraît donc une des lignes les plus essentielles et les plus intéressantes pour le pays ; c'est une de celles aussi dont les produits pourraient le mieux couvrir la dépense, ainsi qu'il résulte de documens dont nous devons l'obligeante communication à M. Cavenne, aujourd'hui inspecteur-général des ponts-et-chaussées, ingénieur en chef lorsqu'il fut chargé de l'étude de cette ligne navigable, avec sept ingénieurs sous ses ordres, MM. Montluisant[64], Kermaingant[65], Josserand[66], Livache[67], Bouvier[68], Vinard[69] et Caristie[70].

Parmi les pièces dont nous devons communication à M. Cavenne, se trouve le rapport de M. Brisson à la commission des canaux.

M. Brisson énonce dans ce rapport « qu'il est difficile de présenter une étude plus complète pour une entreprise de cette étendue, et qu'on peut citer peu d'exemples d'un travail aussi détaillé et aussi bien approfondi. »

---

64 Fils d'un ingénieur des Ponts et Chaussées, Charles-Laurent-Joseph de Montluisant (1782-1859) entre à l'École polytechnique en 1799, puis à l'École des ponts et chaussées en 1802. En 1819, il est chargé de l'étude du projet du canal latéral au Rhône. Six ans plus tard, il est promu ingénieur en chef et passe au port de Toulon.

65 Mathieu-François Kermaingant (1779-1856) entre l'École des ponts et chaussées en 1800, après deux ans passés à l'École polytechnique. Il reçoit en 1822 le grade d'ingénieur en chef et est chargé de l'étude du canal latéral au Rhône. En 1824, il dirige le service des ponts et chaussées du département de la Sarthe.

66 Jean-Louis-Justin Josserand (1791-1859 ou 1860) entre à l'École polytechnique en 1808 et à l'École des ponts et chaussées en 1810. Au début des années 1840, il est ingénieur en chef dans le département de la Drôme et s'occupe de la navigation du Rhône. Il est admis à la retraite en 1849.

67 Charles-François Livache (1779-1856) entre à l'École polytechnique en 1796 et à l'École des ponts et chaussées en 1799. Nommé ingénieur en chef en 1828, il est chargé du canal d'Arles à Bouc. Il est admis à la retraite en 1836.

68 Polytechnicien de la promotion 1803, André-Raymond Bouvier (1784-1856) est entré à l'École des ponts et chaussées en 1805. En 1810, il est employé au desséchement des marais du canal de Beaucaire et au pont d'Avignon. À partir de 1816, il s'occupe exclusivement du canal de Beaucaire. Promu ingénieur en chef en 1826, il est responsable du département de l'Ardèche en 1830.

69 Entré à l'École polytechnique en 1807, Frédéric-Michel Vinard (1788-1863) est admis à l'École des ponts et chaussées deux ans plus tard. Passé au canal de Bourgogne dans la Côte-d'Or en 1826, il est nommé ingénieur en chef quatre ans plus tard.

70 Appartenant à la première promotion de l'École polytechnique (1794), Philippe-Joseph-Marie Caristie (1775-1852) est géographe puis est intégré au corps des Ponts et Chaussées en 1797-1798. Nommé dans le Rhône en 1802, il passe dans le Vaucluse, à Avignon, deux ans plus tard. Il y reste jusqu'en 1827, année au cours de laquelle il passe dans l'Yonne.

Nous renverrons, pour la description du tracé, à l'ouvrage de M. Dutens, sur la *navigation intérieure du royaume;* elle y est donnée avec tous les détails nécessaires, tom. II, page 22. Nous nous contenterons de dire que le canal part de Lyon, à peu de distance au-dessous du confluent de la Saône et du Rhône, de manière à pouvoir envoyer ou prendre facilement, à ces deux rivières, les bateaux qui voudront [183] continuer à remonter ou à descendre sans s'arrêter à Lyon. Le canal, avant d'arriver à Vienne, passe devant Givors; une écluse de descente au fleuve, d'une chute de 3^{m},55, est construite en cet endroit, de sorte que les bateaux n'auront qu'à traverser le fleuve pour entrer dans l'un ou l'autre canal. Nous avons déjà parlé des difficultés de la traversée de Vienne; on en rencontre de semblables pour la traversée de Saint-Vallier, où l'on passe le torrent de la Galause par un pont-aquéduc. On traverse ainsi encore l'Isère, puis on passe sous Valence également en surmontant d'assez graves difficultés : la Vioure, la Drôme, le Roubion, la Lez, l'Aigues, la Sorgue sont franchis par des ponts-aquéducs, ainsi que la Durance au-dessus d'Avignon. Jusqu'à ce point, le canal a des dimensions semblables à celles des canaux de grande section ordinaire de France. À compter d'Avignon jusqu'à Arles, on a pensé qu'il fallait lui donner les dimensions du canal d'Arles à Bouc, afin que les petits navires de Marseille et autres ports de la Méditerranée y pussent être admis, savoir : 14^{m},40 au plafond, 22,40 au plan de flottaison, et 2 mètres de profondeur d'eau. Les écluses doivent avoir 8 mètres entre les bajoyers, et 38 mètres entre les bucs.

Le nombre des écluses serait de 70.

Le nombre des ponts-aquéducs serait de 258, dont 215 au-dessous de 4 mètres de long; 24 de 4 mètres à 10 m.; 16 de 10^{m} à 51 m., et cinq, ceux de l'Isère, de la Drôme, du Roubion, de l'Aigues et de la Durance, ayant ensemble 43 arches d'une longueur totale de 690^{m},60, et moyenne de 13^{m},74.

La dépense en était évaluée par M. Cavenne à [184] 37,500,000 fr., et par M. Brisson à 35,500,000 fr. Nous maintiendrons l'évaluation de l'auteur du projet.

Quant aux produits de cette entreprise, nous extrayons du travail de M. Cavenne les résultats suivans :

Il remonte par eau,	
1° D'Arles à Tarascon	20,478 ton.
2° De Tarascon jusqu'à Lyon	73,587
3° De Givors à Lyon	77,805
Il descend par eau,	
4° De Tarascon à Arles	36,708
5° De Lyon à Tarascon	123,000
6° De Lyon à Givors	56,000
7° Le roulage de Marseille à Lyon est de	32,000
8° Le roulage de Lyon à Marseille de	15,000

En conséquence on établit comme il suit les produits du canal latéral du Rhône, en supposant un droit de 40 c. par tonneau et par distance de 5 kilomètres, et en supposant qu'on ne prendrait que les 4/5 du roulage ascendant, et que le roulage descendant prendrait le Rhône jusqu'à Tarascon, et continuerait ensuite sur le canal :

1° 91,666 tonneaux d'Arles à Tarascon, et réciproquement à raison de 1 fr. 60 c. pour 4 distances	146,665 f.	60 c.
2° 98,067 tonneaux de Tarascon à Lyon, à raison de 21 fr. 20 c. par tonneau pour 53 distances	2,079,020	40
3° 77,000 tonneaux de Givors à Lyon, 1 fr. 60 c. pour 4 distances	124,488	
[185] 4° Enfin, pour le péage du pont de la Durance, l'établissement d'une barque de poste, la vente d'eaux pour l'arrosage, la cession de chute d'eau, l'affermement des francs-bords, la remonte des bateaux à vide, et les transports intermédiaires du canal, on ajoute	279,826	
Total	4,630,000	

D'où l'on déduit :

1° Les frais d'entretien, à raison de 1,000 fr. le kilomètre, ci 285,000	
2° Les frais d'administration 90,000	375,000
Produit net	2,255,000

En n'ajoutant pas à la somme de 37,500,000, à laquelle est évaluée le canal, celle des intérêts pendant a construction, on voit que ce produit présenterait 6 %.

Mais nous avons quelques observations à présenter sur l'évaluation des produits.

Le tarif de 0^{f},40 par tonneau et par kilomètre nous paraît trop élevé, soit comme tarif moyen, soit comme tarif général. L'auteur du projet a reconnu la force de cette objection, et, dans la pensée qu'elle pourrait être faite, il a divisé les tarifs en quatre ou cinq séries de 0^{f},25, 0^{f},30, 0^{f},40 et 0^{f},44 par distance et par tonneau, et, les appliquant aux diverses quantités de marchandises, il arrive à un résultat moindre de 200,000 fr. environ.

On ne doit [186] donc porter pour la remonte que	1,879,000 f.
Mais on n'a pas fait entrer dans ces calculs les produits de la descente des marchandises, supposant qu'elles continueraient à prendre la voie du Rhône ; nous regardons cette opinion comme mal fondée.	
La descente par le Rhône coûte, par terre, 35 fr., et par eau, de 12,50 à 30 fr. ; la moyenne doit être portée à 18 fr. au plus.	
En supposant donc que le nolis fût de 0^{f},015 par kilomètre, soit pour toute la longueur	4,275
On pourrait imposer un droit de 0^{f},10 qui, pour 54 distances, ferait	5,400
Total	9,675
Ce droit présenterait donc de l'économie sur le fret de descente du Rhône, après la création du canal latéral, d'autant plus que ce fret augmenterait nécessairement[71], ainsi que nous l'avons dit plus haut.	
[187] *Report*	1,879,000

Nous appliquons ce tarif :

71 [Note de l'auteur] On répondra peut-être que le fret de descente n'augmentera pas, parce que les bateaux vides remonteront le canal. *Cela dépendra du tarif de remonte.* Quant à nous, en présence de l'extrême importance du canal et de la nécessité de lui assurer le plus de produits possibles, nous ne comprendrions qu'un tarif *qui n'augmenterait pas* la dépense des bateaux vides à la remonte, mais aussi QUI NE LA DIMINUERAIT PAS.

1° Avec 123,000 tonneaux descendant par eau ;	
2° Avec 8,000 tonneaux environ descendant par terre et non comptés ci-dessus	
Total 131,000 à 5,40	707,400
Produits du canal de Givors	271,153
Les produits accessoires comme ci-dessus	279,826
Total des produits bruts	3,137,389
D'où il faut déduire les frais d'entretien et d'administration évalués trop bas, suivant nous, à 375,000, et que nous croyons pouvoir s'élever à	537,359
Produit net	2,600,000

Ce qui présente pour 37,500,000 fr. de dépense, non compris les intérêts, pendant la construction, près de 7 0/0.

Tels sont les produits qui pourraient être espérés du canal latéral au Rhône, non pas dans la première année sans doute ; car, dans des travaux de ce genre, il faut faire la part des habitudes prises et du temps nécessaire pour les modifier ; mais en raison de l'avantage évident que présenterait le canal sur la rivière, nous pensons que ces habitudes seraient bientôt vaincues, et que le canal du Rhône obtiendrait rapidement des produits supérieurs même à ceux que nous venons d'indiquer.

Si le canal latéral au Rhône forme la portion la plus [188] essentielle de la canalisation de ce bassin, il n'établirait pourtant pas encore une jonction bien complète d'une part, avec les canaux supérieurs et qui viennent déboucher dans la Saône, de l'autre avec le port principal du bassin, Marseille.

Amélioration de la Saône

La Saône offre une navigation beaucoup plus facile que le Rhône[72] ; toutefois elle a besoin d'importantes améliorations, et de Gray à Châlons, nous croyons que son cours doit être remplacé par un canal latéral ; la

72 [Note de l'auteur] M. Cordier a présenté des projets tant pour l'amélioration de la navigation de la Saône que pour la jonction de cette rivière à la Moselle, dans un travail ayant pour titre : *Mémoire sur le canal de jonction de la Saône à la Moselle*, Paris, 1828. Nous ne

longueur de ce [189] canal serait d'environ 125 kil., qui, à 125,000 fr. le kil., feraient une somme de 19,000,000.

Quant à la partie comprise entre Châlons et Lyon, et dont la distance est de 145 kil., nous évaluons les perfectionnemens à y faire à 10,000,000 fr.

Canal de Bouc à Marseille.

Nous avons vu que le canal latéral au Rhône est conduit jusqu'à Arles, et qu'une partie de ce canal, celle comprise entre Arles et Avignon, aura des dimensions qui, comme celles du canal d'Arles à Bouc, lui permettront de recevoir de petits navires. C'est par là que le canal latéral au Rhône se trouvera en communication avec Marseille. Nous avouons que cette communication ne nous paraît pas suffisante, car elle impose aux marchandises des déchargemens, des manutentions et des commissions qui ajoutent au prix de la marchandise sans accroître la valeur réelle, et qui consomment d'ailleurs beaucoup de temps. Que les villes d'Arles, de Tarascon, d'Avignon, reçoivent directement des cargaisons par les navires qui peuvent ou pourront arriver jusque sous leurs murs, et qu'elles les chargent ensuite sur les canaux, rien de mieux ; mais quant à ce qui vient du port principal du bassin, on ne saurait nier, sans doute, qu'il serait bien préférable qu'elles pussent arriver directement et sans transbordemens *par bateaux ordinaires* de Marseille à Lyon.

---

pouvons regarder comme suffisante l'amélioration par barrages qu'il propose pour la Saône entre Gray et Châlons. Quant à son projet de canal de la Saône à la Moselle, nous pensons qu'aujourd'hui M. Cordier n'y persiste pas. Il proposait un canal, en effet, à l'exclusion de chemins de fer, qu'il regardait alors (page 37), comme « n'étant profitables que dans des états où des contrées entières appartiennent à un seul propriétaire, et dans les localités particulières de France où l'on ne transporte qu'une espèce de marchandise… » etc. Mais depuis ce temps, M. Cordier a bien reconnu que cette opinion n'était pas fondée, et nous voyons en effet dans un travail publié par lui, deux ans après (*De la Nécessité d'encourager les Associations*, etc., Paris, 1830), qu'il propose cinq chemins en fer de Paris sur Genève, sur Dieppe, sur Nantes, sur Strasbourg, sur Landrecies, estimant que « la plupart des transports s'effectueraient sur ces voies nouvelles plus vite et à meilleur marché » (page XXII). – [Note de l'éditeur] Joseph-Louis-Étienne Cordier (1775-1849) appartient à la promotion de 1797 de l'École polytechnique et entre à l'École des ponts et chaussées en 1799. Promu ingénieur en chef en 1812, il est chargé du service du département du Nord. À partir de 1823, il fait plusieurs voyages en Angleterre et fait connaître en France les procédés qui y sont développés. Nommé inspecteur divisionnaire en 1826, il est mis à la retraite d'office en 1832. Député du Jura entre 1827 et 1830, il siège dans l'opposition libérale.

C'est ce qui pourrait être obtenu par un canal du port de Bouc à Marseille, *ayant les mêmes dimensions que celui de Lyon à Arles*. M. Brisson pense que ce canal coûterait 13,000,000 fr. ; mais c'est en supposant l'exécution du [190] grand canal de Provence pour l'irrigation, canal dont nous parlerons au chapitre suivant.

Il y aurait moyen aussi, à ce qu'il paraît, de traverser les étangs de Berre et de Marignane, qui sont voisins du port de Bouc ; on traverserait, par un souterrain de 6,000 mètres de long environ, le seuil qui sépare ces étangs de la côte, et le canal paraît ensuite pouvoir être tracé sur la côte. Le canal devrait être d'un seul bief, dont le plafond serait au niveau de l'étang de Berre, afin que le souterrain pût être creusé sans difficulté, et le canal serait alimenté par une machine à vapeur relevant les eaux de l'étang de Berre de la hauteur d'eau du canal, 1 mètre 65 cent.

Il paraît que ce canal pourrait s'exécuter pour 9,000,000 francs.

Lignes secondaires

Au premier rang des lignes de navigation secondaire à établir dans le bassin du Rhône nous mettrons celles qui, par la Saône, lui ouvriraient une communication sur le bassin de la Meuse et sur celui de la Moselle. Pour la jonction avec le bassin de la Moselle, M. Brisson propose deux directions : l'une par la Saône et le Madon ; l'autre, par un chemin de fer qui gagnerait la Moselle supérieure à Épinal.

Nous sommes portés à croire que ces trois communications s'établiront plus avantageusement en chemins de fer qu'en canaux de petite section. La longueur de ces chemins serait d'environ 350 kil., qui, à 80,000 fr. le kil., en raison des difficultés du terrain, coûteraient 28,000,000 fr.

Chemin de fer d'Alais à Beaucaire [191]

Un chemin de fer est en ce moment soumissionné d'Alais à Beaucaire. Ce chemin a de l'importance comme mettant en communication les belles mines et forges d'Alais avec la navigation du bassin du Rhône ; il paraît que la dépense en est évaluée à 6,000,000 fr.

M. Brisson propose encore quelques lignes secondaires dans le bassin du Rhône ; nous en avons nous-mêmes indiqué déjà quelques-unes, et énoncé l'opinion que la majeure partie devait être en chemins de fer de second ordre.

Nous supposerons que leur longueur serait de 500 kil., qui, au prix de 100,000 fr. le kil., feraient 30,000,000 francs.

CINQUIÈME SECTION
Bassins secondaires

Les travaux principaux à exécuter dans les bassins secondaires nous paraissent être :

1° Le canal latéral à la Moselle, d'Épinal au canal de la Seine au Rhin, sur une longueur de 65 kil., et en petite section, qui, à 80,000 fr. le kil., feraient	5,200,000 f.
2° Un canal latéral à la Moselle, du canal de la Seine au Rhin, jusqu'à Sierck, en passant par Metz, sur une longueur de 120 kil. en grande section, qui, à 100,000 fr. le kil., les localités étant assez difficiles, à ce que nous pensons, [192] feraient	12,000,000
3° La canalisation de la Meuse, du point où elle est traversée par ce même canal de la Seine au Rhin, jusqu'à Givet, sur une longueur de 339 kil. M. Sartoris évalue la dépense de cette canalisation à 10,000,000 fr.[73]. Cette somme, qui ne ferait que 30,000 fr. environ par kil., nous paraît trop faible ; nous porterons	15,000,000
4° Des améliorations dans les rivières de la Rille, de la Toucques et de la Dive, que nous évaluons en bloc à	8,000,000
5° L'amélioration de la rivière d'Orne et la construction d'un canal latéral à cette rivière de Caen à la mer, avec construction d'une entrée pour amener à Caen des navires d'un plus fort tonnage. Nous évaluons ces travaux à	8,000,000

73 [Note de l'auteur] *Notice sur le canal de la Vesle, et sur la canalisation de l'Aisne et de la Meuse*, p. 15.

On a proposé pour l'embouchure de la rivière d'Orne un barrage éclusé ; la dépense paraît devoir en être moins grande que celle d'un canal latéral ; mais il y a lieu de croire qu'un canal latéral assurerait mieux la navigation. [193] Quelques autres lignes ont été proposées encore, soit dans le bassin de la Somme et dans le Nord, soit dans le bassin de la Charente, soit dans les autres petits bassins. Elles forment, dans l'ouvrage de M. Brisson, une somme totale de 120,000,000 fr. environ. Nous les compterons pour	11,800,000
TOTAL	60,000,000 f.

Si l'on récapitule les divers travaux proposés dans ce chapitre, l'on trouvera que leur dépense s'élève à 805,950,000 fr.

La masse totale des travaux de canalisation proposés par M. Brisson est, savoir :

Pour les canaux de grande section, de	329,557,000 f.
Et pour ceux de petite section, de	745,926,000
TOTAL	1,075,483,000 f.

Mais M. Brisson ne propose pas les deux canaux maritimes de Nantes et de Bordeaux, ni les canaux latéraux à la Loire, à la Garonne, à la Haute-Loire, à l'Yonne, à la Saône, à l'Aisne, à la Meuse, ni les travaux dans la Seine entre Paris et le Havre, ni les augmentations aux canaux de Briare et d'Orléans. Ces travaux composent 350,000,000 f., ce qui porte à 620,000,000 fr. la différence des travaux proposés par nous et de ceux proposés par M. Brisson. Cette [194] différence s'applique principalement aux lignes secondaires, dont l'exécution nous a paru pouvoir être remise à un temps plus éloigné.

La dépense des lignes de navigation proposées par M. Dutens est de 1,138,000,000 fr., et c'est aussi par la moindre importance donnée par nous aux lignes secondaires que nous différons principalement de M. Dutens.

L'on peut remarquer, d'ailleurs, que ce qui distingue principalement le système général que nous venons d'esquisser pour la navigation intérieure, de ceux qui ont été présentés par M. Brisson et Dutens, c'est que, dominés par cette vue, qui nous paraît capitale, que tout doit être fait pour établir une union solide, complète, *entre la navigation maritime et la canalisation*, nous demandons *pour des canaux latéraux remplaçant les fleuves et liant les ports aux canaux à point de partage déjà exécutés*, et aussi pour des *perfectionnemens à l'embouchure des fleuves difficilement accessibles aux navires*, près de 200,000,000 fr., qui ne sont pas portés en compte par ces deux ingénieurs. Et cependant M. Brisson ne méconnaît pas la nécessité des améliorations que nous avons indiquées pour les fleuves. Ainsi, par exemple, nous trouvons, à la pag. 14 de son ouvrage sur le système général de la navigation intérieure :

« L'Yonne a besoin de perfectionnemens entre son embouchure dans la Seine et Brinon, où commence le canal de Bourgogne. On s'occupe dans ce moment d'en étudier les projets. »

À la même page : « La navigation de la Saône, quoique bonne généralement, réclame quelques perfectionnemens dont on s'occupera sans doute avant peu. »

[195] À la pag. 26 : « La navigation de la Garonne a besoin de grandes améliorations. » Mais M. Brisson ne propose cependant de canal suppléant cette navigation que jusqu'à Moissac.

À la pag. 25 : « On a proposé de créer un canal latéral à la Loire tout du long de son cours, de Briare jusqu'aux environs de Nantes, pour faire suite à celui qu'on exécute de Digoin à Briare ; d'une autre part, on a projeté d'améliorer le lit de cette rivière dans la même étendue par des ouvrages propres à en réunir les eaux pendant l'été. Des essais s'exécutent pour s'assurer des résultats qu'on peut espérer de ce dernier système, qui, s'il est suffisant, offrirait l'avantage de l'économie.

Au-dessus de Nantes, on doit diminuer le nombre des bras du fleuve de manière à assurer aux bâtimens de mer un chenal de 4 mètres de hauteur aux marées de hautes eaux, depuis l'embouchure jusqu'à Nantes. » Nous ferons remarquer ici qu'un tirant d'eau de 4 mètres ne permet de recevoir que des navires de 200 à 250 tonneaux ; que ce tonnage est insuffisant pour des voyages de long cours, et que le fret en est plus coûteux, et qu'il faut donner à Nantes la possibilité de recevoir au moins des navires calant 5 mètres, c'est-à-dire de 450 à 500 tonneaux.

Les diverses améliorations reconnues nécessaires, comme on vient de le voir, par M. Brisson, ne sont cependant pas portées en compte par lui dans le relevé général des dépenses de la canalisation.

Au moment où M. Brisson écrivait, il est hors de doute que l'on attachait beaucoup moins d'importance qu'aujourd'hui à la régularité et à la sûreté des communications.

[196] Mais l'un de nous[74] a eu l'occasion de converser plusieurs fois avec cet homme si distingué bien peu de temps avant sa mort, et de discuter avec lui les vues présentées dans son ouvrage *Du Canal maritime de Paris à Rouen*, sur la nécessité de joindre fortement la navigation maritime à la navigation intérieure. Le suffrage d'un tel homme est trop honorable et trop grave pour le taire : M. Brisson avait vivement applaudi à ces vues, et c'est le souvenir de ses encouragemens qui nous y fera surtout persister.

74 Il s'agit de Stéphane Flachat.

CHAPITRE VIII [197]

Travaux publics, autres que des voies de communication, susceptibles d'être entrepris par des compagnies, au moyen d'une subvention du gouvernement. – *Docks*, ou bassins éclusés avec entrepôts administrés par des compagnies particulières. – Des docks de Londres. – Description de ces docks. – Détails de leur organisation. – Entrée des navires dans le dock. – Préparation au déchargement. – Surveillance simultanée des agens de la douane et de ceux de la compagnie propriétaire du dock. Déchargement du navire. – Arrimage dans les magasins. – Règles pour cet arrimage. – Économie dans le service de la douane. – Avantages des docks. – Titre de propriété des marchandises, ou *warrant*, remis par les compagnies aux négocians. – Détails sur les *warrants*. – Maison commerciale, à Londres. – Application de ces faits aux ports français de Marseille, Bordeaux, Nantes, le Havre, Rouen. – Détails sur l'introduction du système des docks en France. – De l'Entrepôt de Paris. – Distributions d'eaux dans les principales villes de France. – Améliorations dans les ports. – Travaux intéressant l'agriculture. – Fermes-modèles. – Assainissement et culture des landes de Gascogne. – Travaux analogues en Bretagne, en Champagne, en Sologne, etc. – Canal d'irrigation de Provence. – Irrigation et plantation de la Camargue. – Canaux d'irrigation dans le Midi. – Travaux concernant l'industrie métallurgique. – Résumé des travaux proposés.

[198] Nous avons à rechercher dans ce chapitre quels seraient les travaux qui, par leur combinaison avec l'ensemble de voies de communication esquissé dans les deux chapitres précédens, pourraient contribuer le plus directement à la prospérité au pays.

Nous rappelons, d'ailleurs, que nous n'avons à mentionner ici que des travaux qui puissent être exécutés par des compagnies, par l'espoir qu'ils leur présenteraient un produit plus ou moins considérable, en raison duquel elles solliciteraient du gouvernement une prime plus ou moins forte.

Nous rappelons aussi que nous n'avons pas la prétention de fournir des systèmes définitifs ; en proposant les travaux qui nous paraissent les plus utiles et les plus urgens, nous n'ignorons pas qu'il peut nous en échapper de plus urgens, de plus utiles. De telles erreurs sont inévitables, quand on essaie d'ouvrir une carrière nouvelle.

Bassins éclusés avec entrepôts

Au premier rang des travaux qui nous paraissent les auxiliaires les plus importans des grands travaux de communication, nous placerons l'établissement de *bassins éclusés avec entrepôts* dans nos ports principaux, Marseille, Bordeaux, Nantes, le Havre, Rouen. Pour que l'on puisse prendre une idée exacte de ces établissemens, nous extrayons de l'ouvrage de l'un de nous la description qu'il a donnée des établissemens de ce genre à Londres[1].

[199] « Le port de Londres se compose :

1° De magasins que les navires peuvent accoster, et le long desquels ils viennent se ranger à la haute marée, restant échoués pendant la basse mer. Ces magasins reçoivent les marchandises par les navires ou les bateaux qui viennent s'y faire décharger, et les marchandises sortent par la face opposée du magasin, d'où on les descend, au moyen de grues, sur les haquets, comme on les a hissées des navires. Les grues sont fixées sur les deux faces du magasin ; et pour chaque travée, il y a une grue à l'étage le plus élevé, et quelquefois plusieurs ; une, par exemple, au second étage, et une au quatrième.

2° De docks, ou bassins éclusés dans lesquels les navires entrent à la haute marée, et où ils trouvent une profondeur d'eau constante, ce qui leur évite les avaries des échouages, et ce qui rend les déchargemens bien plus faciles et plus économiques.

Les magasins qui bordent la Tamise étaient devenus tout-à-fait insuffisans pour le commerce de Londres ; les rues parallèles à la Tamise, et par lesquelles sortent les marchandises entrées du côté de la rivière, sont extrêmement étroites, et pour la plupart ne laissent de passage qu'a une seule voiture, ce qui produit un encombrement continuel. La plus grande partie de ces magasins, d'ailleurs, est rapprochée du pont de Londres, et les gros navires ne peuvent remonter jusqu'à ce pont ; de là, la nécessité des docks (bassins éclusés), soit pour éviter la contrebande

---

1 [Note de l'auteur] *Du canal maritime de Paris à Rouen*, tome IV, pages 90 à 110.

qui naissait du déchargement des grands navires au milieu de la rivière, soit pour donner des moyens de débarquement et de circulation plus commodes et plus rapides.

[200] Trois docks principaux sont établis à Londres : le dock de *Londres*, le dock des *Indes occidentales* et le nouveau dock de *Sainte-Catherine.*

Ces trois docks sont des concessions perpétuelles faites à des compagnies qui font opérer *par leurs agens* le déchargement des navires qui entrent dans leurs bassins ; ces mêmes compagnies pèsent, vérifient et manutentionnent la marchandise. Cette manutention ne se borne pas à un simple déplacement, mais à tout ce qui tient au conditionnement et à la conservation des colis ; en un mot, ces compagnies se chargent, moyennant tarifs, de tout ce qui tient au matériel de la marchandise ; elles en épargnent entièrement le soin au négociant, qui se trouve ainsi dispensé d'avoir des magasins et des commis pour le stationnement et la manutention de ses marchandises.

Les docks font en grand, et avec l'avantage et l'économie qui résultent de la concentration des forces, ce que les magasins situés sur les bords de la rivière font en petit ; ces magasins appartiennent à des particuliers, qui, soit pour leur compte, soit surtout pour celui des commerçans, reçoivent, manutentionnent et emmagasinent la marchandise.

Enfin les docks et une partie des magasins qui bordent la Tamise sont entrepôts ; et ce qu'il y a de remarquable, c'est que le système de l'entrepôt date, à Londres, de l'ouverture des docks. Les garanties que ces entreprises offraient au gouvernement lui parurent si complètes, que l'on n'hésita plus à faire cette grande concession au commerce.

Un premier fait, et il est de la plus haute importance, résulte de ceci : c'est que le port de Londres et ses entrepôts [201] sont administrés par des particuliers qui, soit dans les docks, soit dans les magasins situés sur la rivière, sont les entrepositaires du commerce, ses peseurs, ses tonneliers, ses vérificateurs, ses manutentionnaires.

Pour faire bien comprendre les avantages et les garanties que ce système offre à l'état et au commerce, nous entrerons ici dans quelques détails sur l'organisation des docks de Londres.

Ces docks consistent en de longs bassins bordés de magasins ; entre les magasins et le bassin se trouve un quai couvert d'un hangar ; c'est là que les marchandises sont pesées, vérifiées, conditionnées. De là, prises par des grues, elles sont emmagasinées, et, lorsqu'elles doivent en sortir, c'est par la face opposée du magasin que d'autres grues les descendent sur les chariots qui les emportent. Ainsi l'entrée et la sortie du magasin sont parfaitement distinctes, et la comptabilité comme la surveillance sont également faciles.

C'est par la compagnie propriétaire du dock et par ses agens que toutes les opérations sont faites; le négociant, propriétaire de la marchandise, y assiste, s'il le veut. Mais au dock des Indes occidentales, les soins donnés aux marchandises sont si bien connus du commerce, que le négociant, pour la plupart du temps, se contente d'envoyer au dock pour y prendre les comptes de débarquement, et les warrants[2], titres de propriété de la marchandise, que nous ferons connaître tout à l'heure.

Aussitôt l'entrée dans le dock, toutes les formalités relatives aux déclarations, aux manifestes, etc., doivent être remplies par le capitaine du navire.

Le navire, amarré aux quais de la compagnie, est [202] préparé au déchargement, suivant des réglemens qui ont pour objet d'écarter tout détail accessoire, et de laisser à la surveillance toute son activité, en la concentrant sur l'objet principal.

Les déchargemens sont faits, soit entièrement par les agens de la compagnie, si l'équipage a été licencié à l'entrée dans le port, soit par l'équipage et par les agens de la compagnie.

Pour que l'on puisse se rendre bien compte de la manœuvre qui s'opère alors, il est nécessaire de dire que, sur le bord du quai auquel est amarré le navire, se trouvent une ou plusieurs grues destinées à transporter la marchandise du navire sous le hangar, où elle est mise à couvert pour être manutentionnée; sous le hangar, et un peu à droite de la grue, se trouvent des balances d'un maniement extrêmement simple et facile; et en face de ces balances une petite guérite vitrée où deux hommes sont assis : l'un est un employé de la douane, l'autre un employé de la compagnie. Ces deux employés sont à leur poste avant que le déchargement commence; les copies des manifestes de la cargaison leur ont été remises; ils ont préparé leurs registres (cheks), et n'ont plus que le poids à inscrire, et à rectifier ou ajouter tout ce qui manquerait au manifeste.

D'autres employés de la compagnie et de la douane sont en même temps sur le navire, et à l'ouverture des écoutilles font une première inspection et un premier rapport sur l'état de la cargaison; le capitaine

2 En droit britannique, document qui atteste que son porteur a des droits sur certains biens importés et stockés dans les entrepôts des docks administrés par la compagnie.

doit prendre lecture de ce rapport, et, en cas de contestation, le rapport et la réponse sont portés à la direction de la douane.

Le déchargement commence : les agens de la compagnie, [203] ou l'équipage s'il est resté, attachent la marchandise dans le navire. Si tout se fait par les agens de la compagnie, elle est responsable de tout, sinon l'équipage est responsable de l'attache de la grue, et la compagnie est responsable du reste.

À mesure que le déchargement s'opère, les avaries, s'il y a lieu, sont constatées, d'une part, par les employés de la douane ; de l'autre, par les agens de la compagnie, stipulant pour le commerce. On répète ici qu'au dock des Indes Occidentales la confiance du commerce dans la compagnie est poussée à un tel point, qu'il s'en rapporte complétement à elle du soin de débattre et de fixer les avaries avec la douane.

Les colis sont mis à quai à mesure du débarquement ; là, ils passent d'abord entre les mains des tonneliers, qui, divisés par brigades et sous les ordres de chefs et lieutenans tonneliers, responsables du conditionnement à la livraison, examinent la marchandise, et en mettent les colis en état d'être pesés et emmagasinés. De là, les colis passent aux marqueurs. Des marqueurs soigneux et expérimentés, dit le réglement de la compagnie, doivent être employés à la marque des colis : la marque doit porter le numéro de rotation du navire, le numéro porté sur le manifeste, et la date de l'année.

Les colis sont alors placés sur la balance, dont les poids, les plateaux et les crochets, doivent être ajustés au moins une fois par jour.

Les poids doivent être uniformément arrangés sur le plateau, et être placés en ligne les uns au-dessus des autres, afin que les erreurs des peseurs puissent être découvertes [204] et rectifiées promptement par les deux commis dont nous avons parlé tout à l'heure ; celui de ces deux commis qui est au compte de la compagnie doit insister, dit le réglement, pour que cet arrangement des poids sur les plateaux soit toujours suivi ; et, afin que sa surveillance et celle de l'employé de la douane puissent être exactes et continuelles, ils doivent être placés de manière à avoir la vue complète de la balance.

Aucunes barriques ou colis ne doivent sortir de la balance avant que ces commis n'aient écrit clairement les marques, poids, etc.

Des échantillons sont pris alors ; ce sont les tonneliers qui en sont chargés sous l'inspection de leurs chefs ; ces échantillons sont réunis sous les ordres du principal tonnelier, le soir de chaque jour, afin que le lendemain matin ils puissent être portés au bureau de la compagnie à la Cité, d'où les négocians peuvent les retirer.

Lorsque le débarquement est fini, l'employé de la douane, qui était sur le navire, et qui a inscrit le nombre et la nature des colis, rapproche son état de ceux qui ont été dressés par l'employé de la douane et par celui de la compagnie, qui étaient ensemble sur le quai ; et si quelques différences sont observées, le rapport en est adressé immédiatement à l'inspecteur des docks, afin que toutes les recherches possibles soient faites à l'instant.

Le compte de débarquement, que le commis de la compagnie a dressé pendant que cette opération se faisait, est remis par lui au garde-magasin. Le garde-magasin est responsable du bon arrimage des marchandises ; les sucres, par exemple, doivent être placés dans le magasin dans la [205] même position qu'ils avaient dans le navire, et les colis avariés ne doivent jamais être arrimés ou empilés avec ceux qui sont en bon état.

L'arrimage doit être fait, d'ailleurs, de manière à permettre accès à tous les colis.

Le stationnement des marchandises dans les magasins, leur conservation, la livraison au commerçant, l'exécution de ses ordres, s'il veut un repesage ou des manutentions particulières, sont confiés à des agens de la compagnie, mais toujours simultanément avec des employés de la douane ; avec cette différence qu'il y a pour la compagnie un chef dans chaque magasin, et que l'employé de la douane, dont les fonctions sont plus simples puisqu'elles se bornent à la surveillance, a plusieurs magasins sous son inspection.

L'on peut se faire une idée de l'économie que ce système apporte à l'état pour le service de la douane : cinquante-deux employés seulement de la douane font le service des deux docks de Londres. Trois cent mille tonneaux de marchandises exotiques sont manutentionnés sous leurs yeux et surveillés par eux dans les magasins ; quant aux garanties que l'état trouve dans ce système des docks pour le paiement des droits et contre toute fraude, l'on voit combien elles sont complètes, et à quels contrôles continuels la comptabilité se trouve soumise.

Les détails dans lesquels nous venons d'entrer peuvent, sans doute, donner une idée complète de l'ordre, de la régularité, de la simplicité qui règnent dans toutes les opérations que nous avons décrites. C'est un spectacle plus intéressant qu'on ne saurait le croire que celui du déchargement [206] d'un navire chargé de sucre dans le dock des Indes occidentales ; l'attention silencieuse que chacun y apporte à ses fonctions, l'observation rigoureuse de réglemens qui, à la lecture, semblent minutieux et sévères, et qui, à mesure qu'on les voit s'accomplir sous ses yeux, paraissent simples et faciles comme tout ce qui est le résultat de l'habitude et de la pratique ; l'accord parfait qui règne entre les employés de la douane et ceux de la compagnie ; l'art avec lequel l'outil ou la machine la plus commode est appliqué à chaque manutention ; la rapidité qui règne dans les manutations, tout cela commande une attention sérieuse. Ces combinaisons amènent avec elles tant de sécurité pour l'état et pour le commerce, et aussi tant d'économie, que l'on ne peut se lasser de les étudier, et l'on ne se sent pas étonné que cette étude conduise quelquefois jusqu'à l'admiration.

Si l'on cherche maintenant à définir nettement le rôle des compagnies propriétaires de docks dans le commerce de Londres, l'on trouve que ces compagnies sont des manutentionnaires et des gardes-magasin désintéressés, interposés entre l'armateur et le négociant d'une part, et entre le spéculateur, ou le fabricant, ou le consommateur de l'autre. Au lieu de magasins, de comptoirs disséminés dans la ville, ce sont des magasins communs où s'obtient toute l'économie qui résulte d'une seule volonté, d'une seule action, d'une seule surveillance ; par là le négociant est dispensé d'avoir des magasins, et tout le personnel qu'ils exigent : ainsi débarrassé des soins qu'il devrait donner à la manutention des marchandises, certain que tous ces détails sont suivis avec toute l'habileté que donne l'habitude de [207] faire une seule et même chose, il peut se livrer avec moins de frais de toute nature à ses opérations de commerce, et y consacrer une attention que rien ne détourne plus.

Mais les docks de Londres, et surtout le dock des Indes Occidentales, sont fort éloignés de la Cité ; et si, pour consommer la vente de ses marchandises, le négociant, qui ne les a pas sous sa main, devait aller aux docks avec les acheteurs justifier de sa propriété et des qualités de la marchandise, il perdrait son temps en allées et venues ; mieux vaudrait pour lui faire la dépense de magasins et de commis.

Voici comment il est pourvu à cet inconvénient, et le système que l'on a introduit pour cet objet est un des fondemens les plus certains de la prospérité du port de Londres, et du maintien du principal marché de l'Europe sur cette place si excentrique et si incommode pour la plus grande partie du continent.

Lorsque les marchandises sont en magasin, les compagnies des docks remettent à chaque important, après les justifications nécessaires, une reconnaissance (*warrant*), qu'elles ont reçu et emmagasiné pour son compte, telle quantité de marchandises de tel poids, de telle qualité ; le *warrant* indique, pour chaque colis, le numéro de l'échantillon qui a été porté, comme nous l'avons dit, à la Cité, c'est-à-dire au centre des affaires.

Avant que le *warrant* soit remis au propriétaire de la marchandise, il a dû donner, comme nous l'avons dit, les justifications nécessaires de sa propriété, et, à cet égard, les réglemens de la compagnie ne peuvent laisser craindre la fraude.

Lorsqu'il a ainsi justifié de la propriété, les comptes [208] de débarquement et les certificats d'avarie sont envoyés au commerçant ; s'il y a arrêt pour le paiement du fret, on le lui fait connaître ; alors si le négociant a fait venir pour le compte d'autres personnes, il leur remet des ordres de livraisons.

Les porteurs de ces ordres font alors emmagasiner, c'est-à-dire transférer à leur nom sur les livres les marchandises, et on leur en délivre les *warrants*, ou bien ils peuvent passer l'ordre de livraison par endossement : le *warrant* est toujours remis au dernier porteur.

Les *warrants* sont transmissibles par endossement ; l'endossement constitue la vente légale, et les *warrants* ne sont sujets à retour dans les dix-huit jours qui précèdent les faillites qu'autant que la vente porte un caractère évident de fraude, d'après les opérations du failli.

Les *warrants*, pour les marchandises qui sont ordinairement vendues sans les mettre en lots, sont délivrés pour les quantités généralement trouvées convenables dans les usages de la place. On peut, au reste, faire diviser ces *warrants* par la compagnie, sous tels nombre et forme que l'on désire, et ces changemens s'exécutent moyennant des tarifs fort modérés.

Lorsqu'un *warrant* est perdu, l'avertissement doit en être donné à la compagnie, et inséré dans les papiers publics ; la compagnie retient alors la marchandise, et le premier *warrant* devient nul entre les mains du porteur qui viendrait à le représenter, s'il ne justifie pas d'une suite d'endossemens réguliers ; la compagnie, au bout de sept jours d'avertissement, consent à délivrer des duplicata de *warrants*, mais sous caution de l'indemniser, en cas que le [209] premier soit retrouvé, et puisse donner un titre contre elle.

Toute irrégularité dans les endossemens, et toute tentative de faire disparaître cette irrégularité en endossant sans pouvoir les *warrants*, est invariablement rendue publique et de la manière la plus sévère par la compagnie.

Ainsi, par le système des docks, le négociant n'a point à s'occuper du matériel de la marchandise ; il est dispensé d'avoir des magasins et des bureaux, et par celui des *warrants* il peut mettre sa marchandise en portefeuille, comme toute autre valeur circulable.

Les résultats d'un tel ordre de choses sont, on peut le dire, incalculables ; jeter ainsi dans la circulation un capital aussi considérable et aussi réel que celui des marchandises en stationnement sur le marché de Londres, c'est un des plus heureux efforts du génie commercial de l'Angleterre.

Il faut être instruit de ces faits pour s'expliquer et comprendre, à Londres, la maison commerciale (*commercial house*, Mincing-lane). Cette maison se compose de grands corridors, le long desquels sont distribués de petits appartemens composés d'une antichambre et d'un cabinet ; c'est là tout le local nécessaire aux plus fortes maisons opérant sur les matières exotiques de consommation, et notamment sur les sucres et les cafés dont le marché est à *Mincing-lane*.

Porteurs de ces *warrants*, les courtiers vont de l'un à l'autre de ces cabinets, et, après l'inspection des échantillons qui se trouvent à l'étage du bas, les transactions les plus importantes se trouvent accomplies, système d'autant plus remarquable que la marchandise a changé de main [210] sans avoir changé de place, sans frais de manutention, de pesage, et surtout de transport.

Nous avons un mot à ajouter sur la manière dont les ventes s'accomplissent par l'intermédiaire des courtiers. La livraison de la marchandise s'opère par la remise du *warrant*, et le paiement par une traite à vue sur le banquier du négociant qui achète et à l'ordre du banquier du courtier. Le nom du courtier est placé en travers de la traite, pour indiquer qu'elle ne peut être reçue que par lui et pour son compte ; si elle venait à se perdre, cette traite ne pourrait servir à celui qui la trouverait. Le courtier remet cette traite à son banquier. Les banquiers se réunissent après l'heure de la bourse, et compensent entre eux les traites qu'ils ont ainsi reçues des courtiers les uns des autres.

Ainsi les opérations sur les marchandises se font à Londres, au comptant, entre le haut commerce. Lorsque les ventes se font pour la consommation à des maisons établies et présentant, par le matériel même de leurs établissemens, des garanties de crédit, le prix des ventes consiste aussi dans des traites formant lettres de change et échéant à certaines époques, par exemple, celle de l'escompte de la banque. »

Si l'on a lu avec quelque attention les détails qui précèdent sur l'établissement et l'administration des docks de Londres, il nous paraît difficile qu'on ne soit pas vivement frappé des avantages qui pourraient résulter pour tout le pays d'établissemens semblables dans nos principaux ports.

Il ne s'agit pas, sans doute, d'y créer des établissemens [211] aussi immenses que ceux de la capitale du monde commerçant ; mais, du moins, on peut de loin imiter son exemple, et développer les établissemens à mesure des besoins.

Le dock des Indes occidentales s'est fondé avec un fonds de 37,500,000 fr. ; les augmentations qui y ont été faites depuis portent la valeur de cet établissement à 82,500,000 fr.

Le dock de Londres a successivement dépensé 110 millions.

Celui de Sainte-Catherine a coûté 42,000,000.

Les autres docks ou entrepôts appartenant à une compagnie ou à des particuliers, ne peuvent être évalués à moins de 150,000,000.

En sorte que les sommes appliquées dans le port de Londres, à la station d'un tiers environ des 26,000 navires qui y abordent (les deux autres tiers principalement chargés de charbons stationnent dans la rivière), et du tiers aussi des marchandises, s'élèvent à près de 400,000,000.

Le dock des Indes Occidentales, celui de Londres, et un grand nombre des établissemens particuliers, ont donné des bénéfices considérables ; le dock des Indes Occidentales a augmenté ses constructions de 50,000,000, au moyen de prélèvemens sur ses bénéfices après 10 % distribués à 37,500,000. Aujourd'hui l'on évalue de 4 à 5 % le revenu de tous ces établissemens en masse ; c'est surtout depuis la création du nouveau dock de Sainte-Catherine que cette diminution s'est produite dans les bénéfices des docks anglais ; les sommes employées dans ces établissemens sont évidemment aujourd'hui trop considérables : elles n'auraient pas dû dépasser 250,000,000.

Les marchandises emmagasinées dans les docks se composent, [212] pour la plus forte partie, de matières exotiques.

Or, lorsque Londres a fondé ses docks, ce port recevait environ 60,000 tonneaux de sucre ; nos ports en reçoivent aujourd'hui 85,000. Des proportions du même genre subsistent pour les autres matières exotiques et pour les marchés du commerce extérieur ; le commerce extérieur de la France est plus considérable aujourd'hui que celui de l'Angleterre en 1805.

Si nous demandons donc pour l'établissement des docks avec entrepôt dans nos principaux ports une somme de 50,000,000, c'est-à-dire le huitième de la masse des établissemens anglais tels qu'ils existent aujourd'hui, et le cinquième de la somme qui n'aurait pas dû y être dépassée, nous ne serons pas sans doute taxés d'exagération, puisque nos ports sont plus florissans que ceux de l'Angleterre à l'époque où elle a fondé ses docks.

Mais avant d'entrer dans le détail, très-sommaire d'ailleurs, de la division de cette somme entre ces divers ports, il importe que l'on soit bien fixé sur les résultats que l'on en peut espérer.

Considéré au point de vue de l'intérêt privé ou comme spéculation, l'*établissement de docks avec entrepôt consiste à offrir au commerce un point* CENTRAL *où il puisse avoir sous les yeux la* MASSE *d'approvisionnemens existans, où ses marchandises soient manutentionnées avec* SOIN, *emmagasinées avec* ÉCONOMIE, *et dont il ait la* REPRÉSENTATION, *pour la* VENTE, *dans les* ÉCHANTILLONS, *délivrés par la compagnie d'entrepôt ; pour la* CIRCULATION, *dans les récépissés ou* WARRANTS *de la compagnie.* Les produits de ces établissemens consistent dans les droits de manutention et d'emmagasinement. Ils peuvent faire ces manutentions avec [213] plus d'économie et de rapidité que le commerce, car les magasins s'y trouvent sur le bord des quais ; des machines peuvent y être employées, soit pour le déchargement, soit pour l'arrimage. Tandis qu'aujourd'hui, toute marchandise doit être transportée sur haquet, du port ou de l'entrepôt, chez le négociant consignataire, de là souvent chez un acheteur de seconde et quelquefois de troisième main, et plus, et enfin, chez le consommateur ; au moyen de ces établissemens, au contraire, et des *warrants* et des échantillons, elle entre directement du navire dans le magasin, et va directement de l'entrepôt chez le consommateur ou chez le vendeur en détail. Ainsi sont épargnés tous les transports et toutes les manutentions intermédiaires de l'arrivée à la consommation. Nous laissons aux commerçans le soin d'apprécier cette économie.

Des documens recueillis par nous pour plusieurs années sur les docks de Londres, et notamment sur le dock des Indes Occidentales, établissent que la moyenne des droits annuels par an, pour la compagnie, par tonneau de marchandise, est de 42 fr. ; et cependant le commerce de Londres y trouve une telle économie, que, bien que le privilége qu'avait obtenu cette compagnie soit expiré depuis plusieurs années ; malgré la création du dock de Sainte-Catherine bien plus rapproché de la Cité que celui des Indes-Occidentales, on continue à envoyer à cet établissement la presque totalité des sucres qui arrivent à Londres, environ 120,000 tonneaux.

Les droits de stationnement des entrepôts français sont un peu plus faibles que ceux des entrepôts de Londres ; la moyenne est de 12 à 25 fr. par an et par tonneau ; on ne peut guère calculer que les manutentions et le stationnement [214] moyen, qui est de quatre à cinq mois, s'élevent à plus de 40 fr. par tonneau. Les transports et manutentions pour ventes successives peuvent y ajouter, en moyenne, 25 fr., total 65 fr.

Si nous supposons que la moyenne des droits que percevraient les compagnies entrepositaires des ports de France serait de 30 fr., nous trouvons que, pour avoir un produit de 10 %, sur les sommes nécessaires à la construction de leurs docks, il faudrait y emmagasiner et manutentionner 166,666 tonneaux produisant 5,000,000 par le tarif moyen de 30 fr.

Le Havre seul aurait 100,000 tonneaux de marchandises susceptibles d'entrer avec avantage dans cette nature d'établissement[3]. Quand Londres a fondé ses docks, ce port en recevait 80,000.

Voici les arrivages de matières exotiques dans le port du Havre, en 1826 :

Sucre	33,282	tonneaux
Café	8,682	
Coton	32,994	
Tabac	4,498	
Bois de teinture	3,476	

3 [Note de l'auteur] (Extrait de l'ouvrage du *Canal maritime de Paris à Rouen*, tome II, p. 164.) – [Note de l'éditeur] Dans l'édition originale, le tableau et la phrase qui l'introduit (« Voici les arrivages de matières exotiques dans le port du Havre, en 1826 : ») faisaient partie de cette note de l'auteur.

Bois d'ébénisterie	2,139	
Bois de construction		18,036
Peaux brutes	1,931	
Riz	901	
Potasse	3,585	
Métaux		3,033
Soufre		1,343
Houille		2,544
Objets divers	11,846	
	103,334	24,956
TOTAL	128,290	

[215] Il résulte de ces premières données, sur lesquelles, possédant les documens les plus étendus sur les docks de Londres, que nous avons d'ailleurs long-temps étudiés, nous sommes prêts à donner tous les éclaircissemens que désireraient des personnes conduites par nos indications à s'occuper sérieusement de cette nature d'opérations ; il résulte, disons-nous, que les entreprises de docks, avec entrepôts administrés par des compagnies, paraissent devoir être rangés au nombre des entreprises qui présentent le plus de marge. Elles sont certainement de celles pour lesquelles il pourrait être demandé la moindre prime et pour le moins de temps à l'État.

Si l'on considère ces entreprises au point de vue d'intérêt public, on trouve qu'il en est peu dont l'utilité générale soit moins contestable, car un de leurs résultats ne serait rien moins que de *monétiser* toutes les matières du commerce extérieur de France, et de mettre ainsi annuellement en circulation des valeurs représentatives de tout ce qui successivement stationnerait dans les entrepôts, c'est-à-dire au moins 300,000,000.

Ces valeurs représentatives de 300,000,000 ne seraient pas sans doute un capital nouveau et qui viendrait augmenter les richesses du pays du montant total de leur émission. Mais elles auraient sur le capital réel, dont elles seraient la représentation, l'immense avantage de l'économie et de la facilité de leur circulation, et ce n'est certes pas trop dire que 300,000,000 de marchandises ainsi monétisées donneraient plus d'activité aux relations commerciales que 500,000,000 de marchandises se vendant selon le mode actuel.

[216] Les bornes de cet ouvrage ne nous permettent pas d'entrer dans de plus longs détails sur cette question grave ; mais notre association en fera l'un des principaux objets de ses travaux. Tous les hommes qui sollicitent l'établissement de circulations économiques pour les marchandises doivent, pour être conséquens, porter un égal intérêt à l'institution de circulations rapides et commodes pour toutes les valeurs ; on ne conçoit bien la portée d'un système général de circulation que si l'on embrasse d'une égale ardeur la mobilisation de la propriété[4], la monétisation de la marchandise, et, s'il était permis de formuler en quelques mots les idées les plus étendues, il semble que les progrès accomplis par la saine économie politique consisteraient en somme, aujourd'hui, à dire au gouvernement, non plus *laissez faire*[5], mais *faites circuler.*

C'est, en effet, par la fondation d'établissemens de crédit que la société peut entrer surtout dans la voie de l'organisation du travail ; et les entreprises que nous proposons ici seraient de beaux et solides établissemens de crédit, en ce sens que c'est par la confiance qu'ils inspireraient que le commerce leur confierait la manutention de ses marchandises, opérerait ses transactions sur les échantillons délivrés par eux, et ferait facilement circuler son capital, représenté par un simple récépissé de ces établissemens.

Nous avons dit plus haut que 50,000,000 nous semblaient [217] nécessaires pour la fondation de docks avec entrepôt dans nos principaux ports nous pourrions nous contenter peut-être de cette indication générale. Toutefois, en raison de l'importance relative des divers ports, on pourrait supposer qu'ils se diviseraient comme il suit :

---

4 [Note de l'auteur] M. Casimir Périer comprenait toute l'importance de la mobilisation de la propriété, et désirait cette institution nouvelle. Il avait fait rédiger un projet de loi sur cette matière, et l'avait fait distribuer aux chambres, afin de recueillir de premières observations. – [Note de l'éditeur] Casimir-Pierre Perier (1777-1832), banquier (régent de la Banque de France), figure de proue de l'opposition libérale sous la Restauration, est président du Conseil du 13 mars 1831 au 16 mai 1832. Il est victime de l'épidémie de choléra de 1832.

5 Attribuée au marquis de Gournay (1712-1759), l'un des pères fondateurs de la pensée libérale en France, puis reprise par les Physiocrates, la formule « Laissez faire » ou plutôt « Laisser faire, laisser passer », originellement à l'infinitif, renvoie au souhait de limiter le plus qu'il se peut l'intervention de l'État dans l'économie. Elle constitue l'un des fondements de la pensée libérale française du XIXe siècle défendue par des économistes comme Say.

Le Havre	15,000,000
Marseille	12,000,000
Bordeaux	9,500,000
Nantes	8,500,000
Rouen	5,000,000
	50,000,000

Peut-être, le Havre ayant des bassins éclusés, pourrait-on y traiter avec le gouvernement et avec la compagnie-propriétaire, en ce moment, des droits du bassin d'Ingouville, pour élever sur ses quais des magasins d'entrepôt tels que ceux que nous avons décrits, et alors la dépense à faire au Havre se trouverait beaucoup réduite et pourrait se reporter sur les autres ports. Nous proposerons plus loin une nouvelle entrée pour le port du Havre ; peut-être aussi l'établissement de ses docks avec entrepôt pourrait-il se combiner avec les travaux de cette nouvelle entrée.

Quant à Rouen, la place de son dock se trouve bien naturellement indiquée dans les environs du faubourg Saint-Séver, avec un canal qui, traversant ce faubourg, déboucherait dans la Seine à l'amont et à l'aval des ponts de la ville, et qui donnerait ainsi aux mouvemens de ce port les facilités qui lui manquent aujourd'hui.

Nous ne connaissons pas assez les autres ports pour indiquer [218] en quels lieux les docks pourraient être placés ; toutefois nous avons assez de données pour être certains qu'à Bordeaux et à Nantes l'établissement des docks ne présenterait pas de difficultés et pourrait bien se combiner avec les habitudes du commerce.

Le port de Marseille présente en ce moment des circonstances analogues à celles qui ont déterminé à Londres la création des docks. Le système de chargement et de déchargement des navires dans cette ville est semblable à celui du vieux port de Londres. Il s'y opère en partie dans des magasins appartenant à des particuliers, et le long desquels les navires peuvent accoster ; les marchandises entrent donc d'un côté du magasin, prises sur les navires ; elles sortent de l'autre côté pour être chargées sur les haquets. Ainsi les magasins sont aussi facilement accessibles aux transports par eau qu'aux transports par terre, et c'est là la première base d'un bon système de manutention des marchandises.

Mais le nombre des magasins pouvant ainsi décharger des navires n'est pas suffisant aujourd'hui pour le commerce de Marseille ; et il s'opère, au moyen de pontons, des déchargemens au milieu du port même. Or rien n'est plus coûteux qu'un tel mode de manutention, non-seulement parce que les marchandises mises à bord des pontons doivent encore en être déchargées pour entrer en magasin, mais aussi parce que ces transbordemens d'une embarcation dans une autre sont chers, ne pouvant se faire ni commodément ni rapidement, et enfin parce qu'ils offrent de nombreuses occasions de fraude aux ouvriers manutentionnaires. Ces déchargemens des navires en rivière, et les fraudes qu'ils occasionaient, ont été une des causes qui [219] faisant chercher aux négocians de Londres les moyens de s'y soustraire, les ont conduits au système de docks qui leur a été, sous tous les points de vue, si profitable. Marseille est donc certainement très-près du moment où la nécessité des docks lui sera aussi évidente qu'elle l'a été à Londres, et ce port nous paraît un de ceux où cette nature d'établissemens a le plus d'avenir.

Remarquons bien qu'en donnant aux systèmes d'entrepôt toute la largeur qu'ils ont sû y imprimer, c'est-à-dire en les considérant bien moins comme des lieux où la taxe de douane est suspendue que comme des centres commerciaux, puissans de toute la force de l'association et de la centralisation, où les manutentions sont mieux faites, et par lesquels la marchandise est réellement mobilisée, les négocians anglais, créateurs des docks, ont ainsi mis ces entreprises à l'abri des diminutions successives et de la suppression totale des droits de douane que les progrès des sociétés européennes ne peuvent manquer d'amener dans un temps qui n'est peut-être pas éloigné. Le système des *warrants*, au moyen duquel un négociant peut trouver de l'argent chez un banquier, qui lui en donne parce qu'il peut mettre la marchandise qui lui sert de garantie en portefeuille, et qu'il n'en donnerait pas s'il fallait la mettre en magasin, parce que les banquiers savent aujourd'hui, par expérience, ce qu'il leur en coûte d'avoir des magasins, le système des *warrants*, disons-nous, est le fondement de la prospérité des docks bien plus que les droits de douane ; l'économie des manutentions, la bonne surveillance, sont également des motifs plus déterminans de la fondation et du succès de ces entreprises que les droits de douane ; ils peuvent donc être [220] réduits ou supprimés aujourd'hui en Angleterre ; les établissemens de *West India dock*, *London dock*, *Sainte-Catherine dock*, non-seulement n'en souffriront pas, mais leur prospérité s'accroîtra de tout l'accroissement de consommations que déterminerait la suppression des droits de douane.

Le point de vue où l'expérience de l'Angleterre nous apprend qu'il faut se placer pour juger aujourd'hui les questions d'entrepôt nous conduit à dire un mot de l'*entrepôt de Paris.*

La principale cause de prospérité de l'entrepôt de Paris nous paraît bien moins résider dans les consommations que dans les capitaux de cette ville. Sans doute les raffineurs, les filateurs, les négocians en drogueries, épiceries, teintures profiteront du bénéfice de l'entrepôt, et il y a là quelques produits de stationnement. Mais l'entrepôt de Paris a un plus large avenir, et cet avenir dépend absolument de la manière dont on saura l'adapter à sa véritable destination.

Si l'on n'y voit qu'un *magasin de stationnement pour des marchandises qui se dérobent momentanément aux droits de douane*, on constituera l'entrepôt de telle sorte que ce sera une mauvaise affaire, nous l'affirmons, et ce n'est pas sans une étude très-approfondie de cette question.

Mais si l'on y voit le *lieu de dépôt de marchandises monétisées par les warrants*, venant se centraliser en ce lieu pour obtenir le bénéfice d'une circulation rapide et économique comme celle du papier ; si l'on comprend que ces marchandises, gages de cette valeur nouvelle de circulation, gages des *warrants*, doivent être dans leur lieu de dépôt, si [221] bien administrées, si bien surveillées, si bien manutentionnées, quand il est nécessaire, par la compagnie signataire des *warrants*, comme propriétaire de l'entrepôt, que le négociant soit enfin conduit à s'affranchir de tous les soins minutieux de surveillance, de manutention, d'administration de ces marchandises qui aujourd'hui absorbent une si grande partie de son temps, et que se reposant de ces soins sur la compagnie de l'entrepôt, il puisse appliquer tout son temps et son habileté au placement de son papier, c'est-à-dire de ses *warrants*, alors on constituera l'entrepôt de Paris sur les modèles que nous a donnés l'Angleterre ; et comme les entrepôts d'Angleterre, l'entrepôt de Paris pourra devenir une belle et grande affaire.

L'entrepôt de Paris étant aujourd'hui sollicité par plusieurs compagnies qui veulent se charger de sa construction et de son administration, nous n'avons pas à le comprendre dans les travaux à exécuter avec subventions du gouvernement, et dans cette première publication, destinée à démontrer l'urgence et l'utilité de ces travaux et la nécessité de ces subventions, nous ne nous étendrons pas davantage sur cette question ; mais nous l'aborderons peut-être dans des publications prochaines, si cette entreprise, qui pourrait être utile pour ses concessionnaires et qui est d'un si haut intérêt pour le commerce, continue à être envisagée sous ses faces les plus étroites, comme elle l'a malheureusement été jusqu'ici par la plupart de ceux qui s'en sont occupés.

Nous allons maintenant rapidement esquisser les autres travaux où nous croyons que le concours de l'industrie particulière et du gouvernement pourrait produire les résultats les plus importans.

Distributions d'eau dans les villes [222]

Les distributions d'eau dans les principales villes du royaume nous paraissent au nombre des entreprises qui peuvent devenir le plus rapidement productives.

Depuis long-temps on s'occupe d'une distribution générale d'eau dans la ville de Paris, et cette entreprise est estimée de 18 à 20,000,000. Déjà la Ville a mis cette affaire en adjudication et sans succès ; cela a tenu autant aux mauvaises dispositions du cahier des charges, rédigé par les bureaux de la ville, qu'à l'incertitude des produits de cette entreprise. La distribution générale des eaux de Paris est une entreprise si importante, et en même temps elle est si compliquée de mille intérêts divers qui s'y croisent et l'obscurcissent, que nous nous proposons de traiter spécialement cette question dans une de nos prochaines publications, déclarant d'ailleurs à l'avance que nous ne croyons pas l'entreprise exécutable sans subventions du gouvernement.

Quant aux distributions d'eau dans les autres villes du royaume, nous supposerons que quinze villes pourraient donner lieu à des spéculations de cette nature, dont nous fixerons la dépense moyenne à 2,000,000.

Les entreprises de distribution d'eau entreraient donc à compte ici pour 50,000,000, savoir :

Distribution d'eau dans Paris	20,000,000
Distribution d'eau dans quinze villes, à 2,000,000	30,000,000
	50,000,000

Améliorations dans les ports [223]

La plupart de nos ports ont besoin d'importantes améliorations qui peuvent devenir l'objet de spéculations plus ou moins utiles au moyen de droits sur les navires qui entrent dans ces ports. Nous avons déjà indiqué les deux plus importantes, celles des ports de Nantes et de Bordeaux, en proposant des canaux maritimes, pour suppléer tout ou partie de l'embouchure des deux fleuves qui y conduisent.

Nous avons dit aussi qu'une nouvelle entrée nous paraissait nécessaire au port du Havre ; il est, en effet, démontré que les courans de la Manche, en rasant les côtes de la Normandie, entraînent les galets de la craie dont sont formées toutes ces côtes, et sont la cause des encombremens continuels de l'entrée actuelle du port du Havre ; il paraît qu'il serait possible d'ouvrir une nouvelle entrée derrière le Havre, entre cette ville et la côte d'Ingouville ; cette nouvelle entrée serait entre l'épi de Saint-Roch et celui de Sainte-Adresse, et déboucherait sur une partie de la côte, où le mouillage est très-profond, l'ancrage très-bon, et qui est protégée par le banc de l'Éclat. Cette entrée présenterait d'ailleurs le très-grand avantage de permettre l'accès du port du Havre à des navires d'un plus fort tonnage que ceux qui le fréquentent aujourd'hui ; et ceci est une considération de la plus haute importance, si l'on remarque que l'union de plus en plus intime qui s'établirait entre le Havre et Paris, par les moyens que nous avons indiqués plus haut, y rendrait de plus en plus possible à ce port l'emploi des navires d'un fort tonnage. C'est là, en effet, le résultat de l'accroissement des capitaux dans tous les ports de mer : le tonnage [224] des navires s'y accroît dans la même proportion ; l'on sait que c'est là surtout l'avantage des navires américains et anglais ; l'importance des capitaux employés par eux au commerce extérieur leur permet l'emploi de forts navires, et leur assure la prédominance maritime dont nous les voyons en possession aujourd'hui. L'intervention de Paris, dans les opérations maritimes du Havre, aura donc pour résultat certain l'augmentation du tonnage des navires dans ce port, si d'ailleurs on rend l'accès du port praticable à ces navires par les travaux que nous venons d'indiquer.

La plupart de nos ports réclament des améliorations de ce genre ; des estacades, des jetées, des embarcadères, des entrées nouvelles, des écluses de chasse. Pour tous ces travaux, et pour ceux du Havre, nous porterons en masse une somme de 40,000,000 fr.

Il est une nature d'améliorations que réclame la navigation maritime, et à laquelle les ressources restreintes du budget des ponts-et-chaussées ne permettent de conserver que 500,000 fr. par an. C'est l'éclairage des côtes de France par le système des phares lenticulaires de Fresnel[6]. Si nous ne faisons pas entrer cette amélioration si importante dans le compte des travaux à exécuter, c'est que nous ne voyons pas de moyens d'en faire l'objet d'une spéculation particulière. Mais on conçoit que si notre système était suivi, le budget des ponts-et-chaussées se trouverait soulagé de beaucoup de dépenses qu'il supporte aujourd'hui, et qui pourraient se reporter ainsi sur des dépenses essentielles, telles que l'entretien des routes et la construction des phares.

Ponts [225]

Il est une nature d'entreprise qui a reçu un grand développement depuis quelques années : ce sont les ponts, et notamment les ponts suspendus[7].

Aujourd'hui ce sont à peu près les seuls travaux publics où l'on voie intervenir des compagnies, parce que ce sont les seuls travaux dont puissent se charger des particuliers sans secours du gouvernement. Cependant, l'impulsion que cette nature d'entreprise avait prise s'est ralentie ; le nombre des ponts qui pouvaient fournir matière à de bonnes

---

6 Ingénieur des Ponts et Chaussées, entré à l'École polytechnique en 1804, Augustin Fresnel (1788-1827) est l'auteur de la théorie ondulatoire de la lumière et se fait une spécialité des questions de signalisation maritime. C'est dans ce cadre qu'il invente la lentille qui porte aujourd'hui encore son nom. Il est également le concepteur d'un plan d'ensemble d'éclairage et de balisage des côtes de France qui sera mis en œuvre par son frère Léonor. Avec ce plan, les phares deviennent les éléments d'un réseau global de télécommunication au lieu de faire figure d'ouvrages isolés.

7 Si les voyageurs avaient décrit depuis longtemps des ponts de lianes ou de cordes jetés au-dessus de précipices en Amérique du Sud ou en Asie, les ponts suspendus modernes ne se développent qu'au cours des premières décennies du XIXe siècle. Aux États-Unis, un ingénieur amateur, membre de la Chambre des représentants puis du Sénat, James Finley (1756-1828), construit le premier ouvrage de ce type en 1801. Le principe se diffuse rapidement en Amérique du Nord puis en Angleterre. Le premier pont suspendu français est réalisé quant à lui en 1825 par les frères Seguin pour relier les villes de Tain-l'Hermitage et Tournon en enjambant le Rhône. Au terme d'une mission d'études effectuée en Angleterre, Navier donne au même moment la première théorie mécanique concernant la stabilité des ponts suspendus. Leur essor est inséparable de l'amélioration du réseau routier sous la Restauration et la monarchie de Juillet.

spéculations s'épuise ; il y a lieu de ranimer l'établissement de ces voies de communications si utiles, en y portant le secours des subventions. Nous pensons que ce n'est pas trop que de calculer que, dans un espace de dix années, une très-faible subvention du gouvernement pourrait faire élever, sur le sol de France, quatre-vingts ponts que nous estimons en masse à 50,000,000 fr.

Travaux concernant l'agriculture

Mais ce qui doit par-dessus tout fixer l'attention publique, parce qu'elle en a été beaucoup trop détournée jusqu'ici au profit de l'industrie, c'est l'agriculture, si arriérée en France et si complétement délaissée ; car nous ne pouvons admettre comme moyen efficace des progrès de l'agriculture les académies et sociétés agricoles, dont les travaux sont peut-être utiles à quelques propriétaires exploitant eux-mêmes, et dont le nombre est si restreint, on le sait, mais restent absolument ignorés de cette masse d'hommes dont les bras ouvrent [226] les sillons, et dont la sueur les arrose, de cette classe si nombreuse de fermiers, bailleurs de terre à courts termes, y vivant au jour le jour, et sans moyens intellectuels ou pécuniaires d'introduire des améliorations dont ils ne sont pas sûrs d'ailleurs de profiter.

L'agriculture ne pourra faire de grands progrès que lorsque les propriétaires, exploiteront eux-mêmes leurs fonds, ou bien les affermeront à longs termes, après avoir d'ailleurs appliqué des capitaux importans à l'établissement de bons bâtimens d'exploitation, ainsi que des instrumens et surtout des mécaniques qui y introduisent tant de rapidité et d'économie.

La mobilisation de la propriété sera un puissant excitant des progrès de l'agriculture, parce qu'elle doit nécessairement multiplier les baux à longs termes, et que ces baux donnent au fermier plus d'importance et bien plus de désirs et de moyens d'améliorer la propriété qui lui est confiée.

Mais pour que les propriétaires comprennent qu'il leur serait à la fois plus honorable et plus utile d'exploiter eux-mêmes ces biens ; pour que, par la mobilisation de la propriété, les fermiers puissent se livrer avec sécurité à l'amélioration d'une propriété qui leur sera confiée pour un long temps, il faut que le gouvernement, en faisant des sacrifices pour l'agriculture, y ramène l'intérêt et l'attention du pays, et en soulevant ainsi les questions graves qui se rattachent à cette branche capitale de la production et du travail, fasse successivement et peu à peu disparaître cette inégalité si injuste, si choquante, qui subordonne aujourd'hui si impérieusement le fermier au propriétaire, l'homme qui travaille à celui qui recueille le produit le plus net du travail d'autrui. [227] Et, nous le répétons encore, que l'on songe surtout à la mobilisation de la propriété ; car elle élèvera le fermier à la hauteur, à la dignité de gérant d'une société commanditaire ; un fermier *bailleur à longs termes* aura, vis-à-vis du propriétaire *mobile*, la place, l'importance qui lui appartiennent à juste titre.

Les sacrifices que le gouvernement doit faire pour l'agriculture nous paraissent de deux natures.

Fermes-modèles

Au premier rang nous mettrons la création de fermes-modèles[8]. Ces fermes peuvent être l'objet de spéculations privées, mais elles ont besoin de subventions pour que l'on puisse s'y livrer aux expériences que l'état arriéré de l'agriculture exige encore, et aussi pour l'établissement des bâtimens et machines d'exploitation. Nous croyons que le gouvernement pourrait en dix ans créer sur le sol de France quarante fermes modèles (une par deux départemens) qui expérimenteraient et introduiraient dans tout le pays les meilleures méthodes de culture et d'éducation des bestiaux, et qui contribueraient bien puissamment aux progrès de la richesse générale, en même temps qu'elles deviendraient elles-mêmes, et en peu de temps, de bonnes spéculations.

Nous évaluons chacune de ces fermes à 2,000,000 fr., ci, pour quarante fermes modèles 80,000,000 fr.

---

8 L'agronomie connaît un fort développement au cours de la première moitié du XIXe siècle sous l'influence de plusieurs facteurs : l'exemple de la mise en valeur rationnelle des terres par les grands propriétaires britanniques, le retour sur leurs terres de nombreux aristocrates au sortir de la Révolution et leur volonté d'améliorer le revenu de celles-ci, l'intérêt que portent enfin à l'amélioration agricole de nombreux membres des « capacités », anciens officiers et ingénieurs par exemple. En 1826 est créée l'Institution royale agronomique de Grignon. Dans ce contexte, nombre d'exploitations cherchent à faire figure de modèle.

Assainissement et culture des landes de Gascogne et autres

Les autres sacrifices que l'état pourrait faire pour l'agriculture nous paraissent du genre de ceux que M. Deschamps, inspecteur-général des ponts-et chaussées, a proposé pour [228] les *Landes de Gascogne*, dans son ouvrage que nous avons déjà eu occasion de citer, *sur les travaux à faire pour l'assainissement et la culture des Landes.*

Nous renvoyons à cet ouvrage de M. Deschamps pour tous les détails et les preuves qu'il soumet à l'appui d'un système complet de canalisation de sept cent cinquante lieues carrées dont se composent les Landes de Gascogne, canalisation dont le moindre objet est d'assurer le transport économique de tous les produits de ce vaste territoire, quand il sera assaini et cultivé, et qui a pour but principal d'effectuer l'écoulement des eaux restant en état de stagnation sur ces vastes plaines, dont une partie ne sèche jamais entièrement.

M. Deschamps établit, par les preuves les plus concluantes, que c'est à ce défaut d'écoulement des eaux qu'il faut attribuer la stérilité des Landes de Gascogne. « Partout, dit-il à la page 8, où la forme et le relief des terrains permettent la prompte évacuation des eaux, le pays offre des produits en bois, en céréales, et autres cultures, aussi abondans, et d'une aussi parfaite qualité que dans les cantons les plus favorisés par le climat et la nature du sol. »

On ne saurait donc se refuser à reconnaître que les Landes pourraient être assainies et cultivées au moyen d'un vaste système de canalisation. M. Deschamps évalue la dépense de tous ces canaux, et celle aussi de l'assainissement et de la fixation des dunes, et de tous les semis dans les Landes à la somme de 60,000,000. Dans cette somme est compris le canal proposé par M. Deschamps, dont nous avons donné le tracé au chapitre précédent, pag. [171], et qui établirait [229] la communication de Bordeaux à Bayonne ; nous avons vu que la dépense de ce canal serait de 17,000,000 fr. environ ; il resterait pour tous les travaux à exécuter dans les landes, afin d'y développer l'agriculture, 43,000,000 f.

Nous sommes convaincus que si les Landes de la Bretagne, si les champs dépouillés de la Champagne, si les terrains vagues de la Sologne, étaient étudiés par des hommes de talent, comme l'ont été les Landes de Gascogne, il en ressortirait des projets analogues à ceux qu'une étude de vingt ans a fait proposer à M. Deschamps pour ce dernier pays. Nous n'entrerons pas à ce sujet dans plus de détails ; et pour les améliorations agricoles, et exécutables par compagnie, au moyen de subventions, des divers territoires dont nous venons de parler, nous porterons 70,000,000 fr.

Canal de Provence

Dans le bassin du Rhône, l'agriculture peut obtenir aussi d'immenses améliorations par l'ouverture des canaux d'irrigation. Au nombre de ces projets, il faut mettre en première ligne le canal de Provence, qui, prenant les eaux de la Durance, à Canteperdrix, sur le territoire de Jouques, donnerait des eaux à tout le territoire d'Aix et de Marseille, et pourrait notamment donner de l'eau à cette ville et aux innombrables maisons de campagne (bastides) qui l'environnent et qui manquent d'eau.

Le canal de Provence est évalué 30,000,000 fr.

Autres canaux d'irrigation

Beaucoup de projets ont été présentés pour l'irrigation [230] de la Camargue et de la plaine de Crau. Nous reviendrons dans d'autres publications sur ces projets. Nous évaluons la dépense à y faire à 12,000,000 fr.

Enfin, pour tous les autres canaux d'irrigation à établir en Provence et dans le bassin du Rhône, ou même dans celui de la Gironde, nous porterons encore 25,000,000 fr.

Industrie métallurgique

L'industrie métallurgique, enfin, réclame aussi le secours du gouvernement ; et, là encore, des subventions bien appliquées pourraient avoir les résultats les plus féconds. La recherche, l'ouverture et l'exploitation de mines nouvelles présentent en effet de tels risques qu'il est bien peu d'éblissemens de cette nature qui n'aient consommé la ruine des premiers propriétaires. Nous n'ignorons pas qu'une difficulté assez grave paraît s'opposer à ce que l'état subventionne certains établissemens ; c'est que l'on pourrait craindre qu'au moyen de cette subvention, ces établissemens ne fissent à ceux qui ne sont pas subventionnés une concurrence très-dangereuse. À cela, nous répondrons que des entreprises de mines ou d'exploitations métallurgiques ne devraient être subventionnées qu'à condition d'être sous le régime de la société anonyme, parce que, sous ce régime, les opérations de la société sont à jour, et que si elle fait des bénéfices exagérés, la cause en est immédiatement connue, et qu'il y peut être ainsi très-facilement pourvu.

Nous porterons pour les entreprises de mines ou d'exploitations métallurgiques, qui pourraient s'établir au moyen de subventions du gouvernement 60,000,000 f.

[231] Récapitulons maintenant les divers travaux que nous avons proposés, tant dans ce chapitre que dans les deux précédens.

1° GRAND RÉSEAU DE CHEMINS DE FER DE PREMIER ORDRE, 3,500 kil., à 160,000 fr. le kil 560,000,000 f.

2° LIGNES DE NAVIGATION DE GRANDE SECTION, *canaux de petite section et chemins de fer de second ordre.*

§ Ier. BASSIN DE LA SEINE.

Perfectionnement de la Seine entre Paris et Rouen	18,000,000 f.	
Améliorations dans la navigation entre Rouen et le Havre	5,000,000	
Canal latéral à la Seine, de Paris à Montereau	10,800,000	
Canal latéral à l'Yonne, de Montereau à Auxerre	11,500,000	
Agrandissement des canaux de Briare, d'Orléans et de Loing	8,000,000	
Canal Brisson (de Paris à Angers)	40,500,000	
[232] *Report*	93,800,000	560,000,000 f.
Canal de la Seine au Rhin	70,000,000	
Canalisation de l'Aisne	7,700,000	
Canal de l'Oise à la Sambre et à l'Escaut	14,000,000	
Canalisation de la Haute-Seine	9,000,000	

Canalisation de la Vesle	2,500,000	
Autres lignes	40,000,000	
		237,000,000

§ II. Bassin de la Loire.

Canal maritime de Nantes	35,000,000 f.	
Canal de Briare à Nantes	44,000,000	
Canal de Digoin à Roanne	6,000,000	
Aqueducs du canal latéral à la Loire	4,000,000	
Chemins de fer de second ordre dans la partie supérieure du bassin de la Loire	30,000,000	
Canal latéral à l'Allier	11,000,000	
[233] *Report*	130,000,000	797,000,000 f.
Canal de Nantes à Angoulême	30,000,000	
Autres lignes	30,000,000	
		190,000,000

§ III. Bassin de la Gironde.

Canal maritime de Bordeaux	52,500,000	
Canal latéral à la Garonne	39,000,000	
Canal d'Angoulême à Bordeaux	15,000,000	
Canal des Landes	17,000,000	
Chemin de fer des Pyrénées.	25,000,000	
Lignes secondaires	30,000,000	
		178,500,000

§ IV. Bassin du Rhône.

Canal latéral au Rhône, de Lyon à Arles	37,500,000 f.	
Canal latéral à la Saône, de Gray à Châlons	19,000,000	
Améliorations dans la Saône, de Châlons à Lyon	10,000,000	
		1,165,500,000 f.

[234] Canal de Bouc à Marseille	13,000,000	
Jonction de la Saône à la Meuse et à la Moselle	28,000,000	
Chemin de fer d'Alais à Beauvais	6,000,000	
Autres lignes	30,000,000	
		143,500,000

§ IV. BASSIN SECONDAIRES.

Canaux latéraux et lignes secondaires		60,000,000
3° DOCKS et BASSINS à Marseille, Bordeaux, Nantes, le Havre et Rouen		50,000,000
4° DISTRIBUTION D'EAU		80,000,000
5° AMÉLIORATIONS DANS LES PORTS		40,000,000
6° PONTS		50,000,000

6° TRAVAUX INTÉRESSANT L'AGRICULTURE.

1° Fermes modèles	80,000,000 f.	
2° Assainissement et culture des Landes de Gascogne	43,000,000	
[235] *Reports*	123,000,000	1,589,000,000 f.
3° Assainissement et culture des landes de Bretagne, de Champagne, de Sologne ; desséchement de marais, etc.	700,000,000	
4° Canal de Provence	30,000,000	
5° Irrigation et plantations de la Camargue	13,000,000	
6° Canaux d'irrigation dans le midi de la France	25,000,000	
		261,000,000
7° RECHERCHES, OUVERTURES ET EXPLOITATIONS DE MINES ET D'ÉTABLISSEMENS MÉTALLURGIQUES		50,000,000
		1,900,000,000 f.

8° À cette somme nous avons à ajouter les 100 millions nécessaires pour terminer les canaux exécutés en vertu des lois de 1821 et de 1822, ci	100,000,000
TOTAL	2,000,000,000 f.

Nous allons, dans les chapitres suivans, entrer dans la discussion des moyens pour lesquels il pourrait être pourvu à cette dépense de 2 milliards, c'est-à-dire développer le système dont nous avons présenté l'exposition sommaire dans notre chapitre IV.

CHAPITRE IX [236]

Des différens systèmes d'exécution des travaux publics : 1° par l'État ; 2° par compagnies livrées à leurs seules ressources ; 3° par compagnies subventionnées par l'État. – Des vices du second système. – Preuves des avantages recueillis par l'État dans les entreprises les moins favorables aux compagnies. – Calculs généraux. – Opinion de Dupont de Nemours, Huerne de Pommeuse, Dutens, Gauthey, Perronet, Vallée, Favier, Deschamps, Brisson, Dutens, Charles Dupin, sur les bénéfices recueillis par l'État dans l'ouverture des canaux. – Des avantages considérables que présenterait l'exécution des travaux publics par l'État. – Des causes qui ne permettent pas encore que ce système puisse être adopté. – Dernières observations sur les traités de 1821 et de 1822.

L'on ne peut concevoir que trois systèmes pour l'exécution des travaux publics :

1° Le gouvernement peut se charger seul de l'exécution au moyen de fonds obtenus par impôts ou par emprunt.

2° L'exécution peut être entièrement délaissée à la spéculation des compagnies ; c'est à elles de déterminer les travaux desquels elles peuvent espérer des produits suffisans pour la dépense évaluée par leurs soins, à elles de recueillir [237] les fonds, de diriger la construction, de surveiller l'entretien, de pourvoir aux améliorations.

3° L'exécution peut être confiée à des compagnies, avec subvention et surveillance du gouvernement. Les compagnies exécutent d'après des cahiers de charges consentis par elles, et où sont arrêtés les principaux détails des ouvrages. Elles se soumettent à de certaines conditions pour l'entretien, les améliorations, les réductions de tarifs, etc.

Nous nous sommes déjà expliqués, ou du moins nous avons fait entrevoir notre opinion sur les deux premiers systèmes ; ni l'un ni l'autre ne nous paraissent aujourd'hui praticables.

Si l'on veut bien se reporter aux argumens présentés, notamment dans les deux premiers chapitres, nous croyons y avoir démontré que le second système n'était vraiment pas proposable pour la presque totalité des travaux publics de France, non que nous pensions qu'il y aurait lieu de rejeter les offres d'une compagnie qui s'offrirait à exécuter, à ses risques et périls, un projet qui ne présenterait pas, d'ailleurs, un faux appât à l'intérêt du public ; sans aucun doute aujourd'hui, dans les circonstances où nous nous trouvons, avec la législation qui nous régit en matière de travaux publics, on ne saurait songer à rejeter de telles offres.

Mais au si petit nombre d'offres de cette nature qui de loin en loin sont faites à l'État, il n'est que trop facile de juger que les travaux publics de France n'offrent pas un champ vaste aux spéculations isolées des particuliers, et, à cet égard, on peut dire que nulle preuve ne doit être plus puissante sur l'esprit des sectateurs de l'intérêt privé, comme [238] mobile de toute entreprise, en raison, disent-ils, de sa perspicacité, de son activité, de sa persévérance. Si l'intérêt privé reste aujourd'hui si inerte et si muet en matière de travaux publics, c'est, pour tous ceux dont nous venons de parler, question jugée en dernier ressort ; les travaux publics ne présentent pas d'utiles spéculations à l'intérêt privé.

Nous avons montré que les travaux publics, auxquels le pays doit la plus forte part de ses progrès industriels, agricoles, commerciaux ; que le vaste réseau de nos routes royales ; que les canaux du Languedoc, du Centre, de Saint-Quentin ; que les 536 lieues de canaux en ce moment en exécution n'auraient pas été établis, si l'on eût dû attendre que des particuliers en fissent l'objet d'une spéculation privée ; et comme il nous paraît impossible de supposer qu'on puisse élever l'ombre même du doute sur l'intérêt de ces travaux, nous ne saurions croire qu'il fût moins utile aujourd'hui de continuer dans cette voie. Loin de là, nous croyons que, plus que jamais, il est bon de devancer le moment où des routes, des canaux ou des chemins de fer pourraient devenir l'objet d'une spéculation privée, et d'établir ces chemins de fer, ces canaux, ces routes, non parce que l'on s'y trouverait comme forcé par un mouvement exubérant de transports et d'échanges, mais pour développer, pour créer même ces transports et ces échanges ; pour répartir plus également par tout le territoire les bienfaits des communications, du commerce, de la civilisation, pour mettre en valeur le sol tout entier avec toutes ses ressources.

Laissez faire, nous dit-on, *laissez faire ! le temps, ce grand maître*, amènera toutes ces améliorations sans secousses, [239] sans froissemens ; en voulant marcher plus vite que lui, vous risquez de consumer vos capitaux en travaux improductifs, ou du moins en travaux moins productifs que ne l'eussent été ceux de tous les particuliers, guidés par leur intérêt, des mains de qui vous les ôtez, et qui en eussent certainement tiré le meilleur parti.

Nous nous bornerons à faire remarquer que les sectateurs de l'intérêt privé ont oublié jusqu'ici un calcul statistique, qui eût pu beaucoup éclaircir la question. C'est celui des pertes de forces qui résultent de leur doctrine ; et sans vouloir faire ici le compte de tous les essais infructueux et mille fois tentés par ignorance, de tous les projets avortés, des expériences coûteuses, des études sans direction, du temps consumé par tant d'hommes à refaire ou à défaire ce que d'autres, avant eux, avaient déjà fait ou défait, sans progrès sur leurs devanciers, dont ils ignorent les travaux ; sans utilité pour le temps où ils produisent, parce que les besoins de consommation ne leur sont pas et ne leur peuvent être connus ; sans chercher, disons-nous, à évaluer tout ce que détruit de temps, de talens, de capitaux, le système de lutte et de concurrence, résultat de la doctrine de l'intérêt privé, qu'on fasse seulement le compte des travaux improductifs auxquels se livre l'intérêt privé, par la supputation du nombre des faillites et des capitaux qu'elles consument, et nous croyons que, ce compte fait, on mettra une confiance moins exclusive dans l'infaillibilité de l'intérêt privé ; l'on admettra, nous le croyons, que la société tout entière, même imparfaitement administrée, ne court pas plus de chances de se tromper dans ses spéculations, de se livrer [240] à des travaux improductifs, que chaque particulier livré à ses seuls efforts, à ses seules ressources.

Disons-le hautement, ce système qui veut que la société marche ainsi délaissée et sans direction, vaste chaos où l'ordre naîtrait d'un désordre toujours plus grand (car le progrès des lumières permet à un nombre d'hommes toujours croissant de prendre part à la lutte, et de chercher à se faire sa place sans autre règle, sans autre guide, que sa seule inspiration) ; ce système, qui nous impose le HASARD pour régulateur, le TEMPS pour conseil, et qui, sous l'empire de ces deux divinités mystiques, n'a pas d'autres prescriptions que *laissez faire*, ce système n'est pas seulement faux, il est immoral.

Car il est faux, et il n'est pas moral de prétendre que les hommes soient éternellement condamnés à lutter ainsi, et que le bonheur et la fortune de quelques-uns ne doivent à jamais s'asseoir que sur le désespoir et la ruine du grand nombre.

Car il est faux et il n'est pas moral de dire que le gouvernement est une plaie[1] ; les hommes, la société ont besoin de gouvernement, d'autorité ; il faut seulement que l'autorité, le gouvernement marchent dans l'intérêt du grand nombre, et un tel état de choses, vers lequel il est éclatant que l'humanité s'avance ; un tel état de choses est supérieur sans doute à l'anarchie du *laissez faire*, à cette lutte acharnée, dévorante, que l'on a décorée du nom de concurrence.

[241] Ces réflexions ne sont pas en dehors de notre sujet ; car la prétention que tout travail public ne s'exécute qu'au moment où il est sollicité par l'intérêt privé est une des conséquences et des plus désastreuses de la doctrine que nous venons de combattre.

Lorsque l'on soutient d'ailleurs qu'il vaut mieux laisser faire au temps, parce qu'il agit sans secousses, sans froissemens, on commet une erreur attestée par une expérience de chaque jour. Nous en prendrons un exemple entre mille.

Le chemin de fer de Saint-Étienne à Lyon amène directement, sur les bords du Rhône, les charbons de Rive-de-Gier ; les chariots peuvent arriver jusque sur une embarcadère, sous laquelle les bateaux naviguant sur le fleuve peuvent venir prendre leur chargement. On n'a besoin, pour l'opérer, que d'ouvrir des trappes ménagées dans le plancher de l'embarcadère, et le charbon tombe directement et à très-peu de frais du chariot dans le bateau.

Avant que le chemin de fer ne fût construit, les charbons étaient amenés et déchargés sur les bords du fleuve ; la, ils étaient transportés, à mains d'hommes, sur les bateaux du Rhône. Or cette main-d'œuvre faisait vivre plusieurs centaines de pères de famille qui n'avaient pas d'autres ressources.

Le chemin de fer les leur ôtait et menaçait ainsi de les réduire à une profonde misère. Lorsque vint la révolution de juillet, ils détruisirent l'embarcadère et obligèrent à décharger les chariots du chemin de fer sur les bords du fleuve, de manière à retrouver leur ancien travail, le chargement du charbon des bords du fleuve sur le bateau[2].

---

1 [Note de l'auteur] Expression d'un de nos plus célèbres économistes.

2 L'épisode s'inscrit dans la longue série des mouvements de briseurs de machines qui touche à la fois l'Angleterre et la France dans les premiers temps de la Révolution Industrielle. Ces mouvements de protestations connaissent une beaucoup plus grande importance en Angleterre avec le mouvement des Luddites contre lesquels le gouvernement déploie

Ainsi le progrès accompli par le temps, dans les communications [242] de Saint-Étienne au Rhône (et la théorie que nous combattons admettra sans doute que c'est là un progrès dû au temps, puisqu'il porte le caractère qu'elle a assigné à cette nature de progrès ; il a été sollicité par des particuliers qui l'ont réalisé à leurs périls et risques), ne s'est pas accompli sans froissemens ; il a conduit plusieurs centaines d'hommes jusqu'à l'émeute, jusqu'au mépris et à la violation du droit de propriété ; mais il leur fallait vivre : leur pain et celui de leur famille leur était enlevé, ils l'ont repris.

Ces hommes n'avaient pas droit, diront les sectateurs de l'intérêt privé ; leur intervention dans le chargement du charbon est inutile ; elle pourrait être épargnée aux consommateurs ; la main-d'œuvre sur les bords du fleuve est un *abus.*

Nous dirons, nous, c'est un MALHEUR ; et sans nous appesantir ici sur l'impuissance de toutes les doctrines économiques actuelles à proposer un remède réel, convenable à des malheurs du genre de celui-ci, nous ferons observer que *si l'on avait construit le chemin de fer de Saint-Étienne à Lyon dès que l'exploitation des mines de charbon a commencé a prendre quelqu'importance ; on n'eût pas ainsi laisser créer des industries dont* L'INTÉRÊT GÉNÉRAL PORTE A DÉSIRER LA SUPPRESSION, *sans que la constitution de la société offre* AUCUN MOYEN D'INDEMNISER *ceux qui l'exercent.* En allant plus vite que le temps, pour parler le langage habituel, on eût donc évité des froissemens qui n'ont précisément d'autre cause que le temps très-long pendant lequel se sont maintenues ces industries dont la suppression serait utile aujourd'hui, et qu'il eût été sans doute bien plus utile de ne pas laisser naître ; et si l'on est conduit [243] à tirer des expressions même de l'économie politique actuelle des conclusions si contraires à celles qu'elle a déduites, c'est que rien n'est plus élastique que les expressions abstraites et mystiques ; que rien n'est plus abstrait, plus mystique que cette expression, *le temps.* Cette phrase, *le temps amènera ces améliorations,* pour n'être pas tout an moins ridicule, ne peut signifier autre chose que *les efforts des hommes finiront par amener ces améliorations ;* or les hommes peuvent agir de deux manières, par inspiration, par prévoyance, ou bien par expérience. Le temps amène donc les progrès nécessaires à l'humanité tout aussi bien quand la société obéit aux inspirations des

---

près de 12 000 hommes soit plus que l'armée déployée par Wellington dans la péninsule ibérique en 1808.

hommes les plus éclairés et accepte les conseils de leur prévoyance, que lorsque, éveillée par de longs abus, par de vives plaintes, se soumettant aux leçons de l'expérience (et l'on sait le mot de Franklin, l'expérience tient une école où les leçons coûtent cher), elle améliore en déplaçant et quelquefois en brisant. Lors donc qu'il s'établit un canal pour créer des exploitations, donner de la vie à des provinces entières, y appeler l'industrie et le commerce, on peut en faire hommage au temps, tout aussi bien que lorsqu'un canal s'établit pour remplacer un roulage trop coûteux et que les profits qu'il doit produire consisteront surtout dans les profits enlevés à une autre industrie. Que ceux qui, à défaut d'autre croyance et dans l'impossibilité cependant de nier une autorité supérieure, sacrifient à l'autel du temps ; que ceux-là se rassurent donc ; ils peuvent reporter à leur idole tout ce qu'ils voient autour d'eux se produire de bon. Quant à nous, sans chercher à leur imposer des croyances qui ne sont pas les leurs, nous serons satisfaits s'ils admettent que la société [244] ne se suicide pas quand elle ne se borne pas à *laisser faire*.

Au reste, l'on peut prouver par les faits que l'inspiration à laquelle on doit les principaux travaux publics en France est digne de toute la reconnaissance des hommes, et ces faits nous allons les produire pour ceux qui ne sauraient marcher sans preuves positives, et qui ne s'abandonnent au système de l'exécution des travaux publics par compagnies livrées à leurs seules ressources, que parce qu'ils y trouvent une sécurité dont ils ont besoin en matière de questions sociales ; parce qu'ils pensent que, quel que soit le prix des leçons de l'expérience, il faut savoir attendre et les payer. L'expérience prouve que *les entreprises des travaux publics les moins productives pour les compagnies rapportent à la société* DES BÉNÉFICES CONSIDÉRABLES, en sorte que l'on peut affirmer que l'ouverture des voies de communications est certainement la plus belle spéculation que pût faire la société.

Posons d'abord quelques chiffres pour généraliser la question ; nous produirons ensuite les faits.

Supposons l'ouverture d'un canal de 100,000 mètres de long, à travers un pays dont l'industrie serait encore peu active, l'agriculture peu développée, en sorte que le canal ne rapporterait à la compagnie qui l'aurait exécuté que 2 %.

Admettons que ce canal ait coûté 125,000 fr. le kilomètre, soit pour 100 kil.	12,500,000	
L'intérêt à 2 % de cette somme est	250,000	fr.
[245] Auxquels il faut ajouter pour l'administration	50,000	
Pour l'entretien	150,000	
Produit brut du canal	450,000	f.

Supposons que la compagnie propriétaire de ce canal, pour accélérer le développement d'industrie et de commerce qu'elle en attend, perçoive un tarif plus faible que les tarifs ordinaires, soit un tarif de 4 centimes par tonne et par kil., auxquels il faut ajouter pour le fret 1 c. ½, soit pour toute la dépense par tonne et par kil. 5 c. ½, et pour tout le parcours, 5 fr. 50 c., sur lesquels le tarif entre pour 4 fr., et le fret pour 1 fr. 50 c.

L'on voit que, pour que le canal perçoive 450,000 fr., il faudra qu'il y passe 112,500 tonneaux.

Recherchons d'abord ce qu'il en coûterait pour transporter ces 112,500 tonneaux par terre. Le canal a 25 lieues ; on peut admettre que la route de terre qu'il remplace en a 20. Or, le roulage coûte moyennement, en France, 1 fr. 25 c. par lieue et par tonne ; soit pour 20 lieues, 25 fr., soit pour 112,500 tonneaux 2,812,500 fr.

Nous avons vu que par le canal chaque tonneau coûterait de transport 5 fr. 50 c., soit pour 112,500 tonneaux	618,750	
Economie annuelle produite par le canal	2,193,750	fr.

[246] Maintenant cherchons à évaluer l'augmentation de valeur que le canal peut donner au territoire qu'il traverse.

On sent que cette augmentation peut être extrêmement variable ; nous ferons la supposition suivante, que les faits qui suivront nous démontreront être inférieurs à la vérité.

Nous admettrons que l'augmentation de valeur puisse s'évaluer au doublement du revenu des propriétés sises sur la ligne du canal, sur une profondeur de 4,000 mètres de chaque côté.

100,000 mètres de long sur une largeur de 8,000 mètres produisent 80,000 hectares. Le revenu moyen de l'hectare en France est de 50 fr. L'augmentation annuelle de valeur produite, dans les propriétés, sera de 4,000,000 fr.

Nous admettrons encore que les produits annuels des exploitations industrielles créées par cette nouvelle voie de communication ne représentent que la moitié des produits agricoles, soit 2,000,000 fr.

Enfin l'économie annuelle produite sur l'entretien de la route de terre remplacée par le canal ne peut pas s'évaluer à moins de 100,000 fr.

Nous aurons donc pour les produits annuels d'un canal dont les tarifs ne rapportent que 2 % à ses propriétaires ;

1° Economie sur le roulage de terre		2,193,750 fr.
2° Augmentation du revenu agricole		4,000,000
3° Augmentation du revenu industriel		2,000,000
4° Economie sur l'entretien des routes		100,000
	Total	8,293,750 fr.

[247] Tel est donc pour la société le produit d'une entreprise qui ruine les concessionnaires ; il est de 2 % pour ceux-ci, et de 66 % pour les propriétaires voisins, pour les contrées voisines et pour l'Etat.

Et si l'on recherche quelle somme peut entrer annuellement dans le trésor public, par suite de cette entreprise qu'il a autorisée et laissée aux périls et risques des entrepreneurs dont la ruine est patente, on trouve que l'État recueille annuellement près de 11 ½ % des fonds consacrés à cette entreprise, savoir :

1° Sur l'économie produite sur le roulage, par l'extension des consommations des matières dont le prix a baissé, et par les impôts indirects qui frappent ces consommations, au moins 15 %, soit		329,082 fr.
2° Sur le revenu agricole, au moins 18 %		720,000
3° Sur le revenu industriel, au moins 15 %.		300,000
4° Economie sur l'entretien des routes		100,000
	Total	1,449,062 fr.

Et la compagnie perçoit net 250,000 !

Voici maintenant les faits qui se sont produits par l'ouverture de plusieurs des canaux.

« Le canal du Languedoc, dit Dupont de Nemours[3], voiture un commerce de 50,000,000 fr. par année ; il en est résulté par année

3 Pierre-Samuel Dupont (ou du Pont) de Nemours (1739-1817) est un philosophe, économiste et homme politique franco-américain. Né en France, du Pont de Nemours fait

5,000,000 de bénéfice pour les marchands ; les propriétaires de terres qui, sans lui, n'auraient [248] pas de débouchés, ou n'en auraient qu'un mauvais, reçoivent par le service du canal une augmentation de 20,000,000 fr. de revenu, toute dépense de culture payée. L'État a touché de ces 20,000,000 de revenus, par les tailles et vingtièmes ou impôts équivalens, au moins 5,000,000 fr. tous les ans, et 500,000,000 f. en un siècle. »

« On voit par cet exposé, dit M. Huerne de Pommeuse[4], que le canal du Languedoc donne en six années au commerce une économie égale au prix de ses constructions ; qu'il a donné à l'état, dans le même espace de temps, un bénéfice égal sur les impôts, en ayant donné aux produits agricoles et autres un accroissement annuel d'environ les deux tiers de son prix originaire, et comme le canal du Languedoc est un des canaux les plus coûteux de France, la comparaison est encore bien plus sensible pour les autres, entre ce qu'ils ont coûté et les bénéfices proportionnels qu'ils ont procurés au commerce, aux exploitations agricoles et métallurgiques, et, par conséquent, à l'État. Il faut encore ajouter pour celui-ci la considération importante de l'économie sur l'entretien des grandes routes que tant de transports eussent ruinées. »

Nous ferons remarquer aussi que Dupont de Nemours et M. Huerne de Pommeuse supposent que l'État a prélevé sur l'augmentation de valeur des propriétés, produite par le canal du Languedoc, une part bien plus forte que celle que nous avons évaluée ci-dessus, puisqu'ils la portent à 25 p. 100, et que nous ne l'avons calculée qu'à 15 et 18 p. 100.

[249] Quant à l'économie produite sur le roulage, ils l'évaluent à 5 millions pour 242,000 mètres, longueur du canal du Languedoc ; nous, nous l'avons calculée à 2,193,750 fr. pour 100,000 mètres.

Voici, au reste, sur quels élémens ils appuient leurs calculs :

Le prix du tarif pour le parcours entier du canal est de	19 f. 28 c.
Le fret	9 64
TOTAL	28 f. 92 c.
Le prix du roulage est de	100 f.
Économie sur le roulage, par tonneau	78 f. 8 c.

partie de l'école physiocratique. C'est en cette qualité qu'il défend l'utilité des canaux afin de mettre en circulation les produits agricoles. Collaborateur de Turgot puis député au début de la Révolution et sous le Directoire, il émigre aux États-Unis en 1800.

4 [Note de l'auteur] *Des Canaux navigables*, tome II, page 309.

Ce qui fait, pour 75,000 tonneaux qui passent sur le canal, 5,126,000 fr.

Toutefois nous ferons remarquer que M. Dutens[5] évalue l'économie produite sur le roulage à une somme moins forte.

M. Dutens ne fixe le prix du roulage, pour la distance que parcourt le canal, qu'à 63 fr. 50 c., au lieu de 100 fr. portés par M. Huerne de Pommeuse ; l'économie n'est plus alors que de 34 fr. 22 c., que M. Dutens applique à 92,000 tonneaux, et non pas à 75,000 comme ci-dessus, ce qui porte l'économie produite sur le roulage de terre par le canal du Languedoc à 3,148,240 fr.

Nous croyons que M. Dutens porte trop bas le prix du roulage par terre. D'un autre côté, le tarif du canal du [250] Languedoc est le double de celui que nous avons supposé dans le calcul présenté ci-dessus, et le fret y est cher aussi à cause des transbordemens nécessités par l'insuffisance de profondeur d'un des étangs prolongeant le canal du Languedoc.

« On sait assez, dit Gauthey[6], que les transports par terre sont beaucoup plus dispendieux que ceux qui se font par eau ; et les frais qu'ils occasionent étant toujours prélevés sur le prix de la vente, ils enchérissent les denrées, et par une suite nécessaire en diminuent la consommation. Les transports par eau sont, par cette raison, presque toujours préférables, et l'on ne saurait douter qu'il ne fût de la plus grande importance pour l'intérêt d'un État de former autant qu'on le pourrait ces sortes de communications, et de se servir de celles que donne la nature, en les perfectionnant, lorsque cela est possible. Les avantages n'en sont pas même bornés à ceux du commerce seul ; l'agriculture y gagne considérablement ; la population en est augmentée, et les arts ainsi que les sciences s'en ressentent. »

« Il n'est pas douteux que les transports qui se font par terre n'occupent une quantité de chevaux et de bêtes de trait qui seraient rendus à l'agriculture, si l'on faisait les transports par les rivières et les canaux, et cet objet est bien plus important qu'on ne pense. »

« M. Perronet[7] observe, dans son mémoire sur le canal de Bourgogne, que celui de Briare produit une épargne réelle [251] de 550 hommes et

5 [Note de l'auteur] *Histoire de la Navigation intérieure*, tome Ier, page 177.

6 [Note de l'auteur] *Mémoires sur les Canaux de navigation*, page 5, tome III des *Œuvres de Gauthey*.

7 Jean-Rodolphe Perronet (1708-1794) est Premier ingénieur des Ponts et Chaussées sous l'Ancien Régime et responsable du Bureau des plans et élèves, qui deviendra l'École des

de 3,000 chevaux qui seraient continuellement occupés au transport des marchandises que l'on y embarque. Il observe encore qu'il faudrait 3,000 arpens de terre pour nourrir ce nombre de chevaux, et que cette quantité de terrain semée en blé, légumes et fourrages pour la nourriture du bétail nécessaire à leur culture, suffirait pour nourrir 24,000 hommes. »

En suivant la même proportion pour le canal du Languedoc et ceux qui sont projetés en Bourgogne et en Picardie, on doit compter que ces canaux produiraient sur les terres labourables une épargne suffisante pour nourrir plus de 70,000 hommes, et rendrait plus de 10,000 chevaux à l'agriculture et à la guerre.

Nous trouvons le renseignement suivant dans un écrit d'un autre ingénieur[8].

« Le revenu net du canal du Centre est d'environ 400,000 fr. ; il a coûté en argent d'aujourd'hui à peu près 16,000,000 fr. Une compagnie qui l'aurait exécuté ne tirerait donc pas 3 p. 100 du capital qu'elle y aurait placé.

D'après les recherches d'un ingénieur en chef, aussi judicieux qu'il est zélé pour tout ce qui est utile (M. Favier[9]), ce même canal, en 1824, avait augmenté la valeur annuelle des productions agricoles et industrielles de la France de 5,680,000 fr. au moins. Or, sur ce revenu, l'état prenait en patentes, en impôts foncier et mobilier, et en droits indirects autres que ceux des canaux et rivières, [252] une somme extrêmement considérable. De plus, la circulation sur le canal du Centre augmente

---

ponts et chaussées. Il est l'un des promoteurs du canal de Bourgogne, reliant les bassins de la Seine et du Rhône, auquel il consacre un mémoire à la suite d'une mission effectuée en 1764 afin d'étudier les différents projets qui en avaient été proposés. Ce mémoire sera publié dans ses *Œuvres*. Il est typique de l'intérêt porté par l'ingénieur à la quantification des bénéfices à attendre d'un projet.

8 [Note de l'auteur] M. Vallée, ingénieur en chef du canal du Centre ; *De l'aliénation des Canaux*, page 109. – [Note de l'éditeur] Admis à Polytechnique en 1800 puis à l'École des ponts et chaussées en 1803, Louis-Léger Vallée (1784-1864) est affecté en 1818 dans le Nord aux travaux du canal de la Sensée. En 1822, il est attaché à la Compagnie des canaux du duc d'Angoulême et des Ardennes. À partir de 1825, il rentre au service de l'État, chargé en qualité d'ingénieur en chef du canal du Centre en Saône-et-Loire.

9 Entré à l'École polytechnique en 1796, Louis-Joseph Favier (1776-1855) poursuit sa scolarité à l'École des ponts et chaussées en 1800, après avoir participé à l'expédition d'Égypte. Sous la Restauration, il travaille comme ingénieur en chef à Vesoul puis, à partir de 1820, est chargé du département de Saône-et-Loire. Il passe dans le Rhône en 1825. Il est nommé inspecteur divisionnaire en 1830.

les recettes de la Saône, de la Loire, des canaux de Briare et de Loing, de la Seine, etc. ; enfin, depuis 1822, il a continué d'augmenter la valeur territoriale et industrielle du pays, en sorte que la France tire environ 12 à 15 p. 100 d'un capital qui, employé à un grand ouvrage, ne donnerait pas 3 p. 100 à une compagnie. »

Nous avons désiré connaître comment se composaient les 5,680,000 fr. auxquels M. Favier évalue l'augmentation annuelle produite par le canal du Centre. M. Favier, avec la complaisance qui accompagne toujours le zèle véritable pour le bien public, a recherché les pièces qui établissaient cette évaluation, et dans un rapport en date du 21 août 1822, il en a retrouvé les principales divisions. Nous donnons ici, avec son autorisation, l'extrait suivant de ce rapport :

« Il y a plusieurs avantages produits par l'ouverture d'un canal :

1° L'économie sur le transport ;

2° L'augmentation de valeur des productions spontanées, agricoles et industrielles.

Des recherches faites avec soin pour déterminer le revenu annuel de ces divers avantages, relativement au canal du Centre et aux localités qu'il traverse, ont fourni les résultats suivans :

[253] Économie sur le transport	3,000,00 fr.
Augmentation de valeur des bois	470,000
Exploitation des mines de houille	630,000
Idem. des carrières de plâtre	105,000
Idem. de pierre.	55,000

Les présens résultats sont tirés de documens certains, et, loin d'être exagérés, ils sont plutôt au-dessous qu'au-dessus de la réalité.

On pourrait ajouter à cette somme l'économie qui aurait lieu sur la dépense de l'entretien des routes ; mais, attendu qu'il n'y a pas de route à l'état de parfait entretien, il est impossible

de déterminer avec quelqu'exactitude cette économie ; cependant on peut assurer qu'elle s'éleverait à plus de 100,000 fr.		
On n'a pas encore réuni tous les renseignemens nécessaires pour évaluer l'augmentation des productions agricoles et industrielles ; mais il est évident qu'elle a eu lieu, car elle est une conséquence nécessaire de celles qu'on vient d'indiquer, et certes, il n'y a pas d'exagération à les porter au tiers du montant de ces dernières.		1,420,000
Total des produits annuels		5,680,000
On n'ajoute pas ici le produit des [254] droits de navigation, parce qu'il est implicitement compris dans l'économie sur le transport ; on fera observer seulement que ce produit, dont l'année commune est de 400,000 fr. environ, n'est pas même le 1,14^{me}, de celui qui a été créé par la confection du canal du Centre.		
La navigation a été ouverte le 28 février 1794 ; à cette époque le montant de la dépense pour la confection du canal s'élevait à	11,420,000 fr.	
Dont l'intérêt à 5 p. 100 est de	571,000	
Depuis cette époque, le montant de toutes les dépenses d'entretien s'est élevé, année moyenne, à	168,000	
Total de la dépense annuelle	739,000 fr	739,000 fr.
Par conséquent, l'utilité absolue du canal du Centre peut être représentée par un revenu annuel de		4,941,000 fr.

Si l'on divise cette somme par la longueur du canal, on aura une quantité qui servira à comparer l'utilité de cette communication à d'autres.
[255] Ainsi l'utilité relative du canal du Centre est égale à

(4,941,000 fr. / 115 kil.) = 42,965 fr. par chaque kil.[10].

Les résultats ci-dessus prouvent combien on se trompe en jugeant de l'utilité d'un canal par le produit des droits de navigation. Ils servent aussi à faire voir dans quelles proportions l'État et les diverses espèces d'industrie devraient contribuer à la dépense d'un canal. »

« Lorsqu'en 1823, dit M. Deschamps dans l'ouvrage que nous avons déjà plusieurs fois cité[11], nous fîmes ouvrir le canal d'expérience des landes, quoique le nombre des ouvriers employés fût très-peu considérable, la recette de l'impôt sur les boissons, dans la seule commune de Beliet, s'éleva, pour les quatre mois que durèrent les travaux, à une somme égale à ce qu'ils produisaient auparavant, c'est-à-dire que cette contribution se fût accrue de deux fois la quotité annuelle, si on eût continué à employer le même nombre d'ouvriers.

Ce premier essai ayant aussi réveillé l'attention de quelques spéculateurs, ceux-ci déterminèrent des propriétaires à leur vendre une certaine étendue de landes vaines et vagues. Il ne s'agissait encore que d'expériences et d'opérations préliminaires à la rédaction du projet qui n'était ni arrêté ni dressé. Cependant il ne s'est pas moins vendu [256] pour 322,883 fr. de ces terres vagues et vaines, pourquoi le trésor a reçu, en droits d'enregistrement, la somme de 19,535 fr. 45 cent. qui, ajoutée à la somme de 1,500 fr. produite par l'accroissement de l'impôt sur la vente des boissons dans la seule petite commune de Beliet, présente un total de 21,035 fr. 45 c. au profit de l'État, c'est-à-dire environ les deux tiers de la dépense faite en travaux d'essai.

Voilà des faits dont on peut vérifier l'exactitude sur les registres des directions des domaines et des contributions indirectes de la Gironde, et qui parlent plus haut que tous les raisonnemens sur les effets de l'ouverture des communications en général, et plus particulièrement dans les pays où tout est à créer, comme dans les landes de Gascogne.

10 [Note de l'auteur] Le prix de construction du kilomètre du canal du Centre est de 100,000 francs.

11 [Note de l'auteur] *Des Travaux à faire pour l'assainissement et la culture des Landes de Gascogne.*

Il ne sera peut-être pas inutile de prévenir une objection sur ce que nous avons dit de l'accroissement de certaines taxes indirectes, telles que celles sur les boissons, le tabac, etc., que produirait la présence d'un grand nombre d'ouvriers appelés par les travaux dans ces déserts ; c'est que ces ouvriers, étant des régnicoles, feraient la même consommation ailleurs ; mais il n'en est pas ainsi. D'abord, c'est que ceux qui manquent de travail, comme on le voit trop souvent, ne peuvent beaucoup consommer, surtout avec le bas prix de la journée en France ; ensuite c'est que, par une circonstance particulière aux Landes, où la population manque, la plus grande partie des mouvemens de terre, des défrichemens et autres ouvrages analogues, ne s'exécutent presque exclusivement, dans cette contrée, que par des hommes descendus des montagnes de la Navarre espagnole et de l'Aragon ; ces étrangers laisseraient donc dans le pays, outre les travaux qu'ils auraient exécutés, [257] une partie de leur salaire, qu'on ne peut apprécier à moins de 12 centimes par jour pour chaque ouvrier, au profit du fisc. »

M. Charles Dupin[12] cherchant à évaluer[13] l'augmentation de valeur que produirait un canal du Havre à Strasbourg, ayant 860 kil. de long, et coûtant 210 millions (il y comprenait le canal maritime du Havre à Paris), établit le calcul suivant :

Le revenu moyen de l'arpent dans les départemens traversés par cette ligne est de 51 fr. 2 c., ce qui porte la valeur moyenne de l'hectare à 1530 fr. ; mais comme le canal traverse les vallées et s'approche des villes, on peut calculer que, sur la ligne qu'il parcourt, et sur une lieue de chaque côté, le terrain vaut 3060 fr. l'hectare. Or, une zône de 860 kil. sur 8 kil. a 688,000 hectares de superficie qui, à 3,060 fr., valent 2,105,280,000 fr. Si l'on suppose que le canal augmenterait la valeur de ces propriétés *seulement d'un dixième*, soit 210,528,000 fr., on voit, qu'en une année, il aurait payé le prix de sa construction.

Enfin, MM. Brisson et Dutens, dans leurs deux beaux ouvrages si souvent cités par nous, insistent à plusieurs reprises sur les avantages

12 Reçu à l'École polytechnique en 1801, Charles Dupin (1784-1873) est admis deux ans plus tard à l'École du génie maritime. Il entre à l'Académie des sciences en 1818 et crée, l'année suivante, le premier cours d'enseignement de mécanique appliquée aux arts au Conservatoire des arts et métiers. Dès le début de la Restauration, il fait plusieurs voyages en Angleterre, où il s'intéresse notamment aux travaux publics. En 1827, il est élu député et siège avec les libéraux.

13 [Note de l'auteur] *Des forces productives et commerciales de la France*, tom. II, pag. 328.

considérables que l'État peut retirer de l'établissement des travaux publics, et M. Brisson (pag. 129 de son ouvrage), reconnaissant « que la presque totalité des travaux publics ne pourrait d'ici à long-temps s'exécuter dans la seule vue des bénéfices qu'une association de concessionnaires aurait lieu d'en attendre, » déclare [258] « qu'il est indispensable que l'État prenne part dans la dépense, en considérant comme un dédommagement convenable de ses avances ; d'abord, l'accroissement de la richesse publique dont le fisc retire sa part, et en seconde ligne, la diminution de frais d'entretien des voies actuelles de communication ».

Les faits que nous venons de produire composent évidemment les données essentielles, et qu'on devra prendre le plus en considération lorsque l'on voudra définitivement résoudre la question si controversée de l'exécution des travaux publics par l'État ou par les compagnies.

Nous n'entreprendrons pas ici d'approfondir ce vaste sujet de méditations ; tout se tient dans l'édifice social, et, à une époque où les intérêts industriels dominent la politique entière, on ne peut aborder le moindre sujet d'économie politique sans toucher à l'organisation sociale elle-même. Cependant les leçons du passé, et plus encore les nécessités du présent, laissent peu d'incertitude sur la solution de ce problème pour l'époque de transition où nous vivons. Elle doit porter l'empreinte des idées qui dominent et des idées naissantes qui doivent les remplacer un jour ; elle doit être un compromis entre le passé et l'avenir. Tel est le système que nous proposons ; mais, avant de le présenter, nous éprouvons encore le besoin de revenir un moment sur nos pas.

L'économie politique, née il n'y a pas un demi-siècle, avec la prétention de s'élever au rang des sciences positives, et d'établir sur des bases invariables les principes de la science sociale, a pris le caractère du temps où elle apparaissait, [259] caractère éminemment critique et désorganisateur. Frappée des vices de l'organisation industrielle, où s'étaient introduits les principes d'autorité d'une religion qui, toute en dehors de ce monde, ne pouvait que comprimer l'industrie le jour où elle y portait la main, l'économie politique réclama la liberté absolue, et formula son éloignement pour toute espèce de direction dans ces paroles qui sont comme le résumé de toute sa doctrine : *Laissez faire, laissez passer*, formule qui ne sert qu'à constater l'absence de tout principe organisateur.

C'est ainsi qu'en matière de travaux publics, elle a nié l'utilité de l'intervention de l'État, et a réclamé l'installation du système des compagnies exécutantes et propriétaires.

Alors, a-t-elle dit, plus de ces entreprises gigantesques dictées par l'orgueil d'un souverain et qui ruinent l'État ; plus de ces sommes enfouies dans des travaux interminables. Le capitaliste, juge sévère de l'utilité des entreprises, refusera d'engager ses fonds dans l'exécution de ces projets hasardeux, dont l'insuccès occasione des destructions de richesses acquises au prix de tant de sueurs et de privations.

Ces idées, que nous sommes loin de condamner entièrement, ont gagné en crédit pendant le cours de la restauration. Elles font partie du catéchisme libéral, et l'on court risque de passer pour arriéré en combattant ce qu'elles ont d'absolu. Cependant les théories économiques actuelles ne sont pas, sans doute, plus qu'aucune théorie, inaccessibles à l'examen, et l'on peut remarquer qu'elles n'ont été si facilement adoptées qu'à titre d'auxiliaires des idées politiques qui [260] ont triomphe en 1830, et qui marchent aujourd'hui vers une transformation évidente.

Quant à nous, nous ne pouvons nous empêcher de faire remarquer que les désastres récens de l'industrie témoignent de l'insuffisance de l'intérêt privé pour apprécier l'utilité des entreprises qu'il forme ; que le système des économistes laisse sans moyens d'exécution les travaux d'où peuvent être obtenus des bénéfices considérables, mais qui ne sont pas de nature à être perçus par les compagnies exécutantes, tels que la plus-value des propriétés traversées par un canal, tandis que ce système encourage d'autres entreprises dans lesquelles les bénéfices se composeront en totalité ou en partie des pertes éprouvées par une entreprise rivale, et résulteront, en un mot, non pas d'une création, mais d'un déplacement de richesse[14].

14 [Note de l'auteur] Supposons, par exemple, qu'une compagnie exécute un chemin de fer de Paris à Rouen, pour la somme de 20,000,000, et que les frais d'entretien et d'administration payés, il en résulte un bénéfice de 7 % ou 1,400,000 fr. / Un léger perfectionnement, une découverte nouvelle font voir qu'on pourrait construire un nouveau chemin de fer qui, coûtant 15,000,000, rapporterait 2,000,000 ou 8 % au lieu de 7 % de produit net. Dans le système des économistes, une seconde compagnie se formera pour exécuter cette nouvelle entreprise. Dans la lutte qui s'engagera avec la compagnie ancienne, celle-ci succombera à la longue, puisqu'elle ne peut transporter à un prix aussi bas que la nouvelle compagnie ; alors cette compagnie fera de bonnes affaires, mais quel sera le résultat définitif de ce double travail pour l'ensemble de la société ? / 25,000,000 de plus, engagés dans cette entreprise, auront augmenté le revenu général de la société de la différence entre [261] 2,000,000 et 1,400,000 fr., ou de 600,000 fr. ; c'est seulement 2,4 %, résultat désastreux

[261] Il y a progrès, dit-on, mais à quel prix ? Et, comme nous le disions plus haut, ne serait-il pas préférable de *prévoir le mal*, quand d'ailleurs on a toutes les données pour justifier cette prévoyance et réaliser le bien, que *d'attendre le mal* pour y porter remède.

En général le système des économistes, excellent quand l'intérêt privé des compagnies est d'accord avec l'intérêt général, est désastreux en cas contraire : or, de ces deux hypothèses opposées, il est difficile de dire à *priori* quelle est l'exception, quelle est la règle. Sans doute le commerce étant libre d'accepter ou de refuser les avantages qu'on lui offre avec les charges qu'on lui impose, les compagnies sont forcées de connaître, d'étudier ses besoins et d'y satisfaire ; mais qui peut assurer que le tarif qu'elles fixent, dans le but de retirer le plus grand profit possible, soit précisément celui qui convient au développement le plus rapide de l'industrie ? Le fermage résulte aussi d'un débat contradictoire entre le propriétaire et le fermier. Qui peut prétendre pourtant qu'il est la condition la plus favorable des progrès de l'industrie agricole ?

Le gouvernement, au contraire, représentant des intérêts de tous, arrive dans la discussion des travaux à exécuter et du tarif à établir, libre des exigences de l'intérêt [262] privé. À raison même des avantages qu'il recueille de l'ouverture des grandes voies de communication, il peut en permettre la circulation gratuite, ou du moins n'y prélever que les sommes nécessaires à leur entretien ; or, si l'on veut bien réfléchir qu'alors les marchandises pourraient circuler par eau, moyennant une dépense qui pourrait ne pas excéder f. 0,03 par tonne ou par kilomètre ; qu'ainsi, de Paris à Marseille, c'est-à-dire pour une distance de deux cents lieues, le transport par eau pourrait ne pas coûter plus de 25 fr., et par chemin de fer, plus de 75 fr., il est impossible de se refuser à l'évidente supériorité que présenterait un système où des vues étendues d'intérêt général se substitueraient aux spéculations égoïstes et aux combinaisons mesquines dont les compagnies financières renouvellent si souvent le pénible spectacle.

Ici, une idée unique et féconde préside à la fixation des travaux à exécuter ou à perfectionner. Toutes leurs parties se correspondent et se

---

à une époque où les capitaux auraient pu féconder une entreprise qui eût rapporté trois ou quatre fois autant. En calculant l'intérêt à 5 %, 600,000 fr. de revenu représentent un capital de 12,000,000 ; le nouveau capital engagé étant de 25,000,000, la perte qui résulte du système des économistes sera de 13,000,000.

prêtent un secours mutuel. On peut déterminer d'avance le moment précis ou le réseau complet sera ouvert à la circulation. Dans le système des compagnies, au contraire, comment fixer l'époque où les travaux qu'exige l'intérêt public deviendront l'objet d'une spéculation profitable. Dans la première hypothèse, le gouvernement, véritable père de famille, étendant ses vues au-delà de plusieurs générations, fait entrer l'avenir dans les combinaisons du présent ; dans la seconde, les compagnies, avides de profits immédiats, dévorent le présent, sans s'inquiéter de l'héritage qu'elles lèguent à l'avenir.

Avant d'aller plus loin, nous ferons remarquer qu'on ne [263] doit pas voir dans ce qui précède la critique générale et absolue du système des compagnies ; nous ne nions pas l'activité qu'elles déploient dans l'exécution, l'économie qu'elles y apportent, la sollicitude dont elles font preuve dans l'entretien ; après la période brillante de l'empire, où des vues étroites et puériles d'orgueil national ont présidé à l'exécution de quelques grands travaux, elles ont ramené les esprits à des vues d'utilité matérielle et pratique ; nous ne nions pas que dans beaucoup de circonstances elles n'aient exécuté des travaux commandés par l'intérêt général avec art et économie.

Mais faut-il, pour cela, leur confier exclusivement tout l'avenir de l'industrie nationale ? Parce qu'elles auront ouvert quelques lieues de chemins de fer, parce que, dans l'intérêt de quelque localité, elles auront jeté un pont hardi d'un bord à l'autre d'un fleuve difficile, qui songera à confier à leur patriotisme l'entretien des troupes, la réparation des places fortes et l'administration des forêts de l'état ?

Si nous ne condamnons donc pas d'une manière absolue le système des compagnies ; si, reconnaissant la nature des avantages qu'elles peuvent présenter, nous ne prétendons nullement qu'elles soient exclues des travaux publics dont elles demanderont la concession, recosnnaissons donc aussi qu'il y aurait justice, et, disons-le, bon sens à ne pas faire une critique si extrême de tout système contraire à celui des compagnies, ainsi que cela s'est pratiqué jusqu'ici, et avec un malheureux succès, car il ne se fait plus rien aujourd'hui ; et qui ferait ? *Le gouvernement* N'OSE PAS, *et les compagnies* NE PEUVENT PAS.

Telle est aujourd'hui la situation des choses ; elle est [264] grave ; mais après tout ce que nous venons de dire sur les causes qui l'ont produite, il est clair que nous ne pensons pas que cette situation soit de celles dont on doive accuser l'inertie ou l'incapacité de quelques-uns : il y a là quelque chose de si profond et de si général que l'on ne saurait élever un doute sur ce qu'à eu d'utile et de nécessaire un tel état de choses.

Mais maintenant qu'on en a recueilli tous les avantages possibles, et que les dommages qui en résultent deviennent prédominans, un autre système est évidemment nécessaire, il faut le trouver.

Or, il est évident pour nous que l'opinion publique n'est pas encore assez profondément pénétrée de tous les élémens de prospérité que renferme un grand développement de travaux publics, pour que la situation où l'ont conduite les doctrines actuelles sur l'intérêt privé lui apparaisse aussi fâcheuse qu'elle l'est en réalité, et qu'elle le devient de plus en plus. On ne peut donc pas espérer que cet esprit d'hostilité contre le système d'exécution des travaux publics par le gouvernement, que ces habitudes de méfiance, d'opposition, que ces craintes si vives de fortifier l'autorité en lui confiant une plus large direction d'hommes et de choses, une plus forte manutention de fonds, que ces préventions si enracinées, en un mot, contre l'intervention de l'État comme directeur et constructeur de travaux que nous voyons surgir de toutes parts, disparaissent en un jour, et laissent le champ libre à un vaste développement de travaux auxquels présiderait une seule pensée, une action vigoureuse et centrale, et qui, conçues dans le seul intérêt général, produiraient des résultats dont il ne nous est pas [265] possible, en vérité, de fixer la limite, tant nous verrions d'avantages dans ce système.

Si malgré les avantages incalculables qu'assurerait l'exécution des travaux publics par l'État, on est averti par mille preuves que ce système ne peut certainement pas être installé en ce moment, c'est donc une difficulté qu'il faut accepter, non pas pour la supporter aveuglément, mais pour en scruter profondément les causes et chercher les moyens qui, immédiatement et successivement applicables, puissent enfin la faire disparaître.

Or, si quelque chose a droit de surprendre, n'est-ce pas avant tout ce fait que nous avons signalé plus haut, savoir : la possibilité de la ruine d'une compagnie qui a exécuté un canal en présence de l'augmentation considérable de valeur produite, dans toutes les propriétés environnantes, par ses travaux et sa conception. Ce fait ne produit-il pas une preuve sans réplique de l'état arriéré des idées d'association parmi nous ?

Montrer que les idées d'association sont très-peu avancées encore, ce n'est pas autre chose que découvrir sous une autre face le fait dont nous parlions plus haut, la méfiance contre le gouvernement.

Pour que le système d'exécution des travaux publics par le gouvernement puisse être compris et désiré, il faut donc, avant tout, développer les idées d'association.

Car ce ne peut être que par un large et profond développement des idées d'association que l'on peut espérer de populariser, de vulgariser les avantages des voies de communication qui en sont à la fois l'instrument et la preuve.

En ce moment, nous ne saurions concevoir de système [266] plus propre à la fois à développer les idées d'association, et à établir entre le gouvernement et le public des liens de plus en plus étroits, qu'un système qui livrerait un vaste ensemble de travaux publics à l'exécution de compagnies subventionnées par l'État, et qui mettrait en saillie les avantages que peuvent présenter encore les compagnies, en même temps qu'il en diminuerait de beaucoup les inconvéniens par une intervention éclairée et paternelle de l'État.

C'est un système de transition, nous le reconnaissons, et nous répétons encore ici que nous ne comprenons de système complet que celui qui, avec l'acclamation de la société, mettra tous les travaux publics aux mains de l'État ; mais ce moment n'est pas encore venu ; une transition est donc nécessaire. C'est pourquoi nous proposons le SYSTÈME TRANSITOIRE, dont nous avons déjà sommairement exposé les bases principales (chap. IV), et dont nous allons présenter le développement dans le chapitre qui suit.

Nous ajouterons seulement ici un mot sur le système d'exécution de travaux publics, sous l'empire duquel s'exécutent les canaux importans et nombreux dont l'établissement a été autorisé par les lois de 1821 et de 1822.

Il y a dans ce système concours du gouvernement et des particuliers ; mais il est bien clair que ce n'est pas autre chose, en définitive, qu'un mode d'emprunt plus compliqué que ne l'eût été un emprunt pur et simple, qui eût donné à l'État des prêteurs anonymes, sans droit au partage dans les bénéfices des canaux, tandis que ce droit existe par le mode d'emprunt adopté en 1821 et 1822.

Ainsi que nous l'avons dit, pages 57 à 59, le droit au [267] partage dans les bénéfices a, sans aucun doute, déterminé les prêts qui ont été alors faits au gouvernement et en a adouci les conditions ; mais il faut bien reconnaître que c'est une combinaison fâcheuse, en ce sens qu'elle met en saillie tous les inconvéniens des compagnies, sans laisser de place à presqu'aucun des avantages qu'elles présentent ; jamais l'esprit tracassier et mesquin des intérêts privés n'a plus été mis en action que par ces traités, où l'État empruntait à des compagnies qui, étrangères à l'exécution, n'en connaissant nullement les difficultés inévitables, complétement incompétentes par la manière dont elles étaient composées pour juger les moyens employés pour vaincre ces difficultés, n'ont laissé aucun des actes de l'administration sans oppositions. Il en est résulté que tous les vices des relations administratives avec les particuliers ont été mis également en saillie, l'administration donnant à ses actes, même utiles, un caractère d'arbitraire, provoqué par les tracasseries dont elle était obsédée ; la désunion en est venue à ce point que les compagnies n'ont pu obtenir que par les plus pénibles efforts quelques déterminations dictées par leur intérêt et l'intérêt général, et elles n'en ont gardé aucune reconnaissance, en raison même des difficultés qu'elles y avaient éprouvées. En un mot, ces traités ont créé entre l'administration et les particuliers des collisions on ne peut plus fâcheuses, et dont nous avons signalé les effets plus haut, page 61 et suivantes.

Quand au mode d'emprunt, considéré seulement du point de vue financier, sans examiner si, à l'époque où elle fut conçue, cette combinaison ne dut pas obtenir la préférence, malgré son peu de simplicité, il est hors de doute [268] qu'aujourd'hui elle ne pourrait être reproduite et que si l'État voulait exécuter lui-même quelques travaux, ce ne devrait être que par un emprunt dans les formes ordinaires. Ce que nous avons dit plus haut sur l'avantage principal que présenterait l'exécution des travaux publics par l'État, savoir, la réduction au taux le plus bas possible des tarifs, ne peut laisser de doute sur la préférence qui devrait être donnée à un emprunt pur et simple, qui ne lie pas spécialement l'État pour l'entreprise à exécuter, et lui permet d'y introduire les dispositions les plus favorables, sans qu'il ait à redouter l'*intervention de tiers*.

CHAPITRE X [269]

Développement de notre système financier pour l'exécution de grands travaux publics. – Application au canal latéral au Rhône. – Des capitaux et du nombre d'hommes qui peuvent être employés annuellement à des travaux publics. – De la quotité des primes nécessaires annuellement. – Influence de notre système sur le prix de la main-d'œuvre. – Des valeurs nouvelles de circulation qui résulteraient de l'établissement de grands travaux publics avec primes du Gouvernement. – Conclusion.

Pour bien faire saisir dans ses détails le système que nous proposons et faciliter la discussion à laquelle nous voulons le soumettre, nous en ferons l'application à l'un des canaux dont nous avons parlé au VIIe chapitre ; au canal latéral au Rhône, mis par nous au nombre de ceux dont la prompte exécution doit être le plus vivement désirée.

Nous avons dit que, d'après la belle étude qui a été faite de ce canal, la dépense en est évaluée à 37,500,000 fr., et que les recherches faites sur les produits permettent de les évaluer immédiatement à 7 pour cent. Nous avons remarqué toutefois que, dans les premiers temps, les produits pourraient bien ne pas s'élever à ce taux.

[270] La compagnie, après avoir pris connaissance des plans dressés pour le canal, s'engagerait à l'exécuter, conformément aux clauses d'un cahier des charges plus détaillé que ceux qui sont dressés pour les concessions où il n'est point demandé de subventions au gouvernement ; les ouvrages d'art y seraient décrits, quant à leurs principales dimensions, etc.

La compagnie s'engagerait à exécuter, pour la somme de 40,000,000 fr., par exemple ; portant ainsi une somme à valoir de 2,500,000 fr., au-delà de 3 millions déjà portés par l'auteur du projet. Elle s'engagerait aussi à exécuter en un nombre d'années déterminé ; par exemple, huit années.

Il faut entendre ceci par ces deux conditions : la compagnie émettrait son fonds social de 40 millions en actions, payables en huit années, pendant lesquelles le gouvernement s'engagerait à lui remettre une prime de 5 pour cent, à mesure de versemens et proportionnellement à la quotité des fonds versés. Si les constructions n'étaient pas exécutées pour 40 millions, et, en huit ans, le gouvernement cesserait de payer des primes, et la compagnie devrait, à ses périls et risques, achever la construction.

Si, au contraire, la somme employée aux constructions n'atteignait pas 40 millions, on diminuerait le dernier versement à opérer par les actionnaires, ou bien on leur rendrait, les constructions achevées, le solde de caisse, et l'État n'aurait de primes à continuer que sur la portion de fonds qui aurait été réellement employée. Ceci va devenir encore plus clair en prenant des chiffres.

Supposons que la compagnie ait arrêté que les versemens [271] des actions devraient être faits dans les proportions suivantes :

1re année		1,000,000.
2e	–	2,500,000.
3e	–	4,000,000.
4e	–	6,000,000.
5e	–	6,000,000.
6e	–	7,000,000.
7e	–	7,000,000.
8e	–	6,500,000.
		40,000,000.

Supposons qu'à la fin de la 7e année l'on s'aperçoive que les devis ne seront pas atteints, et que la dépense totale pourra n'être que de 38,000,000 ; on ne demandera que 4,500,000 f. aux actionnaires, c'est-à-dire que si les actions sont de 1,000 fr., par exemple, ce qui fait 40,000 actions émises, les versemens précédens ayant absorbé 837,50 par action, ainsi qu'on peut le calculer, au lieu de demander 162,50 à chaque action, la dernière année pour compléter les 1,000 fr., on ne demandera que 112,50. L'action ne reviendra alors qu'à 950 fr. ; 40,000 actions de 950 fr. font 38 millions. C'est sur cette somme de 38 millions que porteront toutes les stipulations ultérieures du gouvernement et de la compagnie.

La compagnie devra être sous le régime de la société anonyme, et de plus, ses actions devront avoir droit de cote à la Bourse ; avec ces deux conditions, tout son régime intérieur est soumis à une publicité, qui, d'après les règles imposées aux sociétés anonymes, offre à l'État toute garantie.

[272] Le gouvernement aura pris l'engagement de payer pendant la construction une prime de 5 pour cent aux fonds employés à la construction ; mais, ainsi que nous l'avons dit au chapitre IV, le paiement de cette prime ne se fera pas en capital, mais en rente 3 %. Nous supposerons, comme nous l'avons fait pour l'exposition sommaire de notre système, que, la première année, la rente sera au cours de 70, et qu'elle suivra des cours ascendans qui, au bout de la huitième année, la mettront à 75 fr.

Voici donc quelle marche suivront les subventions du gouvernement, pendant le temps de la construction.

ANNÉES.	SOMMES employées par la compagnie.	INTÉRÊT garanti par l'état.	CAPITAL nominal de l'intérêt garanti par l'état.	TAUX de la rente 3 %.	MONTANT de la rente à délivrer chaque année à la compagnie.
1	1,000,000	5 %	50,000	70	2,143
2	2,500,000	*Id.*	175,000	70.50	7,447
3	4,000,000	*Id.*	375,000	71	15,845
4	6,000,000	*Id.*	675,000	71.50	28,321
5	6,000,000	*Id.*	975,000	72	40,625
6	7,000,000	*Id.*	1,325,000	73	54,725
7	7,000,000	*Id.*	1,675,000	74	67,905
8	4,500,000	*Id.*	1,900,000	75	76,000
	38,000,00		7,150,000		293,011

Nous devons faire observer que nous n'avons porté huit ans pour l'exécution du canal qu'afin de ne pas élever de discussion secondaire sur les détails d'exécution ; mais nous sommes persuadés que cinq à six ans suffiraient pour l'exécution.

[273] Maintenant nous supposerons que l'État sera convenu avec la compagnie qu'il lui parferait 5 % de produit pendant huit années après la construction, la compagnie ayant pris l'engagement, d'une autre part, de ne pas excéder 100,000 fr. pour frais d'administration, et s'étant abonnée à 450,000 pour frais d'entretien, sauf les cas de force

majeure. Nous supposerons encore que les produits de la compagnie suivent une progression telle, qu'au bout de la sixième année les prodnits atteignent 5 %, d'où il suit que l'État n'aurait à payer de primes que pendant 6 années, et non pendant huit. Nous supposerons encore que les bénéfices de la compagnie aient suivi la progression suivante, d'où nous déduirons la progression de la prime que l'Etat devra lui servir, remarquant d'ailleurs que le taux auquel nous fixons les produits du canal, et la progression sur laquelle nous établissons nos calculs, sont très au-dessous de ce que nous croirions devoir se réaliser dans cette entreprise, si elle s'exécutait.

ANNÉES.	QUANTUM % du produit du canal.	QUANTUM % de la subvention de l'état.	CAPITAL nominal de cette subvention.	TAXE de la rente.	MONTANT de la rente à délivrer par l'état.
9	3 %	2	760,000	76	30,000
10	3 ¼	1 ¾	665,000	77	24,610
11	3 ½	1 ½	570,000	78	21,923
12	4	1	380,000	79	24,430
13	4 ¼	¾	285,000	80	9,437
14	4 ¾	¼	95,000	81	3,518
			2,755,000		103,918

[274] Si nous ajoutons les primes payées pendant la construction,

soit en capital	7,150,000 fr.	
Et en rentes		293,011 fr.
Aux primes payées après la construction, soit en capital	2,755,000	
Et en rentes		103,918
Nous trouvons un total en capital de	9,905,000 fr.	
Et en rentes 3 % de		396,929 fr.

Ainsi l'Etat, en chargeant en quatorze années son grand-livre d'une rente de 396,000 fr., aurait déterminé l'établissement d'une des entreprises les plus utiles au pays.

Et si l'on veut bien appliquer au canal du Rhône, les calculs que nous avons établis dans le chapitre précédent, sur la part que perçoit l'Etat dans les accroissemens de richesses qui résultent de l'ouverture d'une ligne navigable, on verra que, tandis que pour le canal du Rhône il aurait chargé son grand-livre d'une rente de 400,000 fr. environ, ses revenus annuels se seraient certainement accrus dès l'ouverture du canal de plus de 5 à 600,000 fr.

Nous rappelons d'ailleurs que nous avons supposé les produits du canal très-inférieurs à ce qu'ils seraient, sans aucun doute, et que la charge à supporter par l'Etat ne serait probablement pas de plus de la somme nécessaire pour couvrir les intérêts.

En même temps, nous supposons, ainsi que nous l'avons dit au chapitre IV, pour la généralité des entreprises, que [275] l'Etat conserverait sur celle-ci première hypothèque pour la somme de 9,905,000 fr., capital nominal des primes livrées par lui. Voici ce que nous entendons par là.

Supposons que dans un espace de vingt ans, les produits nets du canal latéral au Rhône atteignent 8 %, la vingt-unième année, 8 ½, la vingt-deuxième, 9 %. Nous admettons que la convention suivante aurait été faite avec la compagnie, savoir : que lorsque les bénéfices dépasseraient 8 %, la moitié du surplus appartiendrait à l'Etat ; en conséquence, la vingt et unième année, l'Etat aurait à recevoir de la compagnie du canal latéral au Rhône ¼ % ; la vingt-deuxième année, ½ %, etc. Nous supposons que l'Etat aurait la faculté, ou bien d'encaisser purement et simplement ce bénéfice, en laissant subsister les tarifs tels qu'ils auraient été stipulés par la concession, ou bien, après l'avoir encaissé, d'obliger la compagnie à réduire son tarif dans la proportion de sa part, dans lequel cas il reculerait évidemment le moment où il pourrait recevoir un nouvel à-compte. Peut-être devait-il être stipulé que l'Etat ne pourrait obliger à des réductions de tarifs par suite des bénéfices qui lui seraient acquis, que lorsque, pendant trois années, cet accroissement de bénéfices se serait maintenu au-dessus de 8 %[1].

1 [Note de l'auteur] Beaucoup de questions de détail pourraient être élevées sur l'usage que le gouvernement ferait de la part qu'il retirerait des entreprises de travaux publics. Cette part devrait-elle se borner au remboursement du capital nominal des avances faites par lui, ou bien devrait-elle durer tout le temps de la concession, être perpétuelle si la concession était perpétuelle ? Cette part de bénéfices devrait-elle déterminer l'État à imposer des réductions de tarifs, [276] et alors il réduirait de beaucoup les recettes que ces entreprises pourraient lui procurer, ou bien devrait-il toutes les recueillir et en former, par exemple, un fonds spécial sur lequel il constituerait des primes de subventions

[276] Tel est le mécanisme du système que nous proposons pour l'exécution d'un vaste ensemble de travaux publics sur le sol de France, de celui, par exemple, que nous avons esquissé dans les chapitres VI, VII et VIII.

Ce système est-il applicable sur d'aussi larges proportions que celles que nous lui avons assignées, et dans un temps aussi court ? N'introduirait-il pas de perturbations dans la fortune publique par la trop grande rapidité des changemens qu'il introduirait ? Ne porterait-il pas trop exclusivement sur les travaux publics la masse de capitaux et d'intelligences dont peut disposer le pays ? C'est ce que nous devons maintenant examiner.

Dans le tableau qui termine le chapitre IV, et qui présente le résumé du système que nous proposons, on trouve que nous avons admis que 2,000,000,000 fr. pourraient être dépensés en dix années en travaux publics, et nous avons indiqué les proportions qui pourraient être établies dans la dépense de chaque année.

[277] Nous admettons qu'un million employé en travaux publics peut occuper, soit sur les chantiers même de l'entreprise, soit dans les ateliers d'où elle tire ses fers, machines, bois de construction, pierre, etc., mille hommes pendant trois cents jours, ce qui met le prix de la main-d'œuvre à 3 fr. 33 cent.

Ce n'est pas là sans doute le prix moyen de la main-d'œuvre en France aujourd'hui, et même il est bien certain qu'un grand développement de travaux publics ne le ferait pas monter à ce taux ; mais nous le portons à ce prix pour faire la part des honoraires de la direction des travaux, et des bénéfices des entrepreneurs.

D'après cela, reprenant les deux premières colonnes du tableau rappelé ci-dessus, nous pouvons dresser le tableau suivant.

---

pour d'autres entreprises ? Toutes ces questions sont graves, bien que secondaires ; nous ne négligerons pas ultérieurement de présenter la solution dont chacune d'elles nous paraît susceptible, d'autant plus que nous voyons dans notre système, en en méditant bien les détails, la possibilité de détruire le système aujourd'hui suivi de l'adjudication avec concurrence, et d'assurer ainsi à la société les garanties qu'elle a cru trouver dans celui de l'adjudication, garanties qui, en réalité, par les vices profonds de ce système, lui échappent en tout ce qu'elles ont d'essentiel.

ANNÉES.	SOMMES à employer par année.	NOMBRE d'hommes employés.	PROPORTION des hommes employés aux travaux publics, avec ceux enlevés au travail pour l'armée sur le pied actuel (400,000 hommes).	PROPORTION avec la population totale du royaume, portés à 33,000,000 d'ames.
1	30,000,000	30,000	0,075	0,0009
2	50,000,000	50,000	0,125	0,0015
3	90,000,000	90,000	0,225	0,0027
4	140,000,000	140,000	0,35	0,0042
5	200,000,000	200,000	0,50	0,0060
6	270,000,000	270,000	0,675	0,0082
7	350,000,000	350,000	0,875	0,0106
8	350,000,000	350,000	0,875	0,0106
9	270,000,000	270,000	0,675	0,0082
10	250,000,000	250,000	0,625	0,0076

[278] Il résulte de ce tableau, 1° que dans les années où le plus grand développement de travaux aurait lieu, le nombre des hommes occupés à ces travaux serait à celui des soldats dans la proportion des sept huitièmes environ, et avec celui de la population dans la proportion d'un centième ;

2° Que la plus forte somme que nous supposons pouvoir être appliquée dans une année aux travaux publics ne surpasse que d'un septième le budget de la guerre, et nous ne faisons pas cette remarque pour en conclure que les hommes et les sommes nécessaires à un aussi grand développement de travaux publics pourraient se trouver, pour ainsi dire, par un simple revirement au budget, c'est-à-dire en licenciant l'armée, d'une part, ce qui donnerait quatre cent mille bras vigoureux aux travaux, et en portant, de l'autre, le budget de la guerre au budget des travaux publics. Ce jour viendra, nous n'en doutons pas, mais il faut l'attendre. Nous voulons seulement faire remarquer quelle énorme distance sépare les travaux pacifiques des travaux de la guerre. Avec 350,000,000 fr. on occuperait trois cent cinquante mille hommes à des travaux publics rapportant à l'État de 35 à 40,000,000 fr. par an, (voir le précédent chapitre) ; ces trois cent cinquante mille hommes s'y instruiraient, y seraient bien payés, y trouveraient, en un mot, le développement de leur intelligence, et l'accroissement de leur bien-être. Avec les 300,000,000 fr. du budget de la guerre, on enlève au travail quatre cent mille hommes ; l'instruction qu'ils reçoivent sous le drapeau est entièrement perdue pour eux du jour où ils le quittent, et ils sont mal payés et mal nourris.

Au reste, si nous ne supposons pas que l'armée puisse de quelque temps être complétement licenciée, et le budget [279] de la guerre supprimé, nous admettons certainement que le moment est très proche où le désarmement de l'Europe pourra s'effectuer ; or, cela signifie, sans nul doute, la diminution de l'armée à moitié au moins.

Ainsi le désarmement si vivement souhaité aujourd'hui par toute la nation, et surtout par la partie de la nation qui paie les impôts, ce désarmement aurait pour résultat de jeter immédiatement dans l'industrie deux cent mille hommes.

Et alors, la question à se faire est celle-ci : peut-il résulter plus de perturbations dans la fortune publique d'un grand développement de travaux publics, qui, au bout de cinq ans, arrriverait à appeler sur les chantiers deux cent mille hommes, que d'une circonstance politique qui laisserait inopinément deux cent mille hommes sans travail et sans pain ?

Nous croyons que le retour au travail de deux cent mille hommes est un fait d'une haute utilité, bien que, par la constitution actuelle de la société, qui ne prévoit et ne règle rien sur l'emploi des bras et des capitaux, il soit hors de doute qu'un tel fait ne pourrait pas se produire sans perturbation ; mais si, malgré cet inconvénient inévitable, le désarmement forme aujourd'hui l'expression la plus nette de la politique et des vœux du pays, combien cette grande mesure ne serait-elle pas plus désirée encore si ces hommes dont l'inactivité pourrait être redoutée trouvaient successivement un emploi aussi utile de leur force ou de leur intelligence que celui que leur offriraient de grands travaux publics.

Il nous semble que nous pouvons déjà conclure que l'emploi annuel de deux cent mille hommes, en travaux publics, [280] est possible en France, soit comme capitaux, soit comme bras. Nons venons de démontrer le second point ; quant au premier c'est-à-dire quant à la possibilité d'employer annuellement 200,000,000 fr. en travaux publics, remarquons que la France supporte aujourd'hui une charge de 150,000,000 environ pour l'emploi improductif des deux cent mille hommes que le désarmement ferait licencier ; que ces 150,000,000 coûtent 25 % au moins de frais de perception par l'impôt ; que si la France désire si ardemment le désarmement, c'est, sans aucun doute, parce qu'elle sent le besoin de donner un autre emploi à ses capitaux ; que nous avons démontré que ses capitaux ne pouvaient trouver un placement plus productif que celui des travaux publics ; que 200,000,000 fr. appelés dans les travaux publics, par emprunt dont les frais ne montent pas à 5 %, ne coûteraient que 23,500,000 par an de plus que 150,000,000 appliqués à l'armée par voie d'impôt coûtant 25 %, et qu'il y aurait pour couvrir cette différence, toute celle d'un travail éminemment productif à celle du travail le plus patemment improductif, les 200,000,000 appliqués à des canaux, chemins de fer, etc., augmentant annuellement la richesse de l'État de 100 à 150,000,000, et les revenus du Trésor de 20 à 25,000,000, et les 150,000,000 employés en solde de troupes ou en constructions de forteresses constituant une perte nette de 150,000,000.

Cela posé, les proportions d'emploi d'hommes et de fonds que nous avons posées pour les sixième, septième, huitième, neuvième et dixième années, c'est-à-dire 270, 350, 350, 270 et 250,000,000, et pour chaque année autant de mille hommes que de millions, sont-elles dans une juste mesure [281] avec la richesse et la force d'une population qui aurait pu, sans pour ainsi dire toucher à la population qui travaille aujourd'hui, sans lui demander aucun nouveau sacrifice d'argent, réaliser le changement que nous venons d'indiquer, c'est-à-dire appeler des drapeaux aux travaux publics deux cent mille hommes, et du budget de la guerre aux actions des compagnies 150,000,000.

Nous ne saurions imaginer que cette proportion ne pût pas être dépassée au bout de cinq ans, car cela voudrait dire qu'aujourd'hui, par exemple, la France n'aurait pas de 70 à 150,000,000 fr., et de soixante-dix à cent cinquante mille hommes à employer annuellement en travaux publics, lors même que le système actuel d'une armée sur le pied de guerre pour assurer la paix devrait durer encore longtemps. Telle n'est pas notre pensée ; et nous croyons, au contraire, que si ce système devait en effet se prolonger, la nation n'aurait pas d'autre moyen d'en supporter la charge accablante aujourd'hui pour elle, que de s'imposer les légers sacrifices indiqués plus haut, afin de compenser, par l'emploi bien entendu de tout ce dont elle pourrait encore disposer d'hommes et de capitaux, l'emploi si malheureux d'un si grand nombre d'hommes et d'une si forte masse de capitaux imposé par le système militaire.

Au reste, nous reconnaissons que la démonstration mathématique du problème que nous cherchons à résoudre n'est peut-être pas possible ; prouver, par des argumens sans réplique, que la France pourrait employer 350,000,000 fr. et trois cent cinquante mille hommes par an à des travaux publics est au moins fort difficile ; mais nous ne croyons pas que des questions de cette nature puissent aujourd'hui [282] se résoudre autrement que par analogie et induction, et tout ce que l'analogie et l'induction peuvent fournir de démonstrations nous semble se rencontrer ici.

Remarquons enfin que si l'on supposait à compter de la cinquième année des proportions un peu moins fortes que celles que nous avons proposées, le résultat général du calcul en serait très-peu augmenté, et que la charge définitive qui en résulterait pour l'Etat serait à peu près la même, charge toute fictive d'ailleurs, puisque nous avons démontré que, par l'exécution de ces grands travaux publics, le trésor verrait plus accroître ses recettes que le Grand-Livre son débet.

Nous venons de justifier la répartition que nous avons proposée dans les deux milliards à appliquer aux travaux publics pendant dix ans. Nous venons ainsi de développer la seconde colonne du tableau qui présente le résumé de notre système, page [74]. Nous avons à nous occuper maintenant de la troisième.

Les calculs en sont établis sur la supposition que l'État, pendant cinq ans, paierait aux diverses entreprises un intérêt de 5 p. %, puis de 4 ½ p. % pendant deux ans, 4 p. % pendant trois ans, 3 p. % pendant deux ans, 2 p. % pendan trois ans, 1 p. % pendant trois ans, ce qui fait un total de dix-huit ans, pendant lesquels devraient être payées des primes décroissantes.

L'on concevra sans doute que ce calcul n'a rien en soi de rigoureux, et qu'il faut l'expliquer ainsi : la masse des travaux dont nous avons présenté l'énonciation dans les chapitres VI, VII et VIII, aurait besoin, en moyenne, d'un secours total de 647,000,000 de subventions, représentées [283] par une rente de 25,000,000 fr. environ, 3 p. %. Nous admettons qu'une partie de ces travaux pourrait être exécutée au bout de cinq années, et produire un revenu tel que, sur la masse totale des travaux, le gouvernement n'aurait plus à payer 5 p. %, mais seulement 4 ½ p. % ; cela signifie, ainsi que nous l'avons dit page [72], que la partie des travaux exécutés rapporterait 2 p. %, 2 ½, 3 p. % etc. ; et que l'État leur parferait 3 ½, 2 ½, 2 p., % etc., tandis qu'il paierait encore 5 p. % aux travaux non terminés ou entrant en exécution. Quant à l'hypothèse qu'il en résulterait une moyenne de 4 ½ p. %, elle est évidemment défavorable, mais nous avons voulu toujours calculer ainsi.

Il en est de même de toutes les autres supputations que nous avons faites en ce sens ; elles se fondent sur des hypothèses générales, d'où nous avons toujours déduit les moyennes les plus défavorables à nos calculs.

Nous croyons que l'on admettra facilement que s'il était exécuté sur le sol de France un ensemble de travaux publics se liant entre eux, se fortifiant, se fécondant les uns par les autres, tels que ceux que nous avons indiqués, la masse des produits de tous ces travaux serait bien plus considérable que celle que nous avons admise, ce qui veut dire, en d'autres termes, que le gouvernement aurait des primes bien moins fortes à payer.

Ce que nous avons dit sur les produits des canaux anglais, lorsque le système en a été complet, vient ici à l'appui de notre assertion. C'est généralement (page 43) au bout de plusieurs années que le dividende a seulement couvert le capital, et s'est élevé successivement jusqu'à 30 et [284] même 60 p. % du capital ; c'est que c'est surtout par leur ensemble, par l'appui qu'elles se prêtent mutuellement, que des lignes de communication peuvent produire tout leur effet utile, et que leur influence créatrice et féconde s'exerce dans toute son étendue.

En deux mots, notre calcul revient à ceci : c'est que la masse des travaux publics de France a besoin d'un secours de 32 p. % environ, pour rapporter 5 p. %, après son établissement, à ses actionnaires ; ou bien que sans secours du gouvernement, elle ne pourrait rapporter que 3 p. % environ. Nous croyons cette hypothèse inférieure à la vérité, car la moyenne du produit des canaux anglais est plus que triple ; mais dans ce genre de calculs il faut toujours se tenir ainsi au-dessous des faits les mieux établis.

La quatrième colonne du tableau de la pag. 74, n'a pas besoin de développemens, non plus que la sixième.

Quant à la cinquième, celle du *taux de la rente* 3 %, elle est établie dans la supposition que la première année, la rente française 3 % serait à 70, et la dix-huitième année, à 85, c'est-à-dire à un taux un peu inférieur à ce qu'est aujourd'hui celui de la rente 3 % anglaise. Nous n'avons fait une telle hypothèse qu'afin de ne pas être taxés d'exagération sur aucun point ; mais nous avouons que ce n'est pas là l'expression de notre opinion toute entière ; car nous ne saurions nous refuser à croire que si le gouvernement de France imprimait un vaste développement à ses travaux publics, et assurait ainsi la paix de l'Europe, la hausse de nos fonds publics ne fût beaucoup plus rapide que nous ne l'avons indiqué, et que le *pair* ne fût atteint au bout de [285] dix-huit ans. Le montant de la rente à délivrer par l'État se trouverait ainsi sensiblement diminué.

On demandera peut-être pourquoi nous proposons que l'État remette aux compagnies le coupon des rentes représentant le capital de la prime qu'il a à leur payer, au lieu de le leur remettre en argent qu'il se serait procuré par une émission de rentes.

Par exemple, nous avons dit : la première année, il sera dépensé 30,000,000 fr. auxquels l'État garantira 5 %, soit 1,500,000 fr., qui, au cours de 70 pour le 3 %, représentent 64,285 fr. de rentes 3 %.

Si les 30,000,000 f. sont dépensés par dix compagnies, chacune à raison de 3,000,000 fr., dans notre système, le gouvernement remettra à chacune 6,428,50 fr. de rentes. Les compagnies les vendront, ou les garderont, suivant qu'il leur conviendra. Dans l'autre système, l'État vendrait 64,285 fr. de rentes, et remettrait 150,000 fr. à chaque compagnie.

Dans les deux systèmes, l'État ne serait chargé que de 64,285 fr. de rente ; il n'a donc pas intérêt à adopter l'un plutôt que l'autre.

Mais, sans aucun doute, s'il entrait dans la voie où nous l'engageons d'entrer, les compagnies concessionnaires mettraient confiance en lui, et par conséquent compteraient sur la hausse des rentes. Elles pourraient donc trouver un bénéfice dans cette hausse, si elles gardaient leurs rentes plus ou moins long-temps. Et il nous paraît qu'il vaut mieux laisser réaliser ce bénéfice par des compagnies qui se livrent à l'exécution des travaux les plus utiles à l'État, que par des prêteurs anonymes, spéculateurs de fonds publics, [286] exerçant une industrie prédominante aujourd'hui sans doute, mais dont la prédominance ne nous paraît nullement démontrer la supériorité sur toutes les autres industries, et sur celles notamment dont les travaux publics sont le résultat.

On élève contre un grand développement de travaux publics une objection à laquelle on attache beaucoup d'importance ; c'est l'accroissement qui peut en résulter dans la main-d'œuvre ; nous ne nions pas que tel doive être, en effet, le résultat de notre système ; mais en faut-il conclure qu'il serait impolitique d'imprimer une vigoureuse impulsion à nos travaux publics ?

Remarquons d'abord que ce n'est pas l'industrie qui doit redouter cet accroissement de main-d'œuvre ; les prix de main-d'œuvre, dans les villes, sont supérieurs à ceux qui sont donnés sur les chantiers de travaux publics ; on n'a donc pas à craindre que les prix des produits industriels soient augmentés par l'appel d'un grand nombre d'hommes sur ces chantiers.

Mais on peut le craindre pour l'agriculture ; à cet égard, nous ferons remarquer d'abord que cette crainte n'aurait quelque chose de fondé que pendant quelques années, car les travaux que nous proposons ayant pour but de favoriser surtout la circulation des produits de peu de valeur, et par conséquent des produits agricoles, l'économie qu'ils produiraient compenserait et au-delà l'accroissement de prix résultant de celui de la main-d'œuvre.

En second lieu nous dirons : si l'appel de deux cent mille hommes, par exemple, sur les chantiers des travaux publics, peut faire hausser la main-d'œuvre, dans les travaux [287] agricoles, le licenciement de deux cent mille soldats, résultant du désarmement si vivement desiré, aura pour résultat de la faire baisser d'une égale proportion.

Que doit-on redouter davantage en ce moment, de la hausse ou de la baisse de la main-d'œuvre ?

Si la hausse dans la main-d'œuvre se produisait, par exemple, à la suite d'un fléau, qui, portant ses ravages dans la classe ouvrière, diminuerait sensiblement le nombre des travailleurs, ce qui conduirait nécessairement ceux qui n'auraient pas été atteints à élever leurs demandes, nul doute qu'un tel fait n'entraînât une perturbation grave ; et sans recourir au reste à de telles catastrophes, c'est évidemment ce qui se produit par l'appel sous les drapeaux d'un grand nombre de travailleurs, ou d'hommes pouvant travailler ; cet appel fait hausser la main-d'œuvre. Or, une telle hausse produite par un système radicalement improductif ne peut pas elle-même être utile, ni productive ; elle altère les sources du travail et son développement. C'est évidemment un malheur public.

Mais si la hausse se produit par suite de l'appel de beaucoup d'hommes à des travaux productifs, il est difficile de croire qu'il en puisse résulter quelque perturbation. Si les agriculteurs sont obligés de payer un peu plus cher leurs moissonneurs et leurs batteurs de grains, il est bien clair aussi qu'ils peuvent vendre un peu plus cher leurs blés et tous leurs autres produits ; car si les chantiers qui viennent s'établir dans leur voisinage leur enlèvent quelques hommes, ou les obligent à leur donner une journée plus forte, ils leur amènent aussi un nombre inaccoutumé de consommateurs ; il y a pour eux plus que compensation.

[288] N'est-ce pas un fait constant que dans toutes les époques où le travail a eu quelque prospérité, la main-d'œuvre a haussé, sans que, ni les fermiers, ni les propriétaires, ni les consommateurs des villes aient eu à s'en plaindre. Par ce développement de travaux, les bénéfices de tous s'accroissaient ; l'ouvrier en profitait aussi bien que le maître, et ces époques ne sont pas de celles où l'émeute a levé la tête.

On n'en saurait dire autant des époques où la main d'œuvre a baissé, et nous ne concevons pas aujourd'hui de fait d'une importance plus radicale qu'un fait qui peut produire une baisse dans la main-d'œuvre ; nous savons bien qu'on pourra nous objecter que cette manière de voir conduirait à redouter le désarmement, puisque nous avons dit que le désarmement devait faire baisser la main-d'œuvre ; nous ne déclinons aucunement cette conséquence, très-logique en effet, de notre opinion ; seulement, cela nous conduit à dire que si l'on a bien lu tout ce qui précède, on a pu voir que nous ne concevons pas que le gouvernement puisse se borner à désarmer ; ce n'est là qu'une mesure préparatoire ; *la conscription industrielle*, si nous pouvons employer cette expression, doit immédiatement appeler aux travaux publics, les hommes affranchis du service militaire ou du moins un nombre d'hommes qui devienne successivement égal à celui des hommes licenciés ; autrement le désarmement n'est qu'un fait négatif, et n'a pas d'autre valeur.

Une hausse dans la main-d'œuvre de l'agriculture ne nous paraît donc pas à craindre, si elle doit résulter d'un grand développement de travaux publics. D'ailleurs il faut bien réduire ce fait à sa juste proportion. Or, si une grande [289] impulsion donnée à nos travaux publics est un fait qui doit entraîner ou suivre immédiatement le désarmement, il est clair qu'il n'y aura pas hausse dans la main-d'œuvre, puisque, pendant plusieurs années, l'on occupera un nombre de travailleurs tout au plus égal à celui des soldats à licencier.

Nous ajouterons que l'on admet que, sur une population prise en masse, le nombre des hommes en état de travailler est 0,20 de la population totale ; que, d'après les données statistiques les plus généralement admises pour la France, sur cette quantité, il y a 2/3 pour les travailleurs agricoles, 1/3 pour les travailleurs industriels, soit

4,500,000 travailleurs agricoles en France. Or nous avons supposé que le maximum des hommes à appeler sur les chantiers de travaux publics était de 350 mille hommes, qui forment les 0,077 du nombre total des travailleurs agricoles. La main-d'œuvre s'augmenterait donc de moins de moitié de cette proportion, soit 0,03, puisque nous supposons que sur les 350 mille hommes, 200 mille seraient fournis par le désarmement. L'on voit qu'un tel résultat n'a rien de bien redoutable ; et encore est-il exagéré. Car nous n'avons compté ni les ouvriers venant de l'étranger, ainsi que cela a toujours lieu toutes les fois qu'il s'établit de grands chantiers de travaux publics ; nous n'avons pas compté non plus, dans les travailleurs agricoles, les femmes, et l'on sait cependant qu'elles prennent une part fort active aux travaux des champs. Nous croyons donc que, même en ne supposant pas le désarmement, l'accroissement dans les mains-d'œuvre de l'agriculture, par suite d'un développement de travaux publics, aussi grand que nous [290] l'avons indiqué, ne serait pas de plus de 5 à 6 %, et dans le cas du désarmement, de 2 à 3 %.

Pense-t-on que les bénéfices des agriculteurs n'augmenteraient pas dans un proportion infiniment plus forte par les travaux que nous proposons ?

Maintenant nous avons à signaler, dans le système que nous proposons, un résultat qui nous paraît de la plus haute importance.

Nous avons dit que, pour offrir à l'Etat toutes les garanties nécessaires, les compagnies subventionnées pour travaux publics devaient se former en sociétés anonymes, émettant leurs actions au porteur.

Il existe déjà pour quelques travaux publics de pareilles sociétés ; qu'on examine les fluctuations continuelles auxquelles sont soumises les actions de ces entreprises, qui n'offrent à leurs actionnaires et au public d'autre garantie que l'entreprise elle-même ; que l'on prenne, par exemple, les actions des chemins de fer de Saint-Etienne à Lyon, et d'Andresieux à Roanne ; tantôt on annonce que les percemens souterrains sont d'une difficulté et d'un prix inattendu, baisse dans les actions ; une expérience de machines locomotives est racontée au public sous un jour avantageux et sans détails, hausse dans les actions ; il n'est pas de perfectionnement, pas de difficultés, pas de données statistiques répandues par la presse, à tort ou à raison, qui n'ébranlent violemment le crédit de ces entreprises, ou ne l'élèvent au-delà de la réalité. Il en résulte que les actions qui représentent les fonds versés dans ces entreprises n'offrent point de solidité comme placement ; que, par conséquent, elles n'entrent pas ou peu dans la circulation, et la preuve matérielle [291] de ce fait existe, elles ne sont pas cotées à la Bourse ; ainsi, on ne peut vraiment pas les regarder comme des valeurs de circulation, ou du moins ce sont des valeurs mal assises ; ainsi, le capital qu'elles représentent va s'enfouir dans le travail qu'il paie, et, jusqu'à l'achèvement de l'entreprise, le bénéfice de sa circulation est enlevé au pays. Après l'achèvement même du travail, l'incertitude des produits des premières années laisse encore ces valeurs sans solidité, et ce ne peut être qu'au bout d'un temps très-long qu'elles peuvent inspirer aux capitalistes quelque sécurité.

Par le système que nous proposons, on voit que toutes les actions des entreprises de travaux publics auraient toute la solidité des fonds publics pendant tout le temps de la garantie convenue avec l'État ; temps suffisant pour fixer l'opinion sur la valeur de ces entreprises, et pour que leurs actions soient ensuite recherchées avec autant d'empressement, et restent aussi facilement circulables que lorsqu'elles seront garanties par l'État.

Ainsi notre système ne consiste pas seulement à *créer pour deux milliards de travaux publics ;* mais encore à *jeter dans la circulation ce capital de deux milliards*, représenté par les actions de toutes les sociétés anonymes subventionnées par l'État.

On a beaucoup agité en divers temps les questions de *papier-monnaie*, et aujourd'hui les économistes et les financiers ont sur ces graves questions des opinions fort diverses ; ce n'est pas ici le lieu de les traiter, nous nous bornons à dire que nous pensons avec Ricardo[2] que *la monnaie est à son état le plus parfait quand elle est à l'état de papier*, et nous reconnaissons en même temps que l'opinion [292] publique, en France, n'a pas encore adopté cette formule, et que le mot *papier-monnaie* est encore pour elle aujourd'hui un épouvantail.

---

2 David Ricardo (1772-1823) est un financier, homme politique et économiste britannique. Avant de passer à la postérité comme l'un des grands économistes de la première moitié du XIXe siècle, Ricardo travaille comme courtier opérant sur le marché financier de Londres. Il y bâtit sa fortune notamment en plaçant les emprunts d'État anglais destinés à financer la guerre contre la France. Dès 1810 il se fait un nom grâce à une série d'articles sur la théorie (quantitative) de la monnaie. En 1817, il publie *Des principes de l'économie politique et de l'impôt*, où il développe une théorie de la valeur travail dont s'inspirera Karl Marx. Cet ouvrage contient aussi une analyse des avantages offerts par l'échange international : d'après la théorie dite des coûts comparatifs, deux pays ont intérêt à se spécialiser et à échanger même dans le cas où l'un d'entre eux est plus productif que l'autre dans les deux biens.

Et cependant, les valeurs circulant sous la forme de papier prennent une extension de plus en plus grande ; nous ne parlons pas de la lettre de change, entrée si avant dans les idées, dans les habitudes industrielles ; ni même des billets de la Banque, qui, pour Paris du moins, constituent un signe monétaire aussi circulant que l'or et l'argent. Mais nous signalons le développement considérable qu'a pris le système des entreprises par actions, et cette innovation grave des *actions au porteur dans les sociétés en commandite*[3] ; innovation que les jugemens du tribunal de commerce, et même des arrêts, ont définitivement introduite dans nos nouvelles habitudes financières ; innovation qui atteste le besoin d'une circulation facile, et les efforts de l'industrie délaissée à ses seules ressources, pour arriver à la mobilité des valeurs, principe fondamental du travail, et stimulant le plus énergique de ses progrès.

Nous croyons que le genre de valeurs que notre système introduirait dans la circulation est de nature à exercer sur tout le pays une influence puissante, puisque ces valeurs auraient *pour* DOUBLE GARANTIE *la fortune* PUBLIQUE *et l'industrie* PARTICULIÈRE. Elles constitueraient donc un lien puissant entre le gouvernement et la société, et l'on doit remarquer surtout que le genre de spéculation ou de jeu auquel elles pourraient donner lieu, comme toute valeur mobile, serait fort différent de celui dont les fonds publics sont l'objet. Il nous semble que l'agiotage pourrait bien plus difficilement s'en emparer que des valeurs du trésor [293] public, et nous avons la conviction, au contraire, qu'elles tendraient à diminuer notablement les habitudes d'agiotage.

Nous venons de lever les principales objections dont notre système nous paraît susceptible, et de présenter rapidement les avantages qui peuvent en être la suite. Nous ne pensons toutefois ni avoir levé toutes les objections, ni avoir présenté toutes les conséquences favorables de ce système ; seulement nous croyons en avoir assez dit pour le faire comprendre, et pour qu'il puisse devenir la matière d'une discussion sérieuse.

C'est là surtout ce que nous désirons ; car aujourd'hui nulle matière ne nous apparaît plus grave.

---

3 Dans une société en commandite simple, les bailleurs de fonds ou commanditaires sont distincts de ceux qui les administrent en tant que commandités. Dans la société de commandite par action, on distingue toujours les premiers de seconds, mais les commanditaires reçoivent des actions au lieu de parts et ne sont responsables des dettes qu'à concurrence de leur participation au capital.

SOLUTION TRANSITOIRE DU PROBLÈME DE L'INTERVENTION DE L'ÉTAT EN MATIÈRE DE TRAVAUX PUBLICS ;

CO-EXISTENCE NÉCESSAIRE DES CANAUX ET DES CHEMINS DE FER ;

APPLICATION DE CE SYSTÈME *à l'ensemble de nos voies de communications ;*

MOYEN FINANCIER *pour l'exécution de* DEUX MILLIARDS *de travaux publics ;*

PROPOSITION DE DEUX VALEURS NOUVELLES DE CIRCULATION, *représentant l'une le capital engagé dans les travaux publics, l'autre les marchandises stationnant dans les entrepôts de France.*

Telles sont les cinq principales questions traitées dans cet ouvrage, et dont l'importance est telle à nos yeux que nous ne savons pas de question de politique intérieure d'un ordre [294] plus élevé, et que nous y voyons pour le pays les élémens les plus certains de stabilité, de paix et de progrès.

La stérilité des discussions politiques est patente aujourd'hui, avouée par toute la presse et déplorée par elle ; c'est que la politique subit évidemment une rénovation fondamentale, et, dans le cercle d'idées où le gouvernement constitutionnel place tout le pays, on ne saurait s'étonner sans doute que l'industrie, qui est aujourd'hui le fait prédominant de la société, tend à prendre place au gouvernement de cette société. C'est sur ce principe que sont fondées les institutions qui nous régissent aujourd'hui ; elles ont pour but de mettre en saillie les grands intérêts que développent les progrès sociaux ; or, aujourd'hui, les intérêts industriels occupent une place considérable dans la société, et fort rétrécie dans le gouvernement ; cela est donc contraire au principe de nos institutions, et cela ne saurait durer davantage sans porter un coup mortel à ces institutions, et sans lancer la société dans des révolutions nouvelles dont il serait impossible de prévoir le terme et l'issue.

Dans de telles circonstances, nous croyons que tout homme, si obscur, si ignoré qu'il puisse être, doit élever la voix et dire ce qu'il croit utile à la prospérité générale ; à plus forte raison doivent le faire ceux qui, par de longues études sur l'industrie et les travaux publics, peuvent mettre quelque confiance dans leur opinion sur ces matières, et n'y sont pas regardés comme absolument incompétens.

Telle était notre position ; elle nous a paru dicter notre devoir, et c'est parce que nous avons cru, en effet, remplir un devoir, que nous n'avons pas craint de présenter un système [295] aussi vaste, puisqu'il n'embrasse rien moins que les travaux publics les plus utiles, suivant nous, au pays. Si cet ouvrage a donc quelque utilité, c'est celle surtout d'ouvrir une carrière nouvelle, et il ne nous reste plus maintenant qu'à y appeler tous les hommes qui désirent vivement l'accroissement du travail et la prospérité des sociétés humaines, à la tête desquelles se place notre belle patrie.

NOTES

NOTE A [297]

Sur les frais de construction et le fret des canaux, et sur les frais de construction et de traction des chemins de fer.

Nous répétons d'abord ici, et notamment pour ce qui concerne les frais de construction des canaux et chemins de fer, ce que nous avons dit dans l'ouvrage, page [84], que la recherche à laquelle nous allons nous livrer ne peut avoir de valeur que pour un système général de voies de communication. Ce que nous nous proposons d'établir, c'est un *prix moyen*. On a pu voir d'ailleurs, dans notre chapitre VII, que nous nous sommes souvent écartés de ce prix pour l'évaluation des canaux ou des chemins de fer proposés, suivant que les localités nous ont paru présenter des difficultés supérieures ou inférieures aux difficultés moyennes.

Frais de construction des Canaux

Voici le prix de quelques canaux exécutés :

Canal du Midi, par kilomètre		141,000 fr.
Canal de St-Quentin,	*id.*	226,000
Canal du Centre	*id.*	100,000
[298] Canal de Briare	*id.*	166,000 fr.
Canal du Loing	*id.*	47,000
Canal d'Orléans	*id.*	106,000
Il résulte de ces divers prix un prix moyen de		132,000
M. Brisson[1] évalue le prix du kilomètre de canal à		90,000

1 [Note de l'auteur] *Essai d'un système général de navigation intérieure*, pag. 115.

Mais dans ce prix il ne comprend pas les écluses, qu'il évalue par mètre de chute à 24,000

Il suppose à ces écluses la dimension de la presque totalité des canaux de France, 5^{m},20 entre les buscs, et 32^{m},50 de longueur.

Dans ce prix ne sont pas compris non plus les rigoles, qu'il évalue par kilomètre à 18,000 fr.

Ni les souterrains qu'il évalue par kilomètre, en leur supposant 6 mètres de largeur sur 7 mètres de hauteur sous voûte, et en admettant que le halage s'y fera de dessus les bateaux et sans banquettes, 500,000 à 1,000,000.

Les souterrains du canal Saint-Quentin ayant 8 mètres de largeur et 8 mètres de hauteur, reviennent, y compris les voûtes, par kilomètre, à 500,000 fr.

M. Brisson, dans la récapitulation qu'il présente (page 127 de son ouvrage), arrive au résultat suivant : que 2,225 kilomètres de canaux de grande section qu'il propose reviendraient à 339,557,000 fr.

Soit par kilomètre 147,000

Dans cette somme ne sont pas compris les intérêts pendant la construction.

[299] M. Dutens[2] évalue le prix moyen du kilomètre de canal à 100,000 fr., et dans la récapitulation qu'il présente (p. 344, tome II), il arrive au résultat suivant : que 4,080 kilomètres de canaux proposés par lui, en grande section, coûteraient 448,365,000 fr., soit par kilomètre 109,000 fr.

La moyenne des évaluations de MM. Dutens et Brisson est de 126,000 fr.

Enfin nous avons vu par les calculs présentés dans cet ouvrage, pages 62 à 64, que les canaux en ce moment exécutés par le gouvernement reviendront, par kilomètre, à 125,000 fr.

Cette dernière donnée est celle que nous adoptons ; c'est celle qui nous paraît la plus pratique, et si elle est un peu inférieure à la moyenne déduite de six canaux exécutés, mentionnés ci-dessus, nous croyons que la différence de 7,000 fr. qui existe entre ces deux prix moyens est bien expliquée par les progrès faits par l'art de l'ingénieur, qui ont introduit de grandes économies dans tous les travaux.

2 [Note de l'auteur] *Histoire de la navigation intérieure*, tom. II, pag. XVIIJ.

Nous ferons ici une remarque : nous avons dit, page [63], d'après M. Dutens, qui avait lui-même extrait ce document de l'histoire de la navigation intérieure de l'Angleterre, par Philips[3], que les canaux anglais de grande section avaient coûté 101,136 fr. le kilomètre.

Nous avons fait observer que la section des canaux anglais était inférieure à celle des nôtres.

Nous ajoutons ici que nous sommes convaincus que les canaux anglais ont coûté plus cher que Philips ne l'a indiqué. Plusieurs auteurs estimés présentent, pour plusieurs des canaux principaux de l'Angleterre, des prix supérieurs à ceux qu'a indiqués Philips ; nous croyons que cela tient à ce que Philips n'a souvent porté [300] en compte que les sommes dont le fonds social primitif se composait, et qu'il n'y a pas toujours ajouté les emprunts faits par plusieurs compagnies pour achever leurs travaux.

Nous sommes d'autant plus fondés à émettre cette opinion qu'un autre auteur, Priestley[4], dont une *Relation historique sur les canaux d'Angleterre*, citée par M. Minard, dans les *Annales des Ponts-et-Chaussées*, pour janvier et février 1832, pag. 141[5], donne, pour plusieurs canaux anglais, des prix supérieurs à ceux de Philips, et d'où il résulterait un prix moyen plus élevé que celui que Philips a conclu des chiffres qu'il a présentés.

Quant aux canaux de petite section, M. Dutens (page XIX, tome IIe), d'après l'exemple du canal de Berry, construit sous ses ordres, et qui

---

3 Il s'agit du géomètre John Phillips, auteur d'un ouvrage intitulé *The general history of inland navigation*, qui est dans sa 4e édition en 1803. – Des extraits de l'ouvrage sont traduits en français par l'ingénieur des Ponts et Chaussées Cordier (*Histoire de la navigation intérieure*, tom. Ier, 1819), l'auteur britannique étant alors dénommé « Philipps ».

4 Joseph Priestley (1767-1852) est l'administrateur de la navigation de l'Aire et de la Calder en Angleterre. Il supervise également la construction du canal de Leeds à Liverpool. Il publie son ouvrage intitulé *Historical account of the navigable rivers, canals, and railways, of Great Britain* en 1831.

5 Charles-Joseph Minard (1781-1870) entre à l'École polytechnique à quinze ans et, trois ans plus tard, choisit le corps des Ponts et Chaussées. Ses premiers pas d'ingénieur le conduisent à s'occuper de canaux. Employé comme élève au projet du canal de Saint-Quentin en 1800, il participe aux travaux de nivellement relatifs au tracé de la voie d'eau. L'année suivante, son stage pratique l'amène à travailler à Paris au projet du canal de Charleroi à Bruxelles sous la direction de Gauthey. De 1806 à 1814, il est affecté au service de la Marine. Promu ingénieur en chef, il est chargé en 1825 du service du canal de Saint-Quentin. Deux ans plus tard, il est autorisé à passer au service du concessionnaire chargé des travaux d'amélioration de ce canal. En 1830, il revient dans l'administration, nommé inspecteur de l'École des ponts et chaussées. – L'article évoqué est le suivant : « Expériences sur la force du cheval », *Annales des ponts et chaussées*, 1832, 2e semestre, p. 125-143.

reviendra à 57,000 fr. le kilomètre, prouve que l'on peut évaluer généralement le kilomètre de canal de petite section à 65,000 fr.

Le canal du Berry a 5^{m} au plafond, 1^{m},50 de tirant d'eau, 9^{m}50 à la ligne d'eau, 11 mètres à la ligne des chemins de halage. Les écluses ont 2^{m},7, entre les bucs, et 30^{m},46 de long.

M. Brisson évalue (page 116 de son ouvrage) les canaux de petite section à 57,000 fr.

Mais il n'y comprend ni les écluses, qu'il évalue par mètre de chute à 15,000 fr.

Ni les rigoles, évaluées comme plus haut, ni les souterrains qu'il évalue pour 3^{m},40 de largeur, et 5^{m},50 de hauteur, par kilomètre de 250,000 à 400,000 fr.

Dans la récapitulation que présente M. Brisson (page 127 de son ouvrage), il arrive à ce résultat, que 8,028 kilomètres de canaux de petite section proposés par lui coûteraient 745,926,000, non compris les intérêts pendant la construction, ce qui fait par kilomètre 92,000 fr.

[301] M. Dutens, dans la récapitulation qu'il présente (p. 344, tome II), arrive à ce résultat, que 8,446 kilomètres de canaux de petite section, qu'il propose, coûteraient, non compris les intérêts pendant la construction, 687,870,000, soit par kilomètre 81,000 fr.

La moyenne de ces deux évaluations est de 85,500 fr.

Nous pensons que cette moyenne n'est aussi élevée que parce MM. Brisson et Dutens ayant voulu présenter un système général et complet de navigation intérieure, ont proposé une très-grande quantité de canaux de petite section qui offriraient beaucoup de difficultés, auraient de très-grandes pentes à racheter, et nécessiteraient beaucoup de souterrains. Ainsi, pour les 8,028 kilom. de ces canaux qu'il propose, M. Brisson admet qu'il faudrait 162 kil. de souterrains. Nous avons fait remarquer d'ailleurs, à plusieurs reprises, dans le cours du chapitre VII, qu'il pense que beaucoup de ces canaux pourraient être avantageusement remplacés par des chemins de fer. Nous nous arrêtons donc pour le kilomètre de longueur des canaux de petite section, lorsqu'il y a avantage à construire des canaux de ce genre et non pas des chemins de fer à 65,000 fr.

Fret sur les Canaux

Le fret sur les canaux étant assez variable, ainsi que nous le montrerons plus loin, nous avons voulu nous rendre compte de ce qu'il devait être en réalité, en le décomposant en ses divers éléments ; savoir, les frais de halage proprement dits, la nourriture et les gages de l'équipage, et le loyer du bateau et des agrès.

Sur les canaux du Nord, deux chevaux halent un bateau chargé de 150 tonnes et lui font parcourir, par jour, 25 kilom. Admettant que l'effort exercé par chaque cheval soit de 50 kilogr., on trouve que la résistance est 0,0006 de la charge.

[302] Suivant MM. Coïc et Duleau, dans leur *Reconnaissance de la Seine de Rouen à Saint-Denis*, huit chevaux entre Rouen et Oissel halent un bateau chargé de 250 tonneaux. Ils parcourent l'intervalle compris de 13 k. en 3 heures 44 minutes, ce qui correspond à une vitesse d'un mètre par seconde. La vitesse de la rivière est d'environ $0^{m},80$ par seconde, en sorte que la vitesse relative de l'eau et du bateau est de $1^{m},80$. La pente de la rivière est de 4 centimètres par kil., ce qui, en portant le poids du bateau au tiers de la charge, augmente la résistance de 13 kilogrammes.

Ces données admises, on trouve que la résistance, sur un canal de niveau, pour une vitesse d'un mètre par seconde serait de 120 kilogr., ou 0,00048 à la charge.

Selon M. Alphonse Peyret[6], sur le canal de Givors, deux hommes exerçant un effort que l'on peut évaluer à 14 kilog., halent un bateau chargé de 100 tonneaux avec une vitesse de $0^{m},3$ par seconde. La résistance est ici 0,00014 de la charge.

Ces divergences, dans l'évaluation du rapport qui existe entre la résistance et la charge, s'expliquent par des différences dans le chargement du bateau, sa forme, les dimensions du canal, la rapidité du mouvement, et par l'incertitude que laisse l'évaluation que nous avons faite de l'effort exercé par les chevaux et les haleurs.

Quoi qu'il en soit, si l'on estime à 12 fr. la journée de deux chevaux et de leur conducteur dans le nord de la France, on trouve que, sur

---

6 Fils du maire de Saint-Étienne et député de la Loire, l'avocat Alphonse Peyret-Lallier (1808-1849) s'intéresse, comme son père, aux voies de communication et sera l'auteur de nombreuses brochures ayant trait au développement des infrastructures de transport dans le sud-est de la France.

les canaux du Nord, les frais de halage, proprement dits, reviennent à 0^{f},0032 par tonne et par kilomètre.

Et si l'on calcule à 5 fr. la journée de deux haleurs sur le canal de Givors, on trouve que les frais de halage y sont de 0^{f},0041 par tonne et par kilom.

Nous allons voir tout-à-l'heure que ces mêmes frais sont sur la Seine de 0^{f},0162, 0^{f},0288, 0^{f},0217 par tonne et par kilomètre ; c'est en moyenne, 0^{f},0222 ; or la vitesse des bateaux étant supposée [303] d'un mètre par seconde, si la Seine avait partout un courant d'un mètre, les frais de halage en remonte y seraient seulement quadruples de ce qu'ils seraient sur un canal ; mais les inégalités de pente, les pertuis où elle est considérable, toutes les autres difficultés que l'on rencontre à chaque pas, la complication des manœuvres, les chevaux de renfort qu'il faut prendre, le temps perdu à les faire passer d'une rive à l'autre, le mauvais état des chemins de halage, doivent rendre ces frais sept à huit fois plus considérables. Si nous divisons par sept la moyenne de 0^{f},0222, donnée ci-dessus, nous arrivons pour les frais de halage sur une eau dormante, par tonne et par kilomètre, à 0^{f},0031, résultat à peu près identique à celui que nous avons trouvé ci-dessus pour le halage sur les canaux du Nord.

Pour les autres dépenses du fret, nous pensons qu'on peut très-bien se rendre compte de ce qu'elles peuvent être par les documens suivans :

MM. Coïc et Duleau, dans leur journal de la *Reconnaissance de la Seine entre Rouen et Saint-Denis*, fournissent le document suivant sur les dépenses d'un bateau de 200 tonneaux, de l'entreprise des bateaux dits accélérés. Le calcul est présenté pour un tonneau.

	Pour la distance totale.		Par kilomètre
Ponts et pertuis	1 f.	22 c.	0,0056.
Chevaux de halage	4	68	0,0217.
Octroi de navigation	1	43	0,0066.
Gages et nourritures de l'équipage	1	»	0,0046.
Usure des cordes et du bateau, et intérêt du capital	2	»	0,0093.
	10	33	0,0478.

[304] Un mémoire publié par M. Duboullay[7], au nom des mariniers de la grande navigation, présente les résultats suivans :

	FRAIS D'UN BATEAU de grande navigation ; port, 500 tonneaux. Par tonne :		FRAIS D'UN BATEAU pour la navigation dite accélérée, port, 200 tonneaux. Par tonne :	
	Distance totale.	Par kilomètre.	Distance totale.	Par kilomètre.
Ponts et pertuis	0,649	0,0030	1,162	0,0054
Chevaux de halage	3,504	0,0162	6,216	0,0288
Octroi de navigation	1,040	0,0048	1,744	0,0081
Gages de l'équipage	0,800	0,0037	1,725	0,0079
Nourriture (*dito*)	0,600	0,0028	1,250	0,0058
Usure de cordes	0,500	0,0023	0,750	0,0034
Usure du bateau	0,500	0,0023	1,250	0,0057
Intérêts du capital	0,400	0,0023	1,000	0,0046
TOTAL	7,993	0,0369	15,097	0,0697

Nous voyons donc que les gages et la nourriture de l'équipage sont calculés dans le premier document, par tonne et par kilomètre à 0,0046 ; dans le second, à 0^{f},0065, et à 0^{f},0137 ; la moyenne est de 0f,0083.

Le loyer du bateau est calculé dans le premier document à 0,0093 ; dans le second à 0,0069 et à 0,0157 ; moyenne 0,0099.

Les deux moyennes réunies font 0^{f},0192.

Nous pensons que comme il faut, sur des canaux, des mariniers moins nombreux et moins habiles que sur les rivières ; que l'usure des cordes est presque nulle sur les canaux ; que les bateaux y sont exposés à des avaries et à des chocs bien moins fréquens [305] que sur les rivières, il faut prendre, pour calculer le fret des canaux, le tiers de la première de ces moyennes et les trois quarts de la seconde.

7 Membre d'une famille originaire de la région d'Evreux, renommée en Normandie et propriétaire du Château d'Auchy, Henry-Daniel Maillet Duboullay (ou du Boullay) est directeur d'une entreprise de transport par eau au moyen de chalands. En 1833, il publie *De la navigation fluviale et de la navigation du canal mémoire en réponse à diverses prétentions et demandes adressées à l'autorité supérieure, par les entrepreneurs de chalans de canal et par les compagnies des canaux de St-Denis et de St-Martin…*

Nous aurons alors pour la totalité du fret, par tonne et par kilomètre.

Frais de halage	0^{f},0032.
Gages et nourriture de l'équipage	0^{f},0041.
Loyer du bateau et des agrès	0^{f},0075.
	0^{f},0148.
Soit en nombre rond	0^{f},0150.

Si l'on supprime dans cette somme les frais de halage, on trouve 0f,0118 ; ce sera le fret sur les rivières navigables en descendant. Duleau admet pour cet objet 0^{f},01 (Cours de construction).

Le fret sur les canaux du Midi est de 0^{f},024 par tonne et par kilomètre. Cela tient à ce qu'il n'y a pas assez de profondeur d'eau entre Aigue-Morte et Agde, et qu'on est obligé soit de transborder, soit de diminuer les chargemens, soit d'employer les alléges.

M. Dutens, dans son ouvrage sur *la Navigation intérieure*, tome II, page XXV, dit que le fret sur le canal du Midi est de 0^{f},0197, y compris les frais de commission, et il pense que, ces frais déduits, le fret doit s'évaluer à 0^{f},0157.

Enfin le fret sur les canaux du nord de la France est de 0^{f},015, et ce chiffre qui s'accorde si bien à celui que nous avons trouvé plus haut, est celui auquel nous nous arrêtons. Il nous paraît démontré que, lorsque des lignes de navigation bien complètes seront établies entre les principaux points de production et de consommation en France, le fret sur les canaux non-seulement ne dépassera pas cette somme, mais même pourra être moindre encore.

[306] Nous parlons ici du fret sur les canaux de grande section ; quant au fret sur les canaux de petite section, il serait un peu plus fort ; nous pensons qu'on peut le calculer à 0^{f},02.

Nous rappelons d'ailleurs que ce fret est calculé pour une vitesse d'un mètre à la seconde, un peu moins d'une lieue à l'heure. Cette vitesse est très-suffisante sur des lignes navigables bien organisées. On pourrait même la diminuer, et on y trouverait de l'économie.

Frais de construction des Chemins de fer

Afin de faciliter la discussion à laquelle nous voulons nous livrer sur cette question, nous présenterons d'abord le tableau des dépenses faites pour les trois chemins de fer de Manchester à Liverpool, de Saint-Étienne à Lyon, et d'Andrezieux à Roanne, en observant que pour ce dernier nous avons établi les dépenses d'après les comptes rendus pour la partie exécutée en 1831, et que les travaux d'art et les terrassemens ayant été exécutés pour deux voies, mais une seule voie de *rails* ayant été posée, nous avons doublé les dépenses relatives à la voie déjà exécutée ; quant aux dépenses comprises sous le titre études, tracés, frais généraux, nous y avons seulement ajouté la moitié en sus.

Voici la longueur comparative des trois chemins :

Chemin de Manchester à Liverpool, 31 milles anglais, à 1609 m. le mille	49,476 ^{m}
Chemin de Saint-Étienne à Lyon	59,000.
Chemin de Roanne à Andrezieux	67,000.
Partie exécutée en 1831, et sur laquelle sont basés nos calculs	51,886.

Voici maintenant la comparaison des trois chemins [307]

NATURE DES DÉPENSES.	CHEMIN de Manchester à Liverpool.		CHEMIN de Saint-Étienne à Lyon.		CHEMIN de Roanne à Andrezieux.	
	Pour la distance totale.	Par kilomètre.	Pour la distance totale.	Par kilomètre.	Pour la distance totale.	Par kilomètre.
Achats de terrains	2,653,121	53	2,000,000	33,89	330,000	6,56
Terrassemens	6,353,658	127	1,500,000	25,60	805,301	16,01
Travaux d'art ; souterrains	4,027,740	80.53	3,700,000	62,71	311,419	6,09
Dés en pierre ; traverses en bois	517,120	10	231,250	3,91	329,332	6,54
Pose ; construction de la chaussée	518,834	10.34	344,250	5,83	1,728,154	34,36
Rails et coussinets	1,711,382	34.23	1,924,500	32,61		
Établissemens aux points de chargement et décharge-ment	1,769,757	35.29	1,300,000	22,03	»	»
Frais de clôture	332,000	6.64	»	»	»	»
Matériel de transport	705,373	14.11	1,000,000	16,94	465,000	9,24
Études, tracés, frais généraux	2,072,523	41.65	600,000	10,17	421,945	8,39
	20,661,508	412^{f}79	12,600,000	213^{f}69	4,391,151	87^{f}19

[308] Ce tableau donne lieu à plusieurs observations.

L'on voit d'abord que les *rails* et leur pose ont coûté sensiblement le même prix dans les trois chemins, savoir : 44 f. 57 c. ; 38 f. 44 c., et 34 f. 36 c. ; si les prix des deux chemins français sont inférieurs à ceux du chemin anglais, c'est que dans celui-ci les rails pèsent 17 kil. par mètre courant, tandis qu'ils pèsent 13 kil. dans le chemin de fer de Saint-Étienne, et 15 kil. dans celui d'Andrezieux à Roanne.

Mais de grandes différences existent dans les autres dépenses.

Pour que la cause principale de ces différences de dépenses puisse être bien appréciée, nous présenterons ici le tableau des pentes des trois chemins.

Pentes du chemin de fer de Manchester à Liverpool

DÉSIGNATION des parties de la route.	LONGUEURS		PENTES	
	en milles.	en mètres.	descendantes	montantes.
Plan incliné, souterrain de Liverpool	1 1/8	1810.125	0,0208	»
Plateau d'Edge-Hill	5/8	1005.625	»	»
Edge-Hill à Whiston	5 1/8	8246.125	»	0,009
Plan incliné de Whiston	1 1/2	2413.50	0,0104	»
Plateau de Rainhill	1 7/8	3016.875	horizontal	»
Plan incliné de Sutton	1 1/2	2413.50	»	0,0104
Marais de Parr	2 1/2	4022.50	»	0,0004
De Collins Green à Bury-Lane	6 1/2	10458.50	»	0,0011
Marais de Chat	5 1/2	8849.50	0,008	»
De Barton à Manchester	4 1/2	7240.50	horizontal	»
	30 ¾	49476.75		

[309] Le plan incliné de la galerie de Liverpool ayant une pente de 0,0208 est servi par une machine fixe ; il a 1810^{m} de long.

Quant aux deux autres plans inclinés, on voit qu'ils ont 2400^{m} de long seulement, et une pente de 0,01. Les machines locomotives les franchissent, au moyen de l'accélération de vitesse qu'elles peuvent prendre sur les plans qui les précèdent et où les pentes ne sont que de 0,0009 et de 0,0004.

Pentes du chemin de fer de Saint-Etienne à Lyon

DÉSIGNATION des parties de la route.	LONGUEUR en mètres.	PENTES.
Du pont de la Mulatière (Lyon) à la rivière d'Oulins	2,210	0,0016
De la rivière d'Oulins à la rivière de Garon	13,172.50	0,0004
De la rivière de Garon à Givors	2,295	0,000565
De Givors au pont du Giez	1,292	0,0025
Du pont du Giez à Rive-de-Giez	13,613	0,00569
De Rive-de-Giez à Verchêres	634	0,0065
De Verchêres au pont de l'Ane	19,890	0,0134
Du pont de l'Ane à la Monta (St.-Étienne)	2,850.50	»
	55,956	

Nous faisons observer que ce détail des pentes est extrait du *Rapport sur le Chemin de fer de Saint-Étienne à Lyon*, publié en 1826, par MM. Seguin frères, et Ed. Biot[8]. Il y a eu depuis ce temps des modifications dans le tracé ; mais elles n'ont pas sensiblement influé sur les pentes. Seulement la longueur du [310] tracé a été augmentée de près de 4,000 m., puisqu'elle est aujourd'hui de 59,000 m.

Ce qu'il y a de plus remarquable dans ce tracé, c'est la pente de 0,0134, sur une longueur de plus de 20,000 mètres ; pente qui ne peut être servie ni par machines locomotives, ni, sans de très-grandes dépenses, par des machines fixes. Elle est aujourd'hui servie par des chevaux.

8 Installés à Annonay, Marc Seguin (1786-1875) et ses frères (Camille, Jules, Paul et Charles), autodidactes, construisent avec succès à Tournon sur le Rhône, le premier pont suspendu français. Deux mois plus tard, ils s'associent avec le parisien Édouard Biot (1802-1850) et obtiennent l'adjudication de la ligne de chemin de fer entre Saint-Étienne et Lyon. – Édouard Biot est le fils du physicien et académicien Jean-Baptiste Biot (1774-1862), lui-même beau-frère de l'ingénieur des Ponts et Chaussées Brisson. Admis en 1822 à l'École polytechnique, il n'en a pas suivi les cours. Il assiste son père dans sa mission géodésique en Espagne et en Italie, puis part étudier en Angleterre l'industrie nouvelle des chemins de fer.

Pentes du chemin de fer d'Andrezieux à Roanne

DÉSIGNATION de parties de la route.	LONGUEURS.	PENTES.
De Roanne à l'Hôpital	3035	0,00165
	3380	0,00385
	2260	0,0064
De l'Hôpital à la Roche	6600	0,0097
	850	0,0491
De la Roche à la rivière du Bernand, près Balbigny	1425	0,00663
	2230	0,04
	625	Horizontal.
	2230	0,039
	4230	0,002
	1800	0,0446
Du Bernand à la route de Lyon	21750	0,00125
De la route de Lyon à la Coise	6490	0,0008
De la Coise à Muron	6960	0,0056
De Muron à la Fouillouse	4850	0,0056
	1000	0,03
	600	Horizontal.
	1000	0,0391
	71315	

[311] Ce chemin de fer présente des particularités que déjà nous avons signalées, page 79 et suivantes.

Le plan incliné de l'Hôpital à la Roche ne nous paraît pas pouvoir être servi par machines locomotives ; la pente de 0,0097 sur 6600 m. de long nous semble beaucoup trop forte pour ces machines ; nous croyons aussi qu'il sera bien difficile de le servir par machines fixes.

Les deux autres plans de 2230 m. de long, sur 0,04 et 0,039, ne peuvent également pas être suivis par machines locomotives, et ils le seront chèrement par machines fixes. Il nous paraît évident qu'une partie de ce chemin devra être servie par chevaux.

Les deux chemins de fer exécutés en France ne peuvent donc aucunement être comparés au chemin de Manchester à Liverpool ; et, ainsi que nous l'avons dit, lorsque l'on présente, d'une part, des devis établis d'après le chemin de fer d'Andrezieux à Roanne, et, de l'autre, une évaluation de produits basés sur les revenus du chemin de fer de Manchester à Liverpool, on induit grossièrement les capitalistes en erreur.

Nous pouvons très-bien nous rendre compte maintenant des grandes différences de prix qui existent dans ces trois chemins.

D'après les conditions de tracé auxquelles on avait soumis le chemin anglais, les terrassemens, déblais ou remblais, et les travaux d'art y ont été considérables. Le souterrain creusé dans une roche de grès rouge a été fort cher, et la traversée des marées de Chat, les tranchées du Mont-Olive, qui ont plus de 20 mètres au point culminant, la grande levée de Roby, qui varie de 5 m. à 14 m., composent des travaux d'art excessivement coûteux, et qui présentent une réunion de difficultés peu ordinaire.

Il ne faut donc pas s'étonner s'il y a entre le chemin anglais et celui d'Andrezieux à Roanne, une différence par mètre courant, pour les achats de terrain de 46 fr. ; pour les terrassemens, de [312] 111 fr. ; pour les travaux d'art, de 74 fr. Différence totale par mètre courant, 231 fr.

Outre que le terrain d'Andrezieux à Roanne ne présentait pas de difficultés extraordinaires, on a encore cherché à éviter celles que pouvait présenter, par exemple, le tracé latéral à la Loire, par lequel on aurait eu des pentes fort douces pour les machines locomotives ; on a évité, disons-nous, ces difficultés, en se portant sur les plateaux qui avoisinent la Loire, et ainsi on a fait un chemin de fer à point de partage, qui a une partie de son tracé à 237 mètres au-dessus d'une des extrémités, à 123 mètres au-dessus de l'autre ; on a donc épargné ainsi toutes les dépenses de terrassemens, de tranchées, de souterrains, qui ont eu lieu pour le chemin anglais, et même pour celui de Saint-Étienne à Lyon, où il n'y a pas d'aussi énormes variations de pentes Nous ne nions pas que la nécessite d'introduire une très-grande économie dans la construction du chemin d'Andrezieux à Roanne n'ait dû conduire l'habile ingénieur qui l'a dirigé, au trace qu'il a adopté ; mais on voit que ce tracé ne permet d'espérer, sur ce chemin, ni LA RAPIDITÉ, ni L'ÉCONOMIE DE TRANSPORT du chemin de fer anglais.

Essayons maintenant, au moyen des données que nous venons de présenter, de déterminer le prix moyen de chemins de fer qui seraient, autant que possible, soumis aux conditions de tracé du chemin de fer de Manchester à Liverpool, c'est-à-dire, où l'on écarterait autant que possible l'emploi des machines fixes, donnant d'ailleurs aux plans à servir par ces machines le moins de longueur et le plus de pente possible, et quant à toute la partie à servir par machines locomotives, ne donnant pas aux plans inclinés plus de 0,01 de pente et une longueur maximum de 2500 mètres, en les faisant précéder d'ailleurs de longs plans de la plus faible pente possible, afin que les machines locomotives [313] puissent y prendre l'accélération de vitesse nécessaire pour franchir les plans de 2500 mètres et de 0,01 de pente.

Donnant 7 m. de couronnement au chemin de fer, la largeur moyenne y compris fossés et talus, sera de 17 m. ; admettant que le chemin soit sur la moitié de son étendue en déblai, et sur l'autre en remblai, le cube de terre à remuer sera, par mètre courant, de 23 mètres cubes.

Chaque mètre cube de remblai coûtera par fouille et mise en camion	0	36 c.
Pour transport à 15 distances de 100 m. sur des *rails* de fer, à raison de 0^{f},05 par distance, y compris la pose des rails et les retours à vide	0	75
	1 f.	11 c.
Pour 23 m. c., la dépense sera de	25 f.	53 c
Nous ajouterons pour terrassemens extraordinaires, tranchées	5	»
TOTAL	30 f.	53 c.
Le prix moyen des terrassemens des trois chemins de fer, ci-dessus indiqués, est de 56 fr. ; nous croyons qu'en raison des travaux extraordinaires du chemin de fer de Manchester à Liverpool, le prix, que nous adoptons, et qui est supérieur à celui du chemin de fer de Saint-Étienne à Lyon, et presque double de celui d'Andrezieux à Roanne, est suffisant.		
Pour les travaux d'art, nous croyons que les deux [314] chemins de Manchester à Liverpool, et de Saint-Étienne à Lyon, ont présenté des difficultés qui ne se reproduiraient pas dans une longue étendue de chemins de fer sur le sol de France, où il se trouve peu de parties aussi tourmentées que le Forez ; nous porterons pour cet article moitié de celui de Saint-Étienne	31	50

Dés en pierre :		
Le prix moyen de cet article, dans les trois chemins, est de 6 fr. 82 c. ; nous l'adoptons	6	82
Rails et coussinets et pose :		
Le prix moyen de cet article, dans les trois chemins, est de 38 fr. ; nous l'adoptons	38	»
Achats de terrain :		
Le prix moyen de cet article, dans les trois chemins, est de 31 fr. ; nous ne croyons pas devoir porter plus de moitié	15	50
Matériel de transport	10	»
Établissemens de chargement et déchargement, frais de clôture	12	»
Études et frais généraux	10	»
Frais imprévus	5	65
TOTAL, par mètre courant	160 f.	»

Nous pensons que ce prix serait suffisant pour les chemins de premier ordre que nous avons indiqués à la fin du chapitre VI, page 105. Si quelques parties de ces chemins présentent des difficultés qui en éleveraient le prix peut-être jusqu'à celui de Manchester à Liverpool, une très-grande partie tracée latéralement à des fleuves, ou sur des lignes de faite qui n'offrent pas d'ondulations [315] fortes, se construiraient à un prix très-inférieur à celui que nous venons d'indiquer.

Quant aux chemins de fer servis par des chevaux, la possibilité d'admettre de fortes pentes, réduit dans une grande proportion les dépenses de construction. Il en sera de même toutes les fois que, comme sur le chemin de fer d'Andrezieux à Roanne, on ne reculera pas devant l'emploi des machines fixes.

On peut alors diminuer de moitié la surface occupée par le chemin, les terrassemens des trois quarts, et réduire ainsi les prix de construction à moins de moitié du prix ci-dessus, pour deux voies, et à 45 fr. pour une voie.

On rentre alors dans les prix auxquels on exécute, aux États-Unis, ces vastes étendues de chemins de fer sur lesquelles on a aussi établi des raisonnemens si peu fondés. Ces entreprises sont bien entendues sans doute dans un pays où le roulage de terre est peu développé ; mais elles ne peuvent présenter les avantages que, d'Europe, on est porté à leur attribuer. Car elles devront être servies par des chevaux, et nous allons voir que l'économie qu'elles peuvent présenter, n'est pas aussi grande qu'on le suppose généralement.

Frais de traction sur les chemins de fer

Pour calculer quels sont les frais de traction sur un chemin de fer par machines locomotives, il faut se rendre compte : 1° de la consommation du combustible ; 2° de l'intérêt du capital engagé dans le matériel du transport ; 3° des gages de l'équipage ; 4° des menues dépenses diverses.

Nous allons successivement traiter ces quatre points.

1° *Consommation du combustible.* On a peu de données certaines sur la consommation du combustible dans les machines locomotives. [316] M. Walker[9], l'un des ingénieurs consultés sur cette question par les directeurs du chemin de fer de Manchester à Liverpool, l'estimait à $0^k,69$, et M. Stéphenson[10], ingénieur de ce chemin, à 0k,48, par tonne transportée à un kilomètre, sur un chemin horizontal.

On paraît avoir obtenu depuis, des résultats beaucoup plus avantageux. MM. Braithwaite et Éricson[11] s'engagent à fournir des machines qui ne brûleront que $0^k,31$ de coke par tonne transportée à 1 kilomètre, et avec une vitesse de 25,000 mètres à l'heure.

9 James Walker (1781-1862) est un ingénieur britannique d'origine écossaise. Après des études classiques à l'université de Glasgow, il apprend le métier d'ingénieur en devenant l'apprenti de son oncle Ralph Walker (1749-1824), concepteur de *docks* à Londres. Il devient président de l'*Institution of Civil Engineers* en 1834. Il publie, entre autres : *Liverpool and Manchester Railway. Report to the Directors on the comparative merits of locomotive & fixed engines as a moving power* (1829, 2e éd.)

10 George Stephenson (1781-1848) est un ingénieur britannique. Autodidacte, il devient constructeur de locomotives et le principal concepteur de la ligne de chemin de fer de Manchester à Liverpool qu'il équipe avec sa « fusée ». Stephenson donne également les plans des ouvrages d'art de la ligne.

11 L'ingénieur britannique John Braithwaite (1797-1870) est le concurrent malheureux, avec son partenaire le mécanicien d'origine suédoise John Ericsson (1803-1889), des Stephenson lors du concours de Rainhill destiné à départager les constructeurs de locomotives pour la ligne de Manchester à Liverpool. Associé à Ericsson, il construira plusieurs modèles de locomotives dont certains pour les États-Unis, puis se tournera vers le génie civil.

MM. Mellet et Henry[12] citent une expérience où elle a été de 0^k,11 seulement.

Les résultats les plus précis que nous ayons pu obtenir à cet égard sont extraits d'une notice de M. Alphonse Peyret, sur le chemin de fer de Saint-Étienne à Lyon.

Selon lui (page 55), les machines de MM. Séguin, marchant avec une vitesse de 4 m. par seconde, produisent par heure et avec la consommation de 200 k. de charbon, 800 kil. de vapeur à la température de 135,°1 et sous une pression de 3 atmosphères ; ce résultat paraît plausible, car on sait que dans les meilleurs fourneaux construits pour les machines fixes, la même quantité de combustible donne lieu à la production de 12 à 1400 kil. de vapeur : une diminution de près de moitié dans la quantité de vapeur formée, n'a rien qui doive surprendre dans les appareils légers et rayonnans des machines locomotives.

Outre leur propre poids, qui est de 7 tonnes, et celui du chariot d'approvisionnement, qui est de 1200 kil., elles remorquent de 27 à 28 tonnes sur un plan incliné de 0,00568 avec une vitesse de 4 m. par seconde ou de 14,4 kilomètres par heure.

En admettant que sur un chemin de fer la traction soit 1/200 de la charge, on voit que les 200 kilogrammes de charbon consumés [317] développent une force de 384 kilogrammes avec une vitesse de 4 m. par seconde.

Ce résultat peut être admis ; car 1 kilogramme de vapeur d'eau à la température de 135°,1, et sous la pression correspondante de 3 atmosphères, occupe un volume de 0^m,62 ; 800 kil. occuperaient donc 496 m., et pourraient élever le même volume d'eau à la hauteur de la colonne d'eau qui correspond à 2 atmosphères ; cela revient à une traction de 712 k. avec une vitesse de 4 m. par seconde ; admettant que les

12 François-Noël Mellet (1797- ?) entre à l'École polytechnique en 1814 et Charles-Joseph Henry (1800- ?) cinq ans plus tard. Ils obtiennent ensemble la concession pour la construction d'une ligne de chemin de fer entre Andrézieux et Roanne, à la suite d'une adjudication passée le 21 juillet 1828. Pour exécuter et exploiter cette ligne, ils fondent la Compagnie du chemin de fer de la Loire, dont les statuts sont approuvés le 26 avril 1829. Mellet effectue plusieurs voyages en Angleterre pour prendre connaissance des innovations techniques qui s'y développent, notamment l'un avec Lamé. En 1828, il publie chez Bachelier une traduction de l'ouvrage de l'ingénieur anglais Thomas Tredgold (1788-1829), intitulé *Traité des machines à vapeur et de leur application à la navigation, aux mines, aux manufactures.*

frottemens, les pertes de vapeur donnent lieu à un déchet de moitié, on trouve le nombre 356, qui ne diffère pas assez de 384, pour qu'on ne puisse admettre celui-ci comme résultat bien constaté.

Sur un plan horizontal, le poids de marchandises que l'on pourra traîner avec cette force et cette vitesse s'obtiendra en multipliant 384 par 200, et en retranchant le poids de la machine et des chariots. On trouve ainsi que les machines locomotives de MM. Séguin peuvent traîner sur un plan horizontal de 45 à 51 tonnes de marchandises, avec une vitesse de 4 m. par seconde et une consommation de 200 kil. de charbon de terre par heure. Nous prendrons pour base de nos calculs, le nombre 50, qui suppose qu'un chariot du poids d'une tonne soit chargé de près de 3 tonnes de marchandises. Cela revient à une dépense de 0^{k},274 de charbon par tonne transportée à un kilomètre sur un plan horizontal.

Sur un plan incliné de 0,00568, avec la même force, on ne peut plus traîner que 21 tonnes, ou, pour traîner le même poids, il faudrait consommer par tonne transportée à un kilomètre 0^{k},652 de charbon de terre. En descendant, la dépense de combustible décroîtra, mais dans une proportion moindre qu'elle ne croît dans les montées, à cause de la nécessité d'entretenir la force de la vapeur.

Les chemins de fer présentant des pentes et des contrepentes, [318] la machine locomotive, pour traîner toujours le même poids de 50 tonneaux, devra donc porter au double au moins la force qu'elle développe sur un plan horizontal, pourvu toutefois que les pentes n'excèdent pas 0,0045 par mètre. Ce chiffre nous paraît indiquer les limites des plans ordinaires des chemins de fer à servir par machines locomotives, sauf les plans inclinés sur une petite longueur de 0,01, ou moins.

Les machines de MM. Séguin, destinées uniquement à remorquer les chariots vides de Givors à Rive-de-Gier, ne pourraient satisfaire aux conditions que nous venons d'énoncer. Pour obtenir ce résultat, nous croyons devoir porter le prix des machines à 20,000 fr., au lieu de 12,000 fr. que coûtent les leurs, et la dépense en combustible sera, par la même raison, augmentée de la moitié en sus de ce qu'elle serait si le chemin de fer, au lieu de présenter des pentes et des contre-pentes, était parfaitement horizontal.

Les expériences bien constatées, recueillies sur le chemin de fer de Saint-Étienne à Lyon, nous conduisent donc à admettre que lorsque les pentes n'excèdent pas 0,0045, une machine locomotive du prix de 20,000 fr.

traînera une charge de 50 tonnes avec une vitesse de 4^{m} par seconde et une dépense de charbon de 0^{k}, 411 par tonne transportée à 1 kilomètre.

Or le charbon de terre, à Saint-Étienne, revient à 1 fr. les 100 kil. La dépense pour le transport serait donc par tonne et par kilomètre de 0^{f},00411 ; mais il faut y ajouter la moitie en sus pour les retours à vide, ce qui fera monter cet article à 0^{f},00606.

Dans les localités éloignées des mines de houille, ce prix pourra être cinq fois plus considérable, soit 0$_{f}$,03030.

2° *Intérêt du matériel de transport.* Pour calculer cet intérêt, il faut connaître le nombre de machines et de chariots nécessaire. Or la donnée suivante peut nous mettre sur la voie.

[319] Nous avons vu que, sur la Seine, le loyer d'un bateau jaugeant 200 tonneaux, charge chaque tonne transportée à un kilomètre d'une dépense de 0^{f},0097. Le prix d'un bateau de cette dimension avec ses agrès peut être évalué à 12,000 fr., et son loyer, pour frais d'entretien et intérêt du capital, à 20 % par an, à 2,400 fr. ; c'est 12 fr. par tonneau. 12 fr. divisés par 0,0097, donnent pour quotient 1237 ; il faut donc, pour que les intérêts soient couverts, que l'espace parcouru à pleine charge soit de 1237 kilomètres par an.

Or, à 25 kilomètres par jour, un bateau peut parcourir, dans l'année de 300 jours de travail, 7500 kilomètres ; il n'en parcourt que 1237, ou le sixième.

Les pertes de temps, les chômages, les chargemens et déchargemens, les retours à vide, absorbent donc les cinq sixièmes de l'année, ou, ce qui revient au même, le nombre de bateaux est six fois plus considérable qu'il ne serait si les transports étaient répartis régulièrement sur tous les jours de l'année, et s'il n'y avait pas de retour à vide.

Les chômages résultant, pendant l'été de l'insuffisance des eaux, et de la gelée pendant l'hiver, n'ayant pas lieu sur les chemins de fer, nous croyons que l'on peut remplacer cette proportion de 1 à 6 par celle de 1 à 4, c'est-à-dire que nous admettrons que le matériel de transport soit quadruple de celui qui suffirait dans l'hypothèse d'un transport régulier et également réparti sur tous les jours de l'année.

Nous avons vu qu'une machine locomotive du prix de 20,000 f. traînera 50 tonnes de marchandises avec une vitesse de 4 m. par seconde ou de 14,4 kilomètres par heure, dans une année de 300 jours de 10 heures de travail ; elle transportera ainsi 2,160,000 tonnes à 1 kilomètre par an ; le nombre de chariots nécessaire pour effectuer ce transport sera de 20 environ, qui, à 500 fr. chaque, reviendront ensemble à 10,000 fr.

[320] Si nous quadruplons le nombre des chariots et celui des machines locomotives, nous trouvons que le capital engagé sera ainsi de 120,000 fr., dont l'intérêt viager, à 20 %, sera environ de 24,000 fr. Divisant ce nombre par 2,160,000, on trouve 0^{f},0111 par tonne transportée à un kilomètre.

3° *Frais de l'équipage.* L'équipage de chacune des quatre machines se compose :

D'un mécanicien, à	1,800 fr.
D'un aide-chauffeur, à	900
D'un conducteur du convoi, à	900
TOTAL par an	3,600 fr.

Admettant que l'une des quatre machines au moins, étant en réparation, trois équipages suffisent pour tous les besoins, la dépense annuelle relative à cet article sera de 10,800 fr. par an ; ce qui, par tonne transportée à un kilomètre, revient à 0,005.

4° *Dépenses diverses.* Chaque machine locomotive en activité consommera en outre pour 600 fr. par an de graisse, d'huile et de chanvre ; pour trois machines, cette dépense montera à 1,800 f., ce qui, par tonne, transportée à un kilomètre, reviendra à 0^{f},00083.

Les frais de transport peuvent donc être établis ainsi qu'il suit :

Intérêts du capital engagé dans le matériel de transport	0^{f},01111.	
Gages de l'équipage	0^{f},00500.	
Huile, graisse	0^{f},00083.	
Premier total partiel	0^{f},01694.	0^{f},01694.
Combustible, de	0^{f},00606. à	0^{f},03030.
TOTAL	0^{f},02300. à	0^{f},04724.

[321] Ces prix sont relatifs à une vitesse de 4 mètres par seconde, ou de 14,4 kilomètres par heure, adoptée sur le chemin de Saint-Étienne à Lyon, auquel nous empruntons toutes nos données. L'on sait que les

machines locomotives peuvent prendre une vitesse beaucoup plus grande ; ainsi sur le chemin de Liverpool à Manchester, elle est de 30 à 40 kilomètres par heure ; mais cet accroissement de vitesse aura peu ou point d'influence sur les dépenses ; car la consommation de combustible étant proportionnelle à l'espace décrit, restera la même quelle que soit la rapidité du transport, et si celle-ci tend à diminuer le capital engagé dans le matériel de transport, on ne peut se refuser d'admettre que les dépenses d'entretien ou de renouvellement ne croissent dans la même proportion.

Au reste, l'expérience du chemiu de fer de Manchester à Liverpool peut très-bien ici servir de guide.

Nous trouvons dans le rapport des administrateurs de ce chemin, pour le semestre de juillet à décembre 1831, que la dépense des machines locomotives a été, par chaque voyageur, de 6 deniers ¼, et par chaque tonne, de 1 schelling 11 deniers, ce qui équivaut, pour chaque voyagenr, à $0^f,012$ par kilomètre, et par tonne à $0^f,0454$ aussi par kilomètre.

Ce résultat de $0^f,045$ pour le prix d'un tonneau transporté à un kilomètre par machines locomotives, sur chemins de fer bien construits, est celui auquel nous nous arrêtons.

Il nous reste à calculer maintenant le transport, par chevaux, sur les chemins de fer.

À cet égard, nous ferons remarquer que ces frais peuvent facilement se déduire du roulage de terre.

Sur nos routes ordinaires, dont les pentes n'excédent pas 0,03, le roulage coûte moyennement $0^f,25$ par tonne transportée à un kilomètre. On admet que, sur ces routes, un cheval exerçant un effort de 50 k. traîne moyennement 900 kil., qui, avec le poids [322] de la voiture, portent la charge totale à 1200 kil. ; la traction est alors 1/24 de la charge totale, et 1/18 du poids utile transporté.

Sur un chemin de fer, le même cheval traînera 10 tonnes, poids brut, ou 7000 kil. de marchandises, en parcourant la même étendue.

Sur un chemin de fer parfaitement horizontal, les frais de roulage seront donc réduits dans le rapport de 9 à 70, ou de 1 à 0,128.

Sur une pente de 0,01, 10 tonnes de poids brut exigeront un effort de 100 kil. de plus.

Sur une pente de 0,02	200
Sur une pente de 0,03	300

Un cheval qui traîne 900 kil. de poids utile sur une route ordinaire, traînera donc sur un chemin de fer horizontal 7 000 kil.

Sur un chemin incliné de	0,01	2 333
Id.	0,02	1 400
Id.	0,03	1 000

Et les frais de transport qui sont de $0^{f},25$ sur une route ordinaire, seront sur un chemin de fer horizontal $0^{f},032$.

Sur un chemin de fer incliné de	0,01	$0^{f},096$.
Id.	0,02	$0^{f},160$.
Id.	0,03	$0^{f},224$.

Nous admettons comme terme moyen, et en raison des pentes diverses, $0^{f},08$, pour le prix du transport d'une tonne à un kilomètre sur des chemins de fer servis par chevaux.

L'on peut d'après ce chiffre se rendre raison de l'importance réelle qu'il faut attacher aux chemins de fer qui s'établissent en ce moment dans les contrées les plus accidentées de l'Amérique du Nord. Cette importance est grande, mais elle est loin de ce que l'on semble en attendre, ou plutôt, elle est bien loin de ce que [323] les spéculateurs d'Europe en racontent aux capitalistes qui n'ont pas de notions approfondies sur ces questions.

Nous devons ajouter que d'après le prix de ces chemins d'Amérique, qui varie entre 35,000 et 50,000 fr. le kilomètre, il nous paraît hors de doute que le prix du roulage n'y sera pas inférieur à 8 ou 12 centimes par tonne transportée à 1 kil. ; mais nous avons porté un prix généralement double pour les chemins de fer de second ordre que nous avons proposés dans toutes les contrées de France où le sol ne semble pas se prêter à l'établissement de canaux, et, d'après le prix que nous avons porté, nous croyons que le prix de transport y variera de 6 à 9 centimes seulement.

Si l'on applique les calculs qui précèdent au chemin de fer d'Andrezieux à Roanne, en le supposant tout entier servi par des chevaux, on trouve que le transport y reviendrait à un peu plus de 8 centimes par tonne transportée à 1 kil.

NOTE B
Lettre de la compagnie soumissionnaire du canal maritime. – Observations sur cette lettre

Au moment de terminer cet ouvrage, nous recevons de MM. les soumissionnaires du canal maritime, à qui nous avions donné connaissance de notre opinion sur leur entreprise, la lettre suivante que nous nous faisons un devoir d'insérer d'après le désir qu'ils nous en ont témoigné.

La compagnie, après nous avoir remercié de la communication que nous lui avons donnée entre ainsi en matière.

[324] « Cette discussion nous fournit l'occasion de faire connaître les recherches que nous avons faites sur l'entreprise du canal maritime depuis le mois de juillet 1830, époque à laquelle les deux membres de votre association qui avaient jusqu'alors dirigé nos travaux, se sont livrés à d'autres études.

Vous rappelez, messieurs, que l'un de vous a écrit que Paris par rapport à sa position, sa population, ses capitaux, son commerce et son industrie, est appelé à être le centre d'une grande navigation maritime, et que les efforts de l'art doivent se réunir pour terminer ce que la nature et la civilisation ont commencé.

Vous dites qu'en 1827, 1828 et 1829 le canal maritime était la voie de communication la plus heureuse et la plus complète pour établir et fixer cette *unité commerciale* sans laquelle vous reconnaissez qu'aucun développement, aucune prospérité ne sont assurés.

Mais, depuis cette époque, de tels changemens sont survenus, suivant vous, dans la navigation de la Seine, entre Paris et Rouen, que la position n'est plus la même pour l'entreprise du canal maritime.

Le fret, par exemple, qui était moyennement en 1825 de Paris au Havre de 30 fr. 20 c. le tonneau, est tombé, dites-vous, aujourd'hui à 26 fr. La durée de la navigation, qui était de deux mois en moyenne, n'est plus aujourd'hui que de 20 jours ; la différence dans le prix des sucres, entre Havre et Paris, qui était de 150 à 180 fr. le tonneau, n'est aujourd'hui que de 115 à 120 fr.

Voici les variations subies par le fret.

Le fret était en 1825 de	25 à 36 fr.
De 1827 à 1829 de	36 à 40 fr.
En 1830, en transbordant à Rouen, de	32 fr. 25 c.
Sans transborder	35 fr. 75 c.
En 1831 de	20 à 30 fr.
En 1832 (6 premiers mois)	24 à 28 fr.

et il paraît se fixer à ce dernier prix.

[325] Vous faites erreur sur les différences du prix des sucres. Cette différence entre le Havre et Paris est aujourd'hui de 130 fr.

Pendant que la navigation de la Seine était aussi longue et aussi coûteuse, le canal, dites-vous, avait pu établir des tarifs qui élevaient ses produits de 18 à 19 millions ; mais vous pensez que les réductions nouvelles dans les prix de la navigation ne permettent plus à notre compagnie d'établir des tarifs qui puissent couvrir les frais de construction de l'entreprise.

Nous avons suivi attentivement toutes les variations survenues dans la navigation de la Seine depuis 1829 ; aucune amélioration ne nous a échappé, et nous ne voyons pas qu'elles aient fait éprouver de grands changemens dans les opérations commerciales. Ces changemens d'ailleurs, loin d'être défavorables au canal, sont presque tous à son avantage.

Lorsque la compagnie suivait en 1826 ses études sur les produits du canal, elle avait l'espérance que le commerce des denrées coloniales continuerait à se développer comme il le faisait depuis quelques années, et que cette progression porterait, en 1831, de 50 à 60 mille le nombre des barriques de sucre que Paris recevait. Cette éventualité s'est réalisée, et c'est en effet à 60,000 que montent aujourd'hui les arrivages à Paris des barriques de sucre.

La compagnie avait encore l'espérance qu'elle vaincrait toutes les résistances que les ports opposaient à l'établissement des entrepôts intérieurs, celui de Paris surtout, qui à lui seul devait imprimer un si grand mouvement à tout le commerce de la France, mais en particulier à celui de Paris, à ses fabriques et à ses principales industries ; qui pouvait surtout déterminer le transit le plus nécessaire dans toute l'Europe, parce qu'il se trouve sur la ligne qui pénètre directement dans la partie la plus peuplée de l'Allemagne ; cet entrepôt de Paris était encore une question, même avec l'existence du canal maritime. Cet entrepôt est aujourd'hui autorisé.

Ainsi, la progression du commerce des denrées coloniales et la création des entrepôts intérieurs, toutes deux si importantes pour le canal, qui, en 1827, n'étaient que des éventualités sont [326] aujourd'hui des certitudes. Ces changemens, ces progrès ne sont pas de ceux qui nuiront au canal.

Voyons si les améliorations dans la navigation, si les réductions dans le prix du fret du Havre à Paris sont de nature à renverser en 1832 une entreprise que vous regardiez comme étant, de 1825 à 1829, la plus complète pour faire de Paris le centre d'une grande navigation maritime, ou, en d'autres termes, de toutes les prospérités de la France.

Vous ne disconviendrez pas, Messieurs, que les tarifs qui seront établis sur le chemin de fer qui vous paraît devoir être établi de Paris au Havre, ne soient plus élevés que le fret de la navigation de la Seine entre ces deux villes. Si le canal peut donner des tarifs de Paris au Havre qui soient au-dessous du fret sur la rivière et des frais sur le chemin de fer, vous ne disconviendrez pas encore que le canal obtiendra la préférence sur les deux autres voies de communication.

Que si le canal peut amener le navire dans un port près Paris à plus bas prix que le chemin de fer, qui ne peut transporter les cargaisons sans les dépecer, le canal sera toujours préféré, parce qu'il y aura économie, et que la cargaison arrivera intacte et sans frais intermédiaires.

La différence dans la célérité du transport des denrées coloniales, qui n'est dans un système que de douze heures et dans l'autre de trois jours, est trop légère pour que le commerce puisse hésiter entre ces deux moyens d'arrivage.

À l'égard de la rivière, il y aurait égalité dans le prix du fret, que la rapidité de la navigation du canal le ferait préférer, parce que la différence est beaucoup plus grande ; elle s'établit en ce cas entre trois jours et la moyenne d'un mois ; mais le tarif du canal sera encore plus bas que le fret de la rivière.

La compagnie du canal s'est livrée depuis la fin de 1830 à des études très-approfondies sur ses tarifs ; elle a recherché avec soin le prix auquel la navigation fluviale pouvait réduire son fret, sans être en perte, et la compagnie a reconnu qu'elle tiendrait facilement ses tarifs au-dessous de cette réduction ; dès lors la concurrence [327] de la rivière a cessé d'être dangereuse pour le canal, et encore moins celle du chemin de fer, qui ne peut transporter qu'à des prix plus élevés que ceux de la rivière

Les études de la compagnie ont porté plus loin ses convictions : il a été démontré pour elle que des trois moyens de communication entre Paris et le Havre, le canal maritime, le chemin de fer et la canalisation de la rivière, la seule de ces trois entreprises qui pouvait se fonder avec ses produits, c'était le canal maritime. Cette démonstration ne peut faire la matière d'une lettre, mais le rapprochement de quelques chiffres relevés de votre ouvrage suffira pour vous rendre cette vérité palpable.

Il est nécessaire avant tout de vous faire remarquer que nous raisonnons dans la supposition du grand canal maritime, amenant dans le port creusé dans la plaine de Génevilliers, tous les navires entrant au Havre, même ceux de 500 tonneaux. La compagnie n'a jamais abandonné cette première conception, même lorsqu'elle bornait sa demande en concession au canal de Paris à Rouen, pour les navires qui entrent dans ce port. Tous les travaux d'arts, tels que barrages, écluses, ponts, etc., dans cette première parties du canal, devaient être fondés assez profondément pour conserver la facilité de creuser le canal et le rendre accessible aux navire de 500 tonneaux, lorsque la deuxième partie entre Rouen et le Havre serait achevée.

Ce n'est pas sans motifs que la compagnie divisait en deux parties l'exécution de son entreprise : personne n'ignore les préventions qui se sont élevées contre les évaluations des ingénieurs des ponts-et-chaussées ; il est passé pour constant dans le public, que ces évaluations sont toujours au moins de moitié au-dessous du prix de l'exécution. La compagnie voulait prouver que, lorsque les études sont bien faites, les constructions sont toujours exécutées au rabais sur le prix des évaluations.

Avant de passer à la seconde partie du canal, qui présentait de graves difficultés, la compagnie désirait que le public eût la preuve dans l'exécution de la première, que les prix de construction n'avaient jamais dépassé ceux des évaluations. Ainsi, quoique [328] le canal fût alors divisé en deux parties, et que la compagnie commençât par la première, elle n'abandonnait pas la seconde ; de même aujourd'hui, quoique la compagnie persiste dans cette division, elle est bien résolue à exécuter le canal en entier de Paris au Havre : c'est ainsi que ses résolutions seront exprimées et ses engagemens pris. Il faut donc raisonner en ce moment dans l'hypothèse du grand canal maritime.

Cette base simplifie la discussion entre nous ; il ne s'agit plus d'examiner les résultats d'un canal de Paris à Rouen, auquel la compagnie n'a jamais voulu s'arrêter, mais du grand canal de Paris au Hâvre, s'emparant de tous les transports par sa vitesse, sa régularité et ses économies, et amenant directement à Paris tous les navires qui voudront y venir, sans frais au Havre ni à Rouen et sans y entrer.

Vous avez dit, messieurs, que l'insuffisance des produits ne permettant plus aujourd'hui l'exécution du canal maritime, il pourrait être remplacé, du moins en partie, par un chemin de fer, en y joignant la canalisation de la rivière, et que la préférence devait être donnée à ces deux voies de communication, parce qu'elles coûteraient beaucoup moins que le canal.

Vous évaluez le chemin de fer de Paris au Havre, tel que vous pensez qu'il doit être construit, pour les services qu'il aurait

à remplir, à	45,000,000
La canalisation de la rivière, à	18,000,000
Plus, les améliorations dans la basse Seine, de Rouen au Havre, à	5,000,000
TOTAL	68,000,000

Cette dépense est énorme pour des entreprises aussi restreintes et bornées chacune à des usages spéciaux.

Vous convenez que ces trois entreprises ne peuvent être établies sur leurs produits et que leur construction est impraticable, si le gouvernement ne vient pas à leur aide, au moyen de primes ou de toute autre manière.

[329] Le gouvernement sera-t-il disposé à des sacrifices, si, des trois entreprises, la plus complète, celle du canal maritime, peut fonder son exécution sur ses propres moyens, et sans aucun secours de l'autorité ?

Quelles améliorations pensez-vous que l'on puisse obtenir avec cinq millions à l'embouchure de la Seine ? Le conseil municipal de Rouen avait demandé dix millions. Comment se garantir des ravages sans cesse renaissans de cette éternelle barre qui détruit toutes les passes et déplace tous les bancs de sable ? Il faut le dire, puisque c'est une vérité ; il est reconnu aujourd'hui que rien de solide ne peut être établi dans le lit de la rivière à son embouchure. Un seul ouvrage d'art peut vaincre toutes les résistances et donner une navigation sûre et tranquille, c'est la digue depuis Tancarville jusqu'à Orcher. Cette digue seule peut assurer à Paris son port maritime ; toute la difficulté est dans cette construction, et c'est sur elle que repose tout l'avenir du commerce français. Si quelque chose peut étonner maintenant, c'est qu'un ouvrage qui peut être achevé en trois ou quatre années et qui aura d'aussi immenses résultats, n'ait pas encore été entrepris.

Vous passez ensuite, messieurs, à la comparaison de la dépense du chemin de fer et de la canalisation de la rivière, avec celle du canal maritime. Vous trouvez que le canal de Paris au Havre coûtera de plus que les deux autres entreprises 85 millions, c'est-à-dire à lui seul 153 millions. Cet excédant, qui est pour vous un motif de rejet du canal, doit être, suivant nous, la raison nécessaire de son admission.

Pour que le canal maritime soit préféré, il ne faut lui trouver que 4,250,000 fr. de produits de plus qu'aux deux autres entreprises que vous proposez de lui substituer.

Calculez les économies immenses que feront le grand et le petit cabotage et les navires de long cours, amenés directement à Paris, sans frais au Havre ni à Rouen, et vous verrez qu'en laissant une part considérable au commerce, le canal y trouvera l'occasion d'ajouter à ses produits plus de 8 millions. C'est cet avantage, qu'aucune entreprise ne peut avoir, qui décide la supériorité [330] du canal maritime : c'est cet avantage qui lui donne le pouvoir de se suffire à lui seul et de se fonder sur ses produits.

Quels seront les résultats de la canalisation de la rivière ? Vous lui imposez une nouvelle charge de plus d'un million par an pour un tirant d'eau de six pieds. Vous ne garantissez pas la navigation des grandes eaux et des inondations ; la rivière reste avec ses bateaux, sans avenir, sans développement pour le commerce.

Mais vous portez toutes vos espérances sur le chemin de fer : il met Paris à quatre heures de Rouen et à neuf heures du Havre ! et qu'importe ce rapprochement, cette rapidité ? Paris n'est pas dans la position de Manchester ; le fabricant de Manchester va choisir ses matières premières à Liverpool, et y veiller l'expédition de ses produits ; mais Paris n'est pas la fabrique du Havre. Il sera, au moyen du canal, le marché de l'Europe, le point de départ du transit le plus considérable de l'Europe, car il aura devant lui toute l'Allemagne. Il faudra, sur ce marché, que tous les jours, à toute heure, le vendeur soit à côté de l'acquéreur, en présence de la marchandise ; ils n'iront pas l'un et l'autre au Havre pour s'y rencontrer.

C'est un port qu'il faut fonder à Paris : cela est facile, l'art l'a reconnu ; toutes les difficultés qu'il présentait ont été vaincues par sept années d'études. Les démonstrations des produits seront données avec la soumission ; il est avéré que le chemin de fer et la canalisation de la Seine ne peuvent se suffire ; ils ne mettent Paris en rapport qu'avec le Havre. Le canal établit ses communications avec tous les ports du monde ; le canal seul n'a besoin d'aucun secours, parce qu'il embrasse tout, qu'il reçoit tout et qu'aucune concurrence ne peut s'établir contre lui.

Quelque mouvement que se donnent les intérêts particuliers, quelques obstacles qu'ils opposent à cette grande entreprise, elle aura lieu. Paris sera le centre d'une grande navigation maritime ; la nature l'y a préparé ; c'est à l'art et à l'industrie à terminer son ouvrage.

Nous pouvons éprouver encore de grandes contrariétés, nous [331] le savons ; mais notre patience prend de la force dans nos convictions que notre travail rend chaque jour plus entières et plus inébranlables.

Signé : *Les Soumissionnaires du canal maritime.* »

Nous croyons que le motif principal qui nous a paru devoir faire préférer au canal maritime, la combinaison que nous avons présentée, savoir, un chemin de fer servi par machines locomotives, entre le Havre, Rouen et Paris, et des perfectionnemens dans la navigation de la Seine, n'a pas été compris par MM. les soumissionnaires, ou du moins, ils ne l'ont pas discuté. Ce motif qui conserve à nos yeux toute sa gravité, c'est que, par notre combinaison, on ASSOCIERAIT INTIMEMENT le Havre, Rouen et Paris, et que, par celle du canal maritime, on RUINERAIT le Havre au profit de Paris.

MM. les Soumissionnaires ne nous paraissent donc pas avoir tenu compte de cette objection, qui nous semble capitale, et si nous avons dit que, de 1825 à 1829, le canal maritime était la meilleure solution possible pour les communications de Paris avec le Havre et tous les ports du monde commerçant, c'est que, dans ces années, *on ne savait pas* les moyens d'associer le Havre à Paris, et que ces moyens sont aujourd'hui *connus*.

MM. les Soumissionnaires disent que le canal maritime prendrait *tous* les transports, et qu'il doit être préféré sous ce point de vue ; mais il ne transportera pas sans doute les voyageurs, et le chemin de fer les transporterait ; ce chemin transporterait aussi les marchandises de prix, tandis que les marchandises de bas prix viendraient par la Seine perfectionnée. Ainsi, hommes et marchandises, notre combinaison prendrait tout ; le canal maritime aurait seulement les marchandises. Il n'est donc pas exact de dire que, seul, il soit complet, et remarquons que ce qui reste *en dehors* des services qu'il rendrait, *le transport rapide des hommes*, [332] est *précisément* ce qui constitue *la possibilité d'associer* le Havre à Paris.

Il ne s'agit pas, en effet, ainsi que paraît le croire la compagnie, de transporter des marchandises en 9 heures du Hâvre à Paris, mais des voyageurs. Les marchandises ne seraient pas transportées avec une vitesse de plus de 12 à 15,000 mètres à l'heure, et cela est plus que suffisant sans doute ; mais les hommes le seraient avec une vitesse de 30 à 36,000 m., et c'est là ce qui constitue l'importance capitale du chemin de fer. C'est ainsi que le vendeur et l'acheteur ponrraient se transporter au Havre, et y réaliser le soir une affaire entamée le matin à Paris. C'est ainsi surtout que les acheteurs de Paris ou de l'Allemagne iront trouver les vendeurs du Havre ; que les capitalistes de Paris s'intéresseront dans les affaires du Havre, que Paris, en un mot, INTERVIENDRA dans le commerce du Havre, et s'y ASSOCIERA réellement.

Quant aux détails dans lesquels nous sommes entrés, la compagnie ne nous paraît pas non plus en avoir discuté la partie essentielle.

Nous avions dit : la différence du prix des sucres était, en 1825, entre Paris et le Havre de 150 à 170 fr. ; elle est aujourd'hui de 115 à 120 fr. Il y a erreur, dit la compagnie ; elle est de 130 fr. Nous l'admettons, et, nonobstant, il reste prouvé que cette différence est de 20 à 50 fr., inférieure à ce qu'elle était en 1825 ; il y a donc eu un changement grave dans les relations commerciales.

Nous avions dit : le fret était moyennement de 30 f. 20 c. en 1825, et le temps de la navigation était de deux mois ; aujourd'hui le fret moyen est de 26 fr., et le temps de la navigation est de vingt jours. La compagnie donne quelques détails sur le fret, qui, dans le prix moyen, ne s'écartent pas des nôtres ; mais elle ne s'explique pas sur le temps de la navigation. Ce n'est qu'un peu plus loin dans sa lettre que nous trouvons cette phrase. « La [333] différence de navigation du canal et de la rivière s'établit entre trois jours et la *moyenne d'un mois.* » Or, d'après ses propres travaux, vérifiés et adoptés par une commission de négocians éclairés, la moyenne de la navigation de la Seine, en 1825, était, comme nous l'avons dit, de *deux mois ;* elle est d'un mois aujourd'hui, dit la compagnie ; il y a donc eu aussi un changement grave dans la navigation de la Seine. Nous ferons remarquer d'ailleurs que l'entreprise de MM. Maillet-Duboullay et Ce transporte du Havre à Paris, avec engagement de rendre en *vingt jours* au prix moyen de 26 fr.

« Enfin, dit la compagnie, calculez les économies immenses que feront le grand et le petit cabotage et les navires de long cours amenés directement et sans frais au Havre et à Rouen, et vous verrez qu'en laissant une part considérable au commerce, le canal y trouvera l'occasion d'ajouter à ses produits plus de huit millions. »

Mais ces calculs existent, et l'on n'en saurait aujourd'hui établir de plus détaillés que ceux qui furent faits sur cette matière en 1825 et 1826 ; ces calculs sont consignés dans le grand ouvrage sur les *tarifs et produits du canal maritime de la Seine*, et dans le *rapport de la commission des négocians*. Ils avaient conduits à la proposition d'un droit appelé, *d'arrivage direct*, afin de bien rappeler sur quelle nature d'économie faite au commerce il était perçu ; le montant de ce droit était de 2,580,000 fr., et non pas de huit millions.

Quels faits nouveaux se sont produits depuis cette époque, d'où l'on pourrait induire la proposition des tarifs si supérieurs à ceux de 1825 et 1826.

L'entrepôt ne fait plus question, dit la compagnie, et les importations des denrées coloniales se sont accrues.

Mais les calculs des produits de 1825 et 1826 prenaient pour base l'obtention de l'entrepôt, et l'accroissement d'importation des [334] matières exotiques ; nous admettons donc avec la compagnie que ces deux faits ne sont pas de ceux qui peuvent nuire an canal ; mais ils ne sont pas de ceux qui changent rien aux tarifs de 1826. L'économie ou les avantages qu'ils produisent étaient calculés.

D'autres faits nouveaux se sont produits, et nous avons vu que la compagnie les admettait ; c'est une diminution considérable (plus de 50 %) dans le temps de la navigation entre le Havre et Paris ; c'est un abaissement très-important des dépenses faites pour la vente et l'envoi des marchandises ; 20 à 50 fr., par exemple, sont économisés par 1000 kil. de sucre.

Voilà des faits qui peuvent notablement influer sur des tarifs, mais ce ne peut pas être pour les augmenter. Une partie de l'économie que l'on espérait du canal maritime s'est produite pendant les sept années employées à l'étude de cette entreprise. Les tarifs doivent donc être diminués, et par conséquent les produits ; cette conclusion nous paraît incontestable.

Des liens intimes subsistent entre deux de nous et la compagnie du canal maritime. Obligés, par la nature de notre ouvrage, de discuter la valeur de cette entreprise, nous ne nous sommes déterminés à faire connaître notre opinion sur ce sujet, qu'après les plus mûres réflexions.

Il nous a été pénible de la donner ; il nous est plus pénible encore d'y persister, car nous connaissons la persévérance et la bonne foi de cette compagnie.

En nous déterminant à nous former en association pour donner notre opinion sur toutes les grandes entreprises proposées, nous ne nous sommes pas dissimulé que souvent nous aurions un devoir sévère à remplir. Cette considération ne nous a pas arrêté ; nous persévérerons.

ERRATA [335]

Page 27	3e ligne, au lieu de : au besoin, *lisez :* aux besoins
34	12e ligne, au lieu de : 3 à 4 %, *lisez :* 6 à 7 %.
36	10e ligne, au lieu de : pour l'accroissement, *lisez :* par l'accroissement.
39	30e ligne, au lieu de : tous les autres, *lisez* : toutes les autres.
41	19e ligne, au lieu de : Bridegwater, *lisez :* Bridgewater.
71	3e ligne, au lieu de : lui en remette, *lisez :* leur en remette.
79	10e ligne, au lieu de : que par ceux, *lisez :* que sur ceux.
Id.	15e ligne, au lieu de : des chemins de fer, *lisez :* du chemin de fer.
82	1re ligne, après ces mots : pour qu'il pût être parcouru dans son entier par des machines locomotives, *ajoutez :* sauf le souterrain de Liverpool, servi par une machine fixe.
85	25e ligne, au lieu de : 0^{f},04, *lisez :* 0^{f},045.
94	3e ligne, au lieu de : la Drôme, *lisez :* la Dronne.
Id.	4e ligne, au lieu de : l'Ile, *lisez :* l'Isle.
101	4e ligne, au lieu de : les matières, *lisez* : ces matières.
108	20e ligne, au lieu de : cinq canaux, *lisez* : six canaux.
115	24e ligne, au lieu de : destinés, *lisez :* employés.
117	27e ligne, au lieu de : les bassins, *lisez :* le bassin.
118	18e ligne, au lieu de : approvisionne, *lisez :* approvisionnement.
122 [336]	23e ligne au lieu de : (1), *lisez :* (3).
158	12e ligne, au lieu de : l'état géologique, *lisez :* l'examen géologique.
162	23e ligne, au lieu de : le Loir, *lisez :* la Loire.
Id.	*Id.* ligne, après ces mots : par le canal latéral, *ajoutez :* à ce fleuve.
Id.	21e ligne, au lieu de : la partie de la Seine à la Loire, *lisez :* la partie de ce canal, joignant la Seine à la Loire.

187	3e ligne, au lieu de : avec 123,000, *lisez :* aux 123,000.
Id.	5e ligne, au lieu de : avec 8,000, *lisez* : aux 8,000.
Id.	15e ligne, au lieu de : pruduit, *lisez :* produit.
189	29e ligne, au lieu de : Arles, *lisez :* Avignon.
234	8e ligne, au lieu de : Beauvais, *lisez :* Beaucaire.
235	6e ligne, au lieu de : 700,000,000, *lisez :* 70,000,000.
246	5e ligne, au lieu de inférieurs, *lisez :* inférieure.
273	19e ligne, au lieu de : taxe de la rente, *lisez :* taux de la rente.

ANNEXE I

Liste des ouvrages cités dans les *Vues politiques et pratiques sur les travaux publics de France* (établie par les éditeurs)

Anonyme, *Canal maritime de la Seine. Tarifs et produits du canal et des ports, bassins, magasins et entrepôts de Paris, Rouen et autres villes de la vallée de la Seine. Circulation et stationnement des marchandises d'après les pièces officielles des douanes, des contributions indirectes et des octrois. Première partie*, Paris, Imprimerie de F. Didot, 1826.

Anonyme, *Canal maritime de la Seine. Rapports de la commission des négociants et vérification du travail présenté par les soumissionnaires sur les tarifs et les produits du canal et des ports, bassins, magasins et entrepôts de Paris, Rouen, et autres villes de la vallée de la Seine*, Paris, Imprimerie de F. Didot, 1827.

Anonyme, *Canal maritime de la Seine. Rapports de la Commission des inspecteurs des ponts-et-chaussées, sur les plans et projets présentés par les Soumissionnaires, en vertu de l'Ordonnance royale du 16 février 1825*, Paris, Imprimerie de F. Didot, 1828.

BAYARD DE LA VINGTRIE, Ferdinand-Jean, *Du canal maritime de Paris à Rouen. N° 3. Mémoire sur le travail d'art et sur la dépense de construction*, Paris, Imprimerie de A. Firmin Didot, 1829.

BÉRIGNY, Charles, *Navigation maritime du Havre à Paris, ou Mémoire sur les moyens de faire remonter jusqu'à Paris tous les Bâtimens de mer qui peuvent entrer dans le port du Havre*, Paris, Imprimerie de Demonville, 1826.

BRISSON, Barnabé, *Canal maritime de la Seine. Rapport de la commission des canaux sur les projets présentés par la compagnie soumissionnaire...*, Paris, Imprimerie de F. Didot, 1828.

BRISSON, Barnabé, *Essai sur le système général de navigation intérieure de la France*, Paris, Carilian-Gœury, 1829.

CAVENNE, François-Alexandre, « Canal latéral à la Garonne depuis Toulouse jusqu'à Castets, avec embranchement sur le Tarn à Montauban. 1er article : examen du projet de M. de Baudre, ingénieur en chef directeur des ponts et chaussées », *Annales des ponts et chaussées*, 1832, 1er semestre, p. 235-280.

CAVENNE, François-Alexandre, « Canal latéral à la Garonne depuis Toulouse jusqu'à Castets, avec embranchement sur le Tarn à Montauban. 2e article : examen des enquêtes relatives au projet qui a fait l'objet du premier article », *Annales des ponts et chaussées*, 1832, 1er semestre, p. 281-312.

COÏC, Julien-Désiré-Abel et DULEAU, Alphonse, *Reconnaissances de la Seine de Rouen à Saint-Denis, en 1829 et 1830 ; et travaux proposés pour rendre cette partie de la Seine facilement navigable*, Paris, Imprimerie A. Barbier, 1830.

CORDIER, Louis-Joseph, *Mémoire sur le canal de jonction de la Saône à la Moselle, de Chalons à Toul*, Paris, Carilian-Gœury, 1828.

CORDIER, Louis-Joseph, *De la nécessité d'encourager les associations et de les appeler à l'exécution des travaux publics : projets de loi et d'ordonnance présentés dans ce but*, Paris, Carilian-Gœury, 1830.

DESCHAMPS, Claude, *Des travaux à faire pour l'assainissement et la culture des landes de Gascogne, et des canaux de jonction de l'Adour à la Garonne*, Paris, Carilian-Gœury, 1832.

DOIN, Alexandre, *Mémoire sur le canal latéral à la Garonne, établissant la jonction définitive des deux mers*, Paris, Imprimerie Éverat, 1832.

DULEAU, Alphonse, *Cours de constructions relatives à l'établissement et à l'entretien des voies de communication par terre et par eau, résumé des leçons*, Paris, 1830-1831, lith.

DUPIN, Charles, *Forces productives et commerciales de la France*, 2 vol., Paris, Bachelier, 1827.

DUTENS, Joseph-Michel, *Histoire de la navigation intérieure de la France ; avec une exposition des canaux à entreprendre pour en compléter le système*, 2 vol., Paris, A. Sautelet et Cie et Alexandre Mesnier, 1829.

FLACHAT, Stéphane, *Du canal maritime de Rouen à Paris. N° 1. Introduction*, Paris, Imprimerie de A. Firmin Didot, 1829.

FLACHAT, Stéphane, *Du canal maritime de Rouen à Paris. N° 2. Statistique, hydrographique et commerciale*, Paris, Imprimerie de A. Firmin Didot, 1829.

FLACHAT, Stéphane, *Du canal maritime de Rouen à Paris. N° 4. Résumé et exposé de l'entreprise*, Paris, Imprimerie de A. Firmin Didot, 1829.

FLACHAT, Stéphane, *Histoire des travaux et de l'aménagement des eaux du canal calédonien, rédigée d'après les rapports de MM. Jessop et Telford, ingénieurs-directeurs, et d'après les rapports des commissaires de la Chambre des Communes, et accompagnée de plans, cartes et profils levés sur les lieux, avec les ingénieurs résidans*, Paris, Imprimerie de F. Didot, 1828.

FRIMOT, Jacques, *Mémoire sur l'établissement d'une navigation à grand tirant d'eau, entre Paris et la mer par la voie fluviale*, Paris, Ponthieu, 1827.

FRISSARD, Pierre-François, *Navigation fluviale du Havre à Paris. Amélioration de la navigation du Havre à Rouen*, Havre, Imprimerie de A. Lemale, 1832.

GAUTHEY, Émiland, *Œuvres*, tome III : *Mémoires sur les canaux de navigation, et particulièrement le canal du Centre…*, éd. H. Navier, Paris, Imprimerie de F. Didot, 1816.

HUERNE DE POMMEUSE, Michel-Louis-François, *Des canaux navigables considérés d'une manière générale, avec des recherches comparatives sur la navigation intérieure de la France et celle de l'Angleterre…*, Paris, Bachelier et Huzard, 1822.

Journal du commerce et de l'industrie, 5 août 1832.

LAMÉ, Gabriel et CLAPEYRON, Émile, « Mémoire sur les chemins de fer considérés sous le point de vue de la défense du territoire (Extrait) », *Notices sur les chemins de fer*, éd. A. Perdonnet, G. Lamé et É. Clapeyron, Paris, Imprimerie de Guiraudet, 1832, p. 27-38.

MAILLET DU BOULLAY, Henry *et al.*, *Observations soumises à la Chambre des députés et à la Chambre des pairs de France… : sur le projet de loi présenté le 6 Avril 1824, à la Chambre des députés, par leurs excellences les Ministres des finances et de l'intérieur, sur les droits de navigation intérieure, par les mariniers de Seine-Normande*, Rouen, F. Baudry, 1824.

MELLET, François-Noël et HENRY, Charles-Joseph, *Chemin de fer de Paris à Roanne ou complément de la ligne de Paris à Lyon. Rapport présenté au Comité de la Compagnie*, Paris, Imprimerie de Guiraudet et Jouaust, 1832.

Ministère de l'Intérieur, *Rapport au roi sur la situation des canaux et autres ouvrages entrepris en vertu des lois des 20 juin et 5 août 1821, 17 avril et 14 août 1822…*, Paris, Imprimerie royale, avril 1823 – mai 1829, 7 rapports annuels.

NAVIER, Claude-Louis-Marie-Henri, *De l'établissement d'un chemin de fer entre Paris et le Havre. Lu à l'Académie des sciences le 1er mai 1826*, Paris, Imprimerie de F. Didot, 1826.

PEYRET, Alphonse, *Situation du chemin de fer de Saint-Étienne à Lyon, au commencement de 1832 ; et résultats probables de cette entreprise*, Saint-Étienne, Imprimerie Boyer, 1832 (tiré à part du *Bulletin industriel* publié par la Société d'agriculture de Saint-Étienne).

PRONY, Gaspard-Clair-François-Marie-Riche (de), « Examen relatif aux projets de barrage de la Seine dans le voisinage du Havre », *Annales des ponts et chaussées*, 1831, 1er semestre, p. 335-385.

Report of the Liverpool and Manchester railway, 1832.

SARTORIS, Urbain, *Notice sur le canal de la Vesle, de Reims à l'Aisne, et sur la canalisation de l'Aisne et de la Meuse, avec quelques observations sur les chemins de fer*, Paris, Imprimerie de Goetschy, 1825.

SAY, Jean-Baptiste, *Cours complet d'économie politique pratique* ; *ouvrage destiné à mettre sous les yeux des hommes d'État, des propriétaires fonciers et des capitalistes, des savans, des agriculteurs, des manufacturiers, des négocians, et en général de tous les citoyens, l'économie des sociétés*, tome second, Paris, Rapilly, 1828.

SEGUIN, Marc, SEGUIN, Camille et BIOT, Édouard, *Compte rendu aux actionnaires du chemin de fer de Saint-Étienne à Lyon*, Paris, Imprimerie de Firmin Didot, 1826.

VACQUERIE, Charles, *Observations sur la navigation de la Seine, par un ancien capitaine de navire, armateur, à Villequier*, Rouen, Imprimerie de P. Periaux Père, 1824.

VALLÉE, Louis-Léger, *De l'aliénation des canaux, pour faire suite au n° 1 de l'écrit intitulé : améliorations à introduire dans les ponts et chaussées ; n° 2*, Paris, Carilian-Gœury, 1829.

VIVENS, Robert de LABAT, vicomte de, *Recherches sur la cause des encombrements de la Gironde et de la rade de Bordeaux…*, Paris, Imprimerie de Beaucé-Rusand, 1824.

Vulcain (journal de Saint-Étienne), 1832.

ANNEXE II

Cartes des canaux et chemins de fer, déjà construits
ou à l'état de projet, mentionnés dans les
Vues politiques et pratiques sur les travaux publics de France
(conçues par les éditeurs)

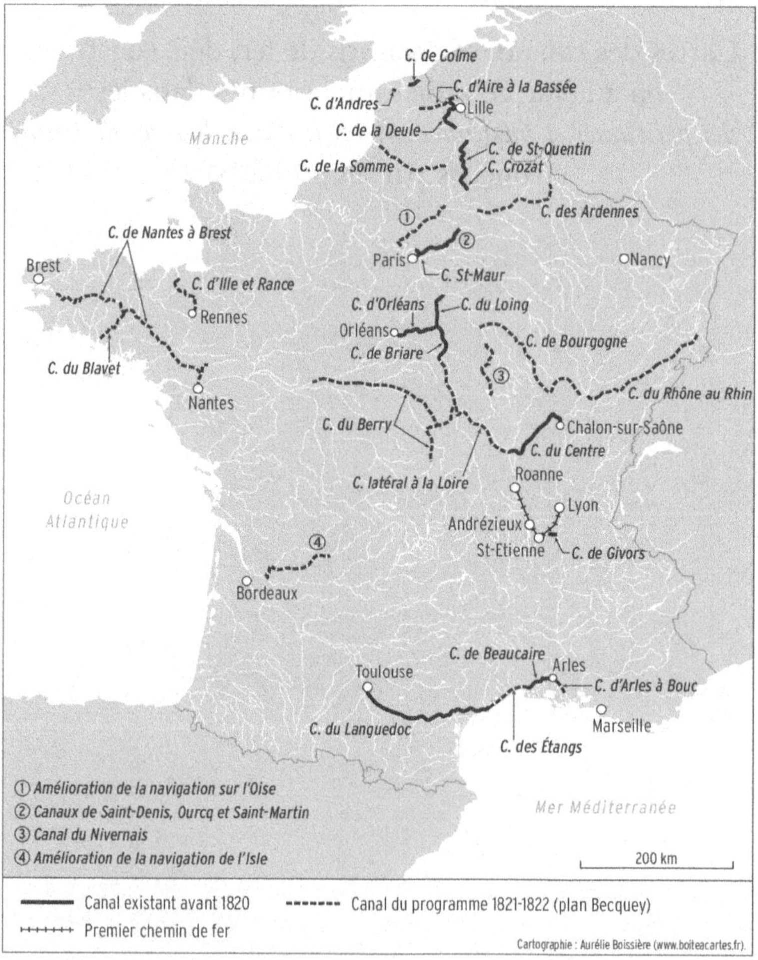

ILL. 1 – Carte du plan Becquey. © Aurélie Boissière.

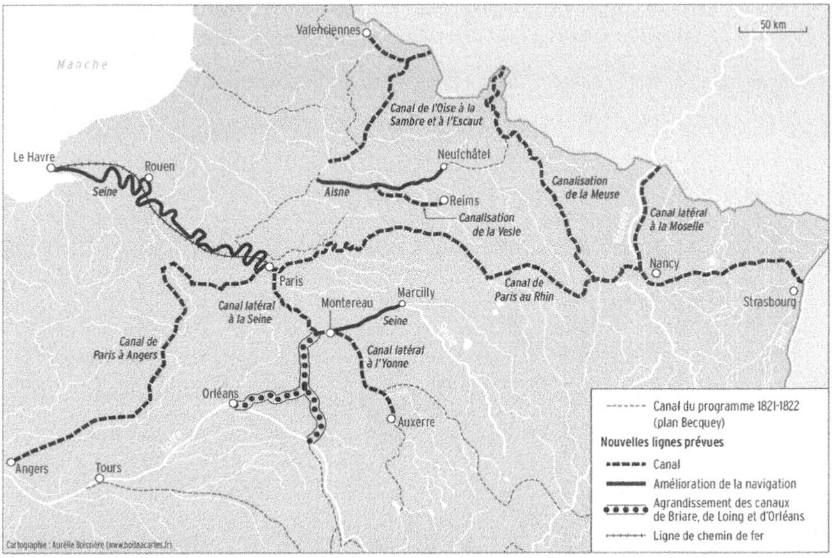

ILL. 2 – Carte du bassin de la Seine. © Aurélie Boissière.

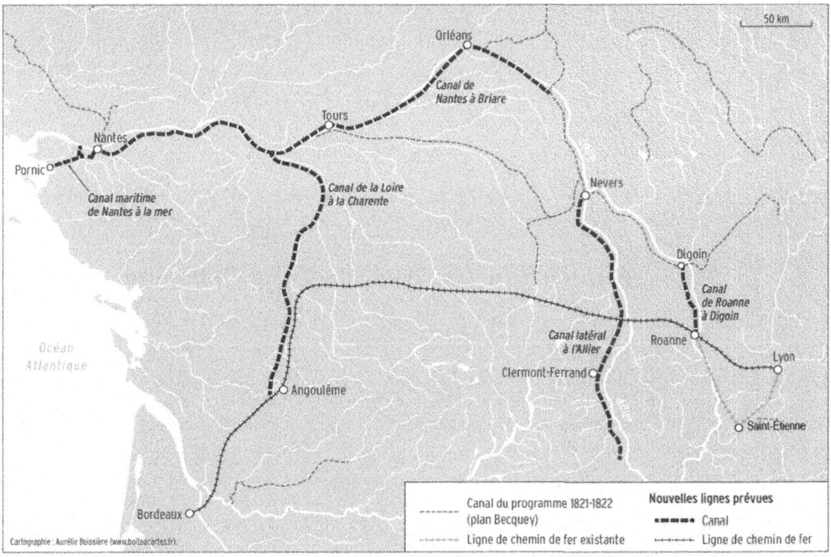

ILL. 3 – Carte du bassin de la Loire. © Aurélie Boissière.

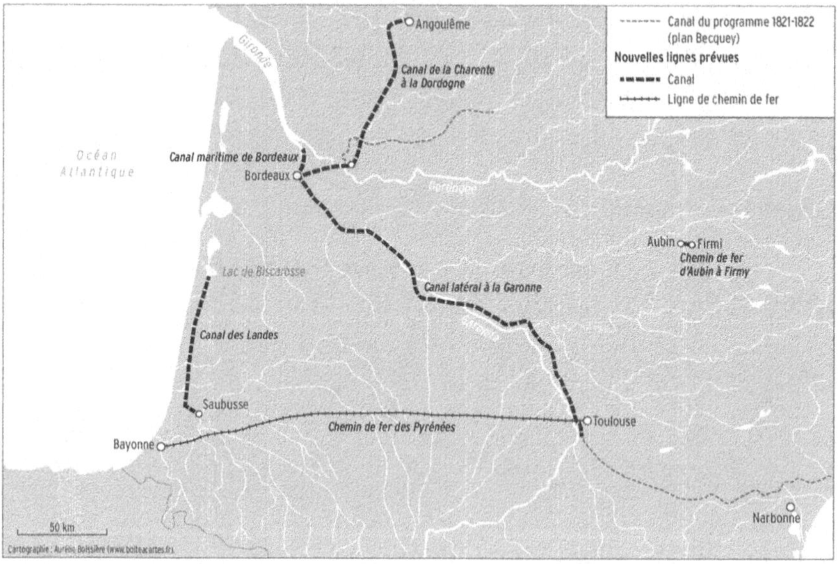

Ill. 4 – Carte du bassin de la Gironde. © Aurélie Boissière.

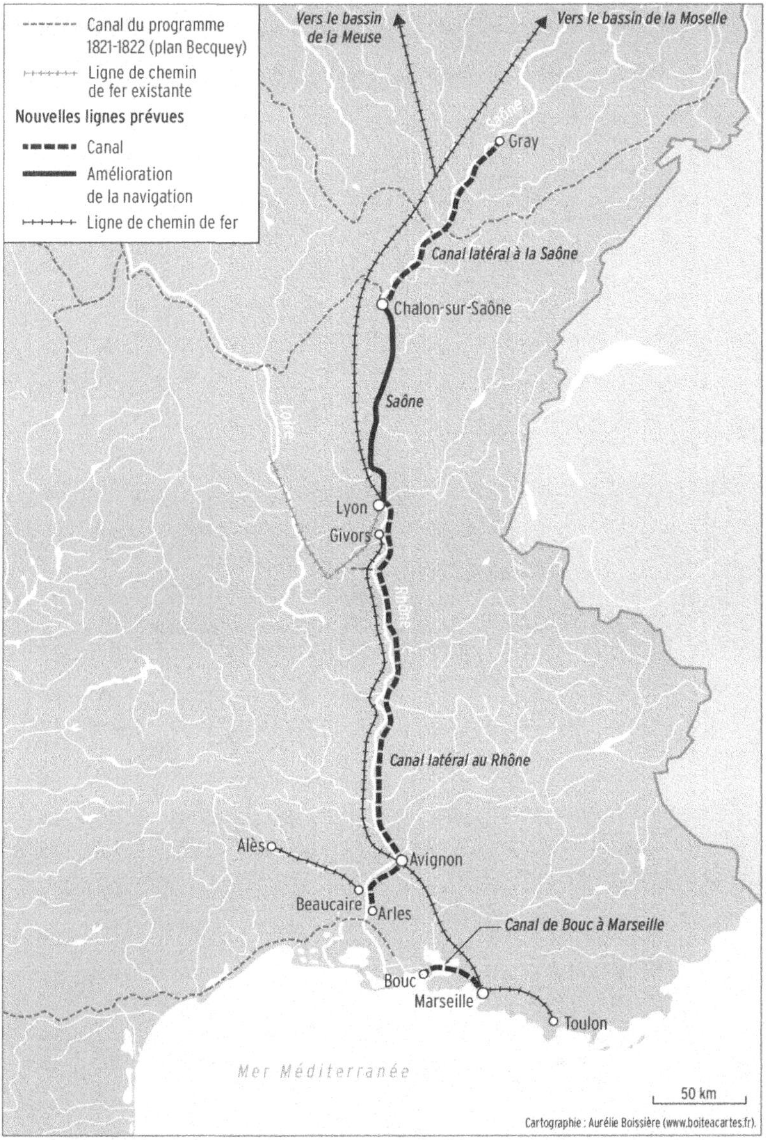

ILL. 5 – Carte du bassin du Rhône. © Aurélie Boissière.

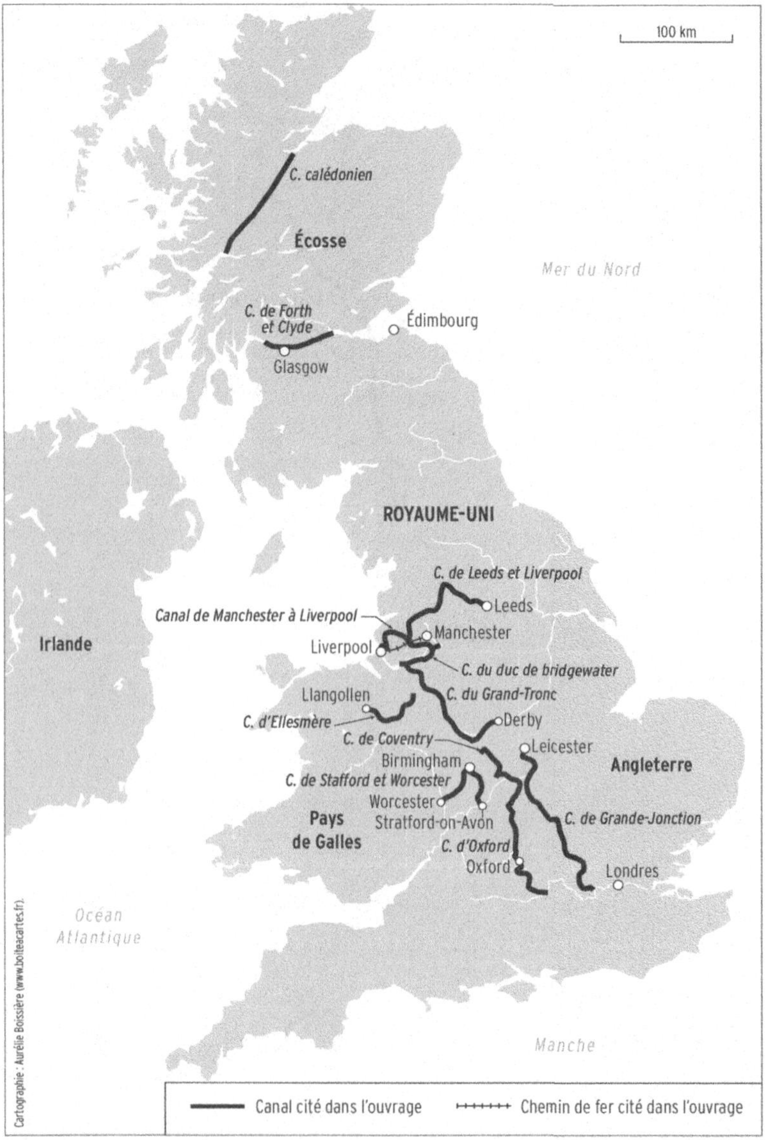

Ill. 6 – Carte des canaux et chemin de fer de Grande-Bretagne.
© Aurélie Boissière.

SOURCES ET BIBLIOGRAPHIE

SOURCES

ARCHIVES NATIONALES (AN)

Série CC – Sénat conservateur. Chambre des pairs. Cour des Pairs

373. Chambre des Pairs. Session de 1835

Série F – Enregistrement de la correspondance

4691. Direction générale des ponts et chaussées, de la navigation intérieure et des mines – secrétariat général – sommier général destiné à l'enregistrement des pièces arrivées à la direction et relatives à la division du personnel, année 1832, n° 91 et 92

Série F^7 – Ministère de l'Intérieur. Police générale

6783. Affaires politiques. Situation politique des départements. Rapports de gendarmerie. 1822-1839. Seine

Série F^{14} – Travaux publics

1964. Police de roulage
2164². Dossier de carrière de Bazaine
2197¹. Dossier de carrière de Cordier
2262². Dossier de carrière de Legrand
2308². Dossier de carrière de Raucourt
2718². Dossier de carrière de Clapeyron
2729². Dossier de carrière de Lamé
7105 et 7106. Canal maritime de la Seine (Paris au Havre). 1825-1831
8862. Réseaux du Nord. Paris à Pontoise (1830-1850) et Paris à Rouen (1831-1835)

10912/88. Registre des procès-verbaux des séances du Conseil général des ponts et chaussées (2 janvier-24 décembre 1833)
11169. Chemins de fer de Paris à Saint-Germain et de Paris à Versailles (1825-1845)

Série F[18] *– Imprimerie, librairie, presse, censure*

(II) 22. Déclarations d'imprimer d'Éverat, septembre 1832

BIBLIOTHÈQUE DE L'ÉCOLE POLYTECHNIQUE. ARCHIVES (BEPA)

Titre IV. Gouvernement – Direction – secrétariat et police
Section 4. Discipline – Punitions – exclusions, dossier « Licenciement de 1816 »
Titre VI. Personnels et élèves
Section 2. Élèves, § a. Élèves français, Art. 2. Dossiers individuels des élèves admis, dossiers de : Auguste Comte, Prosper Enfantin, Gabriel Lamé
Titre IX. Fonds particuliers
Lamé, Correspondance
Titre X. Dossiers documentaires
Section 2. Principaux registres d'archives conservés
C 2. Registre matricule (1794-1989)
C 11. Correspondances diverses (1794-1970)

BIBLIOTHÈQUE DE L'ÉCOLE DES PONTS ET CHAUSSÉES (BEPC)

Ms. 2699 – Pièces de correspondance, notes et rapports relatifs au canal maritime de la Seine. Bordereau des pièces relatives au projet des dérivations de Besons [*sic*] à maisons et du commencement de la dérivation de maisons à Porcheville et du manoir à Oissel. [Texte manuscrit] / Pattu ; Becquey ; Bossange ; Cavenne ; Dausse ; Ch. Dupin ; S. Flachat ; L. Fresnel ; Prony / 1 dossier contenant 17 lettres, 1 note impr., 2 cahiers et 7 notes / Caen-Honfleur-Lyon-Paris, 1825-1827.
Ms. 2705 – Canal maritime de Paris au Havre. Projets – mémoires et notes diverses. Notes antérieures (1789-1790) de Perronet et Isnard sur la baie de la Seine [Texte manuscrit] / Pattu ; Dausse ; Fresnel ; Petit ; Sénéchal / Comprend aussi lettres de Ch. Dupin et de Chabrol (Ministre de la Marine) / [s. l.], 1826-1829.

BIBLIOTHÈQUE DE L'ÉCOLE DES MINES. ARCHIVES (BEMA)

1 AE Conseil de l'École, séances : registres de délibérations
1 AE 1 Séances du 24 décembre 1816 au 29 décembre 1819
1 AE 2 Séances du 12 février 1820 au 20 décembre 1825
6 AE Mémoires, journaux et comptes rendus de voyage et travaux de concours de MM les élèves : catalogue
6 AE 1 Premier volume (1819-1878)
9 AE Élèves externes et étrangers, promotions 1817-1937 : registres matricules
9 AE 1 Tome 1 : promotions rentrées en première année entre le 11 août 1817 et le 19 juillet 1906

ARCHIVES DE L'ACADÉMIE DES SCIENCES (AAS)

Dossier Clapeyron
Dossier Lamé

BIBLIOTHÈQUE DE L'INSTITUT

Fonds Cuvier. Ms 3329. Correspondance privée. Lettres adressées à Cuvier par des correspondants divers. 1832

BIBLIOTHÈQUE NATIONALE DE FRANCE (BNF)

Département des manuscrits

NAF 24608 Lettres de Barthélemy Prosper dit le Père Enfantin
NAF 24609-24611 Correspondance saint-simonienne, 1827-1835

Bibliothèque de l'Arsenal

Fonds Enfantin
Ms 7643. Archives. Vol. I. Lettres écrites par le Père Enfantin
Ms 7646. Archives. Vol. IV. Lettres adressées au Père Enfantin
Ms 7787 Correspondances diverses
Ms 15783 Papiers des frères Émile et Isaac Pereire

BIBLIOTHÈQUE DE L'UNIVERSITÉ DES TRANSPORTS D'ÉTAT DE SAINT-PÉTERSBOURG

Ms. 7162. « Observations relatives à l'art de l'ingénieur recueillies durant le voyage en Angleterre fait d'après les ordres de Sa Majesté l'Empereur Nicolas 1er pendant l'été de l'année 1830 par le colonel Lamé (Mémoires) », s. d.

Ms. 7163. « Observations relatives à l'art de l'ingénieur recueillies durant le voyage en Angleterre fait d'après les ordres de Sa Majesté l'Empereur Nicolas 1er pendant l'été de l'année 1830 par le colonel Lamé (Résumé général) », s. d.

BIBLIOTHÈQUE THIERS

Fonds Gustave d'Eichtal

ARCHIVES DE L'INSTITUTION OF CIVIL ENGINEERS (AICE) DE LONDRES

Ms. 60. « Marc Isambard Brunel's diaries 1824-41 and 1843, containing notes and sketches and some petty cash accounting, details of daily progress on Thames Tunnel »

BOUTIQUE DE LIVRES ANCIENS JEREMY NORMAN'S (CALIFORNIE)

BAILLIO-LAMOTHE, Raymond-Abraham, « Carnet de voyage de Bailliot », ms., s. d. (proposé à la vente par Jeremy Norman's) : https://www.jnorman.com/pages/books/44857/baillio-lamothe/carnet-de-voyage-manuscript (consulté le 20 juillet 2020).

BIBLIOGRAPHIE

SOURCES IMPRIMÉES. PÉRIODIQUES ET JOURNAUX

Annales de chimie et de physique (1831)
Annales de mathématiques pures et appliquées (1816-1817)
Annales des mines (1817-1827, 1872)
Annales des ponts et chaussées (1831-1833)
Bulletin de la société d'encouragement pour l'industrie nationale (1829)
Bulletin des sciences mathématiques, astronomiques, physiques et chimiques (1824, 1831)
Bulletin des sciences technologiques (1829)

Engineering (1867)
Gazette de France (1826, 1832)
Journal de l'Aube. Echo de la Champagne (1832)
Journal de l'Industriel et du Capitaliste (1836)
Journal des débats politiques et littéraires (1832-1834)
Journal des sciences militaires des armées de terre et de mer (1826)
Journal des voies de communication (1826-1834)
Journal du Commerce (1830, 1832)
Journal du génie civil, des sciences et des arts (1828-1831, 1846)
La Tribune politique et littéraire (1833)
Le Constitutionnel (1825, 1832)
Le Figaro (1831-1832)
Le Globe (1826, 1831-1832)
Le Moniteur universel (1832, 1835)
Le National (1832)
Le Spectateur des Tribunaux (1827)
Mémoires de l'Académie Impériale des Sciences, Arts & Belles Lettres de Caen (1856)
Mémoires présentés par divers savants à l'Académie des sciences (1838)
Revue du Midi (1833)
Revue encyclopédique (1832)
Revue Universelle (1833)

OUVRAGES UTILISÉS COMME SOURCES PRIMAIRES

AGUILLON, Louis, *L'École des mines de Paris. Notice historique*, Paris, Vve Ch. Dunod, Éditeur, 1889.

Anonyme, *Considérations sur les avantages des concessions perpétuelles de travaux publics utiles à l'industrie, extraites des ouvrages du Baron Charles Dupin…*, Paris, Bachelier, 1825.

Anonyme, *Canal maritime de la Seine. Tarifs et produits du Canal et des Ports, Bassins, Magasins et Entrepôts de Paris, Rouen, et autres villes de la vallée de la Seine…*, Première Partie, Paris, Imprimerie de Firmin Didot, 1826.

Anonyme, *Paris port de mer ; par l'auteur de la* Revue politique de l'Europe en 1825, Paris, Chez les marchands de nouveautés, 1826.

Anonyme, *Réponse des soumissionnaires du canal maritime de Paris au Havre, au Mémoire de M. Charles Bérigny, inspecteur-divisionnaire des ponts et chaussées*, Paris, Imprimerie de Firmin Didot, 1826.

Anonyme, *Canal maritime de la Seine. Rapports de la Commission des négociants et vérification du travail présenté par les soumissionnaires sur les tarifs et produits du Canal et des Ports, Bassins, Magasins et Entrepôts de Paris…*, Paris, Imprimerie de Firmin Didot, 1827.

Anonyme, *Du canal maritime de la Seine et de l'entrepôt de Paris*, Paris, Imprimerie de Firmin Didot, 1827.

Anonyme, *Canal maritime de la Seine. Rapport de la Commission des canaux sur les Projets présentés par la Compagnie soumissionnaire, sur le travail de la Commission spéciale d'examen... composée de MM. de Prony, Cavenne et Dutens, et sur les projets établis par M. Bérigny...*, Paris, Imprimerie de Firmin Didot, 1828.

Anonyme, *Canal maritime de la Seine. Rapports de la Commission des inspecteurs des ponts-et-chaussées, sur les plans et projets présentés par les Soumissionnaires, en vertu de l'Ordonnance royale du 16 février 1825*, Paris, Imprimerie de Firmin Didot, 1828.

Anonyme, *Paris, port de mer et gare de Saint-Ouen. Documents authentiques pour servir à l'intelligence de cette spéculation*, Paris, Imprimerie de Gaultier-Laguionie, 1828.

Anonyme, *Programme de la Compagnie de sondages pour les mines... de MM. Flachat frères et Compagnie*, Paris, Firmin-Didot, Alexandre Mesnier, Bachelier, Carilian-Gœury et Mme Huzard, 1828.

Anonyme, *Entreprise de sondages de MM. Flachat frères et Compagnie... pour les recherches d'eaux souterraines et de mines*, Paris, Firmin-Didot frères, Bachelier et Mme Huzard, 1829.

Anonyme, *Entreprises de sondages de MM. Flachat Frères et Compagnie, ingénieurs civils à Paris, rue d'Artois...*, Paris, Chez Firmin Didot frères et Bachelier, 1830.

Anonyme, *Religion saint-simonienne. Enseignement des ouvriers, séance du dimanche 18 décembre 1831*, Paris, Au Bureau du *Globe*, 1831.

Anonyme, *Mort de Talabot. Apôtre*, Paris, Imprimerie d'Éverat, 1832.

Anonyme, *Notice sur les travaux préparatoires du Canal maritime et sur les nouvelles études des barrages*, Paris, Imprimerie de Firmin Didot frères, 1832.

Anonyme, *Rapport sur les projets présentés par la Compagnie soumissionnaire du Canal maritime, pour la construction des barrages à établir en Seine*, Paris, Imprimerie de Firmin Didot Frères, 1832.

Anonyme, *Religion Saint-Simonienne. Procès en la cour d'assises de la Seine, les 27 et 28 août 1832*, Paris, À la librairie Saint-Simonienne et chez Johanneau, Libraire, 1832.

Anonyme, *Chemin de fer de Paris à Saint-Germain*, Paris, Imprimerie de Grégoire, 1835.

Anonyme, *Notice sur les travaux de M. Émile Clapeyron*, Paris, Imprimerie de Mallet-Bachelier, 1858.

Association polytechnique, *Compte rendu trimestriel – juillet 1832*, Paris, Imprimerie de Guiraudet, 1832, p. 35-47.

BAYARD DE LA VINGTRIE, Ferdinand-Jean, *Mémoire sur le système des barrages du Canal Maritime de Paris au Havre. Leur influence sur le régime de la Seine et les propriétés riveraines, la position à leur assigner, leur mode de construction et leur exécution* (Publié par la Compagnie soumissionnaire), Paris, Imprimerie de Firmin Didot frères, 1832.

BAYARD DE LA VINGTRIE, Ferdinand-Jean, *Du canal maritime de Paris à Rouen. N° 3. Mémoire sur le travail d'art et sur la dépense de construction*, Paris, Imprimerie de A. Firmin Didot, 1829.

BAZAINE, Pierre-Dominique et LAMÉ, Gabriel, *Traité élémentaire de calcul intégral à l'usage des élèves de l'Institut des voies de communication*, Saint-Pétersbourg, Imprimerie des Voies de communication, 1825 (Bibliothèque de l'université des transports d'État de Saint-Pétersbourg : 3867).

BECQUEY, Louis, *Rapport au roi sur la navigation intérieure de la France*, Paris, Imprimerie royale, 1820.

BÉRIGNY, Charles, *Navigation maritime du Havre à Paris, ou Mémoire sur les moyens de faire remonter jusqu'à Paris tous les Bâtimens de mer qui peuvent entrer dans le port du Havre*, Paris, Chez Bachelier, Carilian-Gœury, Ladvocat et Delaunay, 1826.

BERTRAND, Joseph, *Éloge de Gabriel Lamé. Lu dans la séance publique du 28 janvier 1878*, Paris, Typographie de Firmin-Didot et Cie, 1878.

BEUGNOT, Auguste-Arthur, *Vie de Becquey, ministre de l'État et directeur général des ponts et chaussées et des mines sous la Restauration*, Paris, Typographie de Firmin Didot frères, 1852.

BRISSON, Barnabé, *Essai sur le système général de navigation intérieure de la France*, Paris, Chez Carilian-Gœury, 1829.

CHEVALIER, Michel, *Religion saint-simonienne. Politique industrielle. Système de la Méditerranée*, Paris, Aux bureaux du *Globe*, mars 1832.

CORDIER, Louis-Joseph, *Histoire de la navigation intérieure, et particulièrement de celle de l'Angleterre et de la France...*, Paris, Chez MM. Firmin Didot, Gœury, Delaunay, 1819.

CORDIER, Louis-Joseph, *De la nécessité d'encourager les associations et de les appeler à l'exécution des travaux publics : projets de loi et d'ordonnance présentés dans ce but*, Paris, Carilian-Gœury, 1830.

CORDIER, Louis-Joseph, *Considérations sur les chemins de fer*, Paris, Carilian-Gœury, 1830.

CUVIER, Georges et BRONGNIART, Alexandre, *Description géologique des environs de Paris*, nouvelle édition par Alex. Brongniart, Paris et Amsterdam, Chez G. Dufour et E. d'Ocagne, Libraires, 1822 (1re éd. 1811).

DELACROIX, F. A., *Considérations sur le projet d'une distribution générale d'eau dans Paris*, Paris, Imprimerie de Mme Huzard, 1831.

DUPIN, Charles, *Forces productives et commerciales de la France*, 2 vol., Paris, Bachelier, 1827.

DUPIN, Charles, *Voyages dans la Grande-Bretagne, entrepris relativement aux services publics de la guerre, de la marine, et des ponts et chaussées, en 1816, 1817, 1818 et 1819*, 4 vol., Paris, Bachelier, 1820-1824.

DUPIN, Charles, *Mémoires sur la Marine et les Ponts et Chaussées de France et d'Angleterre*, Paris, Chez Gœury, 1818.

DUTENS, Joseph-Michel, *Histoire de la navigation intérieure de la France ; avec une exposition des canaux à entreprendre pour en compléter le système*, 2 vol., Paris, A. Sautelet et Cie et Alexandre Mesnier, 1829.

DUTENS, Joseph-Michel, *Mémoires sur les travaux publics de l'Angleterre...*, Paris, De l'Imprimerie Royale, 1819.

ENFANTIN, Prosper, *Le crédit intellectuel*, Paris, E. Dentu, 1866.

FLACHAT FRÈRES (sous la direction de), *Carte de la vallée de la Seine, présentant les résultats des sondages faits avec les nivellements en long du canal maritime de la Seine, 1825-1826* (carte manuscrite, signée Fantet...), s. l. n. d. (BnF : GE CC-276).

FLACHAT, Stéphane et Eugène, « Comparaison du Canal maritime de la Seine avec une Route en fer de Paris au Havre », *Canal maritime de la Seine. Rapports de la Commission des négociants et vérification du travail présenté par les soumissionnaires sur les tarifs et produits du Canal et des Ports, Bassins, Magasins et Entrepôts de Paris...*, ed. Anonyme, Paris, Imprimerie de Firmin Didot, 1827, p. 167-179.

FLACHAT, Eugène, *Établissemens commerciaux.* Docks *de Londres. Entrepôts de Paris. Projets de* docks *à Marseille*, Paris, Librairie de F.-G. Levrault, 1836.

FLACHAT, Stéphane, *Histoire des travaux et de l'aménagement des eaux du canal Calédonien...*, Paris, Imprimerie de Firmin Didot, 1828.

FLACHAT, Stéphane, *Du canal maritime de Rouen à Paris. N° 1. Introduction*, Paris, Imprimerie de A. Firmin Didot, 1829.

FLACHAT, Stéphane, *Du canal maritime de Rouen à Paris. N° 2. Statistique, hydrographique et commerciale*, Paris, Imprimerie de A. Firmin Didot, 1829.

FLACHAT, Stéphane, *Du canal maritime de Rouen à Paris. N° 4. Résumé et exposé de l'entreprise*, Paris, Imprimerie de A. Firmin Didot, 1829.

FLACHAT, Stéphane, *Du canal maritime de Rouen à Paris, et des perfectionnemens de la navigation intérieure, par rapport à Marseille, Bordeaux, Nantes, Le Havre, Metz et Strasbourg*, Paris, De l'imprimerie de Firmin Didot, 1829.

FLACHAT, Stéphane, « Rapport sur les travaux de la famille saint-simonienne », *Religion saint-simonienne. Rapports adressés aux pères suprêmes sur la situation et les travaux de la famille*, éd. Anonyme, Paris, Au Bureau du *Globe* et de l'*Organisateur*, 1831, p. 10-24.

FLACHAT, Stéphane, *Traité élémentaire de mécanique industrielle...*, Paris, Chez L. Tenré, Libraire, et Chez Henri Dupuy, Imprimeur, 1835.

FLEURY, Jean, « Paris port de mer », *Revue des Deux Mondes*, 3e période, t. 104, 1891, p. 626-651.

FOURCY, Ambroise, *Histoire de l'École polytechnique*, Paris, Belin, 1987 (1re éd. 1828).

FOURNEL, Henri, *Bibliographie Saint-simonienne, de 1802 au 31 décembre 1832*, Paris, Alexandre Johanneau Libraire, 1833.

FRIBOURG, André, « Projets inconnus de Paris-Port-de-Mer », *L'Opinion*, vol. 3, no 2, 1910, p. 782-784.

GRANGEZ, Ernest, AUGOYAT, Antoine-Marie et FERRY, Claude-Joseph, *Discussions et documents sur les canaux, sur les routes et sur les chemins de fer de la France*, Paris, Imprimerie de A. Firmin Didot, 1830.

HÉRICART-FERRAND DE THURY, Louis-Étienne-François, *Considérations géologiques et physiques sur la cause du jaillissement des eaux des puits forés ou fontaines artificielles...*, Paris, Bachelier, 1829.

LAMÉ, Gabriel, *Examen des différentes méthodes employées pour résoudre les problèmes de géométrie*, Paris, Mme Ve Courcier, Imprimeur-Libraire, 1818.

LAMÉ, Gabriel, CLAPEYRON, Émile, FLACHAT, Stéphane et Eugène, *Vues politiques et pratiques sur les travaux publics de France*, Paris, Imprimerie d'Éverat, 1832.

LAMÉ, Gabriel et CLAPEYRON, Émile, « Mémoire sur les chemins de fer considérés sous le point de vue de la défense du territoire (Extrait) », *Notices sur les chemins de fer*, éd. A. Perdonnet, G. Lamé et É. Clapeyron, Paris, Imprimerie de Guiraudet, 1832, p. 27-38.

LAMÉ, Gabriel et CLAPEYRON, Émile, *Plan d'écoles générale et spéciales pour l'agriculture, l'industrie manufacturière, le commerce et l'administration*, Paris, Bachelier, 1833.

LAMÉ, Gabriel, *Esquisse d'un traité de la République*, Paris, Bachelier, imprimeur-libraire, 1848.

LEFEUVE, Charles, *Histoire du Lycée Bonaparte (Collège Bourbon)*, Paris, Dépôt de la Publication, 1852.

LEGRAND, Baptiste-Alexis-Victor, « Exposé des motifs et projet de loi, sur le chemin de fer de Paris à Saint-Germain, séance du 2 avril 1835 (No 197) », *Procès-verbaux des séances de la Chambre des députés. Session de 1835*, tome V, éd. Anonyme, Paris, De l'Imprimerie de A. Henry, 1835.

MALO, Léon, *Notice sur Eugène Flachat*, Paris, Société des Ingénieurs Civils, s. d.

MELLET, François-Noël et HENRY, Charles-Joseph, *L'arbitraire des ponts et chaussées dévoilé aux chambres*, Paris, Imprimerie de Guiraudet et Jouaust, 1835.

MONTGÉRY, M. de, *Mémoire sur les moyens de rendre Paris port de mer*, Paris, Bachelier, 1824.

MONY, Adolphe, « *A Juilly* ». *Légendes-souvenirs-fêtes*, Paris, A. Picard et fils, 1900.

NADAULT DE BUFFON, Benjamin-Hippolyte, *Considérations sur les trois systèmes de communications intérieures au moyen des routes, des chemins de fer et des canaux*, Paris, Roret, 1829.

NAVIER, Claude-Louis-Marie-Henri, *De l'établissement d'un chemin de fer entre Paris et le Havre. Lu à l'Académie des sciences le 1er mai 1826*, Paris, Imprimerie de Firmin Didot, 1826.

Œuvres de Saint-Simon et d'Enfantin, publiées par les Membres du Conseil Institué par Enfantin pour l'exécution de ses dernières volontés et précédées de deux Notices Historiques, 47 vol., Paris, E. Dentu, 1865-1878.

PERDONNET, Auguste et COSTE, Pierre-Léon, *Mémoire sur les chemins à ornières*, Paris, Bachelier, 1830.

PERDONNET, Auguste, LAMÉ, Gabriel et CLAPEYRON, Émile, *Notices sur les chemins de fer*, Paris, Imprimerie de Guiraudet, 1832.

PEREIRE, Émile, « Chemin de fer de Paris à Saint-Germain », *Œuvres de Émile & Isaac Pereire rassemblées et commentées...*, éd. P.-Ch. Laurent de Villedeuil, tome I, Paris, Librairie Félix Alcan, 1920, p. G/42-G/44.

PEREIRE, Émile, « Chemins de fer, canaux et routes », *Œuvres de Émile & Isaac Pereire rassemblées et commentées...*, éd. P.-Ch. Laurent de Villedeuil, tome I, Paris, Librairie Félix Alcan, 1920, p. G/6-G/10.

PEREIRE, Émile, « Économie sociale. Des chemins de fer et des canaux (deux articles) », *Œuvres de Émile & Isaac Pereire rassemblées et commentées...*, éd. P.-Ch. Laurent de Villedeuil, tome I, Paris, Librairie Félix Alcan, 1920, p. G/10-G/20.

PINET, Gaston, *Histoire de l'École polytechnique*, Paris, Baudry et Cie, 1887.

RAUCOURT, Antoine, *Traité sur l'art de faire de bons mortiers et notions pratiques pour en bien diriger l'emploi, précédé d'expériences récentes faites sur les chaux de France et de Russie*, Saint-Pétersbourg, Imprimerie des Voies de communication, 1822 (BEPC : fol. 7752).

RAUCOURT, Antoine, *Cours normal de philosophie positive*, Paris, Carilian-Gœury, 1834.

Religion saint-simonienne. Politique industrielle et système de la Méditerranée, Paris, Rue Monsigny, N° 6, juin 1832.

RODET, Denis-Louis, *Du commerce extérieur et de la question d'un entrepôt à Paris*, Paris, À la Librairie du Commerce, 1825.

SÉGUIN FRÈRES, FORTUNÉ DE VERGÈS, Marie et BAYARD DE LA VINGTRIE, Ferdinand-Jean, *Observations sur deux projets présentés par M. le ministre de l'Intérieur, le 3 avril 1835...*, Paris, Imprimerie de Félix Locquin, s. d. (BnF : VP-27045).

Société royale et centrale d'agriculture, *Rapport de M. le Vte. Héricart de Thury sur le concours ouvert pour le percement des puits forés…*, séance publique du 18 avril 1830, Paris, Imprimerie de Mme Huzard, 1830.

Université de France, *Distribution générale des prix aux élèves des quatre lycées de Paris*, Paris, Imprimerie de la Préfecture, 1814.

WOOD, Nicholas, *Traité pratique des chemins de fer*, Paris, Carilian-Gœury, 1834.

OUVRAGES DE RÉFÉRENCE

AFFLECK, Fred Norman, « The beginnings of modern transport in France : the Seine valley, 1820 to 1860 », unpublished doctoral dissertation, University of London, 1972.

ALBERT, Pierre, *Histoire de la presse*, Paris, PUF, 2003.

ALLEMAGNE, Henry-René d', *Prosper Enfantin et les grandes entreprises du XIXe siècle*, Paris, Librairie Gründ, 1935.

ALLEMAGNE, Henry-René d', *Les saint-simoniens 1827-1837*, Paris, Librairie Gründ, 1930.

ALTMANN, Simon et ORTIZ, Eduardo L. (éd.), *Mathematics and social utopias in France: Olinde Rodrigues and his times*, Providence : American Mathematical Society et Londres : Mathematical Society, 2005.

ANDERSON, Benedict, *Imagined communities* : *reflections on the origin and spread of nationalism*, Londres, Verso, 1983.

ATTEN, Michel, « La physique en souffrance. 1850-1914 », *La formation polytechnicienne, 1794-1994*, éd. B. Belhoste, A. Dahan Dalmedico et A. Picon, Paris, Dunod, 1994, p. 217-243.

AUCLAIR, Alain, « Stéphane Mony, 1800-1884. L'un des fondateurs de la Grande Industrie dans le Bourbonnais », n° spécial de *RACINES* (revue semestrielle de l'Association du Pays de Montmarault), s. d.

AUCLAIR, Alain, *Les ingénieurs et l'équipement de la France. Eugène Flachat (1802-1873)*, Le Creusot, Écomusée de la Communauté Urbaine Le Creusot – Montceau-les-Mines, 1999.

AUSSEL, Michel, *Le docteur Ange Guépin : Nantes, du Saint-simonisme à la République,* Rennes, PUR, 2016.

BAECQUE, Francis de, BRAIBANT, Charles, DETHAN, Georges *et al.*, *Les directeurs de ministère en France (XIXe-XXe siècles)*, Genève, Librairie Droz, 1976.

BARBERIS, Pierre, *Balzac et le mal du siècle*, 2 vol., Paris, Gallimard, 1970 ; nouvelle édition : Genève, Slatkine Reprints, 2002.

BARDIN, Évelyne, « La théorie et la pratique dans les travaux et la correspondance d'Émile Clapeyron et de Gabriel Lamé (1818-1835) », *Bulletin de la SABIX*, n° 67, 2021.

BARBIN, Évelyne (dir.), « Gabriel Lamé. Les pérégrinations d'un ingénieur du XIXe siècle » (Actes du Colloque), *Bulletin de la SABIX*, n° 44, 2009.

BELHOSTE, Bruno, *Les sciences dans l'enseignement secondaire français. Textes officiels*, tome 1 : *1789-1914*, Paris, INRP et Economica, 1995.

BELHOSTE, Bruno, *La formation d'une technocratie. L'École polytechnique et ses élèves de la Révolution au Second Empire*, Paris, Belin, 2003.

BELHOSTE, Bruno, GISPERT, Hélène et HULIN, Nicole, *Les sciences au lycée. Un siècle de réformes des mathématiques et de la physique en France et à l'étranger*, Paris, INRP et Éditions Vuibert, 1996.

BELHOSTE, Jean-François, « Les Brunel père et fils : deux célèbres ingénieurs anglais "made in France" », *Documents pour l'histoire des techniques*, nouvelle série, n° 19, 2010, p. 131-152.

BELLET, Michel, « De l'économie politique à la politique économique. Chevalier et *Le Globe* », *Quand les socialistes inventaient l'avenir. Presse, théories et expériences, 1825-1860*, éd. Th. Bouchet, V. Bourdeau, E. Castleton, L. Frobert et F. Jarrige, Paris, La Découverte, 2015, p. 49-61.

BÉNICHOU, Paul, *Les temps des prophètes. Doctrines de l'âge romantique*, Paris, Gallimard, 1977.

BÉRAUD, Alain, GISLAIN, Jean-Jacques et STEINER, Philippe, « L'économie politique néo-smithienne en France (1803-1848) », *Économies et Sociétés, Série Œconomia*, « Histoire de la pensée économique », PE, n° 34, 2/2004, p. 325-418.

BIREMBAUT, Arthur, « Un économiste oublié : Étienne-François de Sénovert (1753-1831) », *Annales historiques de la Révolution française*, n° 147, 1957, p. 153-158.

BODÉ, Gérard, « Les cours professionnels pour ouvriers sous la Restauration et la monarchie de Juillet », *Les Études Sociales*, n° 159, 2014, p. 29-47.

BOUDON, Jacques-Olivier (dir.), *Napoléon et les lycées. Enseignement et société en Europe au début du XIXe siècle*, Paris, Nouveau Monde Éditions/Fondation Napoléon, 2004.

BOURGUINAT, Nicolas et VENAYRE, Sylvain (dir.), *Voyager en Europe de Humboldt à Stendhal. Contraintes nationales et tentations cosmopolites, 1790-1840*, Paris, Nouveau Monde éditions, 2011.

BRADLEY, Margaret, « Franco-Russian engineering links : The careers of Lamé and Clapeyron, 1820-1830 », *Annals of sciences*, n° 38, 1981, p. 291-312.

BRADLEY, Margaret, *Charles Dupin (1784-1873) and his influence on France : the contributions of a mathematician, educator, engineer, and statesman*, Amherst (NY), Cambria Press, 2012.

BRADLEY, Margaret et PERRIN, Fernand, « Charles Dupin's study visits to the British Isles, 1816-1824 », *Technology and Culture*, vol. 32, n° 1, 1991, p. 47-68.

BROODBANK, Joseph G., *History of the port of London*, 2 vol., Londres, Daniel O'Connor, 1921.

BURUMA, Ian, *Anglomania. A european love affair*, New York, Random House, 1998.

CAMERON, A. D., *The Caledonian Canal*, Edinburgh, Birlinn Limited, 2005 (4e éd.).

CARLISLE, Robert B., « Les chemins de fer, les Rothschild et les saint-simoniens », *Économies et Sociétés*, tome V, 1971, p. 1185-1214.

CARON, François, *Histoire des chemins de fer en France, 1740-1883*, Paris, Fayard, 1997.

CARON, François, « Les réseaux et les politiques d'aménagement du territoire : l'exemple des chemins de fer », *La politique d'aménagement du territoire, racines, logiques et résultats*, éd. P. Caro, O. Dard et J.-C. Daumas, Rennes, PUR, 2002, p. 17-29.

CHATZIS, Konstantinos, « Les ingénieurs français au XIXe siècle (1789-1914) : émergence et construction d'une spécificité nationale », *Bulletin de la SABIX*, n° 44, 2009, p. 53-63.

CHATZIS, Konstantinos, « Theory and practice in the education of French engineers from the middle of the 18th century to the present », *Archives Internationales d'Histoire des Sciences*, vol. 60, n° 164, 2010, p. 43-78.

CHATZIS, Konstantinos, « Building capabilities for a transnational world: foreign languages at the École des Ponts et Chaussées, 1790s-1850s », *Technology and Culture* (à paraître).

CHATZIS, Konstantinos et RIBEILL, Georges, « Des périodiques techniques par et pour les ingénieurs. Un panorama suggestif, 1800-1914 », *La presse et les périodiques techniques en Europe, 1750-1950*, éd. P. Bret, K. Chatzis et L. Pérez, Paris, L'Harmattan, 2008, p. 115-157.

CHERVEL, André, « Les études littéraires dans la formation polytechnicienne », *La formation polytechnicienne, 1794-1994*, éd. B. Belhoste, A. Dahan Dalmedico et A. Picon, Paris, Dunod, 1994, p. 121-139.

CHERVEL, André, *Les auteurs français, latins et grecs au programme de l'enseignement secondaire, de 1800 à nos jours*, Paris, INRP et Publications de la Sorbonne, 1986.

CHRISTEN, Carole et VATIN, François (dir.), *Charles Dupin (1784-1873) : ingénieur, savant, économiste, pédagogue et parlementaire du Premier au Second Empire*, Rennes, PUR, 2009.

CHRISTEN, Carole, « L'éducation populaire sous la Restauration et la monarchie de Juillet », *La Révolution française*, n° 4, 2013, mis en ligne le 15 juin 2013 (disponible à l'adresse : http://journals.openedition.org/lrf/905 (consulté le 4 novembre 2021)).

CLINQUART, Jean, *L'administration des Douanes sous la Restauration et la monarchie de Juillet*, Neuilly-sur-Seine, Association pour l'histoire de l'administration des Douanes, 1981.

COOPER-RICHET, Diana, *La France anglaise, de la Révolution à nos jours*, Paris, Fayard, 2018.

COTTE, Michel, *Le choix de la révolution industrielle. Les entreprises de Marc Seguin et de ses frères (1815-1835)*, Rennes, PUR, 2007.

COTTE, Michel, « Gabriel Lamé, itinéraire d'un jeune ingénieur en France et en Europe (1820-1832) », *Bulletin de la SABIX*, n° 44, 2009, p. 9-19.

DOUAY-SUBLIN, Françoise, « La rhétorique en France au XIXe siècle à travers ses pratiques et ses institutions », *Histoire de la rhétorique dans l'Europe moderne, 1450-1950*, éd. M. Fumaroli, Paris, PUF, 1999, p. 1071-1214.

DROLET, Michael, « Industry, class and society: a historiographic reinterpretation of Michel Chevalier », *English Historical Review*, vol. CXXIII, n° 504, 2008, p. 1229-1271.

ELDEN, Stuart, *The Birth of Territory*, Chicago, The University of Chicago Press, 2013.

ENFERT, Renaud de, « L'offre d'enseignement mathématique pour les ouvriers dans la première moitié du XIXe siècle : concurrences et complémentarités », *Les Études Sociales*, n° 159, 2014, p. 85-101.

EPSZTEIN, Léon, *L'économie et la morale aux débuts du capitalisme industriel en France et en Grande-Bretagne*, Paris, Librairie Armand Colin, 1966.

FEDOROV, Sergej G., *Wilhelm von Traitteur. Ein badischer Baumeister als Neuerer in der russischen Architektur (1814-1832)*, Berlin, Wilhelm Ernst & Sohn Verlag für Architektur und technische Wissenschaften, 2000.

FELKAY, Nicole, « Deux imprimeurs de Balzac : André Barbier et Adolphe Éverat », *L'Année balzacienne*, 1979, p. 233-243.

FORTIER, Anne et PINON, Pierre, « "L'achèvement des canaux" sous la Restauration et la monarchie de Juillet », *Annales des ponts et chaussées*, n° 19, 1981, p. 72-83.

FROBERT, Ludovic, « Archaïsme et modernité à Lyon en novembre 1831 », *Archives de soie. Fabrique et insurrections à Lyon au début des années 1830*, éd. L. Frobert, Milan, Silvana Editoriale, 2013, p. 87-107.

FROBERT, Ludovic, « "Vivre en travaillant ou mourir en combattant". Les révoltes des canuts (1831, 1834) », *Histoire des mouvements sociaux en France, de 1814 à nos jours*, éd. M. Pigenet et D. Tartakowsky, Paris, La Découverte, 2014, p. 121-129.

FUREIX, Emmanuel, *La France des Larmes. Deuils politiques à l'âge romantique (1814-1840)*, Seyssel, Champs Vallon, 2009.

GARÇON, Anne-Françoise, *Entre l'État et l'usine : l'École des Mines de Saint-Étienne au XIXe siècle*, Rennes, PUR, 2015.

GEIGER, Reed G., *Planning the French canals : bureaucracy, politics, and enterprise under the Restoration*, Newark, Associated University Presses, 1994.

GOBLOT, Jean-Jacques, *La Jeune France libérale.* Le Globe *et son groupe littéraire (1824-1830)*, Paris, Plon, 1995.

GOUHIER, Henri, *La jeunesse d'Auguste Comte et la formation du positivisme*, 3 vol., Paris, Librairie philosophique J. Vrin, 1933-1941.

GOUZÉVITCH, Irina, « L'empire russe : centre ou périphérie ? », *Naissance d'une communauté internationale d'ingénieur (première moitié du XIXe siècle)*, éd. I. Gouzévitch et P. Bret, Paris, Centre de recherche en histoire des sciences et des techniques, 1997, p. 79-85.

GOUZÉVITCH, Irina, « L'Institut du corps des ingénieurs des Voies de communication de Saint-Pétersbourg : des modèles étrangers à l'école nationale (1809-1836) », *La formation des ingénieurs en perspective. Modèles de référence et réseaux de médiation (XVIIIe-XXe siècles)*, éd. I. Gouzévitch, A. Grelon et A. Karvar, Paris, PUR, 2004, p. 127-139.

GOUZÉVITCH, Irina, « L'ingénieur dans tous ses états : enquête sur une profession en chantier, XVIIIe-XIXe siècles », dossier d'habilitation à diriger des recherches (HDR), Université Paris Diderot, 2018.

GOUZÉVITCH, Irina et GOUZÉVITCH, Dmitri, « Les contacts franco-russes dans le monde de l'enseignement supérieur technique et de l'art de l'ingénieur », *Cahiers du Monde Russe*, vol. 34, n° 3, 1993, p. 345-368.

GOUZÉVITCH, Irina et GOUZÉVITCH, Dmitri, « Gabriel Lamé à Saint-Pétersbourg (1820-1831) », *Bulletin de la SABIX*, 2009, n° 44, p. 20-43.

GOUZÉVITCH, Irina et GOUZÉVITCH, Dmitri, « Une nouvelle génération d'enseignants : l'avènement de la mécanique appliquée en Russie avant 1850 », *The quest for a professional identity: engineers between training and action*, éd. A. Cardoso de Matos, M. Paula Diogo, I. Gouzévitch et A. Grelon, Lisbonne, Edições Colibri-CIDEHUS/UE-CIUHCT, 2009, p. 43-58.

GOUZÉVITCH, Dmitri et GOUZÉVITCH, Irina, « Le *Journal des voies de communication.* Histoire d'une revue bilingue russe-français, 1826-1842 », *La Presse et les périodiques techniques*, éd. P. Bret, K. Chatzis et L. Pérez, Paris, L'Harmattan, 2008, p. 89-113.

GUILLERME, André, « Réseau : genèse d'une catégorie dans la pensée de l'ingénieur sous la Restauration », *Flux*, n° 6, 1991, p. 5-17.

HADFIELD, Charles, *British canals. An illustrated history*, Newton Abbot, David & Charles Limited, 1984 (7e éd.).

HARISMENDY, Patrick, « L'esprit d'autres "années trente" : la résistance et le mouvement revisité », *La France des années 1830 et l'esprit de réforme*, éd. P. Harismendy, Rennes, PUR, 2006, p. 7-18.

HEINICH, Nathalie, *L'élite artiste. Excellence et singularité en régime démocratique*, Paris, Gallimard, 2018 (1re éd. 2005).

HIRSCH, Jean-Pierre, « Saint-simonisme et organisation du territoire. Sur un programme de 1832 », *Revue du Nord*, vol. 85, n° 352, 2003, p. 863-872.

ISAMBERT, François-André, *De la charbonnerie au saint-simonisme : étude sur la jeunesse de Buchez*, Paris, Les éditions de Minuit, 1966.

JACOUD, Gilles, « Droit de propriété et économie politique dans l'analyse saint-simonienne », *Revue économique*, vol. 65, n° 2, 2014, p. 299-315.

JACOUD, Gilles (dir.), *Économie politique et politique. Textes saint-simoniens (1830-1831)*, Paris, Classiques Garnier, 2019.

JONES, Ethel, *Voyageurs français en Angleterre, 1815-1830*, Paris, E. de Boccard, 1930.

JONES, Kathleen, *La* Revue Britannique, *son histoire et son action littéraire (1825-1840)*, Paris, Librairie E. Droz, 1939.

LATTY, Lionel, « Henri Fournel (1799-1876) : ingénieur du corps des mines saint-simonien », *Les ingénieurs des mines : cultures, pouvoirs, pratiques*, éd. B. Belhoste et A.-F. Garçon, Paris, IGPDE/Comité pour l'histoire économique et financière de la France, 2012, p. 163-182.

Le Dictionnaire Biographique Maitron, « Chevalier Marie-Anne, dite Anna ou Annette », version mise en ligne le 20 février 2009, dernière modification le 20 février 2009 (disponible à l'adresse : https://maitron.fr/spip.php?article28682 (consulté le 4 novembre 2021)).

Le Dictionnaire Biographique Maitron, « Flachat Stéphane [Mony Christophe *Stéphane*] », notice revue et complétée par Ph. Régnier, version mise en ligne le 20 février 2009, dernière modification le 7 juin 2017 (disponible à l'adresse : https://maitron.fr/spip.php?article30957 (consulté le 4 novembre 2021)).

Le Dictionnaire Biographique Maitron, « Saint-Hilaire Aglaé », notice revue et complétée par Ph. Régnier, version mise en ligne le 20 février 2009, dernière modification le 11 décembre 2019 (disponible à l'adresse : https://maitron.fr/spip.php?article37538 (consulté le 4 novembre 2021)).

LECLERC, Yves, *Le réseau impossible. La résistance au système des grandes compagnies ferroviaires et la politique économique en France, 1820-1852*, Genève et Paris, Librairie Droz, 1987.

LEDRÉ, Charles, *La presse à l'assaut de la monarchie, 1815-1848*, Paris, Armand Colin, 1960.

LEFRANC, Georges, « La construction des chemins de fer et l'opinion publique vers 1830 », *Revue d'histoire moderne*, vol. 5, 1930, p. 270-279.

LENTZ, Thierry, *Nouvelle histoire du premier empire*, tome III : *La France et l'Europe de Napoléon, 1804-1814*, Paris, Fayard, 2007.

LEPETIT, Bernard, *Les villes dans la France moderne (1740-1840)*, Paris, Albin Michel, 1988.

LEROUX, Robert, *Aux fondements de l'industrialisme : Comte, Dunoyer et la pensée libérale en France*, Paris, Hermann Éditeurs, 2015.

LÉVÊQUE, Roger, « La police du roulage (1624-1921) », Thèse de doctorat, EPHE, 1995.

MARCO, Luc, *Histoire managériale du Bazar Bonne-Nouvelle. Galeries marchandes à Paris, 1835-1863*, Paris, L'Harmattan, 2009.

MONTEL, Nathalie, *Écrire et publier des savoirs au XIXe siècle. Une revue en construction : les* Annales des ponts et chaussées *(1831-1866)*, Rennes, PUR, 2015.

MONTEL, Nathalie, « L'État aménageur dans la France de la seconde Restauration, au prisme du *Rapport au roi sur la navigation intérieure* de 1820 », *Revue d'histoire moderne et contemporaine*, n° 59/1, 2012, p. 34-61.

MONTEL, Nathalie, « Une revue des savoirs d'État. De la genèse à la fabrique des *Annales des ponts et chaussées* au XIXe siècle », dossier d'habilitation à diriger des recherches (HDR), Université Paris I Panthéon Sorbonne, 2008.

MUSSO, Pierre, *Saint-Simon et le saint-simonisme*, Paris, PUF, 1999.

PANNABECKER, John R., « Inventing industrial education : the École d'arts et métiers of Châlons-sur-Marne, 1807-1830 », *History of Education Quarterly*, vol. 44, n° 2, 2004, p. 222-249.

PASSAQUI, Jean-Philippe, *Les voyages forment l'ingénieur*, Paris, Classiques Garnier, 2015.

PETIT, Annie, « L'impérialisme des géomètres à l'École polytechnique. Les critiques d'Auguste Comte », *La formation polytechnicienne, 1794-1994*, éd. B. Belhoste, A. Dahan Dalmedico et A. Picon, Paris, Dunod, 1994, p. 59-75.

PICKERING, Mary, *Auguste Compte. An intellectual biography*, 3 vol., Cambridge, Cambridge University Press, 1993-2009.

PICON, Antoine, *Les saint-simoniens. Raison, imaginaire et utopie*, Paris, Belin, 2002.

RATCLIFFE, Barrie M., « The origins of the Paris – Saint-Germain railway. Some entrepreneurial and financial problems in the launching of railways in France in the 1830s », *The Journal of Transport History*, vol. 1, n° 4, 1972, p. 197-219.

RATCLIFFE, Barrie M., « The building of the Paris – Saint-Germain railway. Some entrepreneurial and financial problems in the launching of railways in France in the 1830s and 1840s », *The Journal of Transport History*, vol. 2, n° 1, 1973, p. 20-40.

RATCLIFFE, Barrie M., « The business elite and the development of Paris: intervention in ports and entrepôts, 1814-1834 », *The Journal of European Economic History*, vol. 14, n° 1, 1985, p. 95-142.

RÉGNIER, Philippe, *Les saint-simoniens en Égypte (1833-1851)*, Le Caire, Amin F. Abdelnour, 1989.

RIBEILL, Georges, *La révolution ferroviaire. La formation des compagnies de chemins de fer en France (1823-1870)*, Paris, Belin, 1993.

RIBEILL, Georges, « Autour du *Journal du génie civil* (1828-1831), ou les ambiguïtés d'un courant libéral d'ingénieurs », *Sciences-technology relationships*, éd. A. Herléa, San Francisco, San Francisco Press, 1993, p. 339-355.

RIBEILL, Georges, « Les chemins de fer : de la doctrine aux réalisations », *Le siècle des saint-simoniens du* Nouveau christianisme *au canal de Suez*, éd. N. Coilly et Ph. Régnier, Paris, BnF, 2006, p. 130-135.

RICHÉ, Sophie, « Le voyage des élèves de l'École des mines de Paris, 1816-1830 », Mémoire de maîtrise, Université Paris I Panthéon-Sorbonne, 1994-1995.

ROSANVALLON, Pierre, *Le moment Guizot*, Paris, Gallimard, 1985.

SAVOIE, Philippe, *La construction de l'enseignement secondaire (1802-1914). Aux origines d'un service public*, Lyon, ENS Éditions, 2013.

SAVOYE, José, « Le problème de la formation des fonctionnaires au XIXe siècle. Un précédent de l'École d'Administration de 1848 : le projet de G. Lamé et É. Clapeyron », *La Revue Administrative*, n° 148, 1972, p. 368-372.

SIGOT, Nathalie, « Utility and justice : French liberal economists in the 19th century », *European Journal of the History of Economic Thought*, vol. 17, n° 4, 2010, p. 759-792.

SPITZER, Alan B., *The French generation of 1820*, Princeton (NJ), Princeton University Press, 1987.

THÉPOT, André, *Les ingénieur des mines du XIXe siècle*, Paris, Éditions Eska, 1998.

TODD, David, *L'identité économique de la France. Libre-échange et protectionnisme, 1814-1851*, Paris, Editions Grasset & Fasquelle, 2008.

VATIN, François, « Auguste Comte, les sciences d'application et la formation du peuple », *Revue philosophique de la France et de l'étranger*, vol. 132, n° 4, 2007, p. 421-435.

VATIN, François, « L'Association polytechnique (1830-1900). "Éducation" ou "instruction" ? ou la place des sciences sociales dans la formation du peuple », *Management & Sciences Sociales*, n° 3, 2007, p. 245-296.

VIDALENC, Jean, « Les techniques de la propagande saint-simonienne à la fin de 1831 », *Archives de Sciences Sociales des Religions*, n° 10, 1960, p. 3-20.

WALCH, Jean, « Les saint-simoniens et les voies de communication », *Culture technique*, n° 19, 1989, p. 285-294.

WALCH, Jean, *Michel Chevalier économiste saint-simonien (1806-1879)*, Paris, Librairie philosophique J. Vrin, 1975.

WALLON, Maurice, *Les saint-simoniens et les chemins de fer*, Paris, A. Pedone, Éditeur, 1908.

WEBER, Eugen, *La fin des terroirs. La modernisation de la France rurale, 1870-1914*, Paris, Fayard, 1983 (éd. originale 1976).

WEISS, John H., « Bridges and barriers : narrowing access and changing structure in the French engineering profession, 1800-1850 », *Professions and the French State, 1700-1900*, éd. G. L. Geison, Philadelphie, University of Pennsylvania Press, 1984, p. 15-65.

WEXLER, Peter J., *La formation du vocabulaire des chemins de fer en France (1778-1842)*, Genève : Librairie E. Droz et Lille : Librairie Giard, 1955.

ZOUACHE, Abdallah (dir.), « The political economy of saint-simonism », *History of Economic Ideas*, vol. 17, n° 2, 2010.

ZUFFI, Nerema, Le Globe *saint-simonien, 1831-1832 : art et société*, Vérone, Università degli studi di Verona, 1989.

INDEX DES PERSONNALITÉS

Les noms des personnalités citées dans le texte édité sont suivis par un astérisque.

TABLE DES MATIÈRES

VUES POLITIQUES ET PRATIQUES SUR LES TRAVAUX PUBLICS DE FRANCE

IMPRIM'VERT®

Achevé d'imprimer par Corlet,
Condé-en-Normandie (Calvados),
en Août 2022
N° d'impression : 177184 - dépôt légal : Août 2022
Imprimé en France